Parental education

부모교육

| 권화숙 권성민 김근희 김미진 김민경 김 선 박현숙 윤혜영 이은희 임미혜 공저 |

수양재

머리말

부모가 된다는 것은 인생의 큰 기쁨이자 부모로서 부담이 되는 사건이 되기도 한다. 왜냐하면 좋은 부모는 저절로 되는 것이 아니라 부모로서의 성숙된 발달과정과 학습을 통해 이루어지는 과정이기 때문이다. 즉, 좋은 부모가 되어 화목한 가정을 꾸리기 위해서는 자녀에 대한 이해와 지식을 증진시키고 사고와 감정 및 행동의 습관적인 방법을 검토해 보고 자녀를 양육하는 데 있어 새로운 경험을 습득하는 학습이 필요하다. 이런 측면에서 동·서양 모두 부모역할의 중요성과 부모교육에 대한 중요성을 강조하여 왔으며, 현대사회의 저출산, 핵가족화 등의 여러 가지 특성을 고려할 때, 부모교육의 필요성이 어느 때보다 절실하게 요구되고 있는 실정이다. 그럼에도 불구하고 부모교육에 대한 사회적인 인식은 부족한 실정이며, 동시에 개인적으로도 부모역할을 수행하기 위해 준비가 필요하다고 생각하는 사람들은 많지 않다. 이로 인해 대부분의 부모들은 체계적인 부모교육을 받은 경험이 없으며, 이처럼 부모가 되기 위한 준비나 교육의 부족은 부모역할을 불만족스럽게 만드는 중요한 요인으로 작용하고 있다.

따라서 본 책은 예비부모들에게 부모교육의 중요성을 인식하도록 하고, 더불어 예비유아교사들을 대상으로 부모교육에 대한 중요성과 기법들을 소개하여 구체적인 부모교육의 방법을 익히도록 하기 위해 총 4부 13장으로 구성하였다. 구체적으로 1부 부모교육의 이해에서는 총 3장으로 구성하였다. 1장 부모교육의 개념과 역사에서는 부모교육의 이해와 부모교육의 역사 및 현황에 대해 서술하였고, 2장 사회환경의 변화와 부모교육에서는 사회환경의 변화와 다양한 가족 유형 및 현대사회의 부모역할에 대해 자세하게 소개하였으며, 3장 부모됨과 부모역할에서는 부모 됨의 의미와 단계 및 부모역할의 특성 그리고 부모역할의 결정요인에 대해 기술하였다.

2부 발달단계에 따른 부모역할에서는 총 3장으로 구성하였다. 4장 태내기와 영아기 부모역할에서는 태내기 발달특성 · 영아기 발달특성 그리고 태내기 및 영아기의 부모역할에 대해 소개하였고, 5장 유아기 부모역할에서는 유아기 발달특성 및 유아기 부모역할에 대해 기술하였으며, 6장 아동 및 청소년기 부모역할에서는 아동기 발달특성 · 청소년기 발달특성과 아동기와 청소년기 부모역할에 대해 자세하게 소개하였다.

3부 부모교육의 이론에서는 총 5장으로 구성하였다. 7장 민주적 부모교육이론에서는 민주적 부모교육이론의 발전과정, 민주적 부모교육의 목표 및 민주적 부모교육의 기본원리에 대해 소개하였고, 8장 인본주의 부모교육이론에서는 인본주의 부모교육이론의 발전과정, 인본주의 부모교육의 목표 및 인본주의 부모교육의 원리에 대해 기술하였다. 9장 상호교류분석이론에서는 상호교류분석이론의 발전과정, 상호교류분석 부모교육의 목표, 상호교류분석 부모교육의 기본원리 및 상호교류분석 부모교육 프로그램에 대해 소개하였고, 10장 부모효율성훈련에서는 부모효율성훈련의 목표, 부모효율성훈련 프로그램의 특성, 부모효율성훈련의 기본원리 및 문제해결을 돕는 의사소통기법 사용하기에 대해 기술하였으며, 11장 행동수정이론에서는 행동수정이론의 발전과정, 행동수정이론의 가정과 특징, 행동수정이론의 기본원리 및 행동수정의 절차와 측정의 구체적인 기법을 소개하였다.

4부 부모교육의 실제와 운영은 총 2장으로 구성하였다. 12장 부모교육 프로그램에서는 효율적 부모역할을 위한 체계적 훈련(STEP), 부모효율성훈련 프로그램(PET), 적극적 부모역할훈련(APN), 자녀의 힘을 북돋우는 부모(EPT), 존중받는 아이 함께 크는 부모교육 및 행복한 부모를 위한 마음 프로젝트 부모교육에 대해 자세하게 소개하였으며, 13장 유아교육기관의 부모교육 유형에서는 부모교육 운영 절차 및 운영에 대해 자세하게 기술하였다.

본 책을 통해 부모교육의 중요성을 인식하고 부모 - 자녀 간의 관계를 원활하게 함으로써 부모나 아이들 모두 행복해지는 계기가 되었으면 하는 바람이다. 끝으로 수양재 사장님을 비롯한 출판을 위해 애써 주신 모든 분들께 진심으로 감사드린다.

저자 일동

차례

2부 발달단계에 따른 부모역할

3부 부모교육의 이론

PART 01

부모교육의 이해

CHAPTER 01

부모교육의 개념과 역사

▫ 배울 내용 ▫

1. 부모교육의 이해
2. 부모교육의 역사와 현황

▫ 학습목표 ▫

1. 부모교육의 개념, 필요성 및 목표를 이해한다.
2. 서양 부모교육의 역사를 이해하고 현황을 파악한다.
3. 한국 부모교육의 역사를 이해하고 현황을 파악한다.

1. 부모교육의 이해

1) 부모교육의 개념

현대사회의 저출산과 핵가족화 등의 여러 가지 특성을 고려할 때, 부모교육의 필요성이 어느 때보다 절실하게 요구되고 있는 실정이다. 그럼에도 불구하고 부모교육에 대한 사회적인 인식은 부족한 실정이며, 동시에 개인적으로도 부모역할을 수행하기 위해 준비가 필요하다고 생각하는 사람들은 많지 않다. 이로 인해 대부분의 부모들은 체계적인 부모교육을 받은 경험이 없으며, 이처럼 부모가 되기 위한 준비나 교육의 부족은 부모역할을 불만족스럽게 만드는 중요한 요인으로 작용하고 있다(정옥분, 정순화, 2016).

우리는 사랑하는 사람을 만나 교제를 하다가 결혼을 하고, 그 결혼생활을 통해 부모가 된다는 사실을 단순한 사회적 과정으로 인식하기 쉽다. 그러나 좋은 부모는 결혼을 하고 자녀를 가진다고 저절로 되는 것이 아니며 성숙된 발달과정과 학습을 통해 이루어지는 것이다. 즉, 좋은 부모가 되어 화목한 가정을 꾸려가기 위해서는 자녀에 대한 이해와 지식을 증진시키고 사고와 감정, 그리고 행동의 습관적인 방법을 검토해 보고 자녀를 양육하는 데 있어 새로운 경험을 습득하는 학습이 필요하다(김경희, 이재연, 1989). 이러한 과정을 통해서 아동발달을 촉진시킬 수 있게 되고 부모의 자질 향상과 개인의 가능성, 정신력을 개발하고 실천적 기술을 연마하게 된다. 다시 말해, 부모교육을 통해 자녀양육에 관련된 정보를 제공받고, 기술을 습득하며, 문제해결능력을 증진시킴으로써 부모는 자녀의 욕구를 보다 효율적으로 충족시켜줄 수 있다. 나아가 부모 자신도 보다 만족스러운 상호작용을 경험하게 될 것이며, 사회적 차원에서도 효율적인 사회복지의 방편이 되기도 한다. 이러한 측면에서 동서고금을 막론하고 부모역할의 중요성과 이를 위한 부모교육의 중요성이 끊임없이 강조되어 왔다(정옥분, 정순화, 2016).

그리고 부모교육이 학문적 가치로서 관심을 가지게 된 이유는 자녀발달의 특성 상 부모역할이 자녀의 발달에 많은 영향을 미친다는 연구결과들이 보고되면서 부모교육에 대한 관심이 증가하게 되었기 때문이다. 하지만 부모교육에 대한 개념이 매우 다양하게 정의되고 있어 한마디로 부모교육에 대한 정의를 내리기는 어렵다. 그 이유 중의 하나가 부모교육이라는 단어와 유사하게 사용되는 단어들이 혼재되어 있기 때문이다. 즉, 부모교육(parent education)이란 용어는 1920년대부터 미국에서 사용되기 시작하였지만 부모훈련, 부모참여, 부모역할하기, 부모개입, 부모지지, 부모치료, 가족지원 등 다양한 용어들과 함께 혼합되어 사용되고 있는 실정이다<표 1-1>.

〈표 1-1〉 부모교육과 유사하게 사용되는 용어들

구분	내용
부모훈련 (parent training)	부모교육과 가장 밀접한 관련성이 있는 개념이다. 부모를 부모훈련 프로그램에 참여시켜 자녀교육에 필요한 지식, 정보, 기술을 습득하여 좋은 부모가 될 수 있도록 훈련하거나 교육시키는 것을 말한다. 따라서 프로그램을 주관하는 전문가와 교사와의 관계는 일방통행적이며, 수직적인 관계로 형성되는 것이 일반적이다.
부모참여 (parent participation)	부모참여란 조기교육 프로그램으로 계획과 실천, 평가, 수정 등 모든 주요 단계에 참여하는 것으로서 특히 부모의 결정권한이 강조되는 개념이다. 부모가 유아교육기관과의 긴밀한 협조를 통해 자녀들을 바르게 이해하고 부모 자신이 자녀의 현장교육활동에 직접 참여함으로써 부모가 의사결정자, 지원자, 교사보조자 등의 방법으로 교육현장에 개입하는 것이다.
부모역할하기 (parenting)	부모의 역할은 자녀의 성장을 돕기 위해 영양공급, 보호 및 발달단계에 따른 새로운 생활을 안내하는 것 등 부모의 과업을 의미한다. 즉, 자녀를 양육하고 보호하며 지도하는 과정이다. 이러한 부모역할하기는 부모-자녀 간의 계속 진행되는 일련의 상호작용과정으로 이 과정은 자녀의 성장과 더불어 부모와 자녀 모두를 변하게 한다. 부모역할하기는 어머니 역할하기(mothering)와 아버지 역할하기(fathering)로 세분하여 사용하기도 한다.
부모개입 (parent involvement)	부모참여와 유사하게 사용되는 용어로 유아교육기관과의 긴밀한 관계를 유지하면서 유아를 이해하고 교육의 질을 높이기 위해서 유아의 학습 현장에 직접 개입하는 것을 의미한다. 부모개입은 유아교육기관의 중요한 지원자원이 되며, 보조교사의 역할도 맡게 된다.
부모지지 (parent support)	자녀교육을 위해 지원과 지지 그리고 협조가 필요한 가정에 대하여 친척이나 부모회, 지역단체, 아동복지시설, 병원, 교육기관, 기업체 등 그 밖의 다른 사회사업기관으로부터의 지지 및 지원을 받는 것을 의미한다.
부모치료 (parent remedy)	부모치료는 부모가 정신적인 문제를 가지고 있어 자녀양육에 어려움을 호소하거나 문제를 보이는 경우에 개입하게 된다. 즉, 해당 부모의 인성구조 상 변화를 주는 과정으로 해당 부모의 표면적인 행동에 관심을 두기는 하지만 정신의 내부 세계에 초점을 두고 진행된다.

구분	내용
가족지원 (family support)	부모를 대상으로 하는 프로그램들은 최근 그 대상을 부모에서 가족으로 넓혀 가고 있다. 사람은 누구나 자신의 부모는 물론 가족, 친구, 사회기관과 그들이 속한 문화에 영향을 받는 사회적 존재이기 때문에 부모만을 대상으로 하기보다는 이들에게 영향을 미치는 다양한 대상을 포함하는 것이 더 효과적이라는 인식 때문이다. 따라서 가정과 사회 간의 이와 같은 관계 속성 때문에 생태학적 관점에서는 사회가 개인과 가족을 지원하는 것을 의미한다.

이처럼 부모교육에 대한 다양한 개입방식의 개념들이 사용되고 있으나 포괄적인 의미로는 주로 부모교육(parent education)이라는 용어가 사용되고 있다.

부모에게는 자녀를 올바르게 양육하고 교육해야 할 책임이 있다. 부모로서의 책임은 단순히 자녀에게 필요한 음식물을 제공해주고, 옷을 입히고, 잠자리를 마련해 주는 것만으로 끝나는 것이 아니다. 따라서 부모교육이란 바로 부모로 하여금 자녀교육의 책임을 인식하고, 주어진 책임을 수행하는 데 필요한 지식과 기능을 습득하여 부모에게 요구되는 기본적인 태도를 지니도록 하기 위해 의도적으로 주어지는 교육의 과정을 의미한다. 즉, 부모교육은 가정 내에서 아동교육의 의의를 인식하고, 아동교육에 필요한 제반 지식과 기능을 습득하는 일을 강조하며, 부모와 자녀 간의 관계를 원만히 하고, 이를 유지·발전시키는 데 필요한 부모의 태도에 대해 훈련을 하게 된다(유효순, 이원영, 2007). 다시 말해, 부모교육이란 자녀를 양육하는 데 필요한 정보와 기술을 부모에게 제공해 주어 자녀의 올바른 성장과 발달을 증진시킬 수 있도록 도와주며, 부모 자신도 가치감과 자신감 발달의 긍정적인 효과로 인하여 부모로서의 주어진 책임을 수행하도록 하는 의도적인 교육과정이라고 할 수 있다.

2) 부모교육의 필요성

현대사회의 부모들은 저출산현상으로 자녀양육의 경험을 접할 기회가 부족하고, 자녀양육에 대한 자신감도 낮으며, 부모역할에 대한 만족도도 낮은 편이다. 이러한 부모들을 정신적으로 지지하고 자녀양육에 자신감을 갖도록 돕기 위해서 부모교육이 절실하게 요구되고 있다. 또한 대가족의 붕괴로 인해 젊은 부모들이 자녀양육 시 어른들의 도움, 조언 등을 즉각적으로 받을 수 없는 어려움을 해소하고, 성역할 개념의 변화에 따라 그에 적응하고 대처하기 위해서, 부모 자신의 인간적인 성숙을 위해서도 부모교육이 필요하다.[1] 최근 자녀 출생부터 1년간 부모교육을 받은 어머니들이 자녀교육관, 양육태도, 아이와의 애착에서 긍정적인 영향을 받았다는 연구는 부모 자신이 미성숙한 인격을 가졌다고 하더라도 아기를 잘 키우겠다는 소망으로 부모교육을 받으면 양육태도가 변화하고 자신의 인격도 보다 성숙할 수 있다는 가능성을 보여 준다고 할 수 있다(오정선, 2011).

부모교육의 필요성을 크게 부모의 입장, 아동의 입장, 교사의 입장 및 사회적 입장으로 구분하여 살펴보면 다음과 같다.

(1) 부모의 입장

부모교육의 필요성을 부모의 입장에서 본다면 첫째, 부모의 미성숙함을 들 수 있다. 성숙된 인격을 가지고 아이들을 사랑할 수 있는 동시에 아이의 독립심 · 자발성 · 창의성 · 협동심을 길러줄 수 있는 사람이라면 부모교육을 받지 않아도 좋은 부모가 될 수 있다. 그러나 결혼하는 연령이 20대 중반에서 30대 초반이 대부분인 것을 감안해 본다면 결혼 당시에 성숙된 인격을 갖추기란 쉽지 않다. 따라서 부모들 자신이 인간으로서 성장할 기회를 얻어야 하므로 부모교육이 필요하다. 둘째, 대가족제도에서 핵가족제도로의 변화로 양육모델의 부재에 따른 부작용 때문이다. 과거에는 형제 수가 많아 직접 동생을 돌본다든가 대가족하에서 사촌이나 친척의 어린 동생을 돌보아

1) 한국보건사회연구원(2019)의 유배우 여성(15~49세) 10,630명을 대상으로 남편이 할 일은 돈을 버는 것이고 아내가 할 일은 가정과 가족을 돌보는 것이다에 대해 찬성 26.1%, 반대 73.9%, 아이는 아버지보다 어머니가 더 잘 키울 수 있다에 대해 찬성 56.3%, 반대 43.7%, 2세 미만 자녀는 어머니가 직접 키우는 것이 좋다에 대해 찬성 92.1%, 반대 7.8%로 나타났다. 그리고 통계청(2019)의 자료에 의하면, 2018년 우리나라 13세 이상 인구의 전반적인 가족관계에 대하여 56.6%가 만족하고 있으며, 가족 중 자녀와의 관계에 대한 만족도가 75.6%로 가장 높았으며, 배우자와의 관계는 69.5%가 만족하고 있으며, 상대적으로 남자가 여자보다 만족하는 정도가 높았고, 부모와의 관계는 자기 부모와 배우자 부모에 대하여 만족하는 정도가 각각 66.9%, 56.5%로 나타났고, 자기 형제 · 자매와의 관계는 55.7%가 만족하며, 남자보다는 여자가 만족하는 비율이 높은 것으로 나타났다.

주는 경험을 자연스럽게 할 수 있었다. 그러나 현대의 젊은 부모들은 성장과정에서 양육과정에 참여할 기회를 거의 갖지 못하고 성장하기 때문에 부모교육이 필요하다. 셋째, 사회의 산업화·도시화는 개인의 사회 이동을 증가시키게 되었고, 이에 따른 자녀 문제가 심각한 사회적 문제(학교폭력, 집단따돌림, 자살 등)로 제기되고 있으며, 정보화 시대에 훌륭한 부모역할에 대한 상반된 정보들이 공존하고 있기 때문에 부모교육이 필요하다. 넷째, 성역할 개념의 변화이다. 즉, 사회생활 및 직장생활은 남성의 영역이고, 여성은 가정에 속한 존재로서 양육에 책임을 져야 한다는 생각에서 벗어나 양육을 부부의 공동 책임으로 받아들이고 있기 때문이다. 부모 입장에서의 부모교육의 필요성을 구체적으로 살펴보면 <표 1-2>와 같다.

〈표 1-2〉 부모의 입장에서의 부모교육

- 대가족제도에서 핵가족제도로 전환됨에 따라 조부모의 교육적 역할이 제약을 받게 되었다.
- 자녀양육을 위한 표준적인 부모역할모델이 없다.
- 부모로부터 전통적으로 전수되는 교육 또는 양육방식에 많은 모순과 불합리성이 내재되어 있다.
- 자녀의 전인적 성장·발달을 도모하는 데 필요한 지식, 정보, 기술이 없으며, 또한 이러한 것을 체계적으로 교육받을 사회적인 체계와 시스템이 없다.
- 자녀교육을 위한 바른 교육관, 양육관이 정립되어 있지 않다.
- 수많은 교육적 정보와 지식 중에서 부모의 여건에 맞는 정보와 지식을 선택할 수 있는 식견이 부족하다.
- 한 가정에서 아버지와 어머니의 과거 생활 배경이 다른 데에서 오는 교육적 의견 차이를 좁힐 수 있는 방안이 없다.
- 자녀교육을 위해 교육기관이나 사회와의 협조체계가 부족하다.
- 자녀교육방법이 최고도로 전문화됨에 따라 부모능력으로는 자녀지도에 한계가 있다.
- 급속한 사회변화 속에서 발생되는 자녀들의 교육적 문제를 해결할 수 있는 능력과 식견이 부족하다.
- 성역할의 해소로 부부가 공동으로 자녀교육을 책임지게 되면서 동일한 교육관과 교육방법을 체득할 필요성이 절실하다.[2)]

출처: 고정곤 외(2014). 부모교육. 양서원. p.67.

2) 최근 아버지 부모교육에 대한 필요성이 증대되었다. 아동의 성장과정에서 아버지가 미치는 영향력이 상당한 비중을 차지함에도 불구하고 전통적으로 자녀양육의 역할은 여성의 몫으로 간주되어 왔다. 특히, 여성의 사회참여와 이혼율이 증가하면서 양육자 부재현상이 심화되고 있다. 많은 남성들이 아버지 역할의 중요성을 인식하고 있으나 아직도 자녀양육의 일차적인 책임자가 어머니라고 생각하고 있으며, 실제 참여율도 높지 않다. 따라서 아버지 교육이 보다 절실하게 요구되고 있는 실정이다(정옥분, 정순화, 2016).

(2) 아동의 입장

부모교육의 필요성을 아동의 입장에서 본다면, 부모교육이 아동의 신체, 사회, 정서, 인지 등의 제 발달에 영향을 주기 때문이다. 즉, 아동의 발달에 부모의 영향이 크기 때문에 부모교육이 필요하다는 주장이다. 현대사회에서 자녀양육의 상당 부분이 사회로 이전되고 있으나 아직까지 부모는 자녀의 발달에 가장 큰 영향을 미치는 중요한 인물이다. 특히, 초기 발달에서 부모의 영향을 고려한다면 부모교육은 자녀의 성장발달에 긍정적인 영향을 미칠 수 있는 가장 효율적인 방법으로 간주되고 있다. 아동의 입장에서 부모교육의 필요성을 구체적으로 살펴보면 <표 1-3>과 같다.

〈표 1-3〉 아동의 입장에서의 부모교육

- 부모의 자녀에 대한 올바른 교육관이 정립되지 못하여 자녀들의 바람직한 성장·발달을 도모할 수 없다.
- 급격한 사회적 변화 속에서 발생되는 자녀에 대한 사회적·심리적·정서적·신체적 문제를 해결해 줄 수 있는 부모의 능력이 부족하다.
- 부모의 그릇된 교육관, 자녀교육지도에 대한 지식과 정보 부족으로 자녀교육에 대한 편견과 오해가 많다.

출처: 고정곤 외(2014). 부모교육. 양서원. p.67.

(3) 교사의 입장

부모교육의 필요성을 교사의 입장에서 본다면, 유아교사는 교육의 목표를 설정하고, 내용을 구성하며, 방법을 선택하여 교육활동을 실행한다. 즉, 교육적 상황 내에서 유아와의 상호작용을 기반으로 다양한 역할을 수행하는 존재이기 때문에 타 분야에 비해 유아를 담당하고 있는 유아교사의 영향력이 상대적으로 크다고 할 수 있다. 이와 같이 유아교사는 유아의 성장과 발달에 매우 중요한 역할을 담당하는 것은 사실이지만 부모와의 상호작용 없이는 불가능하기 때문에 부모교육이 필요하다. 교사의 입장에서 부모교육의 필요성을 구체적으로 살펴보면 <표 1-4>와 같다.

〈표 1-4〉 교사의 입장에서의 부모교육

- 부모, 교사 간의 이질적인 교육방법에서 오는 갈등이 많다.
- 부모의 교육기관이나 교사에 대한 편견, 불만, 불평, 불만족에 대한 각종 언어적 표현은 자녀들에게 갈등과 혼란을 가져온다.
- 가정과 교육기관 간에 연계체계가 이루어지지 않아 자녀교육의 효율성을 높이는 데 어려움이 많다.

출처: 고정곤 외(2014). 부모교육. 양서원. p.68.

(4) 사회적 입장

부모교육의 필요성을 사회적 입장에서 본다면, 인적자원의 효율적 개발, 사회균등, 경제적 측면에서 생각할 수 있다. 국가발전의 원동력은 인간이며, 인적자원의 지적·인성적 기반이 유아기에 형성되므로 유아에게 절대적 영향을 주는 부모교육의 강조는 당연한 것이다. 그 뿐만 아니라 부모교육은 후세대 교육의 수준을 높이고, 장래 인적자원의 질을 높여 빈곤계층의 폭을 좁히는 데 중요한 수단이 되며, 그 결과 사회균등을 이루는 데 중요한 역할을 하게 된다. 경제적 측면에서 보면 교육에의 투자는 어릴 때 할수록 효과가 크다. 따라서 질적 수준이 높은 인적자원을 확보하기 위해서는 유아기에 교육투자를 할 필요가 있으며, 유아를 가장 효과적으로 교육시킬 수 있는 교사는 바로 부모이기 때문에 부모교육이 필요한 것이다(유효순, 이원영, 2007). 사회적 입장에서 부모교육의 필요성을 구체적으로 살펴보면 <표 1-5>와 같다.

〈표 1-5〉 사회적 입장에서의 부모교육

- 아동기에 가정교육의 부재나 소홀은 국가적인 인재 양성에 있어 초기의 결손을 가져올 우려가 있다.
- 부모는 지역사회 내의 청소년에 대하여 부모와 교사로서의 역할을 수행함에도 불구하고 이를 위한 교육적 지식과 기술이 부족하다.
- 사회 내에서 만연하고 있는 그릇된 교육관은 부모 한 사람 한 사람의 그릇된 교육관에서 기인된다.
- 부모의 그릇된 교육관으로 아동기에 잘못 양육된 사회적 범죄는 막대한 국가적·사회적 비용을 요구한다.
- 아동교육을 위한 부모, 교사, 사회의 연계체계가 구축되어 있지 않다.
- 현대사회가 낳은 다양한 가족구조에서 발생되는 각종 사회적 문제를 가정이나 교육기관에서 근본적으로 해결해야 할 필요성이 있다.

출처: 고정곤 외(2014). 부모교육. 양서원. p.68.

3) 부모교육의 목표

부모교육의 목적과 내용은 사회적 변화에 따라 달라진다. 즉, 아동을 보는 관점에 대한 새로운 인식과 더불어 부모교육의 중요성을 강조한 코메니우스(Comenius) 이후 부모교육에 대한 인식도 달라졌다. 20세기 후반에는 아동의 인지발달에 많은 관심을 두면서 부모 - 자녀 간의 인간적이고 민주적인 관계를 형성하기 위한 노력을 하게 됨에 따라 부모교육의 필요성이 점차 확대되었다(성영혜 외, 1994).

헤드스타트(Head Start) 프로그램을 시초로 보다 체계적인 부모교육의 요청이 심각해졌다. 저소득층의 문화 실조아들을 위한 보상교육을 새로운 과제로 등장시킨 것이 직접적인 계기가 되었으며, 이 프로그램이 설정한 부모교육의 목적은 크게 세 가지로 첫째, 유아발달 및 교육에 중요한 영향을 주는 역할을 지지하고 촉진시키는 활동 및 경험이 포함된 프로그램을 제공한다. 둘째, 부모 자신을 아동복지에 책임 있는 보호자, 유아의 첫 번째 교육자, 지역사회의 공헌자라고 인식하도록 한다. 셋째, 부모는 부모참여 프로그램의 계획·운영에 대한 의사결정에 참여하고, 부모를 위한 활동과 관찰자, 지원자로서 부모참여의 기회를 제공한다는 것이다(김현주 외, 2013).

그리고 황옥자(1992)는 부모교육의 목표를 두 가지로 제시하고 있는데, 첫째, 부모가 바람직한 인품을 갖출 수 있도록 도와주는 데 있다. 예를 들어, 자아존중의식의 향상과 합리적인 사고능력 배양, 안정적인 정서적 태도, 책임감 발달 등 모두 부모의 성숙된 인격에 포함된 내용들이다. 둘째, 자녀로 하여금 전인적 발달이 이루어질 수 있도록 도와주는 데 있다. 구체적으로 유아기에 대한 심도 있는 이해, 유아와 친밀한 관계 유지하기, 유아교육에 필요한 지식 및 기술 습득하기 등의 부모교육 기능을 증진시킴으로써 바람직한 자녀교육을 수행할 수 있도록 돕는 데 있다고 주장한다.

부모교육은 부모가 자녀의 성장과 발달에 중요한 영향을 미치기 때문에 부모를 교육시키면 자녀에게 긍정적인 영향을 미칠 것이라는 가정에서 출발하고 있다. 그리고 현대사회의 다양한 변화로 인한 부모의 교육적 기능 역할 약화와 부모의 가치체계

혼란과 같은 복잡한 문제로 인하여 부모교육의 필요성이 더욱 절실히 요구되고 있는 실정이다. 따라서 부모의 가치관이나 태도 및 행동은 자녀의 자존감, 성격형성, 사회화 등 자녀의 성장과 발달에 핵심적인 영향을 주기 때문에 유아기 부모들은 지속적으로 부모교육을 받아야 한다. 파인과 헨리(Fine & Henry, 1989)는 부모교육의 목표를 <그림 1-1>, <표 1-6>과 같이 주장하고 있다.

과정	내용	과정
A. 정보제공 • 강연 • 집단토의 • 관련 서적 읽기 • 부모집단모임	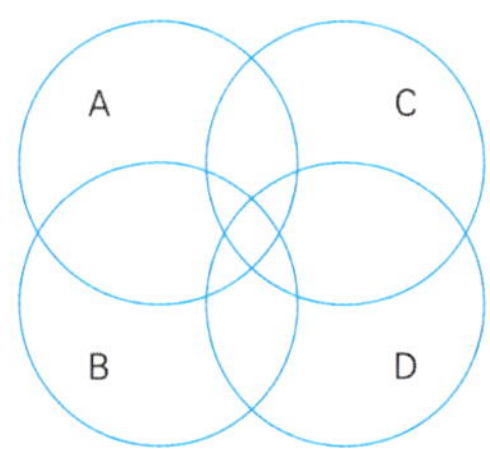	C. 기술습득 • 시범 · 연습 · 피드백 • 관련 서적 읽기 • 토의
B. 신념변화 • 집단토의 • 개별 · 집단활동 • 자기분석 연습 • 일기 쓰기와 기록		D. 문제해결 • 과제에 대한 피드백 • 관찰에 대한 피드백 • 토의 • 추후 검토

〈그림 1-1〉 부모교육의 목표

출처: Fine, M. J., & Henry, S. A.(1989). Professional issues in paraent education. In M. J. Fine(Ed.), Handbook on parent education, pp.3-20. San Diego, CA: Academic Press.

〈표 1-6〉 부모교육의 목표

구분	내용
정보제공	부모교육의 일차적인 목표는 자녀의 성장과정이나 양육방법과 관련된 폭넓고 전문적인 지식이나 정보를 제공해주고, 이를 상호 간에 교환할 수 있도록 도와주는 것이다. 부모들은 강연회나 토론회, 독서모임 등을 통해 정보를 습득하거나 정보를 교환할 수 있다.
신념변화	부모가 자신의 신념에 대해 명료하게 인식하고, 문제가 있을 경우 이를 변화하도록 도와주는 것이 부모교육의 목표이다. 이는 집단토의 및 자기분석 활동, 일기 쓰기 등을 통해 달성할 수 있다.
기술습득	부모로 하여금 효율적인 부모역할을 수행하는 데 필요한 특정한 기술을 습득하도록 돕는 것이다. 이 목표를 달성하기 위해 가장 보편적으로 다루고 있는 내용은 부모 - 자녀 간의 의사소통기술에 관한 것이다.
문제해결	일상생활에서 자녀와의 상호작용 과정에서 직면하게 되는 여러 가지 문제들에 대한 해결능력을 증진시키는 것이다. 이는 문제해결단계의 기술 혹은 행동수정기법들을 익히고 실천함으로써 달성될 수 있다.

이상의 여러 가지 부모교육의 목표를 종합해보면, 부모교육의 전반적인 목표는 다음과 같이 설정해볼 수 있다(한국행동과학연구소, 1983). 첫째, 자녀의 발달을 촉진시키기 위한 부모의 역할을 인식하도록 부모를 돕는다. 둘째, 자녀의 사회, 정서, 인지, 언어, 신체발달과 이러한 발달을 촉진하는 환경조성에 관한 지식을 갖도록 돕는다. 셋째, 유아교육상 부모로서 당면한 문제들을 해결하는 데 필요한 정보와 기법을 습득하도록 부모를 돕는다. 넷째, 유아교육에 적극 참여하도록 부모를 돕는다. 다섯째, 일상생활에 필요한 일반상식을 갖도록 돕는다.

이와 같이 부모교육은 부모로 하여금 자녀교육에 대한 책임을 인식하고, 주어진 책임을 수행하는 데 필요한 지식과 기능을 습득하여 부모에게 요구되는 기본적인 태도를 지니도록 하기 위해 의도적으로 주어지는 효과적인 교육과정인 것이다. 부모교육 프로그램에서는 부모로 하여금 가정에서 아동교육을 인식하고 교육에 필요한 지식과 기능을 습득하는 것을 강조한다. 또한 부모와 자녀 간의 관계를 원만히 하고 이를 유지·발전시키는 데 필요한 부모의 습관적인 행동과 태도에 대하여 검토해 보고 자녀양육의 새로운 방법을 습득하도록 한다.

2. 부모교육의 역사와 현황

1) 서양의 부모교육

서양에서의 부모교육은 20세기를 기점으로 발전을 거듭해오고 있다. 그러나 고대와 중세사회에서도 부모교육은 미비하였지만 존재했었다. 서양의 부모교육의 역사와 현황을 살펴보면 다음과 같다.

(1) 서양의 부모교육의 역사

고대사회 부모교육학자로는 이상 사회건설을 위해서 아동은 태어나는 순간부터 국가가 지정한 보모가 있는 탁아소에서 양육되어야 한다고 주장한 플라톤(Platon)과 아동은 개인차가 있으므로 가족이 양육해야 잠재력을 최대한 발휘할 수 있다고 주장한 아리스토텔레스(Aristoteles)를 들 수 있다. 구체적으로 플라톤은 그의 저서 『국가론』에서 이상적 국가는 교육에 의해 실현되므로 국가는 우수한 남녀를 결혼시켜 우수한 아이를 출산하도록 하는 것이 매우 중요하다고 강조하였고, 아리스토텔레스는 5세까지는 유아의 성장이 지체되지 않도록 충분히 먹이고, 추위에 익숙해지도록 건강하게 양육하여야 하며, 이 모든 양육이 어머니와 유모에 의해 이루어진다고 하였다.

로마시대에도 가정교육을 매우 중요시한 흔적을 찾아볼 수 있다. 모친의 무릎에서 이루어지는 가정교육은 자녀의 올바른 성격과 바람직한 인생관을 갖도록 하는 데 가장 중요한 영향을 준다는 점을 인정하였으며, 유모나 가정교사, 보모의 역할도 중요시하였다. 그러나 이 역할은 부모를 돕는 역할에 그치고 결국 자녀양육의 책임은 부모가 가장 큰 몫을 하는 것으로 부모교육의 중요성이 강조되었다(유안진, 1995).

중세사회에는 아동을 성인의 축소판으로 간주하였고 기독교적인 관점에서 성경을 바탕으로 성악설적인 입장에서 부모에게 아동을 교화시키는 책임이 부과되었다. 이러한 사고를 토대로 자녀를 독단적이며 부당하고 심하게 다루었다. 이 시기의 부모교육학자로는 루터(Luther)가 있다. 그는 자녀를 가정에서 부모가 아닌 학교에 보내서 교육시켜야 한다고 주장하였다. 하지만 중세와는 달리 서구 근대사회는 아동기를 하나의 발달단계로 인식하게 되었다.

17~18세기는 본격적인 부모교육의 원년으로 세상에 태어난 모든 사람들은 평등하게 교육받아야 한다는 범교육(汎敎育)과 성선설을 주장한 코메니우스(Comenius)가 있다. 아동은 선하게 태어났으므로 자연적인 방법으로 양육을 하고, 책이 아닌 자연 속에서 뛰어놀며 내부에 잠재된 동기를 발현하기 위해 아동을 존중해야 한다고 부모를 교육하였다. 또한 로크(Locke)는 인간의 경험하는 바가 모든 사상의 근원이 된다는 '백지설'을 주장하며 가정교육을 중시하였고 부모는 자녀교육을 위해 벌보다는 칭찬을 하며 바람직한 모델이 되어야 한다고 강조하였다. 루소(Rousseau)는 인간은 본래

선하게 태어났으므로 아동양육은 자연적인 방법으로 실시해야 하며, 책으로 공부시키기보다는 동기를 유발하기 위해 자연 속에서 뛰어놀 수 있도록 해야 한다고 주장하였다. 따라서 아동의 내부에 잠재해 있는 자연적 발달을 돕기 위해서는 아동을 존중하고 외부에서 구속하지 말며 아동 스스로 보고 느끼고 생각하도록 도와주어야 하고, 아동에게 주입식, 암기식으로 가르치지 말며 자연을 통해 배우도록 해야 한다고 주장하였다. 이를 위해 부모는 아동의 연령과 능력에 맞게 과제를 제시하고, 개인차를 고려하여 내적 동기가 표현될 수 있도록 지나친 간섭을 피해야 한다고 주장하였다.

19세기에 들어서면서 루소의 영향을 받은 페스탈로치(Pestalozzi)는 『게루트루드는 어떻게 자녀를 가르쳤나(How Gertrude Teaches Children)』의 책을 통해 도덕과 종교교육을 강조하며 현대적인 부모교육을 실시하였다. 그리고 프뢰벨(Fröbel)은 유치원을 창설하였고, 스텐리 홀(Hall)은 유아에 대한 연구를 처음 대학에서 제도화하고 아동연구센터를 설립하여 '설문지법'을 사용한 아동연구를 하였다. 그리고 해리슨(Harrison)은 1884년 유치원에서 '자모교육 프로그램'으로 집단부모교육을 실시하였다.

20세기에 들어오면서 프로이트(Freud)의 정신분석이론, 왓슨(Watson)의 행동주의이론, 게젤(Gesell)의 성숙주의이론, 듀이(Dewey)의 자연주의이론 등 현대화된 발달이론의 영향으로 부모교육도 한 단계 발전하는 계기가 되었다. 더불어 1970년대에는 고든(Gordon)의 효율적인 부모역할훈련, 로저스(Rogers)의 내담자 중심치료, 스키너(Skinner)의 행동수정이론 등이 바탕이 되어 다양한 부모훈련 프로그램이 개발되어 적용되기 시작하였다. 이와 함께 드라이커스(Dreikurs, 1958)의 민주적 양육방식이론, 기노트(Ginott, 1965)의 인본주의 양육방식이론, 번(Berne, 1964)의 상호교류분석이론, 고든(Gordon, 1975)의 부모의 효율성훈련이론 등이 발표되면서 이에 근거한 다양한 부모교육 프로그램이 개발되었다.

20세기 후반에 와서는 아동의 인지적 성장과 발달에 관심을 기울이게 되고, 부모와 자녀 간의 민주적인 관계형성을 위한 노력을 하게 되면서 부모교육의 필요성이 점차 확대되기 시작하였다. 또한 유아의 초기 경험의 중요성이 새롭게 인식되고 유아교육에 대한 관심이 높아지면서 유아를 위한 부모교육이 보다 체계화되고 조직화되기 시작하였으며, 유아교육의 효과를 극대화하기 위해서는 부모교육 및 부모참여가 선행되어야 함을 강조하게 되었다(이원영, 1985).

그리고 20세기 이후 현재는 급격히 변화하는 사회에서 취업모, 한부모, 이혼율의 증가로 유아들은 정신적·정서적·사회적 장애를 더욱 가까이 경험하게 되는 어려운 상황에 놓여 있기 때문에 예방적 부모교육 프로그램이 개발되어 적용되고 있다.

(2) 서양의 부모교육 현황

① 드라이커스(Dreikurs)의 부모교육이론에 기초를 둔 부모연구회

부모연구회는 드라이커스(Dreikurs, 1958)의 부모교육모델 중의 하나로 오늘날 미국이나 캐나다에서 널리 행해지고 있는 부모교육 중의 하나이다. 여기에서 부모들은 자녀를 허용적이거나 독재적으로가 아니라 민주적으로 지도하는 것을 배우게 된다. 이 연구회의 기본 원리는 다음과 같다. 첫째, 부모와 자녀 간의 민주적 관계는 다정하고 엄격한 태도로서 상호 존중을 바탕으로 한다. 다정함은 아동에게 표현되는 것이고, 엄격함은 부모 자신에게 적용되는 것이다. 둘째, 아동의 잘못된 행동목표를 알아내고, 이러한 행동의 사회적 결과를 이해하도록 함으로써 부모들이 아동을 심리적으로 이해하도록 한다. 셋째, 보상과 벌은 모두가 사회적으로 평등한 진정한 민주적 사회에서는 존재하지 않은 것으로서, 자연스러운 논리적 결과는 개인의 권위를 현실의 권위와 그 상황에 대한 사회적 욕구로 대치된다. 넷째, 아동을 존중하고, 사랑하고, 지지하고, 한 개인으로서의 가치를 나타내 주는 격려는 아동으로 하여금 자신의 가치에 대해 보다 긍정적으로 느끼게 하는 중요한 수단이다. 즉, 아동의 바람직하지 못한 행동은 격려가 없음을 나타내는 것이다. 아동의 힘을 강화함으로써 부모의 애정, 수용, 사랑을 통해 협동적 관계가 형성된다. 이러한 우호적 관계에서 부모는 아동이 보다 건설적이고 사회적으로 유용한 태도와 행동을 갖도록 하는 데 도움을 줄 수 있다.

② **기노트(Ginot)의 부모상담모임**

기노트(Ginot, 1965)는 그의 임상경험을 토대로 하여 의뢰되어 오는 아동의 부모를 위한 세 종류의 치료, 즉 집단심리치료, 집단부모상담, 집단지도를 개발하였다. 이 중 그가 임상작업을 부모 - 중재의 연속선상으로 개념화한 것 중에서 아동 - 중재, 즉 아동 중심에 가까운 것으로서, 여기에서는 부모의 효능성을 증가시키는 데 초점을 둔다. 이러한 경험을 토대로 기노트(Ginot)는 비의뢰집단의 부모들에게 사용될 수 있는 부모교육을 고안하게 되었는데, 이것이 바로 부모상담모임이다. 부모상담모임은 10~20명의 부모들이 15주 동안 매주 모임을 갖고 아동에 관한 다양한 문제들에 대해 자신의 느낌을 이야기하고, 부모와 자녀 간의 효과적인 의사소통기술을 증진하기 위한 워크숍을 갖는 것이 특징이다.

③ **고든(Gordon)의 부모효율성훈련**

고든(Gordon, 1975)의 부모효율성훈련(Parent Effectiveness Training: PET)은 부모와 자녀 간의 효율적 대화 및 자녀양육의 기술을 익히도록 하는 것이다. 이 프로그램에서는 부모들을 가르칠 수 있는 지도자 교육과 직접 부모를 대상으로 하는 교육 프로그램이 있다. 부모들을 가르칠 지도자는 본부의 전문가로부터 이론 및 실제에 대한 훈련을 받고 자격증을 취득해야 한다. 이들 지도자들은 지역사회에서 약 10명 정도의 모임을 구성하여 프로그램을 실시하게 된다. 특히, 이 프로그램에서는 역할놀이를 통해 자녀와의 대화 및 자녀양육기술을 익히고, 가정에서 직면하는 여러 문제를 다루어 보게 된다.

④ **효율적 부모역할을 위한 체계적 훈련(STEP)**

효율적 부모역할을 위한 체계적 훈련(Systematic Training for Effective Patenting: STEP)은 드라이커스(Dreikurs, 1958)와 고든(Gordon, 1975)의 이론 중 장점만을 골라 체계화한 것이다. 이 프로그램은 9주에 걸쳐 한 주에 한 장씩 진행되는 체계적인 부모훈련 프로그램이다. 조직적이고 단계적이며, 특히 강사를 위한 지침서가 명확하고 체계적으로 제시되어 있는 것이 특징이다.

2) 한국의 부모교육

우리나라 부모교육의 역사는 우리 사회의 역사적 변천에 따라 변화되어 왔다. 즉, 전통사회부터 현대사회에 이르기까지 아동의 발달과정에서 부모의 역할을 중요시하였으며, 이를 위해 부모교육을 다양한 방법으로 운영하여 왔다. 우리나라의 부모교육의 역사와 현황을 살펴보면 다음과 같다.

(1) 한국의 부모교육의 역사

과거 우리나라의 부모교육 역사를 살펴보면 전통사회는 『빙허각(憑虛閣)』, 『계녀서(戒女書)』, 『내훈(內訓)』, 『규합총서(閨閤叢書)』, 『규범(閨範)』 등의 서적들이 태교와 자녀양육에 관한 지침이 되었고 의학서적인 『동의보감(東醫寶鑑)』 등의 책을 통한 안방교육이 자녀를 교육하는 부모교육의 주를 이루었다. 그 내용은 유교원리에 의해 '엄부자모'를 모델로 삼았으며 효와 예, 기본생활습관의 교육에 관한 내용이었다.

한국에서 부모교육이 본격적으로 시작된 것은 1910년대 주로 대학과 유치원을 중심으로 시작되었다. 1910년경부터 미국의 부모교육이 우리나라에 도입되었고, 1920년 후반부터 허길래에 의해 「새가정」이라는 잡지가 출판되어 바람직한 자녀양육방법이 보급되었다. 일제치하의 어려움으로 1920~1930년대는 부모교육이 활발하지 못했으나, 해방 이후 1950년대는 소수 대학의 부속유치원 등에서 부모회를 조직하여 부모가 자녀교육에 관심을 갖도록 하였다. 그러나 부모교육의 필요성에 대한 사회 전반적인 분위기와 호응도는 낮았다(이원영, 1985).

현대적 의미의 부모교육의 움직임은 1980년대 초부터 시작되었고, 현재 유아교육기관을 중심으로 유아기 자녀를 둔 부모에 대한 부모교육이 연간계획안에 의해 진행되는 등 비교적 활성화되었으며, 대부분의 유아교육기관에서는 효율적 부모역할을 위한 체계적 훈련(STEP) 부모교육 프로그램을 많이 사용하였다. 1910년대 이후부터의 부모교육의 특징에 대해 살펴보면 <표 1-7>과 같다.

〈표 1-7〉 1910년대 이후의 부모교육의 특징

시대	특징
1910~40년대	1914년 미국의 선교사 브라운 리(Brown Lee)가 이화정동유치원을 설립・운영하면서 어머니회를 조직하고 허길래는 전국감리교회와 유치원을 중심으로 이를 더욱 활성화시켰다. 1922년 소파 방정환이 어린이날을 제정하여 어린이 교육의 방향을 제시하였고 부모교육의 핵심이 되었다. 그리고 1941년에는 이화여자대학교 보육과에 부모교육이 최초로 개설되었다.
1950년대	이 시기는 부모교육이 활발이 진행되지 못한 시기이다. 각 유치원에서 어머니만을 대상으로 한 자모회가 조직 운영되는 정도였으며, 사회 전반에서 유아교육과 부모교육에 대한 인식과 호응이 부족한 상황이었다.
1960년대	이 시기 이후 유아에 대한 관심과 부모역할의 중요성에 대한 인식이 고조되면서 부모교육에도 중대한 변화를 가져오게 되었다. 즉, 여성 단체들을 통한 여성의 사회교육 내용에 부모교육이 강조되기 시작하였고, 대중 여성잡지나 TV 등의 매체에서도 부모교육의 내용이 많이 다루어지기 시작하였으며, 유아교육기관에서도 이 분야에 대해 관심을 가지기 시작하였다.
1970년대	정부 차원에서도 유아교육에 대한 관심이 증가되고, 부모교육 심포지엄을 개최하였으며 많은 유치원에서도 다양한 부모교육 프로그램을 개발하여 실험적으로 운영된 시기이다. 이 시기에 미국이나 유럽을 중심으로 개발된 부모참여 및 부모교육 프로그램을 우리나라에 적용하고자 하는 시도들이 많아졌다. 유아교육기관에서는 전통적으로 해오고 있던 강연회, 면담, 가정통신, 놀잇감 교환 프로그램, 아버지 참여 프로그램, 가정방문 프로그램, 교사보조자 프로그램 등 다양한 부모교육 프로그램 등이 개발된 시기이다.
1980년대	이 시기는 국가 차원에서 유아교육이 활성화되면서 양적・질적 향상이 이루어졌으며, 유아교육에 대한 일반인들의 관심과 국가 정책에도 중요한 변화가 일어난 시기이다. 일간신문, 대중 여성잡지, TV, 라디오 등의 대중매체에서 부모교육을 위한 내용을 많이 다루었고 대부분의 유치원에서 다양한 부모교육 프로그램을 적용하는 등 부모교육 이론 및 실제를 정착하기 위해 많은 노력들이 있었다.
1990년대 이후	1990년대부터 지금까지의 부모교육은 여성의 사회 참여 증가와 가족구조의 변화로 자녀양육의 문제를 중요하게 다루었다. 따라서 다양한 부모교육 프로그램이 구안・적용되고 유아교육기관에서도 체계적인 부모교육이 시행되고 있다. 1990년대 이후 최근의 부모교육 동향은 부모교육의 목적에 관한 연구물을 기초로 프로그램의 효과 평가 및 프로그램 개발과정에 관한 문헌 개발, 국내・외에서 개발된 부모교육 프로그램에 대한 분석, 교육 현장에서 다양하게 활용할 수 있는 부모교육 프로그램의 개발이 제안되고 있다. 이 시기의 특징으로는 1980년대 이전에는 유치원을 중심으로 소극적인 부모교육의 형태로 지속되었으나 1990년대 이후부터는 적극적 형태의 부모교육이 시행되고 있다는 점이다.

(2) 부모교육의 현황

1900년 이후 프로이트의 정신분석이론과 왓슨의 행동주의이론이 체계화되면서 자녀양육 시 발달적 특징에 관심이 높아지고 자녀의 습관 및 성격발달에 부모역할의 중요성이 강조되었다. 즉, 부모교육은 인격형성자로서 부모역할을 원활하게 수행하도록 돕는 부모와 자녀 간의 인간관계 향상교육이라는 개념이 정립되고 이러한 인식의 바탕 위에 다양한 부모교육 프로그램이 개발되었다(류현정, 2006). 현재 우리나라에서 진행되고 있는 부모교육 프로그램 중 외국에서 개발되어 들어온 다음의 세 종류 프로그램과 한국청소년상담원에서 개발된 프로그램이 가장 많이 이루어지고 있다.

외국에서 개발되어 우리나라에 적용되어 온 부모교육은 첫째, 맥케이(Mckay, 1973)가 창안한 효율적인 부모역할 수행을 위한 체계적 훈련(Systematic Training for Effective Parenting: STEP)이다. 이 프로그램은 드라이커스와 고든의 이론 중 장점만을 골라 체계화한 조직적이고 단계적인 프로그램이다. 둘째, 고든(1975)의 효율적인 부모역할훈련(Parent Effectiveness Training: PET)으로, 이 프로그램에서는 부모와 자녀 간의 효과적인 대화 및 자녀양육기술 익히기를 강조한다. 셋째, 적극적 부모역할훈련(Active Parenting Now: APN)은 포프킨(Popkin)이 아들러(Adler), 드라이커스, 로저스, 카르프(Carkhuff)와 고든, 기노트, 엘리스(Ellis)의 RET와 에릭슨(Erickson)의 이론을 바탕으로 창안한 가장 최근의 프로그램이다.

이상은 외국에서 개발되어 진행되는 프로그램인데, 한국청소년상담원(1993)에서 국내연구자들이 한국사회의 가족관계상황에 맞게 개발한 ‘자녀의 힘을 북돋우는 부모’라는 부모교육 프로그램이 있다. 이 부모교육 프로그램은 부모의 자녀에 대한 이해와 지식을 증진시키고, 자녀를 양육하는 새로운 방법을 습득하도록 도와주는 다양한 교육적 경험이자 가족기능강화과정이며, 구성내용은 자녀의 발달에 대한 이해, 의사소통기법, 문제해결능력 향상, 효율적인 양육기술을 높이는 방법들이다. 지속적이고 체계적인 교육을 통해 부모 - 자녀관계의 긍정적인 변화는 가족구성원 전체에 영향을 주게 되므로 건강한 가족체계를 조성하는 하나의 요인이 될 수 있다(강문희,

1996). 최근 보건복지부(2020)에서는 양육자 역량강화를 위한 부모교육 체계화, 교육 유인책(인센티브) 부여 등을 통해 아동이 행복한 나라를 만들기 위해 제2차 아동정책 기본계획(2020~2024)을 수립하였고, 보건복지부(2018)에서는 '발견! 아이장점, 키움! 가족놀이', '자녀 놀이에 어떻게 참여하나요', '유능하고 행복한 자녀로 키우기'와 2017년에는 '유아 보건교육 프로그램(부모용)'등의 부모교육 프로그램을 개발하여 보급하고 있다. 또한 육아종합지원센터(2020)에서도 '영유아 - 부모와 함께하는 부모교육 프로그램', '창의성과 부모교육', '바른 부모교육 프로그램', '존중받는 아이 함께 크는 부모'라는 부모교육을 영아 편과 유아 편으로 구분하여 제공하고 있다. 지금까지 매우 다양한 프로그램들이 개발되어 보급되고 있지만, 특히 새로운 시각으로 아이들을 바라보자는 내용들이 주류를 이루고 있다.

(3) 부모교육에 대한 관점의 변화

부모교육이 학문분야로 대두된 것은 부모가 자녀를 가정에서 양육하고 교육하는 과정에서 이에 관한 지식과 정보・기술이 절실히 요청되었기 때문이다. 가정은 사회의 가장 기본적인 단위조직으로 아동의 신체적 성장과 성격・인지발달 그리고 가치관 형성에 매우 중요한 영향을 미친다. 또한 가정환경은 일상적인 양육을 포함하여 정서적인 안정을 충족시켜 주고 일관성 있는 훈육과 사회적인 욕구를 충족시켜주는 부모양육 역할을 기대하고 있다.

아이는 자신의 주변과 상황에 대하여 이해하고 해석하며, 판단할 수 있는 능력을 가진 독립적인 인격체이다. 이런 관점으로 아이를 바라보고 아이의 감정, 생각, 요구, 바람을 존중하며, 자녀를 양육하는 부모도 많이 있다. 그러나 여전히 아이는 불완전하고 미숙하여 자신의 생각과 생존기술을 가지지 못해 부모의 보호와 지도를 받아야 하는 수동적 존재로만 보는 부모도 적지 않다. 그러므로 그런 시각으로 자녀를 보는 부모들은 훈육을 통해 부모의 관점에서 필요하다고 여겨지는 가치관이나 생존기술을 전해주려고 노력하게 된다. 아이를 바라보는 부모들의 관점에 따라 양육의 방향과 지향점이 달라질 수 있는데, 구체적인 내용은 <표 1-8>과 같다.

〈표 1-8〉 부모의 관점에 따른 양육의 방향과 지향점

아이에 대한 기존의 관점		아이 존중의 관점
미성숙하고 신체적으로 아직 미약한 존재		나름의 이해와 해석, 판단의 능력 그리고 발달과 성장의 가능성과 잠재력을 가진 존재
보호와 보살핌이 필요한 존재	→	독립적인 인격체로서의 건강한 발달과 행복한 삶을 누릴 수 있는 권리를 가진 존재
올바른 인성과 습관 형성을 위해 훈육이 필요한 존재		스스로 호기심을 가지고 주변을 끈기 있게 탐색하는 존재이며, 다른 사람과 관계를 형성하고 자기의 생각과 느낌을 나누기 좋아하는 사회적인 존재

출처: 중앙육아종합지원센터(2015). 존중받는 아이 함께 크는 부모(유아 편). p.8.

<표 1-8>에서 보는 것과 같이 자녀를 단순히 보호와 훈육의 대상으로 보는 시각에서 나아가 아무리 어린아이라도 그 나름의 생각이 있으며, 온몸으로 표현하고, 발달단계에 따라 생존기술이 성장되어 가는 능력 있는 존재로 보는 것이 중요하다. 이런 자녀 존중의 시각은 행복한 양육, 행복한 아이의 출발점이 될 수 있다. <표 1-9>와 같이 부모의 자녀양육을 지원하는 사이트를 통해 많은 정보를 얻을 수 있다.

〈표 1-9〉 부모의 자녀양육을 지원하는 사이트

- 중앙육아종합지원센터: http://central.childcare.go.kr/
- 한국건강가정진흥원: http://www.kihf.or.kr/
- 다문화가족지원포털 다누리: https://www.liveinkorea.kr/
- 어린이 환경과 건강포털: https://www.kihf.or.kr/
- 임신육아포털 아이사랑: http://www.childcare.go.kr/
- 중앙아동보호전문기관: http://www.korea1391.go.kr
- 식품안전나라: http://www.foodsafetykorea.go.kr/
- 복지로: http://www.bokjiro.go.kr/
- 식품의약품안전처: http://www.mfds.go.kr/
- 질병관리본부: http://cdc.go.kr/

〈그림 1-2〉 부모의 자녀양육을 지원하는 사이트의 예

MEMO

PARENT EDUCATION

CHAPTER 02

사회환경의 변화와 부모교육

▫ 배울 내용 ▫

1. 사회환경의 변화
2. 다양한 가족 유형
3. 현대사회의 부모역할

▫ 학습목표 ▫

1. 사회환경의 변화요인을 설명할 수 있다.
2. 다양한 가족 유형을 이해하고, 부모역할을 설명할 수 있다.
3. 현대사회의 부모역할을 설명할 수 있다.

1. 사회환경의 변화

우리나라는 1960~1970년대를 기점으로 전통사회에서 현대사회로 넘어오게 되었고, 20세기는 과학과 기술이 눈부시게 발전하였으며, 21세기는 정보의 시대로 접어들게 되었다. 전통사회에서 현대사회로의 변화는 산업화, 도시화, 정보화 등과 같은 사회구조의 변화에 의해 이루어졌으며, 이런 현대사회에 적응하면서 삶의 질은 향상되었지만 사회적·문화적인 구조와 함께 가족 또한 많은 변화를 겪고 있는 실정이다. 사회환경변화의 요인에 대해 살펴보면 다음과 같다.

1) 세계화와 정보화

세계화(globalization) 개념의 사전적 의미는 그동안 나라마다 달랐던 사회, 과학, 문화, 정치, 경제가 전 세계적으로 서로 밀접한 관계를 갖게 되는 과정을 의미하며, 그 결과 국민들의 삶의 질이 향상되었다. 그러나 경제 성장의 눈부신 발전이라는 긍정적인 측면도 있지만 부정적인 측면도 존재하여 온 것이 사실이다. 예를 들어, 1990년대 이후 금융의 세계화는 외환위기를 초래하여 국제통화기금(IMF)의 지배관리체제하에 들어가 경제적으로 예속되었고, 1997년과 2001년 카드대란 및 2008년 금융위기의 세 차례에 걸쳐 엄청난 경제위기를 맞이하면서 구조조정을 통한 퇴출과 낮은 임금으로 가정경제는 위축되었다. 이러한 사회적인 여파로 대량실업과 고용 불안정이 발생하였으며, 이것은 가족의 해체와 위기로 이어졌다. 즉, 이혼가정이 증가하면서 더불어 한부모가족이 증가하였고, 아이를 돌보지 못해 부모에게 양육을 맡겨 조손가정이 증가하게 되었다. 또한 가정경제의 위축으로 인해 여성의 사회 진출이 본격화되면서 가족주기에도 변화가 나타났다. 가족주기란 부부의 결혼에서 사망까지의 전 기간을 말하는데, 가족 기능의 주된 역할이 자녀의 출산과 양육에 초점이 모아졌으나 점차 핵가족화되면서 자녀의 교육과 부부관계로 초점이 모아지게 된 것이다(유영주 외, 2008).

그리고 경제의 세계화에 있어서 가족변화와 관련해서 주목되는 현상은 국제적 이주이다. 우리나라도 1990년 이후 외국인 노동자들의 이주와 더불어 국제결혼으로 인한 다문화가정이 증가하게 되었다. 한편, 세계화는 가족가치관도 변화시켰다. 가부장적인 전통가족문화보다는 서구의 양성 평등한 민주적인 가족문화를 선호하게 되었다.

또한 정보화는 세계화와 함께 사회변화를 급속하게 진행시킨 요인 중 아주 중요한 요소이다. 2017년 정보통신정책연구원(KISDI)이 발표한 'OECD 회원국의 인터넷 이용 현황 비교'에 따르면 우리나라의 인터넷 보급률과 이용률은 세계 최고수준인 것으로 나타났지만 연령 · 교육수준별 정보격차가 다른 나라에 비해 큰 것으로 나타났다. 즉, 정보검색, 뉴스 읽기 등 단발성 활동의 이용자 폭은 넓은 반면 클라우드 서비스, 온라인 강의 이용률 등 중요한 정보를 저장하거나 처리하는 활동은 이용자 폭이 제한적이었다. 그리고 연령별 인터넷 이용률은 16~24세 청년층(99.9%)과 55~74세 중장년층(64.3%)간 현저한 차이가 있었다. 특히, 중장년층 내에서도 교육수준에 따라 이용률 격차가 컸다. 이와 같은 정보 불평등은 세대에 따라 정보처리능력과 접근능력의 차이가 두드러지므로 가족의 결속력을 약화시키는 경향을 보이고 있다. 또한 서로 다른 문화들의 접촉과 혼융을 촉진시키기 때문에 개개인에게 가치관 혼란과 정체성 위기를 가져오기도 한다(임희숙, 2007).

이와 같은 세계화, 정보화의 물결에 의한 사회적 변화는 인간의 삶의 질을 향상시키는 원동력도 되었지만 결국 다양한 가족의 유형변화를 가져왔고, 가족의 기능, 가족가치관 등 가족의 구조적 변화를 가져온 근원이 되었다.

2) 산업화와 도시화

현대사회에서 가족의 변화는 산업화와 도시화와의 관련성이 매우 높다. 우리나라는 6 · 25전쟁 이후 경제, 문화, 정치 등 다각적인 면에서 국가를 회복시키려고 서구의 문물을 무분별하게 받아들였고, 전쟁으로 인한 피난민 이동과 정착은 도시화를 형성하게 되었다. 1960년대에는 농촌사람이 도시로 향하는 도시화 현상을 촉진하는 결과를 보였으며, 1970년대에는 새마을운동을 시작으로 경제발전을 통해 고용기회가 증가하였고, 1970년대 후반 정부가 중화학공업을 육성하기 시작하면서, 수도권 중심의 도시화 현상이 계속되었다. 도시화 현상은 생활환경을 편리하게 조성하고 전통적인 대가족이 함께 살기보다는 소수 인원의 가족이 살아가는 가족구조를 만들었다. 점차 거주지의 빈번한 이동과 경제적인 이유, 그리고 자녀교육 등으로 핵가족화를 형성, 일반화시켰다. 또한 1980년 민주화운동과 1990년 문민정부의 등장은 민주주의를 향한 과도기적 경험이었으며, 이로 인해 본격적인 산업사회로 진입하게 되었다. 결국 농업사회에서 산업사회로 변화하면서 전통적인 직계가족 형태에서 점차 핵가족화되어갔으며, 생활의 대부분이 편리함과 간소함에 집중되었다. 그리고 산업화는 편리함과 간소함의 대명사인 도시화를 불러일으켰다(권태환 외, 2006).

3) 인구변천

인구변천에 관한 세계적인 문제는 1960년을 전후로 발생한 인구의 빠른 증가이다. 조선 말까지 한국의 인구는 높은 사망률과 높은 출생률로 안정되어 있었다. 그러나 1920년 이후 과학과 의학의 발전은 사망률을 낮추었고 인구는 급격히 증가했다(권태환 외, 2006). 특히, 한국전쟁을 전후로 미루어졌던 결혼의 성사로 '베이비 붐(baby boom)' 현상이 일어나 출생률은 더욱 증가했다. 한국전쟁 당시 먹을 것이 부족했던 시절 전통적인 남아선호사상 때문에 여아보다는 남아에게 먹을 것을 더 챙겨주고, 장남에 대한 차별이 강했기 때문에 남녀 구성비는 많은 차이가 있었으며 여아의 사망률 또한 높았다.

그리고 정부의 가족계획사업도 인구변천의 한 요소로 작용하였다. 1950년대까지만 해도 가족계획운동은 '각자 알아서 알맞은 수의 자녀를 낳자'였으나 가족계획협회가 창립되면서부터 산아제한은 시작되었다. 1962년에는 '덮어놓고 낳다 보면 거지꼴을 못 면한다'는 슬로건이 등장했고, 1966년에는 '3·3·35운동'이라고 해서 3명을 3살

터울로 35세 이전에 낳자는 운동이 전개됐다. 이것은 점차 출산 감소를 나타내는데 큰 역할을 했다. 1970년대에는 '아들 딸 구별 말고 둘만 낳아 잘 기르자'라는 표어로, 1980년대에는 '하나씩 낳아도 삼천리는 초만원', 1982년에는 '둘도 많다. 하나 낳고 알뜰살뜰'이라는 캠페인 아래 피임기구 사용의 확대로 산아제한에 대한 사회적 인식이 확산되었다(이현숙, 2009). 그러다가 2004년에는 '아빠! 하나는 싫어요, 엄마! 저도 동생을 갖고 싶어요'(보건복지가족부, 2008)로 출산을 장려하는 내용으로 전환하게 되었다. 이와 같은 국가정책에도 불구하고 2020년 발표에 따르면, 우리나라의 출산율은 0.92명으로 OECD 국가 중에서 최하위로 나타났다<그림 2-1>. 이러한 사회문화적 변동은 현재 저출산과 고령사회라는 현대사회의 가장 중요한 쟁점이 되었다.

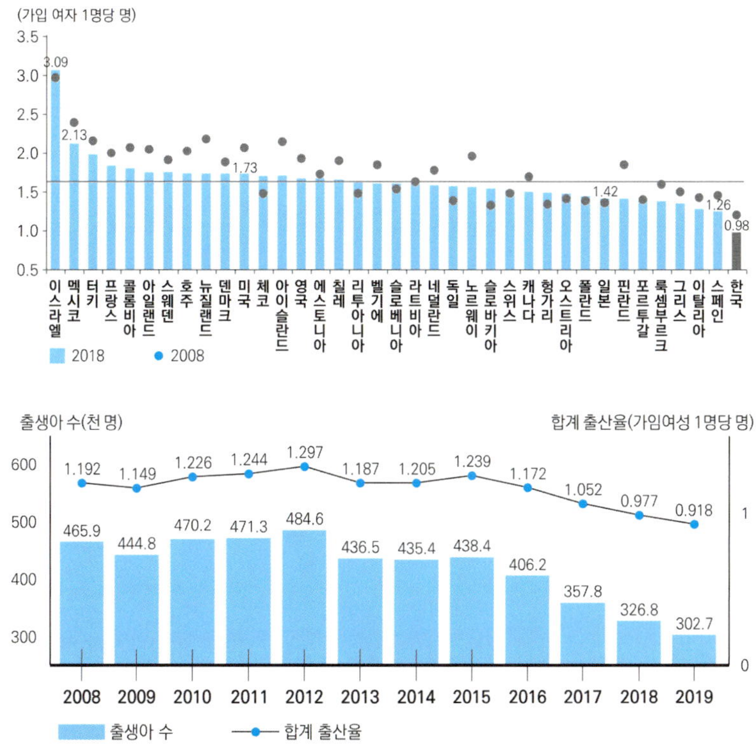

〈그림 2-1〉 우리나라의 출산율

출처: 통계청(2020). 2019년 출생 통계.

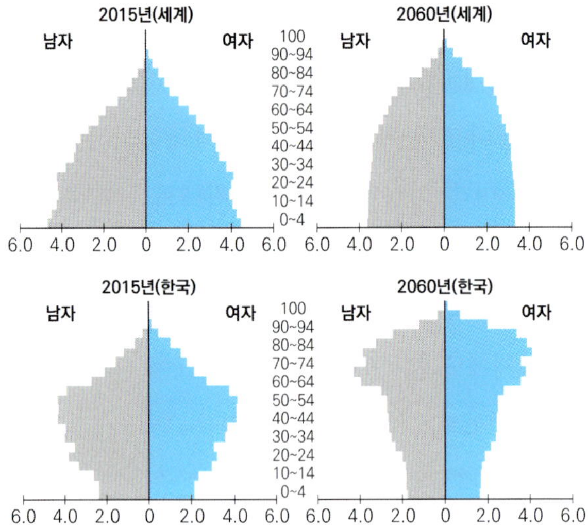

〈그림 2-2〉 출산율과 인구비율 피라미드

출처: 통계청(2017). 인구로 보는 대한민국.

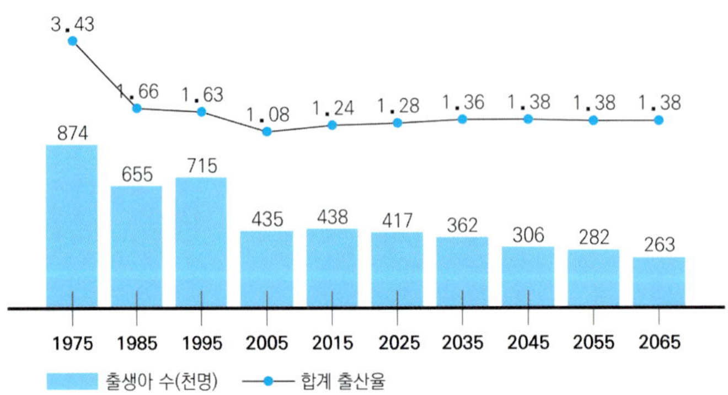

〈그림 2-3〉 출생아 수와 합계출산율

출처: 통계청(2017). 인구로 보는 대한민국.

<그림 2-3>에서 보는 것과 같이 1975년 출생아 수는 87만 4,000명이 넘었지만 2005년에 약 43만 5,000명으로 급격하게 감소하였고 2065년까지 점차적으로 감소할 예정이다. 그리고 여성 한 사람이 가임기간 동안 낳을 것으로 예상되는 평균 출생아 수를 의미하는 합계출산율(%)은 2018년 이후 최저출산율(1.0명 이하) 수준이 지속되

고 있는 상황으로 보고되고 있다.

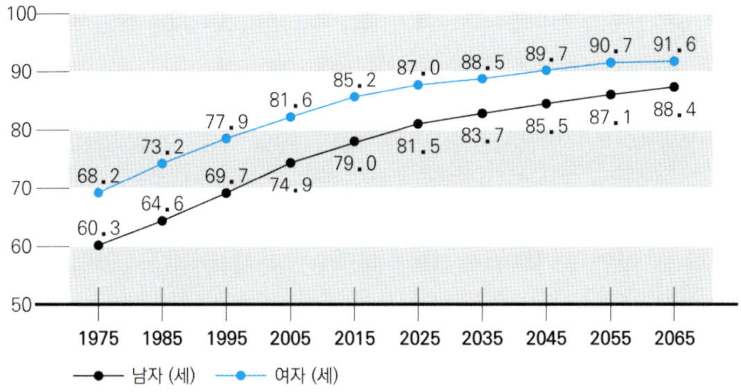

〈그림 2-4〉 기대수명

출처: 통계청(2017). 인구로 보는 대한민국.

출생아 수와 합계출산율은 점차 줄어들고 있지만, 반대로 기대수명은 증가할 것으로 예상되고 있다<그림 2-4>. 2065년에는 여자는 91.6살, 남자는 88.4살로 최근에는 증가 추세가 크게 둔화되고 있지만, 전반적으로 평균수명이 길어지는 것을 볼 수 있다. 따라서 고령화는 더 심해질 것으로 판단된다<그림 2-5>.

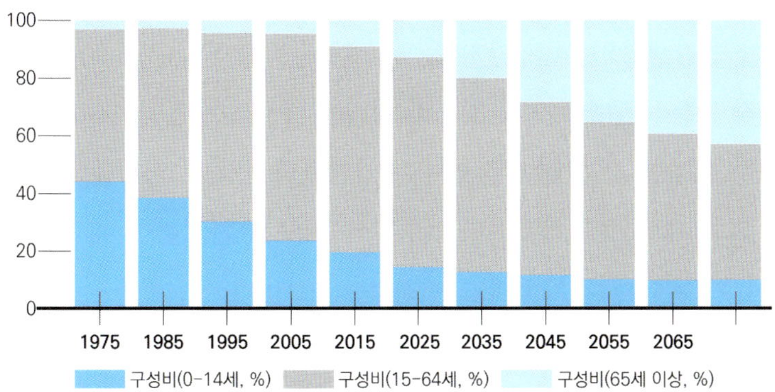

〈그림 2-5〉 연령계층별 인구구성비

출처: 통계청(2017). 인구로 보는 대한민국.

앞에서 살펴본 <그림 2-3>과 <그림 2-4>를 통해서 연간 출생아 수는 줄어드는 반면, 평균 기대수명이 길어지면서 고령화문제가 심해질 것을 유추해 볼 수 있다. 실제로 전체 인구 중 연령별 비중이 어떻게 달라지는지 연령계층별 인구구성비 자료를 보면, 그 차이를 쉽게 확인할 수 있는데, 2015년 대비 2065년 고령인구 비중은 4배 정도 증가하고 유소년인구 비중도 2015년 대비 59% 수준으로 감소할 것으로 예측된다<그림 2-5>. 생산 가능한 인구 비중이 줄어드는 것은 국가의 생산력, 경제력이 낮아지고 유소년과 고령인구 복지에 대한 부담이 커지는 것을 의미한다.

우리나라는 일본에 이어 세계에서 두 번째로 노인이 많은 나라이다. 2020년 현재 우리나라는 노인인구비율이 15.7% 정도(고령사회)인데, 2050년에는 38%로 높아질 것으로 예상되고 있다. 한국은 이미 인구 고령화 현상을 경험하고 있는데, 저출산과 결혼률의 감소가 그 원인이다. 산업화, 도시화 정책은 저출산율과 저사망률로 노인 인구의 증가 등 인구변천을 나타내 가족구성원에도 변화를 가져왔다.

이와 같이 인구변천은 사회, 경제, 정치적인 상황들과 연결되어 소가족, 핵가족, 해외 이민 등 가족구성체계에도 변화를 가져왔다.

4) 가치관의 변화

가치관이란 인간생활의 여러 가지 문제에 대해 바람직한 것과 해야 할 것에 대한 일반적인 생각 또는 신념으로 인간행동의 이면에 작용하는 철학이다(유영주 외, 2008). 가족의 다양한 유형이 나타나게 된 데에는 가치관의 변화도 영향을 미치게 되었는데, 현재 개인주의의 유입으로 전통적인 가치관과 서구적 가치관이 대립하고 있는 상황이다. 더불어 가족에 대한 가치관도 변화를 하고 있다.

<표 2-1>을 보면 2015년 가구원 삶의 방식과 가족 가치관에 대한 성별 차이를 알 수 있으며, 이 결과를 통해 현대사회의 변화된 가치관을 이해할 수 있다.

〈표 2-1〉 가구원 성별 삶의 방식과 가족 가치관에 대한 생각

내용	성별	전혀 그렇지 않다(%)	별로 그렇지 않다(%)	보통이다 (%)	대체로 그렇다 (%)	매우 그렇다 (%)
한부모(편부/편모)가족도 양부모(부모 모두 있음)가족과 동일하게 자녀를 잘 키울 수 있다.	남성	6.1	23.6	31.8	28.3	10.2
	여성	5.5	23.4	29.4	31.3	10.5
결혼을 하지 않고 독신으로 살아도 괜찮다.	남성	17.5	27.7	27.9	22	5
	여성	12.7	22.9	26.4	28.9	9.1
결혼을 하지 않고 함께 사는 것도 괜찮다.	남성	20.1	29.7	29.5	16.8	3.9
	여성	21.9	29.6	27.1	17.8	3.6
이혼 후 혼자 사는 것보다는 재혼하는 것이 낫다.	남성	9.1	20.6	40	24.7	5.5
	여성	13.2	28.1	36.9	18.3	3.4
부부 사이의 문제를 해결할 수 없다면 이혼하는 것이 좋다.	남성	14.2	26.2	28	24.7	6.9
	여성	10.4	22.7	26	30.5	10.4
결혼을 하더라도 반드시 아이를 가질 필요는 없다.	남성	25.7	29.6	26.1	14.6	4
	여성	22	28.6	25.3	18.7	5.4
결혼을 하지 않고 아이를 낳는 것도 괜찮다.	남성	33.6	32.5	23.5	8.1	2.3
	여성	40.2	31.4	19.6	6.8	1.9
부부가 멀리 떨어져 사는 것도 괜찮다.	남성	23.9	34.9	29	10.3	2
	여성	20.1	32.4	31.2	13.5	2.8
외국인과 결혼해도 괜찮다.	남성	12.1	17.9	35.4	27.4	7.2
	여성	11.8	18	32.5	28.3	9.4
입양한 자녀도 직접 낳은 자녀만큼 잘 키울 수 있다.	남성	12	22.1	34.4	23.2	8.2
	여성	11.7	23.4	31.9	23.9	9

출처: 여성가족부(2015). 가족실태조사: 가구원 성별 삶의 방식과 가족 가치관에 대한 생각.

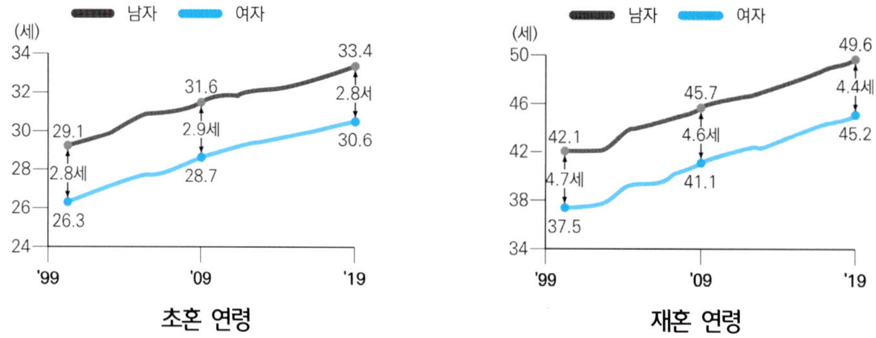

〈그림 2-6〉 초혼 연령과 재혼 연령의 변화

출처: 통계청(2020). 2019년 혼인·이혼통계.

그리고 현대사회에서는 초혼과 재혼 연령변화도 나타나게 되었는데, <그림 2-6>에서 보는 것과 같이 1999년에는 초혼 연령이 남자 29.1세, 여자 26.3세에서 2019년 남자 33.4세, 여자 30.6세로 증가되었으며, 재혼 연령도 1999년 남자 42.1세, 여자 37.5세에서 2009년 남자 45.7세, 여자 41.1세, 2019년 남자 49.6세, 여자 45.2세로 증가하는 경향을 보이고 있다.

우리 사회에는 점차 결혼은 감소(2016년 12월 결혼 7%로 감소한 30만 붕괴로 통계 작성 후 최저치를 기록)하고 이혼은 증가하며, 결혼하는 연령도 예전에 비해 점차 늦어지고 있는 추세이다. 결혼에 대한 가치관의 변화와 함께 자녀에 대한 견해나 주장도 변하고 있다. 전통사회에서는 대를 이을 자녀를 출산하여 아들을 통해 집안의 대를 이어가는 가계 계승과 자녀양육이 중요했으나 사회가 급격하게 변하면서 오늘날의 현대사회에서는 직업을 통한 자기실현에 의미를 두는 경향이 강해졌다.

이러한 현상은 결국 급격한 사회변화가 낳은 가치관의 변화에서 비롯된 것이다. 이와 같이 현대사회는 급격한 사회변화로 인해 혈연 중심의 가부장적이고 남성 중심적인 가치관에서 자유, 평등에 근거를 둔 양성평등을 주장하는 민주주의 가치관으로 바뀌었다. 그리고 가족 중심의 가치관보다는 개인 중심의 가치관으로 바뀌어가고 있다.

2. 다양한 가족 유형

가족은 결혼, 출산 또는 입양을 통해 맺어진 두 사람 이상의 집단으로, 사회를 이루는 가장 기본적인 단위이자 우리 삶과 가장 가까운 사회집단이다. 가족의 형태는 구성되는 방식과 범위를 기준으로 대가족과 핵가족으로 크게 구분할 수 있다. 가족은 다음과 같은 기능을 수행한다.

첫째, 사회구성원의 재생산을 담당한다. 이것은 가족의 가장 본질적인 기능에 해당한다. 가족은 자녀 출산을 통해 새로운 사회구성원을 충원하여 사회의 영속성을 보장한다. 둘째, 양육과 보호기능을 수행한다. 어린이, 노인과 같이 도움이 필요한 가족구성원의 성장과 안정적 삶의 유지를 위해 가족은 필요한 존재이다. 셋째, 사회화 기능을 담당한다. 가족은 구성원에게 기본적인 욕구충족방법을 가르치고 인성과 태도를 형성시켜주는 1차적 사회화를 담당한다. 넷째, 구성원에게 정서적 안정을 제공한다. 가족은 구성원 간 애정과 신뢰를 바탕으로 친밀한 유대관계를 형성하여 심리적 만족과 정서적 안정을 느낄 수 있도록 한다. 이 밖에도 전통사회에서의 가족은 재화를 생산하고 소비하는 경제적 기능, 제사 등을 통한 조상 숭배와 같은 종교적 믿음을 수행한다.

그러나 사회변동과 함께 사회가 분화 · 전문화되면서 현대사회에서 가족의 기능은 조금씩 변화하고 있다. 과거 가족의 주된 기능이었던 양육과 보호 및 사회화 기능은 전문화된 사회화 기관과 대중매체로 이전하고 있다. 또한 재화를 생산하는 경제적 기능은 생산을 기업에서 주로 담당함에 따라 가족의 기능은 소비 중심으로 변화하였다. 최근에는 저출산현상과 같은 사회문제가 나타나 사회구성원을 재생산하는 기능도 약화되어 가고 있다. 여성가족부(2016)의 가족형태에 대한 설문조사결과는 <표 2-2>와 같다.

〈표 2-2〉 가족형태

가족형태	예		아니오	
	인원(명)	비율(%)	인원(명)	비율(%)
부부가 맞벌이를 하고 있다.	5,819	47.5	6,430	52.5
취업, 학업 등으로 부부가 국내의 다른 지역에서 따로 살고 있다(주말부부).	922	7.5	11,327	92.5
자녀의 유학을 위해 부모 중 한사람은 자녀와 외국에서 생활하고 있다.	23	0.1	18,600	99.9
국제결혼으로 가족구성원이 된 사람이 있다.	340	1.8	18,282	98.2
입양한 자녀가 있다.	23	0.1	18,600	99.9
장애가 있는 자녀가 있다.	222	1.2	18,400	98.8
어머니 또는 아버지 혼자 만 18세 미만인 미혼자녀를 키우고 있다.	337	1.8	18,285	98.2
손자녀가 부모가 아닌 할머니 또는 할아버지와 함께 살고 있다.	149	0.8	18,474	99.2

출처: 여성가족부(2016). 2015년 가족실태조사: 가족형태.

<표 2-2>의 가족형태에 대해 1만 2,249명을 대상으로 조사한 결과, "부부가 맞벌이를 하고 있다"가 47.5%, "취업, 학업 등으로 부부가 국내의 다른 지역에서 따로 살고 있다"가 7.5%, "자녀의 유학을 위해 부모 중 한 사람은 자녀와 외국에서 생활하고 있다"가 0.1%, "국제결혼으로 가족구성원이 된 사람이 있다"가 1.8%, "입양한 자녀가 있다"가 0.1%, "장애가 있는 자녀가 있다"가 1.2%, "어머니 또는 아버지 혼자 만 18세 미만인 미혼자녀를 키우고 있다"가 1.8%, "손자녀가 부모가 아닌 할머니 또는 할아버지와 함께 살고 있다"가 0.8%로 나타났다.

이처럼 현대사회에서는 가치관 및 생활양식의 변화로 다양한 형태의 가족이 나타나고 있다. 각 가족 유형에 대해 구체적으로 살펴보면 다음과 같다.

1) 이혼가족

(1) 정의 및 현황

이혼가족이란 이혼한 부모의 어느 한쪽과 그 자녀로 구성된 가족을 의미한다. 우리나라의 경우 2000년에 들어오면서 이혼율이 급속히 증가하고 있는 것으로 나타났다.

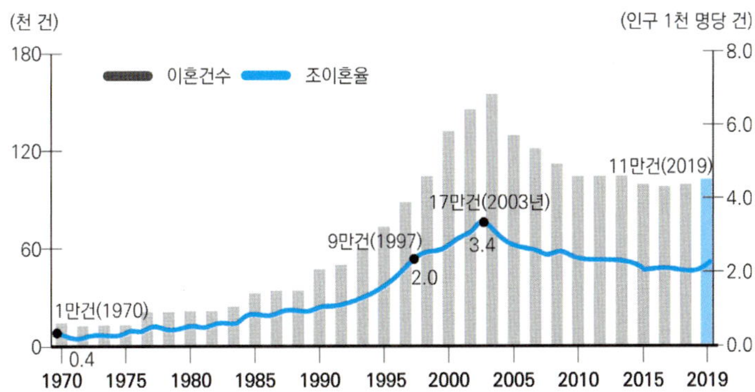

〈그림 2-7〉 이혼 건수 및 조이혼율 추이

출처: 통계청(2020). 2019년 혼인·이혼통계.

<그림 2-7>에서 보는 것과 같이 1970년에 이혼건수는 11만 6,000명에서 2003년 16만 6,000명으로 증가하였다가 2019년 11만 800명으로 다소 낮아지고 있는 경향을 보이고 있다. 평균 이혼연령과 혼인지속기간별 이혼 구성비를 살펴보면 <그림 2-8>과 같다.

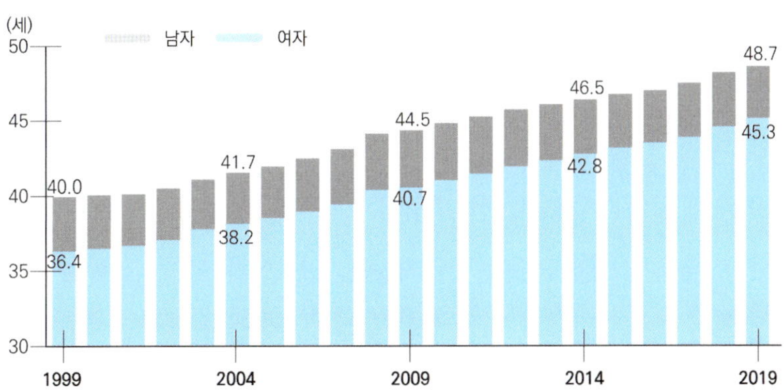

평균 이혼연령

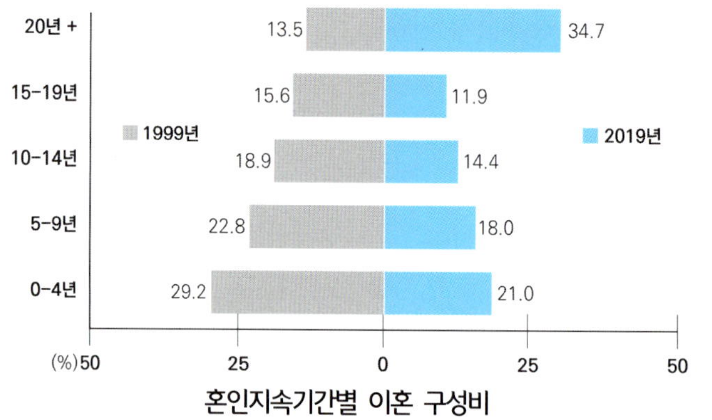

〈그림 2-8〉 **평균이혼연령과 혼인지속기간별 이혼 구성비**(1970~2015)

출처: 통계청(2020). 2019년 혼인 · 이혼통계.

<그림 2-8>에서 보는 것과 같이 평균 이혼연령은 1999년 남자 40.0세, 여자 36.4세에서 2009년도에는 남자 44.5세, 여자 40.7세, 2019년에는 남자 48.7세, 여자 45.3세로 증가하는 것으로 나타났다. 이 결과는 초혼 연령이 증가한 결과로 해석해 볼 수 있다. 혼인지속기간별 이혼 구성비를 살펴보면, 1999년에는 0~4년 기간의 이혼율이 29.2로 가장 높았지만 2019년에는 20년 이상이 34.7%로 높게 나타났다. 이 결과는 최근 황혼이혼이 증가하고 있는 현실을 반영하는 결과로 볼 수 있다.

(2) 부모역할 지원

이혼은 부부만의 문제가 아니다. 즉, 이혼한 부부에게도 영향을 미치지만 자녀에게도 영향을 미치게 된다. 먼저 이혼한 부부에게 미치는 영향을 살펴보면, 첫째, 경제적인 문제이다. 이혼으로 생활수준이 낮아지는데, 여자에게 더 큰 영향을 미친다. 여자들의 경우 저임금과 취업기회의 제한 등으로 노동시장에서 불리한 위치에 있기 때문에 자녀들을 양육할 경우 경제적 어려움은 자녀의 영양과 건강에 부정적인 결과를 초래하게 된다. 둘째는 정서적인 문제를 경험한다. 이혼이 개인에게 실패자라는 느낌이 들게 하고, 더하여 분노, 우울, 상실감, 자존감 저하, 불안감을 겪게 한다. 마지막으로 친척 및 사회관계의 문제이다. 결혼으로 맺어진 친인척 간의 교류가 사라지게 된다. 또한 이혼으로 심리적 상처를 입은 사람은 인간관계를 두려워하며, 사회적 모임까지도 회피함으로써 사회관계망이 약화되기 쉽다(박선환 외, 2010).

또한 자녀를 둔 가족의 이혼은 자녀에게 큰 심리적 상처를 남길 수 있다. 이혼가족의 아이들은 개인내적 발달과정뿐 아니라 이혼으로 달라진 가정변화에도 적응해야 한다는 부담감을 가지게 된다. 그리고 자녀들은 부모의 이혼이 자기 자신 때문이라고 생각하는 경우가 많기 때문에 공격적이고 반항적인 행동적 특성과 불안이나 우울의 정서적 장애 및 자존감 저하의 인지적 장애를 경험할 가능성이 매우 높다. 따라서 이혼가정의 자녀들에 대해서는 스트레스 대처교육과 대안적 지지체계를 마련해 주는 것이 매우 중요하다고 할 수 있다.

이혼으로 인해 아이는 부모의 어려움으로부터 분리될 수 없으므로 아이 또한 많은 어려움을 경험하게 된다. 따라서 이혼가족에서는 자녀에 대한 대책과 부모 당사자에 대한 대책이 동시에 강구되어야 한다. 이혼가족 자녀에 대한 부모역할 지원은 <표 2-3>과 같다(고정곤 외, 2014).

〈표 2-3〉 이혼가족 자녀에 대한 부모역할 지원

구분	역할
부모의 이혼에 아이를 적응시키기	• 가족의 문제를 아이와 토의한다. • 아이의 수준에 맞게 간단하고 정직하게 설명한다. • 이혼 전에 앞으로 일어날 상황을 말해 준다. • 부모 모두 아이를 사랑하고 앞으로도 계속 사랑할 것이라는 확신을 갖게 해준다. • 이혼을 누구의 탓으로 돌리지 않는다. • 미래에 대해 긍정적인 느낌과 확신을 갖게 해준다. • 이혼의 이유를 정직하게 말해 준다. • 어떤 부모와 같이 살 것인지를 강요하지 말고 자녀가 스스로 선택하게 한다. • 돈, 양육권, 방문에 관한 이야기를 자녀에게 성급하게 꺼내지 않는다. • 같이 살지 않는 부모와 주변 확대가족과 계속적인 관계가 유지되는 방안을 강구한다.

구분	역할
이혼 시 자녀를 대하는 방법	• 이혼이 무엇인가를 분명하게 이야기해 주는 것이 좋다. • 결혼생활을 유지하기 위하여 부모가 노력해 왔다는 것을 설명한다. • 부모는 여전히 자녀를 사랑하고 잘 보살필 것이라는 것을 이해시킨다. • 자녀 앞에서 배우자를 비난하지 않는다. • 이혼 후 일상생활에서 어떤 변화가 있을 것인가를 자녀에게 이야기한다. • 부부가 이혼하는 것이지 자녀와 헤어지는 것이 아님을 이해시킨다. • 자녀들이 자유롭게 부와 모를 사랑할 수 있다는 것을 이해시킨다. • 부모가 합리적이고 이성적인 의사결정을 하였다는 점을 자녀에게 이해시킨다. • 부모가 이혼에 대하여 합리적으로 의사결정을 했으나 심리적으로는 슬프다는 것을 표현한다.

2) 한부모가족

(1) 정의 및 현황

한부모가족은 부모 중 한쪽이 사망했거나 이혼 또는 별거하여 한쪽 부모와 그 자녀로 이루어진 가족을 의미한다. 즉, 부(父)나 모(母) 중 한 사람이 단독으로 부모의 역할을 수행하는 경우이다. 예전에는 사별에 의한 한부모가족이 많았지만 최근에는 이혼에 의한 한부모가족이 증가하게 되었다. 한부모가족은 편부모가족, 편부모가정, 편부모가구 등 각기 다른 명칭이 혼용되어 불리다가 편부모(偏父母)의 편(偏)이 한쪽, 반쪽이라는 결손의 의미를 담고 있어 부정적으로 쓰이는 경우가 많아 온전한 하나의 가족이란 의미로 한부모가족이라는 명칭을 사용하게 되었다(서영숙, 황은숙, 2004).

한부모 가구 현황에 대한 조사결과는 <표 2-4>, 일반적 특성에 따른 한부모가족 구성 현황은 <표 2-5>와 같다.

〈표 2-4〉 한부모가구 비율 (단위: 천 가구, %)

구분	2015	2016	2017	2018	2019
전체가구	19,561	19,838	20,168	20,500	20,891
한부모가구	1,608	1,540	1,533	1,539	1,529
한부모가구 비율	8.2	7.8	7.6	7.5	7.3

출처: 통계청(2020). 장래가구추계/인구총조사.

〈표 2-5〉 일반적 특성에 따른 한부모가족 구성 현황

구분	항목	사례수 (가구)	20대 이하 (%)	30대 (%)	40대 (%)	50대 (%)	60대 이상 (%)
전체	소계	2,478	9.0	48.5	38.4	3.9	0.1
한부모 연령별	30대 이하	718	20.8	64.5	14.5	0.3	0.0
	40대	1,351	4.8	48.8	44.1	2.4	0.0
	50대 이상	409	2.1	19.9	61.9	15.4	0.6
혼인상태별	이혼	1,923	8.8	50.8	37.4	2.9	0.1
	사별	386	1.5	38.7	50.3	9.5	0.0
	기타	169	27.9	45.4	23.2	3.5	0.0
가구구성별	모자	1,277	5.8	44.9	42.8	6.2	0.2
	모자, 기타	342	17.4	44.3	35.8	2.5	0.0
	부자	522	7.2	51.9	39.6	1.2	0.0
	부자, 기타	336	14.9	61.6	22.6	0.9	0.0
한부모가 된 기간	5년 미만	793	9.8	41.2	43.6	5.2	0.2
	5년 이상 10년 미만	1,029	4.8	46.6	44.0	4.5	0.1
	10년 이상	656	14.5	60.4	23.5	1.5	0.1

출처: 여성가족부(2019). 한부모가족실태조사.

통계청 자료에 따르면 1985년 이후 한부모가족은 점차 감소하다가 1995년 이후 점차 증가하고 있다. 한부모가 된 주 요인으로 사별에 의한 한부모는 점차 감소하고, 이혼에 의한 한부모는 아주 큰 폭으로 증가하고 있다. <표 2-4>에서 보는 것과 같이 한부모가족은 2015년 전체가구 1,956만 1,000 가구 중 160만 8,000 가구로 전체 가구 중 8.2%로 나타났으며, 2019년 7.3%에서 다소 감소하고 있는 것으로 나타났다. 그리고 여성가족부(2019)의 실태조사를 살펴보면<표 2-5>, 한부모가정의 연령은 40대가 가장 많았으며, 혼인상태는 이혼, 가구구성은 모자, 한부모가 된 기간은 5년 이상 10년 미만이 가장 많은 것으로 나타났다.

(2) 부모역할 지원

한부모가족의 문제 중 가장 큰 문제는 자녀양육문제이다. 자녀의 양육문제에 있어서 아버지는 자녀가 좀 더 위험을 감수하는 것을 격려하는 반면 어머니는 주의할 것을 요구한다. 이러한 점들이 서로 조화를 이루어 자녀들은 적당한 위험을 감수하여 독립심을 키우면서도 주의 깊고 사려 깊은 아이로 성장한다. 자녀들은 일상생활을 나누며 사는 부모가 필요하다. 그러나 한부모가족의 부모는 다른 한쪽의 부모 없이 자녀를 양육해야 하므로 많은 어려움에 직면할 수 있다. 부양자로서 일과 가정생활을 병행해야 하며 한 부모가 두 부모의 역할을 수행해야 하고 사회적 편견으로 고립되는 경우도 많다. 또한 대화할 상대가 집안에 없으면 고독과 무력감에 빠지거나 한부모 자신만을 위한 시간과 에너지가 부족하고, 욕구충족을 시키지 못하는 경우가 많아 정서적인 문제를 지니게 된다(송정애 외, 2008). 그리고 한부모가족의 자녀는 성장하면서 떠나간 한쪽 부모에 대한 그리움과 배신감으로 정서적인 혼란을 겪게 되며 한쪽 부모역할의 부재를 경험하므로 성역할에 대한 정체성, 대인관계 등의 어려움을 경험하게 된다.

한쪽 부모의 부재가 자녀양육에 문제가 되는 것이 아니라 부모의 애정, 관심의 표현, 일관성 있는 훈육 등을 통한 부모 - 자녀 간의 상호작용이 더 중요하다. 한부모가족의 부모역할 지원을 살펴보면 <표 2-6>과 같다(고정곤 외, 2014).

〈표 2-6〉 한부모가족의 부모역할 지원

구분	내용
부모 죽음에 대한 수용	아이의 생애에 있어 가장 큰 위기 중의 하나가 부모의 죽음이다. 가정생활이 붕괴되며 아이는 부모의 상실뿐만 아니라 자신이 보호되기를 원하는 요구를 빼앗김으로써 고통을 받는다. 따라서 부모는 아이가 부모의 죽음에 대하여 사실 그대로 수용되도록 도와주어야 한다.
올바른 양육태도 정립	한부모가족의 어머니나 아버지는 부모 자신이 올바른 양육태도를 정립해야 한다. 지나치게 통제적이거나 또는 과잉보호하는 등의 양육방식은 지양해야 한다.
심리적 안정	부모는 갑작스러운 가족구조의 변화에서 오는 심리적 불안감을 빨리 떨쳐버리고 자신의 입장과 역할을 수용하면서 자녀와 긍정적인 관계를 유지하도록 도와주어야 한다.
부모 자신의 자아존중감 갖기	부모 자신이 자아존중감이나 자신감을 갖는 것이 중요하다. 부모 자신이 박탈감이나 상실감 또는 패배감을 가지면 자녀도 자신감을 잃게 된다.

구분	내용
독립심 배양해 주기	부모의 통제적인 양육태도는 오히려 많은 문제를 유발한다. 따라서 자녀에게도 자신의 일을 스스로 알아서 하도록 독립심을 키워주어야 한다.
사회적 지원망 이용하기	친구나 친척, 인터넷 동호회 등을 통해 상호 간에 정보를 교환할 수 있도록 하는 것도 도움이 된다.

3) 재혼가족

(1) 정의 및 현황

재혼가족이란 이미 결혼하여 가정을 이루었던 남성이나 여성이 배우자와의 사별이나 이혼을 통하여 다시 결혼을 해서 가정을 갖게 되는 것을 말한다. 재혼이 증가하는 이유는 개인주의 성향, 여성의 지위 향상, 경제적으로 혼자 살아가기 힘든 점 등 때문이다. 재혼가족의 구성원은 서로 다른 가족의 역사를 갖는다는 특징이 있다(이현주, 2009).

최근에는 재혼가족이라는 용어보다 '다시 가족', '다시 결혼 가정'이라는 용어가 생겨났다. 배우자를 선정하는 데 있어서도 전 배우자의 조건보다도 더 나은 조건의 상대나 이상형을 찾아 재혼을 하는 것으로 나타났다. 또한 '어떤 이유로 경기불황 중 재혼을 결심하게 되었는가'라는 질문에 남성은 심리적인 안정이, 여성은 경제적 안정이라고 대답했다. 심리적인 안정과 경제적인 안정은 자녀양육을 하는 데 있어서의 많은 어려움을 해결할 수 있기 때문이다. 혼인 종류별 구성비에 대한 현황은 <그림 2-9>와 같다.

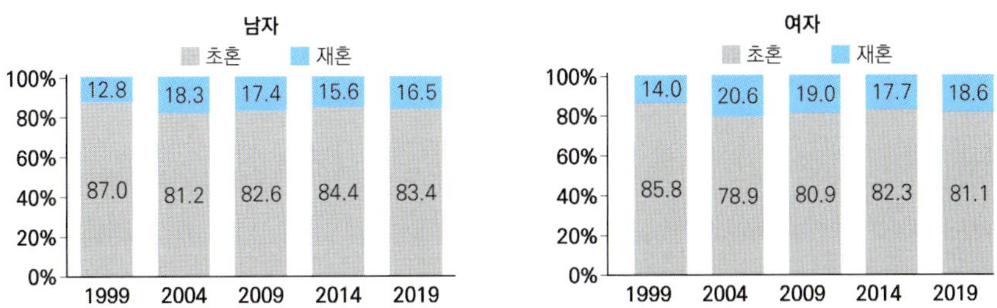

〈그림 2-9〉 혼인 종류별 구성비(1999-2019)

출처: 통계청(2020). 2019년 혼인 · 이혼통계.

<그림 2-9>에서 혼인 종류별 구성비를 살펴보면, 2019년 현재 남자는 초혼 83.4%, 재혼 16.5%였으며 여자는 초혼 81.1%, 재혼 18.6%로 나타났다.

(2) 부모역할 지원

재혼은 비교적 정서적으로 성숙한 상태에서의 결혼이기 때문에 다소 적응력이 높고, 초혼에서 얻은 교훈을 바탕으로 결혼생활을 하기 때문에 만족감이 더 높을 수 있다.

그러나 자녀양육에 있어 어려움을 보이는 경우가 많다. 즉, 자녀양육에 있어서 계부모가족(부모의 한쪽이 친부모, 그 한쪽 부모는 재혼하기 전 배우자와의 사이에서 출생한 18세 이하의 자녀가 있는 재혼가족)에서 계부모는 애정이 넘치는 가족이 되겠다고 의욕을 앞세우지만 자녀들의 입장에서는 계부모를 원망하는 마음을 가지고 있기 쉽다. 특히, 부모가 이혼한 경우라면 계부모가 떠나가 버리면 친부모가 다시 결합하여 이전 가족을 회복할 수 있을 것이라는 환상에 사로잡히기 쉽고 이것을 강요하면 관계는 어긋나기 쉽다. 그래서 재혼가족은 원가족의 틀에 맞추지 말고 구성원 모두가 더욱 노력해야 한다는 것을 인식하는 것이 필요하다(이숙희, 고인숙, 2006). 그리고 재혼가족의 자녀들은 부재된 부모역할이 보완되어 새로운 가족이라는 울타리와 인간관계를 형성하게 된다. 또한 재혼한 부모들의 모습을 통해 세상을 터득하거나 신중함의 지혜를 배우는 계기도 되어 새로운 가족공동체 탄생을 경험하게 된다. 재혼가족의 부모역할 지원은 <표 2-7>과 같다(고정곤 외, 2014).

〈표 2-7〉 재혼가족의 부모역할 지원

- 이전 가족에 대한 감정을 빨리 정리하고 가족 간의 새로운 관계 정립에 노력한다.
- 부모는 새로운 친척과 자녀들은 새로운 부모 - 형제에 좋은 관계 형성이 원활히 진행될 수 있도록 서로 노력한다.
- 친부모와 혼합가정의 부모는 협동 양육을 통해 부모들 간의 적개심을 없애고 친부모와 양육문제로 경쟁하지 않는다.
- 부부 간의 강한 사랑과 유대를 자녀들에게 보여 주어 자녀들이 안정감을 갖도록 한다.

4) 다문화가족

(1) 정의 및 현황

다문화가족이란 국제결혼이나 입양 등에 의해서 가족구성원 간에 여러 문화가 존재하게 된 가족을 말한다. 즉, 우리와 다른 민족의 사람들로 구성된 가족을 말한다. 요즘에는 한국인 남성과 결혼한 이주여성가족, 한국인 여성과 결혼한 이주남성가족, 이주노동자, 유학생, 북한이탈주민 등을 포함해 그 범위를 확대하여 사용하고 있다(이현주, 2009).

우리나라의 경우 1990년대 이후, 세계화의 물결을 타고 유학, 여행, 취업 등으로 인해 국제결혼이 성행하고, 외국인 근로자의 유입이 지속적으로 늘면서 다인종, 다문화사회로 접어들기 시작했다. 국제결혼의 비율은 2002년부터 점점 증가하다가 최근에는 다소 감소하는 경향을 보이고 있으며, 이혼도 사회적 문제로 대두되고 있다.

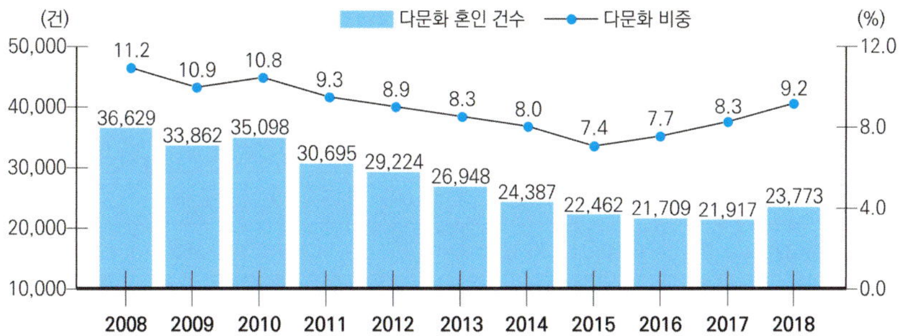

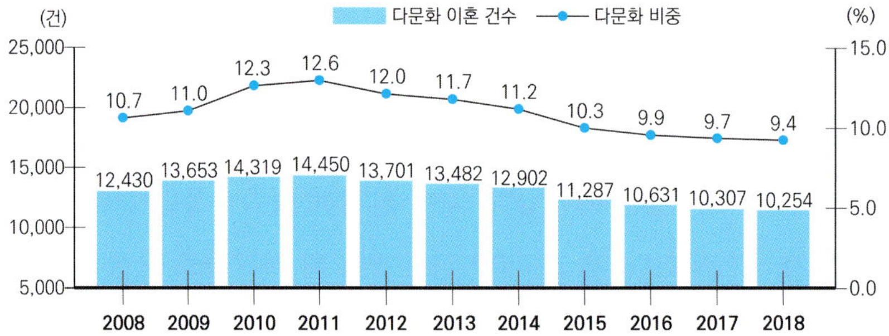

〈그림 2-10〉 **다문화 혼인과 이혼 추이**(2008~2018)

출처: 통계청(2019). 2018년 다문화 인구동태 통계.

<그림 2-10>에서 보는 것과 같이 다문화 혼인은 2008년 3만 6,629건에서 2016년 2만 1,709건으로 감소(다문화 비중도 2008년 11.2%에서 2016년 7.7%로 감소)하다가 2018년 2만 3,773건으로 다소 상승하고 있으며, 다문화 이혼도 2011년 1만 4,450건으로 가장 높았다가 2018년 1만 254건으로 다소 감소하는 경향을 보이고 있다. 다문화 가구 구성별 현황은 <표 2-8>과 같다.

〈표 2-8〉 다문화가구 구성별 현황

구성별	계	0명(가구)	1명(가구)	2명(가구)	3명(가구)	4명 이상(가구)	평균 동거 자녀 수
계	316,067	176,037	76,003	53,159	9,388	1,480	0.7
내국인(귀화)	47,004	33,428	8,787	4,129	583	77	0.4
내국인(출생)+내국인(귀화)	77,702	27,819	22,297	23,227	3,894	465	1.1
내국인(출생)+외국인(결혼이민자)	115,786	60,209	31,941	19,205	3,717	714	0.7
내국인(출생)+다문화자녀	33,059	19,156	8,478	4,513	774	138	0.6
내국인(귀화)+외국인(결혼이민자)	14,387	7,749	4,189	1,975	393	81	0.7
기타	28,129	27,676	311	110	27	5	0

출처: 통계청(2017). 인구총조사: 다문화가구 구성 및 동거 자녀 수별 다문화 가구.

2019년 현재 성별에 따른 연도별 국제결혼 현황은 외국인 아내가 17,687건이었고 외국인 남편이 5,956건으로 나타났다. 성별에 따른 연도별 국제결혼 현황은 <그림 2-11>과 같다.

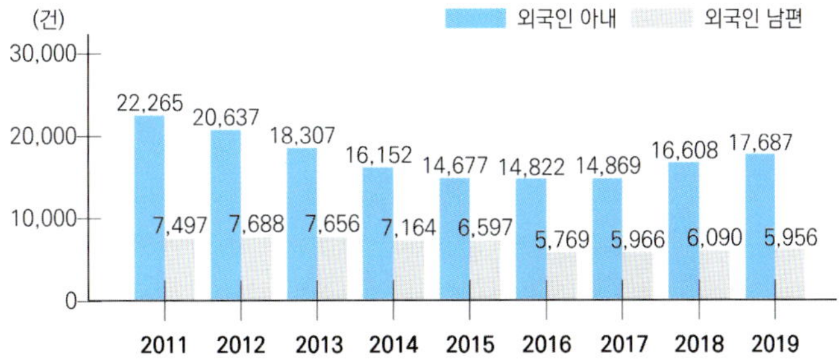

〈그림 2-11〉 성별에 따른 연도별 국제결혼 현황(2011~2019)

출처: 통계청(2020). 인구동태통계연보.

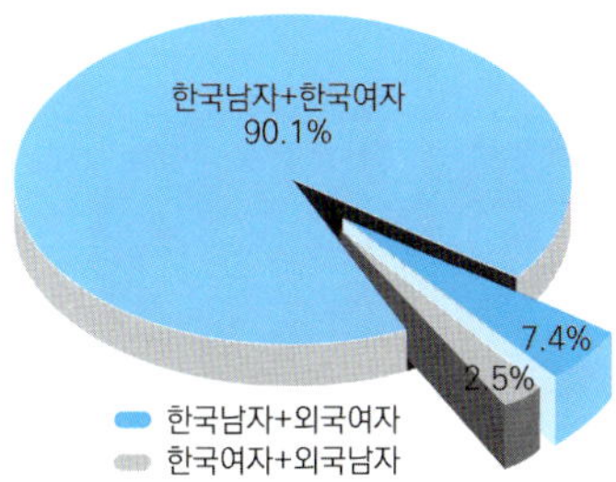

총 혼인 중 외국인과의 혼인 비중(2019)

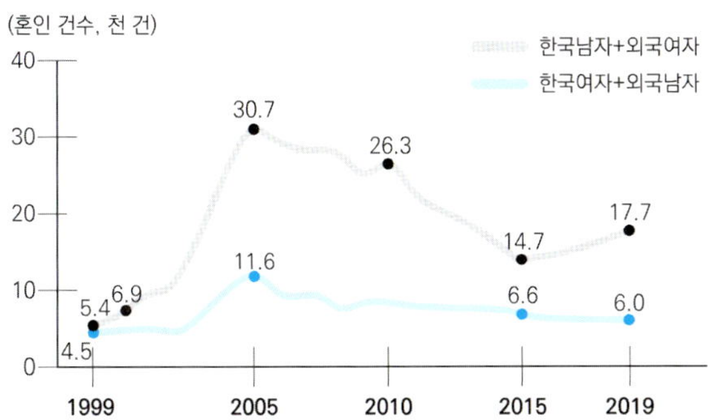

외국인과의 혼인건수 추이(1999-2019)

〈그림 2-12〉 외국인과의 혼인비중과 혼인건수 추이(1999-2019)

출처: 통계청(2020). 2019년 혼인·이혼통계.

<그림 2-12>에서 보는 것과 같이 한국남자+외국여자 7.4%, 한국여자+외국여자 2.5%로 나타났으며, 변화 추이는 2005년 외국인 아내는 30.7%에서 2019년 17.7%로, 외국인 남편은 2005년 11.6%에서 2019년 6%로 감소하고 있는 것으로 나타났다. 외국인의 국적 현황은 <그림 2-13>과 같다.

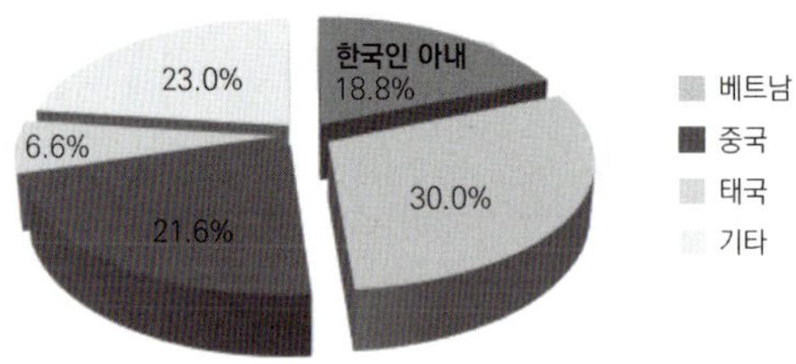

한국남자와 혼인한 외국여자의 국적(2018)

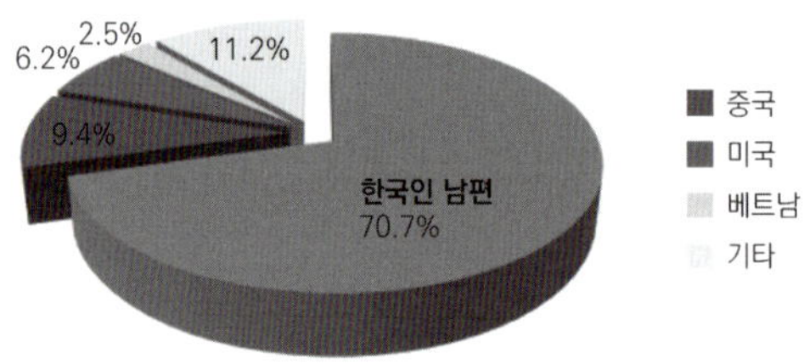

한국여자와 혼인한 외국남자의 국적(2018)

〈그림 2-13〉 출신 국적별 혼인 비중(2018년)

출처: 통계청(2019). 2018년 혼인 · 이혼통계.

<그림 2-13>에서 보는 것과 같이 한국남자와 혼인한 외국여자의 국적은 2018년에는 베트남이 30%로 가장 많았으며, 중국 21.6%로 나타났으며, 한국여자와 혼인한 외국남자의 국적은 베트남이 11.2%로 가장 많았으며, 중국 9.4%로 나타났다.

(2) 부모역할 지원

다문화가족은 문화적 차이나 경제적인 어려움을 경험할 가능성이 매우 높다. 그리고 언어적 장벽을 극복하지 못해 정서적인 단절을 경험하기도 한다. 따라서 최근에는 한글교실을 비롯한 문화체험 등 다양한 행사를 통해 다문화가족의 사회적응력을 높이려는 시도가 증가하고 있다. 특히, 다문화가족의 어려움 중의 하나가 자녀양육이다. 자녀양육에 있어서 언어발달이 지체됨으로 인해 학습이해도가 낮으며 경제력도 낮으므로 교육에 힘쓰지 못하는 경우도 많다. 그리고 혼혈아에 대한 사회의 부정적인 인식으로 집단 따돌림을 당하는 등 상처받는 경우도 많다. 그러나 서로 다른 문화를 접할 수 있으며 관계성의 폭도 넓게 경험할 수 있는 장점도 있다.

한편, 결혼한 이민 여성에 대한 보호장치도 열악하다. 결혼한 이민 여성은 한국인 배우자와 2년 이상 동거하면서 혼인상태가 유지되어야 한국인으로서 국적을 취득할 수 있고 2년이라는 기간 안에 이혼할 경우 강제 출국당하기 때문에 부당한 대우를 받더라도 참고 견딜 수밖에 없다. 이들이 감수하는 고통을 위한 사회적 · 법적 제도가 필요하지만 이러한 제도가 있다 하더라도 실제적인 도움을 줄 수 있기까지는 우리 사회가 성숙해질 때까지의 시간이 요구된다. 다문화가족의 부모역할 지원은 <표 2-9>와 같다(고정곤 외, 2014).

〈표 2-9〉 **다문화가족의 부모역할 지원**

- 자녀양육에 필요한 한국양육법, 한국어 학습, 한국문화를 이해하도록 돕는다.
- 아버지의 양육태도는 자녀의 인지, 언어, 인성, 도덕성, 성역할발달에 중요한 영향을 주므로 아버지의 협력과 지원을 받아야 한다.
- 다양한 다문화 자녀교육 프로그램에 참여하여 한국인으로서의 문화 정체감을 함양시킨다.
- 가족구성원 간에 상대방의 문화를 존중하는 평등한 가족문화가 정착되도록 한다.
- 민주적이고 양성평등한 가족생활이 영위될 수 있도록 돕는다.
- 수시로 다문화가족 모임을 가져 다양한 지식과 정보를 교환한다.

5) 입양가족

(1) 정의 및 현황

입양이란 친부모가 자신의 자녀를 양육할 수 없거나 양육할 의지가 없는 경우에 혈연관계는 아니지만 양부모가 친부모를 대신해서 법적으로 아동에게 영구적이고 안정적인 가정을 제공하는 것이다. 한국전쟁 이후 전쟁고아를 위한 가정의 필요성을 인식하여 사회적으로 보호하기 위해 입양이 행해졌다. 이 입양을 법안으로 제정한 것은 1961년도 「고아입양특례법」이었다. 이후 입양절차를 간소화하고, 양부모의 성과 본을 따르도록 「입양특례법」을 제정했다. 그동안 해외입양으로 인해 '고아수출국'이라는 불명예를 씻고자 1994년 국내입양을 활성화하기 위한 취지에서 「입양촉진 및 절차에 관한 특례법」으로 개정하고 1996년부터 시행해 오고 있다(이여봉, 2006).

「입양촉진 및 절차에 관한 특례법」 제3조 2에 의하면 건전한 입양문화의 정착과 국내입양의 활성화를 위하여 5월 11일을 입양의 날로 정하고, 입양의 날부터 1주일을 입양 주간으로 제정하며 2006년부터 시행하고 있다. 최근 들어, 자녀를 낳아 키우기가 어려워진 부부들 사이에 입양을 원하는 사례가 증가하고 있으며, 반면 자녀를 낳아 키우고 있음에도 불구하고 입양하는 사례가 증가하고 있다(<그림 2-14>와 <그림 2-15>).

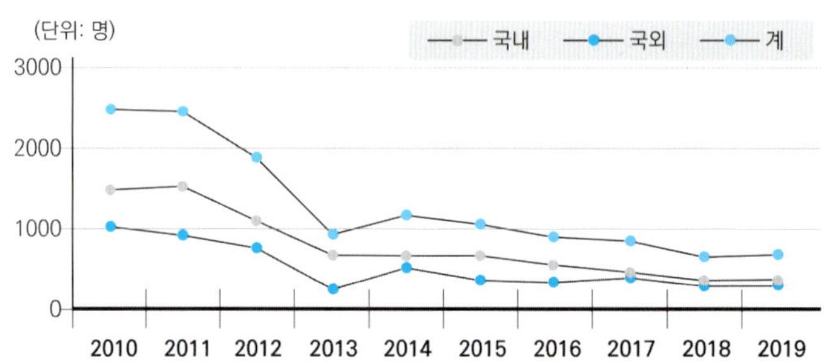

	2010	2011	2012	2013	2014	2015	2016	2017	2018	2019
국내	1,462	1,548	1,125	686	637	683	546	465	378	387
국외	1,013	916	755	236	535	374	334	398	303	317
계	2,475	2,464	1,880	922	1,172	1,057	880	863	681	704

〈그림 2-14〉 입양 아동 수

출처: 보건복지부(2020). 보건복지부 내부자료.

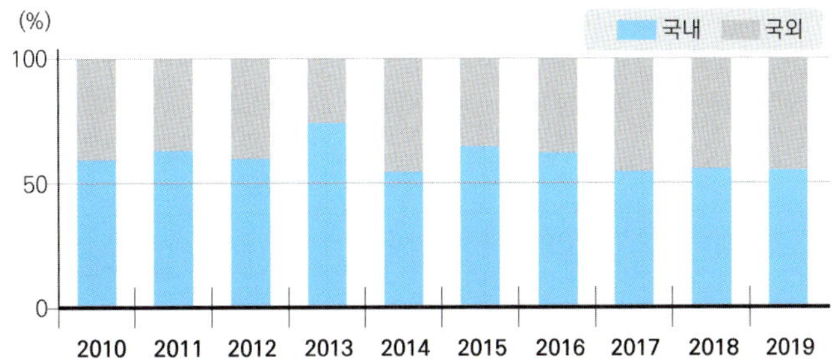

	2012	2013	2014	2015	2016	2017	2018	2019
국내	59.8	74.4	54.4	64.6	62	53.9	55.5	55
국외	40.2	25.6	45.6	35.4	38	46.1	44.5	45
계	100	100	100	100	100	100	100	100

〈그림 2-15〉 입양 아동 비율

출처: 보건복지부(2020). 보건복지부 내부자료.

<그림 2-14>와 <그림 2-15>에서 보는 것과 같이 2010년에는 국내 1,462명(59.8%), 외국 1,013명(40.2%)에서 2019년 국내 387명(55%), 외국 317명(45%)로 국내 입양이 증가한 것으로 나타났다. 통계청(2018)의 입양을 하고 싶지 않은 이유에 대한 조사결과는 <표 2-10>과 같다.

〈표 2-10〉 입양을 하고 싶지 않은 이유

구분	항목	입양의 필요성을 못느껴서	경제적으로 부담이 되므로	입양자녀에 대한 사회적 편견 때문에	입양자녀의 출생에 대한 정확한 정보를 알 수 없으므로	친자녀처럼 양육할 수 있을지 걱정이 되어서	재산 상속 때문에	기타
전체	소계	44.2	15.6	3.7	3.4	32.5	0.4	0.2
성별	남자	46.8	16.0	3.2	3.6	29.9	0.4	0.1
	여자	41.7	15.2	4.2	3.2	35.1	0.3	0.3
연령	19~29세	43.7	15.7	3.8	3.8	32.2	0.2	0.6
	30~39세	42.5	12.9	2.6	2.8	38.9	0.1	0.2

구분	항목	입양의 필요성을 못느껴서	경제적으로 부담이 되므로	입양자녀에 대한 사회적 편견 때문에	입양자녀의 출생에 대한 정확한 정보를 알 수 없으므로	친자녀처럼 양육할 수 있을지 걱정이 되어서	재산 상속 때문에	기타
	40~49세	40.1	16.9	2.6	2.4	37.7	0.2	0.1
	50~59세	46.4	17.0	3.8	3.0	29.3	0.5	0.1
	60세 이상	47.9	15.2	5.3	5.1	25.7	0.7	0.2
	65세 이상	49.5	13.7	5.2	5.3	25.2	0.9	0.3
교육 정도	초졸 이하	47.3	16.6	5.5	4.8	24.8	0.8	0.2
	중졸	45.5	18.9	4.7	4.5	25.8	0.2	0.3
	고졸	43.2	17.9	4.0	3.0	31.4	0.4	0.1
	대졸 이상	44.0	12.7	2.7	3.2	36.8	0.2	0.2
혼인 상태	미혼	45.8	15.6	3.8	3.6	30.3	0.2	0.6
	배우자 있음	44.0	14.8	3.4	3.3	34.0	0.4	0.1
	사별	45.1	15.2	5.4	5.0	28.3	0.9	0.2
	이혼	40.2	24.2	4.6	2.5	28.0	0.3	0.2
주관적 만족감	만족	46.5	11.2	3.3	3.3	35.2	0.3	0.2
	보통	43.9	16.4	3.8	3.5	31.7	0.4	0.2
	불만족	39.5	23.7	4.2	3.5	28.5	0.4	0.3

출처: 통계청(2018). 사회조사: 입양을 하고 싶지 않은 이유(19세 이상 인구).

<표 2-10>의 입양을 하지 않으려는 이유에 대한 조사에서 "입양의 필요성을 못느껴서"가 44.2%로 가장 높게 나타났으며, "친자녀처럼 양육할 수 있을지 걱정이 되어서" 32.5%, "경제적으로 부담이 되므로" 15.6%, "입양자녀에 대한 사회적 편견 때문에" 3.7%, "입양자녀의 출생에 대한 정확한 정보를 알 수 없으므로" 3.4% 순으로 나타났다.

(2) 부모역할 지원

최근 입양에 대한 선입견은 점차 사라지고 있으며 혈연관계만이 아닌 가슴으로 낳은 자녀에 대한 시각이 가족의 본질을 다시금 정립하게 하는 계기가 되었다. 부모-자녀관계와 가족에 대한 개념이 혈연 중심으로 제한되었던 시각이 변화하고, 입양의 동기 역시 아동의 복지 차원에서 이루어지고 있다는 것은 고무적인 일이다. 그러나 입양가족의 자녀들은 자신을 입양한 부모가 파양할 가능성에 대해 정서적으로 불안정한 경우가 있으므로 입양한 부모의 사랑과 관심이 절대적으로 필요하다. 입양가족에 대한 부모역할 지원은 <표 2-11>과 같다(정옥분, 정순화, 2016).

〈표 2-11〉 입양가족의 부모역할 지원

- 자녀의 입양사실에 대해 개방적인 태도를 갖는 것이 바람직하다.
- 자신의 출생에 대해 알고자 하는 욕구를 인정해주어야 한다.
- 자녀가 친부모나 보호자로부터의 분리나 상실의 문제를 해결할 수 있도록 도움이 필요하며, 양부모와 애정관계를 형성하는 것이 자신의 친부모에게 충성하지 않는다는 것이 아님을 이해시키도록 한다.
- 부모의 온정적이며 수용적인 양육태도는 자녀의 적응능력을 높여주는 중요한 요인이다. 특히, 아버지는 보다 전통적인 가치관을 가지고 있을 뿐만 아니라 애정표현에 인색하며, 자녀의 활동에 덜 참여하는 경향을 보인다. 그 결과 자녀와의 관계형성에서 더욱더 어려움을 경험하게 되므로 이에 대한 교육을 받는 것이 필요하다.

6) 장애아동가족

(1) 정의 및 현황

장애의 개념은 나라와 시대 및 사회적 환경에 따라 변화하고, 한 국가의 사회문화적·정치적·경제적 상황에 따라 다르므로 보편적 정의를 내리기가 쉽지 않다. 우리나라에서는 장애아동에 대해 「장애인복지법」과 「장애인 등에 대한 특수교육법」 및 「장애아동복지지원법」에서 규정하고 있다. 즉, 일반적으로 장애아동에 대한 정의는 18세 미만의 사람 중 선천적으로 혹은 후천적으로 신체, 정서, 인지, 언어, 학습능력 등의 장애로 인해 양육과 교육, 재활 및 사회적응에 있어 특별한 보호를 필요로 하는 아동으로 정의되고 있다.

장애아동가족이란 장애아 자녀를 둔 가족을 의미한다. 장애아와 유사한 개념으로 특수아동, 손상아동, 결점을 가진 아동 등 다양하게 사용되고 있다. 그러나 이 명칭 중에서 무능력, 손상, 장애라는 말은 아동이 가지고 있는 실제 기능의 결함을 말하는 것으로 신체적·심리적·인지적·사회적으로 보통 아동의 발달과 현격한 차이가 있는 아동을 의미한다. 「장애인 등에 대한 특수교육법」에 근거하여 장애영역별 특수교육대상자 현황을 살펴보면 <그림 2-16>, <표 2-12>와 같다.

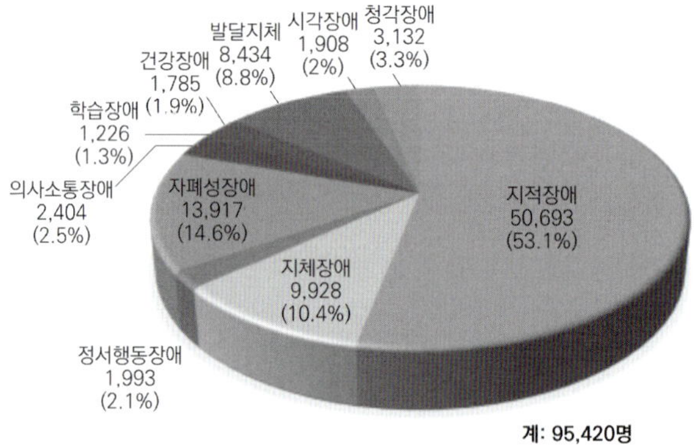

〈그림 2-16〉 장애영역별 특수교육대상자 현황

출처: 교육부(2020). 특수교육 통계.

〈표 2-12〉 연도별 장애영역별 학생 수

(단위: 명, %)

연도	시각장애	청각장애	지적장애	지체장애	정서행동장애	자폐성장애	의사소통장애	학습장애	건강장애	발달지체	전체
2016	2,035 (2.3)	3,401 (3.9)	47,258 (53.7)	11,019 (12.5)	2,221 (2.5)	10,985 (12.5)	2,089 (2.4)	2,327 (2.7)	1,675 (1.9)	4,940 (5.6)	87,950 (100)
2017	2,026 (2.3)	3,358 (3.8)	48,084 (53.8)	10,777 (12.0)	2,269 (2.5)	11,422 (12.8)	2,038 (2.3)	2,040 (2.3)	1,626 (1.8)	5,713 (6.4)	99,353 (100)
2018	1,981 (2.2)	3,268 (3.6)	48,747 (53.7)	10,439 (11.5)	2,221 (2.4)	12,156 (13.4)	2,081 (2.3)	1,627 (1.8)	1,758 (1.9)	6,502 (7.2))	90,780 (100)
2019	1,937 (2.1)	3,225 (3.5)	49,624 (53.4)	10,200 (11.0)	2,182 (2.3)	13,105 (14.1)	2,204 (2.4)	1,409 (1.5)	1,763 (1.9)	7,309 (7.8)	92,958 (100)
2020	1,908 (2.0)	3,132 (3.3)	50,693 (53.1)	9,928 (10.4)	1,993 (2.1)	13,917 (14.6)	2,404 (2.5)	1,226 (1.3)	1,785 (1.9)	8,434 (8.8)	95,420 (100)

출처: 교육부(2020). 특수교육 통계.

<그림 2-16>과 <표 2-12>에서 보는 것과 같이 지적장애 5만 693명(53.1%), 자폐성장애 1만 3,917명(14.6%), 지체장애 9,928명(10.4%), 발달지체 8,434명(8.8%), 청각장애 3,132명(3.3%), 학습장애 1,226명(1.3%), 정서행동장애 1,993명(2.1%), 의사소통장애 2,404명(2.5%), 시각장애 1,908명(2.0%), 건강장애 1,785명(1.9%)으로 나타났다.

(2) 부모역할 지원

장애아동이 독립된 사회구성원으로 당당하게 생활하도록 돕기 위해서는 무엇보다 가족의 지원이 필수적이다. 그러나 장애아동의 가족은 부담을 가지고 위축된 생활로 삶의 질이 떨어져 있는 것이 일반적이다. 장애아동에 대한 가족의 부정적 정서는 장애아동교육에 가장 큰 방해물이다. 장애아동의 부모는 정상아동의 부모보다 2~3배 이상의 스트레스를 경험한다고 한다. 또한 장애아동의 가족은 아동에 대한 소외와 멸시, 정서적·육체적 건강의 상실, 가족 간 상호관계 상실 등으로 만성적인 슬픔과 비탄에 빠지게 된다. 장애가족의 역량강화를 위해서는 <표 2-13>과 같은 지원이 이루어져야 한다(조윤경 외, 2014).

〈표 2-13〉 장애가족의 지원

구분	내용
정보 제공	정보 제공은 장애의 원인 및 특성, 교육 및 치료법 등에 대한 정보를 기초로 관련 서비스 및 법률적 자문까지 제공하는 것을 의미하며 가족이 장애아동으로 인해서 궁금해 하는 질문에 대한 정보를 제공해주는 프로그램이다. 이를 통해서 가족의 혼란을 줄이고 합리적이며 효과적인 방법으로 장애아동의 문제에 접근할 수 있도록 돕는다.
부모교육	부모교육은 가장 일반적으로 제공되는 프로그램으로 장애아동 부모로서의 역할을 인식하고 긍정적 양육 및 대처법을 습득하여 결과적으로 부모의 역량을 강화하는 프로그램이다. 보통 장애에 관련된 정보 및 지식을 제공하거나 장애아동의 문제행동대처기술 등의 자녀 양육기술과 부모 자신의 역할 및 기능을 회복하는 부모교육이 이루어진다.
아버지 프로그램	아버지 프로그램은 직장생활 등의 경제적 활동으로 직접적인 양육의 역할에서 소외된 아버지들의 양육에 대한 역할을 강조하면서 부자관계 회복에 관한 프로그램을 수행하는 것이다. 이 프로그램은 어머니에게만 강조된 양육에 대한 짐을 나눔으로써 부부관계에서 서로의 입장을 이해할 수 있는 기회가 되며 아버지가 경험하게 되는 심리·정서적 어려움을 지원하는 기회가 된다.

구분	내용
형제 · 자매 지원 프로그램	형제 · 자매 지원 프로그램은 장애아동의 비장애형제 · 자매에게 필요한 정보를 제공하여 그들이 장애형제 · 자매로 인해서 경험하게 되는 불안이나 분노, 수치심 등의 부정적 정서를 해소하고 장애아동과의 상호작용기술 향상, 자신의 감정 표현하기 등으로 가정 및 지역사회에서의 적응을 도와주는 프로그램이다.

7) 기타 가족 유형

(1) 조손가족

이혼율의 증가와 함께, 혹은 부모의 직장 등의 이유로 농촌지역 중심으로 부모와 동거하지 않고 조부모에게서 길러지는 아동의 수가 빠르게 증가하고 있다. 부모와 동거하지 않고 조부모와 손자녀가 함께 살고 있는 가족의 형태를 조손가족이라고 한다. 조손가족은 가부장적인 친족관계의 유지와 평균수명의 연장이라는 사회적 현상과 맞물려 앞으로도 빠르게 증가할 것으로 예측되고 있다. 가정해체로 남겨진 자녀들은 조부모가 생존해 있을 경우 조부모에게 양육이 의뢰된다. 도시의 조손가족은 "자녀세대의 가족해체"가 53%, "성인자녀의 경제활동 지원을 위해" 맡게 된 경우가 47.3%으로 나타났으며, 농촌의 조손가족은 "성인자녀 부부가 맞벌이인 경우" 9.1%, 나머지는 "가족해체"로 인한 경우였다(송정애 외, 2008)

점점 조손가족은 증가하고 있는데, 조손가족은 구조적으로 여러 가지 문제들을 가지고 있다. 조부모는 자신의 자녀들을 제대로 양육하지 못했다는 죄책감, 양육의 부담, 노화로 인한 생활 곤란 등의 이유를 들 수 있다. 그리고 손자녀들은 부모의 부재로 인해 두려움, 당혹, 버림받았다는 배신감 등이 왜곡되게 표현되어 정서적인 혼란과 낮은 자아존중감을 나타낸다. 또한 손자녀들은 열악한 학습조건 때문에 교육 소외계층으로 분류된다. 적절한 역할모델의 대상이 없어서 부모에 의한 가정교육의 기회를 상실하여 가치판단이나 사회적응에 영향을 받는다. 뿐만 아니라 정서적 상처, 애어른의 역할을 경험하는 등의 어려움도 있다(송정애 외, 2008). 이들에게 사회적 도움은 절대적이다.

(2) 독신가족

독신이란 이혼, 사별, 혹은 별거 등으로 인하여 현재 법적 배우자가 없는 경우를 의미한다. 그리고 아직 결혼하지 않은 미혼의 상태를 말하기도 한다. 일반적으로 결혼 적령기가 지나도록 결혼하지 않고 혼자 사는 사람을 지칭한다.

독신가족은 결혼 유무에 따라 미혼 독신가족, 이혼 독신가족, 사별 독신 가족으로 분류할 수 있다(최경석 외, 2001).

통계청(2017)에 따르면 2016년 현재 전국의 1,901만 8,000가구 중에서 527만 9,000 가구가 혼자 살림을 꾸리는 1인 가구로 나타났다. 즉, 전국 가구 수 중에서 27.8% 정도가 독신가족이라는 것이다. 2014년 26.7%에서 2015년 27.2%로 해마다 증가하고 있는 실정이다.

결혼제도가 사회적으로 꼭 필요한 제도이지만 이렇게 독신이 증가하는 이유는 갈수록 깊어지는 개인주의 가치관, 가부장적 가족주의에 대한 반발, 교육수준 향상, 여성의 경제활동 참여의 증가, 자유로운 생활에 대한 선택, 이혼 증가, 평균 수명의 연장 등으로 '독신'을 선호하기 때문이다. 더구나 경제력이 있는 남녀들에게 오피스텔, 원룸 등 독신가구에 적합한 주거형태와 생활양식이 혼자서도 생활할 수 있도록 지원되는 면도 한몫을 차지했다고 볼 수 있다.

또한 오늘날 우리 사회는 독신가족의 독특한 형태로서 노인 단독가구가 증가 추세에 있다. 노인 단독가구는 가치관의 변화로 성인자녀가 동일한 주거 내에서 노부모를 봉양한다는 의식이 점점 사라지고, 경제력이 있는 노인들 역시 자녀와 함께 사는 것을 최후까지 미루는 경향이 늘면서 노인부부가구로 시작했다가 배우자가 사망하면서 단독가구가 되는 경우가 많아지고 있다. 특히, 수명연장으로 인해 남성보다는 여성 노인 단독가구가 크게 늘어나고 있는 실정이다. 따라서 이들에 대한 편견보다는 긍정적인 시각이 필요한 때이다.

(3) 분거가족

분거가족은 직장이나 학업 등의 이유로 서로 떨어져 살지만 가족의 유대감을 유지하는 가족을 말하며, 주말부부, 기러기가족 등이 그 예이다. 오늘날에는 여성의 경제활동 참여 증가, 교통·통신수단의 발달, 해외 취업 증가, 자녀의 교육 등과 같은 이유로 분거가족의 수가 증가하고 있다. 통계청(2019)이 발표한 분거가족에 대한 현황은 <표 2-14>와 같다.

〈표 2-14〉 2019년 분거가족 현황

	분거가족[1)]	따로 살고 있는 이유[2)]						
		직장	학업	가족간 불화	건강상 이유	자녀교육 지원 및 보육	군대	기타
2014	18.7	60.0	30.7	6.0	3.2	1.7	7.9	3.2
2016	19.4	63.1	28.9	5.2	2.6	2.1	9.7	2.4
2018	20.1	62.9	29.4	7.7	2.9	1.4	7.1	1.5
배우자	6.2	67.3	1.2	16.2	8.0	4.6	-	2.7
미혼자녀	16.4	57.3	35.6	3.9	0.5	-	8.7	1.0

자료: 통계청, 「사회조사보고서」 각 연도.

주: 1) 배우자나 미혼자녀가 타지역(국외포함)에 살고 있는 가구주임.

2) 한 가구주당 여러 명의 자녀가 동시에 타지에 살고 있는 경우가 있으므로, 「따로 살고 있는 이유」의 합이 100%를 넘을 수도 있음.

출처: 통계청(2019). 2018년 한국의 사회지표: 따로 살고 있는 이유(가구주, 복수응답).

<표 2-14>에서 보는 것과 같이 2018년 분거가족은 20.1%(배우자 6.2%, 미혼자녀 16.4%)였으며, 이유로는 직장이 62.9%로 가장 높았으며, 학업 29.4%, 가족간 불화 7.7%, 군대 7.1%, 건강상 이유 2.9%, 자녀교육지원 및 보육 1.4%로 나타났다.

분거가족은 비동거가족이라고도 한다. 이러한 분거가족은 시장경제원리가 적용되는 자본주의 사회에서 생계를 위해 저소득층에서 먼저 나타나기 시작했다(한국여성복지연구회, 2005).

우리나라의 경우 대표적으로 6·25전쟁 이후 생계의 어려움을 해결하기 위해 1970년경 중동 건설 붐과 함께 노동력이 해외로 수출되면서 나타나기 시작한 경우이다. 1980년, 1990년대에는 직장 근무지역에 따라 일주일 혹은 한 달되는 기간 동안 통근하는 분거가족형태가 나타났고 이후 조기유학을 떠나는 경우도 한몫을 했다. 더구나 여성의 경제활동 참여가 증가하면서 분거가족의 형태는 점점 다양화되어 주말부부, 월말부부, 방학부부, 기러기가족으로 분류되기도 한다.

주말부부, 월말부부, 방학부부는 맞벌이 등의 이유로 평소에는 서로 다른 거처에서 지내다가 주말 또는 월말, 방학 때나 함께 지낼 수 있는 부부를 말한다. 기러기가족은 경제적인 이유, 직장 때문에 가족이 떨어져 사는 가정이 늘면서 새롭게 등장했다. 기러기 아빠는 한국에 남아 생계를 책임지고 엄마는 자녀의 뒷바라지를 위해 동반하는 가족현상을 말한다. 최근 조기유학이 자유로워지면서 기러기 아빠의 수가 많아지게 되었다.

분거가족은 서로에 대한 무관심 혹은 이해부족으로 말미암아 가족구성원 간의 대화단절을 초래한다. 또한 각자 자신만의 삶의 방식을 고집하는 개인주의 현상이 급속하게 확산되고 있다. 이러한 것들은 자녀로 하여금 정서적인 불안정을 갖게 할 우려가 많다. 그럼에도 불구하고 분거가족의 자녀들은 독립성, 자율성, 사회성이 발달하면서 양성평등을 배우게 되는 장점도 지니게 된다.

(4) 노인가족

현대사회의 과학과 의학의 발달은 인간수명의 연장을 가져왔고, 우리 사회는 고령사회로 진입하고 있다.

행정안전부에 따르면 2017년 8월 말 현재 우리나라 주민등록인구는 5,175만 3,820명이며, 이 가운데 65세 이상이 전체의 14.02%인 725만 7,288명으로 집계됐다. 역사상 처음으로 전체 인구 중 65세 이상이 14%로 고령사회로 접어들게 되었다. 유엔은 65세 이상 인구비중이 전체의 7% 이상이면 고령화사회, 14~20%이면 고령사회, 20% 이상이면 초고령사회로 분류하고 있다. 우리나라의 경우 노인 인구 비율이 20% 이상인 초고령사회는 2026년경에 진입할 것으로 전망하고 있다.

노년기에는 신체적 질병, 사회적 지위와 역할의 상실, 경제적 능력의 저하, 가까운 사람의 사망 등과 같은 다양한 상실을 경험하기 때문에 우울증이 나타날 가능성이 매우 높으며, 자살에 대한 생각과 시도를 하는 경우가 흔하다. 즉, 노년기 우울증은 낮은 사회경제적 위치, 배우자 상실, 신체질환 및 사회적 고립과의 상관관계가 매우 높다. 특히, 노년기 우울증에는 수면장애가 더 많이 나타나고 신체 증상의 호소와 초조감을 나타내는 경우가 많다. 노년기 우울증은 치매의 초기 증상과 유사하므로 이를 잘 구분하는 것이 중요하다. 일반적으로 우울증의 병력이나 가족력, 독신생활, 경제적 수준, 수용기관에서의 생활, 저조한 건강상태, 완벽주의적 성격 등의 특성을 지닌 노인들이 우울증에 걸리기 쉽다(권석만, 2008).

(5) 무자녀가족

급속한 사회변화에 따른 현대사회의 두드러진 현상은 핵가족화가 가속화되고 있는 것이다. 즉, 자녀를 두지 않는 가족이 생겨나고 있다. 부부로만 구성된 가족이 점점 증가하는 원인에는 결혼이나 자녀출산의 문제가 필수가 아닌 선택사항으로 인식이 바뀌고 있기 때문이다. 딩크(DINK)족은 결혼해서 정상적인 부부생활을 하는 맞벌이 부부로, 수입은 두배(Double Income)이지만 아이는 갖지 않는다(No Kids)고 주장하는 새로운 가족형태를 뜻하는 말이다. Double Income No Kids의 앞글자 DINK를 따서 만들었다. 듀크족, 즉 맞벌이 부부면서도 아이를 갖는 사람(Dual Employed With Kids: DEWK)과 대비되는 말이다. 이와 같은 딩크족에는 자발적 유형과 비자발적 유형이 있다. 자발적 유형의 딩크족은 인생이 황금기인 젊은 시절에 아이를 낳아 육아문제로 신경 쓰기보다는 인생을 즐기면서 사회적 지위를 달성하고자 하는 부류이며, 비자발적 유형은 국제통화기금(IMF) 금융위기 이후 평생고용에 대한 불안과 경제적 부담의 확산으로 자녀를 낳지 말자는 부부간의 합의를 통해 자녀를 갖지 않는 경우이다. 여성들의 경우는 출산 후 상대적으로 자유롭지 못하고 아이를 낳아도 키워줄 사람이

마땅치 않은 것이 또 다른 부담으로 작용하고 있다.

3. 현대사회의 부모역할

지금까지 사회환경의 변화요인과 다양한 가족 유형에 대해 살펴보았다. 현대의 사회적 변화는 부모역할의 변화에도 많은 영향을 주게 되었다. 사회변화의 다양한 측면들 가운데 여성취업률의 증가와 핵가족·소가족화 및 이혼율의 급증에 따른 부모역할의 변화를 중심으로 살펴보면 다음과 같다(정옥분, 정순화, 2016).

1) 여성취업률의 증가와 부모역할

전통사회에서 아버지와 어머니는 그 역할이 엄격하게 구분되어 있었으며, 이는 자녀양육에서도 마찬가지로 적용되었다. 즉, 아버지는 가족을 부양하기 위한 도구적인 역할을 수행한 반면 어머니는 자녀양육을 담당하는 표현적인 역할을 수행하여 왔다. 그러나 최근 여성들의 자녀양육은 부모의 직업적 성취에 종속되는 경향을 보이고 있다. 즉, 결혼 이후에도 자신의 직업적 성취를 고려하여 자녀출산을 연기하거나 아예 출산을 하지 않음으로 인해 나타나는 저출산율의 문제가 심각한 수준이다.

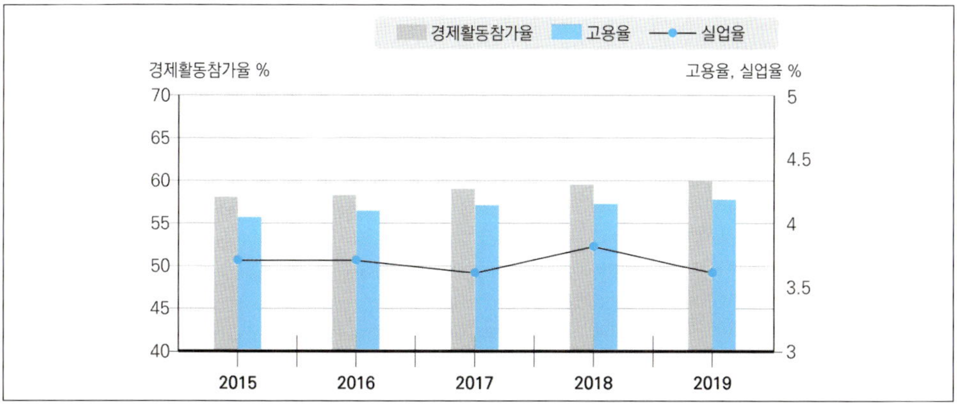

(단위 : %)

구분	2010	2011	2012	2013	2014	2015	2016	2017	2018	2019
경제활동참가율	54.5	54.9	55.2	55.6	57.1	57.9	58.3	59	59.4	60
고용률	52.7	53.1	53.5	54	55	55.7	56.1	56.9	57.2	57.8
실업률	3.4	3.2	3.1	3	3.6	3.7	3.7	3.6	3.8	3.6

〈그림 2-17〉 여성 경제활동참가율, 고용률, 실업률(15~64세)

출처: 통계청(2020). 경제활동인구조사.

<그림 2-17>에서 보는 것과 같이 여성 고용동향을 보면 2010년 경제활동 참가율이 54.5%에서 2019년 60.0%로 해마다 증가하고 있는 것으로 나타났으며, <그림 2-1>의 2019년 합계출산율에서 우리나라는 0.918명으로 OECD 국가 중 최하위 수준에 머물고 있는 것으로 나타났다. 또한 자녀를 한 명만 둔 맞벌이 부부들(Double Income One Kid Families: DIOKs)은 자녀에 대한 양육에서 지나치게 과잉보호하거나 허용적인 태도를 보여 한국판 '소황제 증후군'도 문제시되고 있다. 이들은 자녀를 위한 투자를 아끼지 않을 뿐만 아니라 이러한 투자가 자녀의 인지발달에 치중해 있기 때문에 자녀가 부모의 기대수준에 미치지 못하는 경우에 나타나는 갈등도 심각한 문제로 대두되고 있다.

현대 사회에서 경제활동을 하는 취업모에게 가장 어려운 부분은 자녀 양육문제이다. 대다수의 취업모들이 육아와 직장생활을 병행하는 데 어려움을 느끼고 자녀양육에 대한 자신감이 떨어지게 되며 자녀에 대해 죄책감을 갖기도 하는 데, 우려와 달리 여성의 취업이 아버지와 그 밖의 가족의 지원을 받는다면 오히려 긍정적인 면으로 나타날 수 있다. 취업모가 가진 어려움을 공감하면서 확실한 가사분담과 양육분담이 이루어진다면 자녀에게도 바람직한 부모상을 심어 주게 된다. 취업모 자신이 가족의 지지를 에너지원으로 삼아 일과 양육에 대해 만족하고 긍정적인 생각을 갖는 것이 매우 중요하다. 이러한 것을 바탕으로 부모는 짧은 시간이라도 민감하고 반응적인 태도로 자녀의 요구를 들어주고, 질 높은 상호작용을 통해 자녀의 바람과 욕구를 읽어

줄 필요가 있다. 그리고 효과적으로 주말을 활용하여 평소에 가지지 못했던 새로운 관계를 맺는 기회를 갖는 역할을 할 수 있다.

2) 핵가족화 · 소가족화와 부모역할

산업화와 도시화로 인해 가족은 형태상으로는 점차 핵가족화 · 소가족화되고 있다. 이러한 가족형태의 변화로 인해 현대의 부모들은 과거 대가족 내에서 성장과정을 통해 자녀양육에 대해 자연스럽게 배울 수 있는 기회를 가지지 못하게 되며, 결과적으로 이에 대한 지식이 부족할 수밖에 없다. 이러한 지식의 부족은 자신감의 부족으로 이어지고, 다시 부모역할에 대한 만족도를 저하시키는 요인으로 작용하게 된다.

또한 여성취업률의 증가와 더불어 이러한 핵가족화 · 소가족화는 자녀양육자 부재 현상을 촉진시키는 요인이 되고 있다. 보육시설이 충분하게 구비되지 않은 상황에서 전통적으로 자녀양육을 담당하던 여성들은 자녀양육의 책임을 전적으로 담당하지 않으려고 하며, 남성이 그런 역할을 보완하고 있지도 않은 실정이기 때문에 자녀양육자 부재문제가 심각한 사회문제로 대두되고 있는 실정이다.

이러한 문제를 해결하기 위한 부모의 역할로는 좋은 양육 대행자나 보육기관을 선정하는 것이다. 시간 연장형 어린이집, 방과 후 보육 프로그램, 아이돌보미 등의 보육정책을 활용하거나 직장 내에서 탄력근무제, 육아휴직제, 직장 내 어린이집을 활용하는 것도 부모의 역할이라고 할 수 있다. 또한 자녀의 정서적 요구에 관심을 기울이며 자녀와 대화를 통한 친밀한 관계를 형성하고 자녀가 성장할 수 있도록 도와주는 역할이 필요하다. 자녀를 한 인간으로 존중하며 의견을 존중하고 자녀와 함께 부모도 성장하는 모습에 대한 의미가 커지고 있으며 부모가 함께 양육을 담당하게 된다.

3) 이혼율의 증가와 부모역할

가족의 가치보다 개인적인 성취에 더 많은 가치를 두게 되면서 현대사회에서는 결혼을 통해 형성된 가족이 더 이상 안정적인 단위가 되지 못하고 있다. <그림 2-7>에서 보는 것과 같이 2019년 이혼건수는 11만건으로 나타났으며, 혼인지속 기간별 이혼에서 부부생활을 20년 넘게 지속한 부부의 이혼율이 29.9%로 나타나 최근 황혼이혼이 증가하고 있는 추세이다.

이혼율의 증가는 아동의 성장과 발달뿐만 아니라 부모역할에도 큰 영향을 미치게 된다. 이혼으로 인해 한부모가족, 재혼가족, 독신가족 및 조손가족 등을 증가시키는 요인으로 작용하게 되며, 이로 인해 유발되는 가족 내 갈등도 문제로 제기된다. 가족구조의 변화에 따른 심리적 스트레스는 지나치게 감정적인 반응을 하게 할 수 있으므로 부모는 심리적인 안정감을 찾도록 노력하고, 자녀에게 긍정적인 언어를 사용하고 일관된 양육태도가 유지될 수 있도록 상호작용을 하는 부모의역할이 요구된다. 또한 주변인이나 다른 지원체계를 활용하여 아이를 맡기고 심리적 · 경제적 어려움을 감당할 수 있도록 자신만을 위한 시간을 갖는 것이 필요하다.

이처럼 여성취업률의 증가와 핵가족화 · 소가족화 및 이혼율의 증가와 같은 사회변화에 따라 부모역할에도 많은 변화가 나타났으며, 이러한 변화에 순조롭게 적응해 나가기 위해서는 부모교육의 필요성이 절실하게 요구된다.

CHAPTER 03

부모 됨과 부모역할

ㅁ 배울 내용 ㅁ

1. 부모 됨의 의미와 단계
2. 부모역할의 특성
3. 부모역할의 결정요인

ㅁ 학습목표 ㅁ

1. 부모 됨의 의미와 단계를 이해한다.
2. 어머니, 아버지 및 부모역할을 설명할 수 있다.
3. 부모역할의 결정요인을 설명할 수 있다.

1. 부모 됨의 의미와 단계

1) 부모 됨의 동기

부모가 된다는 것은 인생에 있어 새로운 경험과 기회를 가지는 것으로 즐거움과 기쁨이 있는 것은 사실이다. 그러나 이러한 행복을 느낄 수 있는 기회이지만 부모로서의 역할과 책임이 따른다는 사실이 두려움을 가져다주는 일이기도 하다. 우리나라에서는 전통적으로 결혼을 통해 가문의 대를 이을 후손을 낳는 것이 조상에 대한 후손의 당연한 도리라고 생각하였다. 따라서 결혼을 통해 아이를 낳고 부모가 되는 것을 자연스럽고 당연한 현상으로 생각하였다. 그러나 현대사회에서는 과학기술의 발달로 산아조절이 가능하게 됨으로써 부모가 될 것인지의 여부는 물론이고 언제쯤 부모가 될 것인지, 몇 명의 자녀를 가질 것인지를 스스로 선택하여 결정할 수 있게 되었다. 따라서 부부의 공동의사에 의해 임신과 출산을 계획하고 결정하는 경우를 흔히 볼 수 있다. 더욱이 오늘날에는 과중한 자녀양육비의 부담과 불확실한 노후문제, 복잡한 현대사회의 구조와 세대차로 인한 자녀교육에의 자신감 상실 등이 부모 됨을 망설이게 하고 있다. 이처럼 개인의 선택이 자유로워지면서 오늘날에는 부모 됨에 대한 현명한 선택의 필요성이 더욱 강조되고 있다.

여성가족부(2016)는 전국 5,018가구, 1만여 명의 기혼자를 대상으로 조사한 결과, 향후 출산계획을 묻는 질문에 20~30세 미만은 66.2%, 30~40세 미만은 31.7%가 긍정적으로 답했다. 역으로 20대 기혼자의 33.8%와 30대 기혼자의 68.3%는 향후 출산계획이 없다고 대답했다. 향후 출산계획이 없다는 응답자에게 그 이유를 물은 결과, 20대 기혼자의 절반이 넘는 52.1%와 30대 37.3%가 '경제적 부담 때문'이라고 답했다. 이 조사결과는 주거, 양육비용의 경감 및 일과 가정의 양립 등에 대한 제고가 필요함을 시사하고 있다고 할 수 있다. 그리고 결혼 적령기에 대한 인식을 묻는 질문에는 남성이 5년 전 조사에 비해 평균 0.1세 높아진 31.5세, 여성은 0.5세 낮아진 평균 29세라는 결과가 나왔다. 남녀를 합하면 2010년 조사 때보다 0.4세 낮아져 평균 30.2세가 결혼하기에 적당한 나이라고 본 것으로 집계됐다. 한국 사람들의 주관적인 결혼 적기 연령이 낮아졌음에도 경제적 이유 때문에 아이를 더 낳지 못하는 상황에 처하면서 출산율이 올라가지 않고 있다는 해석이다.

출처: 여성가족부(2016). 2015년 가족실태조사.

대부분의 부부는 자녀를 낳음으로써 가계를 계승하고, 사랑을 주고받으며, 삶의 기쁨을 함께 나눈다. 또한 자녀를 양육함으로써 책임감 있고 성숙한 성인으로서의 역할을 수행하며, 생명을 창조했다는 성취감을 경험하기도 한다. 그러나 한편으로는 부모가 됨으로써 생활의 자유를 제한받고 경제적 문제에 부딪치게 되며, 여성은 직장생활에 지장을 받을 수도 있다. 그리고 부모는 자녀의 건강, 안정, 행복, 교육에 대해 끊임없이 걱정해야 하고 부모는 자녀가 잘못되는 것에 대한 책임을 져야 하는 부담감도 가지게 된다. 루빈(Rubin, 1965)은 부모가 되는 동기의 유형을 <표 3-1>과 같이 네 가지로 구분하였다.

〈표 3-1〉 부모가 되려는 동기의 유형

구분	내용
숙명론적 동기	인간에게 주어진 운명에 순종하고 따라야 한다는 신념으로 자녀를 갖는 숙명적인 동기이다. 즉, 부모가 되는 것은 인간에게 주어진 운명이며, 자녀를 낳아 가계를 계승하는 것은 자연스러운 것이다.
이타적 동기	보상이나 대가를 바라지 않고 진정한 사랑을 베풀 수 있는 이타적 동기이다. 즉, 인간은 성인이 되면 타인을 돌보고 보살펴 주려는 욕구를 가지게 되며, 그러한 과정을 통해서 생산성을 발달시키게 된다. 따라서 부모가 되는 것은 이러한 생산성을 발달시키는 주요한 방법이다.
자기애적 동기	자녀를 가진다는 것은 성숙된 성인이 됨을 의미하는 것뿐 아니라 노년기에 대비해서 자녀를 가지면 정서적 안정감을 가질 수 있다는 자기애적 동기이다. 즉, 자녀를 가지는 것은 성인이 되었다는 증거이기도 하며, 대다수의 사람들처럼 부모가 되었다는 사실은 부모들에게 심리적 안정감을 가져다 준다.
도구적 동기	자식은 부모가 이루지 못한 꿈을 대신하여 이루어 주리라고 믿거나 자신의 부모님을 기쁘게 해드리기 위해 아이를 갖는 도구적 동기이다. 현대사회에서도 여전히 많은 사람들이 부모가 되고자 하는 것은 부모가 됨으로써 느끼게 되는 기쁨, 즐거움, 행복감 등의 정서적 만족감이나 보상이 자녀의 훈육문제, 경제적 문제, 개인의 자유의 상실과 같은 부모가 됨으로써 가지게 되는 희생이나 불만보다 더 크기 때문이다.

<표 3-1>에서 제시된 부모가 되려는 이유 네 가지 외에도 자녀는 부모세대를 확장시켜 주어 부모세대를 이을 수 있기 때문에, 자녀를 가짐으로써 부모의 세력 확장을 할 수 있기 때문에, 자녀에게 독특한 경험을 제공해줄 수 있기 때문에 등의 이유가 있다. 이에 비해 사람들이 자녀를 갖기 꺼려하는 이유는 자유를 얻기 위해서, 경제적

인 이유, 좋은 부모가 될 자신이 없어서, 살기 어려운 세상에 아이를 태어나게 하고 싶지 않아서 등의 이유가 있다.

이와 같이 부모가 되는 동기는 사회문화적 배경이나 개인에 따라 다양하다. 그러나 어느 사회를 막론하고 성인기에 부모가 된다는 것은 긍정적이며 바람직한 것으로 받아들여진다. 또한 사람들은 부모가 됨으로써 결혼생활을 윤택하게 만들 수 있으며, 부부관계를 개선시키는 매체가 될 수 있고, 이혼이나 결혼생활의 해체를 방지할 수 있다고 믿기 때문이다. 더욱이 부모가 된 성인들은 개인의 안정을 추구하기 때문에 사회의 안정성에 기여할 수 있다고 여길뿐 아니라 정신적으로 건강한 사람이라고 여겨진다. 호프만과 마니스(Hoffman & Manis, 1979)는 사람들이 자녀를 갖는 이유를 <표 3-2>와 같이 제시하고 있다.

〈표 3-2〉 자녀를 갖은 이유

- 아이는 부모가 사랑 안에서 살 수 있는 인간관계를 형성해준다.
- 아이의 성장발달을 지켜보면서 부모는 자극을 받을 뿐 아니라 인생의 즐거움을 갖는다.
- 아이를 키우면서 부모는 자아성장을 이룰 기회를 제공받는다.
- 아이는 부모에게 성인이라는 사회적 지위를 제공해준다.
- 아이의 성장발달을 도우면서 부모는 성취감과 창의성을 갖게 된다.
- 아이를 갖는 것은 도덕적으로 가치 있는 일이다.
- 아이를 갖는 것은 부모가 나이 들었을 때 돌볼 사람을 갖는 것으로 경제적 유용성을 제공해준다.

2) 부모 됨의 목표

아이를 건전한 몸과 마음을 지니고 올바르게 교육하고 지도하는 일은 모든 부모의 바람이고 의무이다. 자녀들과 생활해 나가는 데 있어서 가장 중요한 마음의 바탕은 자녀들을 있는 그대로 사랑하고 감사하며 만족해야 한다는 데 있다. 또한 아이의 마음을 이해하고 성장하는 데 있어서 무엇이 가장 소중한가를 알고 키워줄 수 있어야 한다.

부모 됨의 목표를 살펴보면, 첫째, 자녀가 좋은 행동을 하도록 하는 것이다. 부모는 자신이나 자녀를 위해 무엇이 좋은 행동인가를 결정해야 한다. 예를 들어, 협력, 다정다감, 친절, 공손, 예의 등이 포함될 수 있다. 부모는 그들이 가치를 두는 개인적 자질을 결정하고 이러한 자질을 자녀에게 가르치는 방식으로 행동할 수 있어야 한다.

둘째, 자녀가 유능한 행동을 하도록 하는 것이다. 부모는 자녀에게 쓸모 있는 행동, 어떤 가치 있는 것을 성취하는 행동을 가르치고자 한다. 여기에는 문제해결기술, 성취동기, 지적・인지적 기술이 포함된다.

셋째, 따뜻하고 지지자인 부모-자녀관계를 형성하도록 하는 것이다. 좋은 인간관계는 삶의 만족감을 높여준다. 아동은 이기적이고 충동적이고 둔하고 요구가 많고 또 즉각적인 만족을 추구하기 때문에 부모-자녀 간에 갈등이 일어난다. 이러한 갈등을 포함해서 순간 순간 이루어지는 부모와 자녀 간 상호작용의 질이 아동발달과 관계형성에 영향을 미치는 중요한 요인 중의 하나이다.

넷째, 자녀가 자아존중감과 자기확신을 갖도록 하는 것이다. 인본주의 심리학자들은 성격의 핵심을 자아존중감으로 보았다. 자기 자신을 좋아하지 않는 사람들은 분노와 우울, 자기 파괴적인 행동 유형을 보인다. 스스로를 받아들이고 좋아하는 사람들은 보통 더 만족하고 생산적인 삶을 살고 보다 나은 관계를 맺는다. 적절한 부모역할과 건강한 가족분위기는 밀접한 관계가 있다. 적절한 부모역할은 건강한 가족분위기를 만들어 내며 건강한 가족분위기에서 적절한 부모역할이 나타난다.

3) 부모 됨의 단계

전통사회에서 자녀를 임신하고 출산하면 부모의 지위와 역할이 자동적으로 이루어진다고 생각하여 아무런 준비 없이 무지하고 위험한 상태에서 부모가 되기도 하였다. 그러나 현대에 이르러서는 부모의 역할과 책임이 강조되어 부모 됨의 준비를 요구하고 있다. 여기서 말하는 부모 됨의 준비란 아동의 발달단계에 따른 지식을 쌓고 아동을 잘 돌볼 수 있는 기능을 익히는 것과 더불어 부모가 되고자 하는 당사자가 신체적, 심리적으로 성숙되고 경제적으로 부양능력이 있어 자녀의 기본적인 욕구를 충족시켜 주는 준비도 포함된다. 부모되기는 쉬워도 부모답기는 어렵다는 말이 있듯이 부모 됨은 준비가 필요하다. 부모 됨을 6단계로 구분하여 살펴보면 <표 3-3>과 같다.

〈표 3-3〉 부모 됨의 6단계

단계	정의	특징	역할
1단계	준비하기	부모가 되기 전 준비단계	• 심리적 준비 • 신체적 준비 • 물질적 준비 • 관계의 재정립
2단계	돌보아 기르기 (만 0~2세까지)	애착을 형성하는 시기	• 아이들의 요구에 민감하게 반응하기 • 애착과 돌봄의 과정 • 부모로서의 자아정체감 정립 • 부부관계의 재정립
3단계	부모의 말 세우기 (만 3~5, 7세)	자신의 영역을 주장하고 고집을 피우는 시기	• 자율성과 주도성발달 • 권위와 한계 설정하기
4단계	설명하여 깨우쳐 주기 (초등학생)	부모와 멀어질 수 있는 시기	• 심리적 양육에서 신체적 양육으로의 전환 • 근면성과 자아개념 발달 • 또래관계 발달
5단계	자녀를 존중해 주기 (청소년기)	이상적인 세계를 동경하는 한편 불만스러운 현실에 반항하고 좌절하는 시기	• 자녀의 변화를 수용하고 인정하기 • 자아정체감 형성하기 • 새로운 권위관계의 적응
6단계	독립시켜 내보내기 (성인기)	자녀와의 이별을 준비하는 시기	• 자녀를 떠나 보내기 • 자녀가 떠난 상황에 적응 • 새로운 가족관계 형성

(1) 준비하기

이 시기의 특징은 부모가 되기 전 준비단계로 역할로는 심리적 준비, 신체적 준비, 물질적 준비 및 관계의 재정립이 매우 중요하다.

① 심리적 준비

자신의 어린 시절 부모와의 경험을 되돌아보고 그것이 현재의 임신과 부모 이미지 형성에 어떻게 영향을 주고 있는지를 생각해 보는 것이 중요하다. 즉, 부모가 되기 위해서는 여러 가지 심리적인 준비가 필요하다. 자신의 정신적·심리적 상태의 문제나 성격 등을 파악하여 자녀를 출산하고 양육하는 데 문제가 되거나 장애가 되는 요인들을 개선하는 노력이 필요하다. 부모의 불안정한 정서상태, 비정상적인 성격 또는 기질 등은 자녀에게 심리적인 손상을 주어 문제행동을 유발하는 요인이 된다. 예를 들어, 어머니가 우울상태에 있는 아이들은 정상적인 어머니를 둔 아이들에 비해 우울한 기분, 원인 모를 두통, 흥미 결여, 위축 등의 특성을 보이는 것으로 보고되고 있다.

② 신체적 준비

어머니의 건강은 아이의 두뇌발달, 건강상태, 질병에 대한 저항력을 키우는 데 매우 중요한 요인이 된다. 따라서 부모가 되기 위해서는 우선 건강해야 한다. 그러기 위해서는 태아에게 나쁜 영향을 미칠 질병은 없는지를 병원에서 검진받아야 한다. 검진결과 건강에 이상이 있다면 건강이 회복될 때까지 부모 됨의 시기를 늦추는 것이 바람직하다. 또한 부부의 양쪽 가계에서 가족 질병이나 유전적인 질병을 조사하여 태아에게 어떤 영향을 미치는지, 좋지 않은 영향을 끼칠 수 있는 유전적인 문제가 있다면 이를 최소화하는 방법은 없는지 등을 강구해야 한다. 임신을 한 다음에도 태아와 산모의 건강을 위하여 흡연이나 음주, 약물복용 등은 피하고 건강을 유지해야 한다.

③ 물질적 준비

자녀가 독립할 때까지 적지 않은 양육비 및 교육비가 들어가기 때문에 그 이전에 부모의 경제적 준비가 요구된다. 따라서 부모는 무엇보다 자녀의 경제적 부양자가 되어야 한다. 옛말에 “자기 먹을 것은 자기가 가지고 태어난다”는 말이 있지만 오늘날 이 말은 대책 없고 무책임한 말에 불과하다. 현대사회에서 자녀를 양육하고 교육하기 위해서는 기본적으로 경제적인 뒷받침이 필요하고, 그러기 위해서는 미성년 자녀를 부양할 경제적인 능력이 있어야 한다.

④ **관계의 재정립**

부모가 된다는 것은 엄마만의 문제가 아니다. 따라서 부부는 공통의 양육자가 되므로 부부관계의 변화와 부모로서 미래 역할에 대한 예상과 준비를 해야 한다. 즉, 부부가 공동으로 부모로서의 양육에 대한 가치관 확립, 자녀교육관 및 양육에 따른 가사부담에 대한 논의가 이루어져야 한다.

(2) 돌보아 기르기(만 0~2세까지)

이 시기의 주요 특징은 애착을 형성하게 되는 시기라는 것이다. 따라서 이 시기에는 아이들의 요구에 민감하게 반응하기, 애착과 돌봄의 과정, 부모로서의 자아정체성 확립 및 부부관계의 재정립이 필요하다.

① **아이의 요구에 민감하게 반응하기**

아이들은 부모의 보살핌이 필수적이다. 예를 들어, 아이와의 눈맞춤은 부모의 애정을 확인받는 것이다. 즉, 아이는 부모에게 사회적 미소와 울음 등을 통해 부모와의 의사소통이 이루어지며, 부모의 보호를 이끌어 낸다. 따라서 아이들의 요구에 민감하게 반응하는 것이 중요하다. 부모의 반응성은 아이의 육체적 요구, 즉 배고프다, 자고 싶다, 기저귀를 갈아달라 등에 재빠르게 반응하는 것만을 의미하지는 않는다. 아기가 자극받고 싶어 하고, 같이 놀고 싶어 하는 요구를 들어주는 것을 포함한다.

② **애착과 돌봄의 과정**

애착은 양육자와 아이와의 심리적 유대관계를 의미한다. 애착은 아이와 주 양육자의 관계의 질을 결정하는 중요한 요소로 아이와 부모 모두에게 영향을 미친다. 그리고 애착은 아이가 세상을 살아가는 데 가장 기초가 되는, 세상에 대해 믿을 만한 곳이라고 생각하는 근본적인 신뢰감을 형성하는 데 도움이 된다. 이때 양육자는 민감하고 일관성 있는 양육방식이나 태도를 보여야 한다. 만약 양육자가 부적절하거나 일관성이 없는 양육태도를 보이면 영아는 좌절하고 불신감을 가지게 되며, 이러한 상태는 발달단계 전 과정에 부정적인 영향을 미치게 된다.

③ 부모로서의 자아정체감 정립

하루 종일 반복되는 아이와의 생활에 몸과 마음이 지치고, 더하여 아이를 잘 키울 수 있다는 자신감이 상실될 것 같은 두려움을 경험할 수도 있다. 그렇기 때문에 이 시기에는 부모로서의 정체감 형성이 중요하다. 즉, 자녀의 의미와 부모로서의 가치관 확립이 중요하다. 그리고 이 시기의 부모는 자녀에게 분명하게 방향을 제시하고 감독하고 통제하는 역할이 필요하다. 즉, 아이를 밖으로 데리고 나가고 노는 시간을 정해주기만 하면 되는 것이 아니다. 책을 읽어주고 노래를 부르고 모래성을 쌓고 숲을 거닐고 등 아이와 일대일로 맞붙어 지내는 것이 중요하다.

④ 부부관계의 재정립

이 시기에는 아버지의 역할 확대(집안 가사 일에 좀 더 시간을 투자하고 아기를 돌보는 일에 적극적으로 개입하는 것)와 부모가 개인으로서의 자기 자신과 부모로서의 자기 자신 사이에 균형을 이루는 일이 매우 중요하다.

(3) 부모의 말 세우기(만 3~5, 7세)

이 시기 아이들의 특징은 자신의 영역을 주장하고 고집을 피우는 시기라는 것이다. 따라서 이 시기의 부모역할은 자율성과 주도성의 발달에 도움을 주어야 하고, 부모로서의 권위와 한계를 설정하는 것이 필요하다.

① 자율성과 주도성발달

이 시기의 유아는 여전히 양육자에게 의존하고 있지만 자신의 행동을 통하여 자율성을 가지게 된다. 따라서 이 시기에 자녀들은 의사를 표현하는 능력이 훨씬 다양해지고 활동도 많아지며, 신체적인 움직임이 다양해서 자신을 시험해 보고 싶은 욕구가 증가한다. 즉, 이 시기는 운동능력이 발달하여 주변을 탐색하기 시작하고 이동이 가능하며, 언어를 사용하여 자기주장을 시작하면서 자율성을 발전시키게 된다. 또한 자녀가 주도성을 발달시켜 나간다는 것은 세상에 잘 적응하고 상호관계를 이루며 목적을 성취하는 자신의 능력에 대해 확고한 확신을 갖게 된다는 것을 의미한다. 그러므로 이 시기는 자율적이고 솔선수범하여 새로운 것을 추구하며, 목표를 정하고 목표수행을 위한 행동을 계획하여 스스로 추진하면서 성공적으로 노력하려는 주도성이 발달하게 된다. 따라서 이 시기에 자녀의 자율성과 주도성이 발달할 수 있도록 부모의 돌봄이 중요하다.

② 권위와 한계 설정하기

자녀로 하여금 부모가 정한 권위와 한계를 따르게 하는 것도 중요하다. 부모는 자녀가 한계를 벗어나면 어떻게 대응할 것인가를 미리 생각해 두어야 한다. 그리고 지켜야 할 한계를 정했으면 일관성 있게 그대로 지키는 게 중요하다. 즉, 자녀의 행동을 어디까지 허용해 줄 것인지를 결정하고, 그 결정을 지키려는 노력이 필요하다. 또한 이 시기에 심리사회적 위기를 잘 극복하게 되면 자아는 의지라는 특성이 생기며 위기를 극복하지 못하면 강박적 행동, 피해의식 등이 생긴다. 따라서 이 시기에는 자녀와의 관계에서 대화를 통한 합리적 설득이 중요하다.

(4) 설명하여 깨우쳐 주기(초등학생)

이 시기의 특징은 부모와 멀어질 수 있는 시기라는 것이다. 따라서 이 시기에는 자녀의 근면성과 자아개념 발달을 돕고, 또래관계가 발달될 수 있는 부모역할이 필요하다.

① **심리적 양육에서 신체적 양육으로의 전환**

이 시기의 자녀들은 학교라는 보다 넓은 세계에서 친구가 중요해지고 자기 생활이 중요해지기 때문에 부모와는 멀어질 수 있는 시기이다. 즉, 자녀가 접하게 되는 새로운 자극들에 대한 세계와 부모, 자신에 대한 궁금증과 관심에 대해 설명하고 이해시켜 주는 것이 중요하다. 또한 이 시기의 유아는 신체적·인지적 능력이 발달하기 시작하며 자발적이고 책임의식이 강화된다. 그리고 자신의 행동에 대하여 계획을 세우고 목표를 설정하여 그것을 달성하려고 노력한다. 이 시기에는 신체적·인지적 능력이 성숙되어 경쟁적이며 호기심이 많은 행동을 보이기 때문에 신체적 양육에 더 많은 관심을 기울어야 한다.

② **근면성과 자아개념 발달**

이 시기의 아동은 정상적인 학교교육을 받기 시작하는 학령기이기도 하다. 그래서 학습의 가장 기초적인 쓰기, 말하기, 듣기, 읽기, 셈하기와 같은 인지적 기능을 습득하게 된다. 부모는 자녀가 다양한 경험을 통하여 성취경험을 가질 수 있도록 도움을 주어, 근면성이 발달하는 것을 도와야 한다. 부모는 자아를 형성해 가는 자녀와 계속적으로 상호작용하며 자녀가 자신의 능력에 대해 현실적인 자신감과 긍정적인 자아개념을 갖도록 도와주는 것이 중요하다. 자녀의 질문에 모르는 것은 함께 생각해 보며 찾아보고 답을 구하는 자세를 보여 줌으로써 어떻게 배워나가는지, 왜 배우는지를 깨우치게 할 수 있다. 함께 하는 부모의 모습은 자녀들이 문제상황에 직면했을 때 자녀 스스로 독창적인 방법으로 문제를 해결할 수 있도록 격려하는 것이며 부모의 통제를 점차 줄이는 방법 중의 하나이다.

③ **또래관계 발달**

자녀는 또래를 매우 중요하게 여기며 또래에 의해 수용되는 것이 아동의 자아발달에 매우 중요하다. 이 시기에 아동이 인지적·사회적 기술을 원만하게 습득하게 되면 자신의 또래보다 더 잘 할 수 있다고 느끼는 우월감을 갖게 된다. 이것이 아동에게 중요한 힘의 원천이 되어 아동은 또 다시 다른 것들을 시도하게 되는 도전적 생각을 가지게 된다. 만약 아동이 자신의 인지적·사회적 기술이 자신의 또래보다 뒤쳐진다고 느끼게 되면 열등감에 빠지게 된다. 이러한 점 때문에 이 시기에는 가정에서의 부모의 역할과 학교에서의 교사의 태도가 무엇보다 중요하다.

(5) 자녀를 존중해 주기(청소년기)

이 시기의 특징은 이상적인 세계의 동경 및 현실에 반항하는 시기라는 것이다. 따라서 이 시기에는 자녀의 변화를 수용하고 인정하는 것과 자아정체감 형성을 돕는 것과 부모와 자녀 관계에서 새로운 권위관계에 적응하는 것이 필요하다.

① 자녀의 변화를 수용하고 인정하기

청소년기의 자녀는 자신과 가정, 학교와 사회에 대해 보다 깊이 생각하며 자신의 과거를 돌아보고 미래에 대해 계획을 하게 된다. 그러나 현실과 이상 사이의 모순을 발견하고 더욱더 이상적인 세계를 동경하는 한편 불만스러운 현실에 반항하고 좌절하게 된다. 또한 이 시기는 급격한 신체적 변화와 성적 성숙이 이루어짐과 동시에 부모로부터 정서적으로 독립하는 기간이기도 하다. 그래서 청소년은 이러한 새로운 상황에 대하여 어떻게 대처할 것인지를 고민하게 된다. 그리고 부모로부터 떨어져 나가려는 시도들에 대해서 수용을 해야 된다. 어른이 되고 싶어 하는 자녀들의 욕구를 받아들일 수 있는 부모의 융통성과 지혜가 필요하다.

② 자아정체감 형성하기

이 시기는 신체적 변화가 왕성한 시기로 다른 사람이 자신을 바라보는 관점에 관심을 가지고 자신의 정체성에 대해 갈등에 직면하는 시기이다. 다시 말해, 자신의 존재, 역할, 책임, 능력 등 내적 갈등에 초점을 두고 자아정체감을 찾고자 하는 노력을 통해 다양한 자기 이미지를 개인적 정체감, 즉 자신의 가치관에 통합시킨다. 따라서 자녀로 하여금 여러 가지 역할이나 활동을 탐색하는 기회를 제공함으로써 긍정적인 정체감을 형성하도록 하는 것이 중요하다.

③ 새로운 권위관계의 적응

이 시기가 되면 어느 정도 성장한 사람으로서 존중하면서 서로 의지하는 상호 존중단계에 접어들게 된다. 따라서 이 시기에는 자녀가 가진 생각들을 잘 들어보고, 그런 다음 부모의 생각을 전달하는 상호적인 대화가 필요하다.

(6) 독립시켜 내보내기(성인기)

이 시기의 특징으로는 자녀와의 이별을 준비하는 시기라는 것이다. 따라서 이 시기에는 자녀를 떠나 보내는 준비와 자녀가 떠난 후의 상황에 적응하며, 새로운 가족관계 형성을 이해하고 적응하는 것이 필요하다.

① 자녀를 떠나 보내기

자식을 키운다는 것은 혼자 살 수 있도록 힘을 길러준 후 떠나보내는 것을 의미한다. 따라서 이 시기에는 자녀를 떠나보낸 상황에서 어떻게 대처할 것인가에 대한 준비가 필요하다.

② 자녀가 떠난 상황에 적응

자녀 중심의 생활에서 부부 중심의 생활로 변화하고, 무엇보다 이 시기는 부모 자신에 대한 관심을 다시 가져야 할 시기이다. 자녀가 떠난 후 의미 있는 일이나 봉사활동을 할 때 자녀는 부모가 보다 성숙하고 안정되었다고 느끼게 된다. 이 시기는 사회적 관점에서 빈둥지 시기라고 한다. 이는 자녀가 성장함에 따라 집을 떠나게 되어 부부만 남게 되는 것을 말한다. 그리고 이 시기는 남성보다는 여성에게, 특히 어머니의 역할에 집중을 하고 살아온 전업주부는 심리적으로 공허함이나 우울감을 느끼게 되어 부적응적 양상이 나타날 수 있는데, 이를 빈둥지증후군(empty nest syndrome)이라고 한다. 이러한 현상에 잘 대처하기 위해서는 원만한 부부관계를 유지하기 위한 노력이 필요하며, 다양한 사회적 활동에 참여하는 것이 도움이 된다.

③ 새로운 가족관계 형성

부부 간의 관계 이외에도 자녀의 배우자(며느리 또는 사위) 및 그의 가족과의 새로운 관계형성(시부모 또는 장인, 장모의 역할)이 이루어지는 시기이다. 새롭게 형성된 가족들이 갈등 없이 화목하게 잘 지낼 수 있도록 현명한 지혜가 필요하다. 자녀가 결혼을 하게 되면서 지금까지 부모와 자녀관계에서 벗어나 어른과 어른의 만남으로 자녀를 대해야 하며, 손주들과의 관계형성 또한 매우 중요하다.

2. 부모역할의 특성

현대사회의 다양한 변화로 부모역할에 대한 변화가 나타났다. 즉, 21세기를 맞이하면서 다양한 가족변화로 인해 부모역할 수행에 대한 요구 역시 다양화되었다고 할 수 있다. 어머니의 역할과 아버지의 역할 및 부모역할에 대해 살펴보면 다음과 같다.

1) 어머니의 역할

(1) 어머니 스트레스

아이들의 주 양육자는 어머니이며, 아버지는 자녀양육에 있어 보조적인 역할을 수행하면 된다는 시각이 지배적이다. 최근에 아버지의 역할이 강조되고 있지만 그래도 여전히 자녀의 양육에 대해서는 어머니의 역할이 강조되고 있다. 그러나 어머니는 다양한 스트레스를 경험하게 되는데, 크게는 여성으로서의 스트레스와 어머니로서의 스트레스를 경험할 수 있다.

먼저 여성으로서 경험하게 되는 스트레스는 광범위하다. 우리나라와 같이 가부장적 사회에서는 여자라는 성(性)을 가지고 태어났다는 이유만으로 많은 스트레스를 경험하게 된다. 예를 들어, 미혼 여성이 겪게 되는 스트레스, 주부 스트레스, 며느리로서의 스트레스, 맞벌이 주부로서의 스트레스 등 다양하다. 이런 스트레스들은 다양한 질병을 유발하는 원인이 된다. 즉, 일반적인 질병(두통, 생리통, 머리카락이 빠짐, 불면증 등)과 순환기계 질환, 신경계 질환, 부인과계 질환, 비뇨 생식기계 질환, 소화기계 질환, 피부과계 질환, 내분비 대사계 질환, 근·골격계 질환 등이다.

둘째, 어머니로서 경험하는 스트레스는 아이를 임신하는 순간부터 엄마들은 긴장하기 시작한다. 한 아이를 임신했다는 사실은 큰 행복이 될 수 있으나, 미래에 엄마로서의 역할에 대해 고민을 하기도 한다. 그러므로 어머니로서 경험할 수 있는 스트레스는 자녀를 임신하는 순간부터 자녀가 자신의 가정을 이룬 후까지 계속된다. 자녀는 연령이 증가하면서 신체적·정신적인 변화를 거듭하면서 발달한다. 어머니 역시 개인적으로 많은 변화를 겪으면서 나이를 먹게 된다. 어머니들이 느끼는 스트레스는 세 가지를 들 수 있는데, <표 3-4>와 같다(가족스트레스연구회, 1994).

〈표 3-4〉 어머니 스트레스

- 자녀의 발달에 따른 특수한 자녀행동이나 자녀문제가 발생했을 때이다.
- 어머니 스스로 자신의 역할에 대해 느끼고 있는 감정이나 생각이 스트레스가 될 수 있다.
- 어머니 자신의 개인적인 질병이나 정서적인 문제 또는 남편 등 도움을 줄 수 있는 사람들의 지원 부족, 그리고 특별한 생활 사건의 발생(이혼, 배우자의 사망, 이사) 등이 스트레스 요인으로 작용한다.

따라서 어머니로서 겪게 되는 스트레스를 줄이기 위해서는 첫째, 자녀의 발달에 대한 이해는 자녀행동에 대한 올바른 판단과 자녀에 대한 이해를 가능하게 하므로, 아동의 발달단계에 대한 정확한 지식을 가져야 한다. 둘째, 사회적 지지망(social support network)을 가지는 것이다. 사회적 지지망이란 자신이 필요할 때 다른 사람들로부터 정서적으로든 물질적으로든 도움과 지지를 받을 수 있는 집단을 의미한다. 여기에는 배우자, 시부모, 친정부모, 형제자매, 이웃, 친구, 직장동료 및 상사, 상담자, 교사 등이 포함된다. 이런 사회적 지지를 잘 활용할 수 있다면 스트레스를 줄일 수 있다. 셋째, 자신의 역할이나 행동에 대해 만족과 자부심을 갖는 것이다. 자부심을 가지면 스트레스를 줄일 수 있다. 끊임없이 변화하고자 노력하는 어머니의 자세야말로 만족감을 안겨주는 현명한 생활의 태도이다.

(2) 어머니 역할

자녀양육에 있어서 어머니의 역할은 중요하다. 왜냐하면 자녀의 육체적·정신적 건강을 위한 담당자이며, 자녀의 사회화를 위한 담당자의 역할도 동시에 수행하고 있기 때문이다. 유아교육 사상가인 코메니우스(Comenius), 루소(Rousseau), 프뢰벨(Fröbel) 등도 생애 초기에 있어서 부모의 역할 중 어머니의 역할을 매우 강조하였다. 또한 애착이론의 선두적인 연구자 볼비(Bowlby, 1952)는 모성애의 결핍이 자녀발달에 미치는 영향을 연구하면서 어머니의 보호와 양육이 결핍된 아동들은 신체적·지적 그리고 사회적 발달이 지체된다고 결론지었다. 자녀와의 애착형성에서 어머니의 특성이 애착의 형성에 많은 영향을 미치는 것으로 보고되고 있다. 즉, 어머니의 성격, 연령, 경제적 지위, 어머니 자신의 양육과정 등이 애착형성에 영향을 준다. 특히, 어머니의 성격특성이 아이가 나타내는 행동이나 반응에 대한 민감성과 반응성에 중요한 영향을 미치는 것으로 나타났다. 이는 어머니가 아기의 반응에 적절하게 잘 대처하면 안정된 애착을 보이는 반면, 불안정애착을 보이는 영아의 어머니는 화를 잘 내고 아기와의 신체적 접촉을 회피하며 자신의 감정을 표현하는 데 어려움을 나타낸다(DeWolff & van IJzendoorn, 1997)는 것을 의미한다.

리블(Ribble, 1943)은 어머니의 따뜻한 애정이 없을 때 실제로 심리적인 피해를 받아 열량과 함께 단백질이 결핍되어 나타나는 소모증(maramus: 심한 영양부족으로 인하여 체중이 감소하고 체력이나 전염병에 대한 저항력이 저하된 상태)에 걸림을 발견했다(장원동,

2008). 아이의 사회적 능력 또는 사회적 유능감에 관련된 국내연구들 또한 주로 아동을 둘러싼 양육환경, 특히 어머니 관련 변인이 중요한 요인으로 밝혀졌다(문수경 외, 2007).

어머니의 역할은 아이들의 발달과 건강에 있어 아주 중요하다. 특히, 현대사회에서 어머니가 가정 밖에서 경제적인 역할을 담당하는 상황에서는 더욱 중요하다. 왜냐하면 전통적으로 어머니의 역할은 자녀의 양육과 더불어 가사 일을 돌보는 것이 주된 임무였으나 현대사회에서 때로는 어머니의 역할에 과거 아버지의 역할이었던 경제적 역할까지도 수행해야 하는 융통성이 필요하기 때문이다(이현숙, 2009).

2) 아버지의 역할

(1) 아버지 스트레스

자녀를 키우는 일은 어머니 혼자 할 수 있는 것이 아니며, 아버지의 역할도 중요하다. 우리사회는 전통적인 유교적 가치관과 현대의 가치관이 공존하는 중간적인 성격을 보인다고 할 수 있다. 지극히 전통적인 아버지의 상(像)과 현대적인 아버지 상(像)이 공존하는 우리사회[3]에서, 아버지들은 남다른 스트레스를 경험하고 있다(가족스트레스 연구회, 1995). 아버지들이 경험하는 스트레스는 <표 3-5>와 같다.

〈표 3-5〉 아버지가 경험하는 스트레스

- 자녀문제로 인한 스트레스
- 직장일로 인한 스트레스
- 가정에서 아버지로서 권위가 서지 않는 것에 대한 스트레스
- 개인적 소외감, 고독으로 인한 스트레스
- 자녀양육으로 인해 오는 피로로 인한 스트레스

3) 한국보건사회연구원(2019)의 유배우 여성(15~49세) 10,630명을 대상으로 아내는 자신의 경력보다는 남편이 경력을 쌓을 수 있도록 도와주는 것이 더 중요하다에 대해 찬성 45.8%, 반대 54.2%로 나타났으며, 통계청(2020)의 성역할 의식(남자는 일, 여자는 가정)에 대한 조사 결과, 남자의 경우 찬성 16.6%(매우찬성 2.5%, 약간찬성 14.1%), 반대 32.6%(약간반대 21%, 매우반대 11.6%), 여자의 경우 찬성 10.5%(매우찬성 1.8%, 약간찬성 8.7%), 반대 40.1%(약간반대 18.9%, 매우반대 21.2%)로 나타났다.

<표 3-5>에서 보는 바와 같이 일반적으로 아버지들은 부모로서 자녀의 학교성적, 품행, 문제행동 등으로 가장 많은 스트레스를 경험하는 것으로 나타났다. 또한 직장인으로서 느끼는 스트레스가 사회생활뿐 아니라 가정생활에 연속되고 있음을 알 수 있다. 그리고 무엇보다 중요한 것은 가정에서 아버지로서 권위가 서지 않는 것에 대한 스트레스인데, 이것은 많은 아버지들이 전통적인 권위가 있는 아버지에 대한 동경을 나타내고 있다는 것을 의미한다. 이와는 반대로 현대의 아버지는 자녀양육에 직접 참여함으로써 스트레스를 경험한다고 보고하고 있는데, 이는 아버지들이 자녀의 양육활동에 참여하고 있다는 증거를 보여 주는 결과이다.

(2) 아버지 역할

현대는 아버지 부재의 시대라고 한다. 전통적으로 엄격하고 가부장적인 아버지의 권위는 점점 사라지고 오늘날에는 아버지의 역할에 대한 정체성을 제고하는 시대적인 상황에 놓여 있다. 미드(Mead, 1949)와 벤슨(Benson, 1968)은 아버지의 역할을 사회의 소산물로 여겨 경제적 지원군으로서의 역할이라고 했으나 웨인라브(Weinraub, 1977)는 아버지의 존재와 양육태도, 역할이 자녀양육에 있어 어머니보다 결정적인 영향을 미친다는 연구결과를 보고했다. 또한 오늘날 아버지의 역할은 자녀에게 바람직한 행동의 모델로서, 성역할을 소개하고, 자녀가 사회에서 도덕, 가치, 의사소통의 제반사항들을 습득하고 살아가도록 돕는 책임 있는 역할로 과거보다는 능동적으로 참여해야 한다고 주장한다(성영해 외, 1993). 최근 편모슬하에서 자란 아이들이 양친이 모두 있는 아이들보다 학업성취가 낮다고 알려지고 있다. 아버지가 아이들 교육에 적극적인 아이들은 아버지가 전통적 · 권위적인 아이들보다 지능지수가 높으며 자긍심이나 자기절제도 강하고 사회성도 뛰어난 것으로 보고하고 있다.

이와 같이 급변하는 사회 속에서 아버지 역할에 대한 재정의가 요구되며, 아버지의 자녀양육에 대한 참여 또한 불가피하게 되었다(정갑순, 2006). 어머니와 다른 아버지의 양육특성을 살펴보면, 어머니는 보다 애정적이고 언어적인 상호작용이 중심인 경우가 빈번하지만 아버지의 경우는 놀이 활동, 특히 신체적 활동이 중심이며 어머니에 비해 거칠고 격한 활동이 동반되는 경험이 많기 때문에 어머니와 아버지 모두의 상호작용이 아이에게 독립적인 영향을 미쳐서 아이의 건전한 성장발달에 중요하다. 특히, 아버지의 역할로서는 성역할 발달의 안내자 및 사회적 관계의 형성에 중요한 역할을 하는 것으로 확인되고 있다. 따라서 아버지의 적극적인 자녀양육 참여가 절실히 필요한 시대가 되었으며, 이러한 시대적인 요청으로 최근에 우리 사회는 아버지의 자녀양육에 대한 책임이 강조되고 있으며, 아버지 육아 휴가제 도입 및 주 5일제 근무 등으로 인해 자녀가 아버지와 함께 하는 시간이 증가한 것은 그 중요성을 반영하는 것이라고 할 수 있다.

3) 부모의 역할

부모란 사전적 의미로 아버지와 어머니를 말하며, 집에서 아이를 돌보는 사람을 의미한다. 즉, 부모는 아이를 돌보면서 자녀와 가장 밀접한 정서적 · 신체적 · 사회적 상호작용을 하는 사람이다. 자녀를 양육함에 있어서 부모의 태도나 부모 자신의 성격은 자녀와의 정서적 관계의 질을 결정짓는 아주 중요한 요소이다. 자녀들은 부모의 행동을 관찰하고 부모의 행동을 모델로 삼기 때문에 자녀 역시 부모의 행동을 따르게 된다. 부모는 자녀의 신체를 보호하고 정서적으로 안정된 생활을 하며, 생리적인 기본욕구를 충족시키고, 전인적인 발달을 촉진시키도록 학습경험을 제공해야 함은 물론 사회인으로서 살아가도록 도와주는 역할을 한다.

이와 같이 부모와 자녀는 사랑을 기반으로 가족관계를 형성하며, 가족구성원 및 사회구성원으로서 성장하게 된다. 부모의 역할은 취소될 수 없다. 일단 임신하고 출산을 하면 부모의 역할을 선택하거나 포기할 수 있는 것이 아니다. 그러나 부모역할에 대한 준비는 다른 역할에 대한 준비에 비해 미흡하다. 그만큼 부모역할을 준비하고 부모가 되는 사람은 적다는 것이다. 또한 부모역할을 위한 교육적 경험이나 훈련이 부족하며 임신기간 중에도 부모역할을 위한 최소한의 훈련만이 이루어지며 갑작스럽게 부모기로서의 전환이 이루어진다. 뿐만 아니라 부모역할은 아동이 변화함에 따라 부모도 변화하는 상호발달적 역할이다. 자녀를 지도하고 욕구를 충족시키는 방법이나 기술이 아동이 성장함에 따라 변화하며 부모 자신의 욕구나 변화도 부모역할에 영향을 미친다(장은실, 2002).

특히, 영유아기를 지내는 동안 아이들은 부모의 모습 속에서 남성성과 여성성을 배우게 된다. 아이들은 어려서부터 부모가 하는 행동을 모방한다. 아이의 부모에 대한 모방과 내면화는 부모와 자녀 간의 관계가 사랑과 존경으로의 원만한 관계일 때 가능하며 그것은 상호작용을 통해 이루어진다. 그렇게 영유아들은 가족관계 속에서 부모를 통해 자기의 존재를 배우며 알게 되고 성장한다. 이렇게 성장한 아이 역시 다음 세대의 부모 세대로 이어지므로 부모역할에 대한 바른 이해의 정립은 필수적이다. 현재 한국에는 가족변화의 물결에 따라 아버지, 어머니의 존재와 그들의 영향력에 대한 분명한 정체성 확립을 위해서 아버지 학교, 어머니 학교, 예비부모 학교 등 다양한 부모역할에 대한 교육 프로그램이 활발하게 운영되고 있다.

부모가 부모역할을 수행하는 데에는 다양한 요인들이 영향을 미친다. 부모가 자녀를 양육하는 행동방식에 영향을 미치는 요인들에 대해 비름(Birm, 1959)은 부모의 지능, 건강 및 신체적 특성 등을 주요 요인으로 보았고, 빅널(Bigner, 1979)은 문화적인 배경, 성격 유형, 양육에 대한 부모의 태도, 그리고 역할 모델링 등을 중요한 요인으로 분류했다. 부모의 사회적 · 문화적 배경, 원가족의 영향, 부모의 성격 등을 주요 요인으로 보는 견해도 있다(구광현 외, 2002). 부모역할에 영향을 미치는 다양한 요인 중 부모의 태도와 양육태도에 대해 살펴보면 다음과 같다.

(1) 부모의 태도

한국은 전통적으로 부모역할이 분명하게 구분되어 아버지는 가정을 이끄는 가장으로 가족의 경제적 역할을 담당하고 자녀에게 엄격하고 권위주의적인 관계를 유지하여 왔다. 특히, 자녀양육과 관련된 부모역할은 어머니에 의해 전담되는 것으로 여겨져 왔다. 그러나 현대 산업사회의 급속한 경제체제의 변화는 사회와 개인의 가치관의 변화를 가져왔고, 가족의 지지체계를 축소시키고 기혼여성의 사회참여를 증가시켜 가사 및 자녀양육은 부부 공동의 문제가 되었다. 더욱이 자녀양육의 책임을 부모가 동시에 갖게 됨에 따라 부모로서 부담이 증가하고 부모역할에 대한 요구도 높아지게 되어 적극적인 자녀양육 참여가 절실히 필요한 시대가 되었다(김영희 외, 2007).

자녀들이 부모를 닮아간다는 것은 필연적이다. 부모라는 모델을 보면서 그들의 자화상을 조각하게 된다. 부모에 대한 참다운 모방은 서로의 관계가 사랑과 존경으로 이루어질 때만 가능한 것이다. 또한 가정은 학교에서 가르치려 하는 것과 가르쳐서는 안 되겠다는 것까지 거의 무의식적으로 가르치고 있다는 점이 학교와 다르다. 그런 식의 교육이 인생을 좌우할 만큼 결정적인 영향을 주고 있다는 데 교육의 장으로서의 가정의 중요성이 있는 것이다. 올바른 부모태도는 <표 3-6>과 같다.

〈표 3-6〉 올바른 부모태도

- 건전하고 화목한 가정이 아이에게 필수요건이라면 이 요건의 전제조건은 바로 원만한 부부관계를 형성하는 것이다.
- 아이의 발달특성을 바르게 이해하고 그들이 어떤 생각을 하고 어떤 욕구를 가지고 있는지를 명확하게 파악한다.
- 아이와 솔직하고 바람직한 대화를 자주 나눈다. 대화를 할 때는 부모의 권위를 최소로 줄이고 아이의 대화에 귀를 기울이며 아이가 말할 수 있는 기회를 충분히 준다.
- 아이들에게 뛰어 놀 장소와 가지고 놀 장난감을 제공한다. 놀이의 경험은 인간을 창조적으로 만들기 때문에 놀이에 대한 개념을 바르게 받아들인다.
- 가능한 한 아이와 많은 시간을 함께 보낸다. 단지 같이 있다는 사실로 부모의 역할을 다한다고 생각하지 말고 긍정적인 상호작용을 한다.
- 아이의 성에 따른 고정관념을 가지지 않는다. 성에 따른 차이보다 아이가 성장한 후 사회에 어떻게 잘 적응하며 가지고 있는 능력을 잘 발휘할 것인가에 더 중점을 둔다.
- 무엇을 배웠는가에 중점을 두기보다 스스로 자율적으로 무엇을 했는가에 더 중점을 두며, 부모가 대신 아이의 할 일을 해주는 것은 아이의 장래에 아무런 도움이 되지 않는다.
- 바람직한 부모가 된다는 것은 하루아침에 이루어지지 않는다. 부모 됨 그 자체도 교육에 의해 가능하므로 유아교육기관이나 다른 부모교육 프로그램에 관심을 가지고 적극적으로 참여하며 유아교육기관 교육과 연계를 이루어 일관성 있는 교육을 받는 것이 좋다.

(2) 부모의 양육태도

바움린드(Baumrind, 1967, 1984)는 3개 집단 아이들과 그들 부모의 양육태도를 5년간 종단연구한 결과, 연구집단별 아이들의 사회성과 부모양육태도 사이에는 각각 공통된 상관관계가 있는 것을 밝혀냈다. 바움린드는 이 연구결과를 토대로 미국 중류 백인 사회의 이상적인 부모양육모형으로 권위적 양육태도를 추천하고 있고, 부모교육의 모델로 삼고 있다(Baumrind, 1972; Becker, 1964; Fein & Henry, 1989). 바움린드의 부모양육태도의 유형과 아이의 사회성과의 관련성은 <표 3-7>, 양육태도 유형별 특징은 <표 3-8>과 같다.

〈표 3-7〉 부모의 양육태도와 아이의 사회성

집단	아이의 사회성	부모의 양육태도
성숙된 아이 (mature)	역동적, 또래와 긍정적 관계, 호기심이 높음, 스스로 행동, 자기 통제가 높음	권위적(authoritative) 교육적, 책임감, 단호한 제한, 독립심을 격려, 융통성 있는 사고
지원결핍아이 (disaffiliated)	기분에 의해 좌우됨, 우려감, 피동적 적개심, 또래관계 부정적(외톨이)	독재적(authoritarian) 아이가 원하는 것에 무반응, 사고의 융통성 결여, 아이 행동 통제방법이 거침
미성숙아이 (immature)	충동적, 자율성 부족	허용적(permissive) 다소 교육적, 나이에 맞는 행동과 확실한 제한이 없음, 아이의 자기통제 방해

〈표 3-8〉 부모의 양육태도 유형별 특징

구분	특성
권위적 양육태도	• 자녀가 지켜야 할 것을 요구하며 자녀에 잘 반응한다. • 합리적이고 문제 중심적이다. • 자율, 논리적 설명, 순종 모두를 중시한다. • 경우에 따라 확고한 통제를 한다. • 토론, 설명, 명확한 의사소통을 강조한다. • 자녀에게 올바른 행동을 길러 주기 위해 논리적 설명, 힘(권력), 강화를 사용한다.

구분	특성
독재적 양육태도	• 자녀가 지켜야 할 것을 요구하지만 반응은 잘하지 않는다. • 자녀의 행동을 통제하고 올바른 행동을 길러주기 위해 원칙을 고집한다. • 복종을 중시한다. • 벌, 강압적 수단을 사용한다. • 자율성을 제한한다. • 자녀의 의지를 꺾는다.
허용적 양육태도	• 자녀가 지켜야 할 것을 요구하지 않고 반응을 잘한다. • 벌을 주지 않고 수용적이며 긍정적이다. • 제한이나 금지가 거의 없다. • 설득을 많이 한다. • 부모 스스로가 존중하지는 않지만 외적으로 규정된 표준에 따른다. • 가족문제를 다룰 때 힘(강압)을 사용하기보다는 이유를 말한다. • 가족문제를 결정할 때 자녀와 의논한다.

<표 3-7>과 <표 3-8>에서 보는 것과 같이 권위적 양육태도는 자녀의 자율성을 인정하며, 이에 따라 자녀가 스스로 결정하고, 선택할 수 있도록 돕는 것이 특징이다. 이 유형의 부모들은 자녀와의 의사소통을 중요시하며 가정의 의사결정과정에 있어 자녀의 의견을 수용하고 이를 반영하기를 주저하지 않기 때문에 이러한 양육태도를 가진 부모 밑에서 자란 아이들은 높은 인내심과 자기조절능력을 보이며 학업성취, 사회성・도덕성발달영역 등에서 우수한 면모를 보인다. 둘째, 독재적 양육태도는 모든 결정을 부모가 대신하며, 자녀는 이러한 부모의 결정에 무조건적으로 복종하기를 요구하는 것이 특징이다. 이와 같이 지배적이며, 자녀의 자율성을 제한하는 유형의 부모 아래서 자란 자녀들은 낮은 자존감과 낮은 자기신뢰감을 갖게 된다. 뿐만 아니라 높은 통제력에 대한 반발로 강한 분노와 반항적 태도를 보이며 정서적으로 불안해하는 경향을 보이게 된다. 셋째, 허용적 양육태도는 자녀에 대한 애정은 높지만 자녀에 대한 적절한 통제력을 발휘하지 않는 유형으로 자녀들에게 예절, 기본적인 상식 및 지식 등 자녀가 올바르게 성장하기 위한 행동 등을 가르치려고 노력하지 않는 모습을 보인다. 따라서 이런 유형의 부모 밑에서 자란 아이들은 상식이 부족하며, 자기절제력이 부족할 뿐만 아니라 학업성취가 낮은 등 반사회적 행동을 보이게 된다.

요약하면 부모의 양육태도가 권위적일 경우 성숙된 아이, 즉 또래와 긍정적인 관계를 형성하고, 능동적이며 자기통제가 높은 아이로 성장하고, 독재적 양육태도는 지원결핍아이로 또래관계가 부정적이며, 기분에 따라 좌우되고, 허용된 양육태도는 미성숙아이로 충동적이고 자율성이 부족한 아이가 된다고 본다.

3. 부모역할의 결정요인

부모역할에 대해 여성들이 남성들보다 부모역할 수행에 대한 문화적 압력을 더 많이 받는다. 부모역할은 항상 자발적으로 선택할 수 있는 일이 아니고, 포기할 수 있는 것도 아니다. 그러나 다른 역할에 비해 준비가 부족하므로 부모역할에 대해 이해하는 것이 매우 중요하다. 브론펜브레너(Bronfenbrenner)는 생태학적 관점에서 인간의 발달은 가까운 근접환경에서부터 자신이 살고 있는 문화적 환경까지를 모두 포함하는 미시체계, 중간체계, 외체계, 거시체계 및 시간체계의 다섯 가지 체계[4]의 영향을 받는다고 주장한다<그림 3-1>. 그리고 아동이 성장함에 따라 부모와 자녀 간에 이루어지는 상호작용은 보다 넓은 체계의 영향으로 점차 그 복잡성이 증대된다고 하였다.

4) 미시체계(microsystem)는 발달하는 개인이 독특한 물리적인 특성을 가진 환경 내에서 경험하는 활동, 역할 및 대인관계의 유형이다. 예를 들어, 가족, 보육시설, 놀이터 등과 같이 아동이 쉽게 얼굴을 마주 대하고 상호작용에 참여할 수 있는 환경 속에서 아동이 활동을 하고 환경과 상호교류함으로써 역할과 자아정체감을 획득하게 된다. 중간체계(mesosystem)는 미시체계들로 구성된 하나의 체계로 발달하는 개인이 적극적으로 참여하는 둘 이상의 환경들 간의 상호작용으로 이루어진다. 중간체계는 발달하는 개인이 새로운 환경으로 이동할 때마다 형성되거나 확대된다. 예를 들어, 아동의 경우는 가정, 학교와 이웃, 동료집단 사이의 관계들이며, 성인의 경우는 가족, 직장, 사회생활 사이의 관계이다. 아동의 발달이 순조롭게 이루어지는 데는 중간체계에서의 전이와 상호연결성이 중요한 역할을 한다. 외체계(exosystem)는 발달하는 개인이 적극적으로 참여자로 관여하지는 않으나 발달하는 개인이 속한 환경에서 일어나는 일에 영향을 주거나 영향을 받는 사건이 발생되는 하나 또는 그 이상의 환경을 의미한다. 예를 들어, 어린 아동의 경우에는 부모의 직장, 손위 형제가 다니는 학교, 부모의 친구 등의 활동이 포함된다. 거시체계(macrosystem)는 주어진 문화 또는 하위문화 내에서 구성하는 미시체계, 중간체계 그리고 외체계의 행태와 내용이 나타내는 일관성을 의미하며, 동시에 그런 일관성에 기초가 되는 신념체계 또는 이념을 의미한다. 사회·문화적 차이는 바로 이 거시체계가 다르기 때문에 나타나는 것이다. 거시체계는 개인과 직접적인 관련은 거의 없지만 가장 근본적이고 중대한 변화를 초래한다. 시간체계(chronosystem)는 전 생애에 걸쳐 일어난 변화와 사회·역사적인 환경을 의미한다. 즉, 가족제도의 변화, 결혼관의 변화, 직업관의 변화 등을 말한다(정희영 외, 2014).

이러한 여러 환경요인 가운데 아동의 성장과정에서 무엇보다도 큰 영향을 미치는 것은 중요한 미시체계인 부모와의 정서적 유대감이다. 대부분의 부모들은 자녀와 강한 정서적 유대감을 형성하고 있지만 그 정도에서는 차이를 보이며, 이러한 차이를 결정하는 주요 요인으로 벨스키(Belsky, 1984)는 부모의 특성, 자녀의 특성 그리고 사회문화적 환경의 세 가지 요인을 주장하고 있다.

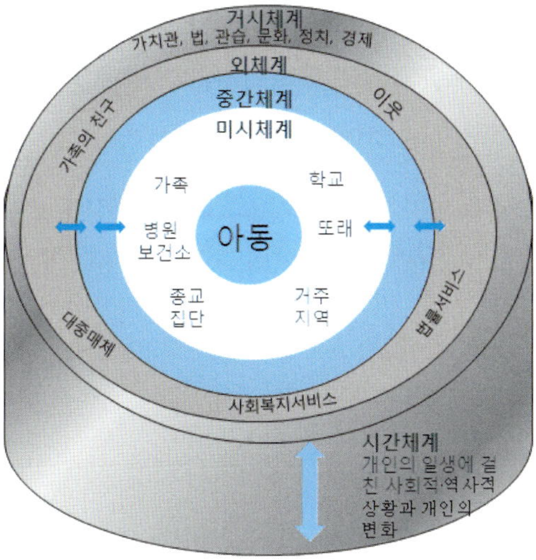

〈그림 3-1〉 브론펜브레너의 생태학이론의 체계들

(1) 부모의 특성

부모의 특성은 부모역할의 가장 중요한 것으로 심리적으로 건강하고 성숙한 부모는 자녀의 건강한 심리적 발달을 도와준다. 자아강도와 자기효능감이 높은 부모는 자녀와 효율적인 의사소통을 하며, 우울증의 어머니는 자녀에게 애정과 반응성이 적고 신경질적이며 자녀에게 처벌을 더 많이 가하게 된다. 많은 연구들에서 부모의 성격특성이나 자녀양육에 대한 신념과 태도 및 근원가족에서의 경험과 같은 부모요인들이 부모의 행동에 많은 영향을 미치는 것으로 나타났다.

구체적으로 부모의 성격[5)]에서는 부모의 신경증 점수가 낮고 외향성이나 순응성, 경험에 대한 개방성 및 성실성 점수가 높은 부모들이 자녀에 대해 보다 지지적이고 민감하며, 반응적이고, 지적인 자극을 많이 제공하는 것으로 나타났다. 그리고 부모의 신념과 태도도 부모역할에 영향을 미치는 것으로 나타났는데, 부모의 신념은 부모가 된다는 것이 무엇을 의미하는지와 관련된 것으로 아동발달이 사회적 환경의 영향을 많이 받는다는 신념을 가지고 있는 부모와 권위적인 양육태도를 가진 부모는 그렇지 않은 부모보다 부모-자녀 간의 상호작용을 많이 하는 것으로 나타났다. 또한 부모역할은 자신이 출생한 근원가족(family of origin)에서의 경험과도 관련이 있다. 그들 자신의 부모와 안정된 관계를 형성하였던 성인들은 그들의 자녀와도 안정된 애착을 형성하고 양육하는 경향을 가지고 있다. 즉, 근원가족에서의 발달의 역사가 개인의 성격이나 성인기의 관계형성에 영향을 미치며, 이것이 궁극적으로 부모역할에 영향을 미치는 것으로 볼 수 있다.

5) 성격의 5요인(Tupes & Cristal, 1961).

- 신경증(neuroticism): 개인이 심리적 고통이나 비현실적인 생각, 과도한 충동이나 부적응적 대처반응에 얼마나 취약한가를 반영하는 것으로 신경증에서 보다 높은 점수를 얻은 어머니들은 안아주거나 칭찬하는 것과 같은 긍정적인 양육행동의 수준이 낮은 반면, 때리거나 위협하는 것과 같은 부정적인 양육행동의 수준은 높게 나타남
- 외향성(extraversion): 상호작용의 양이나 강도, 활동수준, 자극에 대한 욕구나 기쁨에 대한 수용능력을 반영하는 것으로 외향성에서 높은 점수를 얻은 사람들은 사교적이고, 활동적이며, 말이 많고, 인간지향적이며 낙천적인 반면, 외향성에서 낮은 점수를 받은 사람들은 침울하고, 초연하며, 과제지향적이고 조용함을 나타냄
- 순응성(agreeableness): 사고나 감정, 행동에서 타인에 비해 공감하고 조화를 이루고자 하는 상호관계적 성향을 반영하는 것으로 높은 점수를 받은 사람은 부드럽고, 타인을 신뢰하며 관용적인 반면, 낮은 점수의 사람들은 냉소적이고, 무례하며, 의심이 많은 사람을 나타냄
- 경험에 대한 개방성(openness to experience): 새로운 것에 대한 개방의 정도를 의미하며, 높은 점수는 부모들의 흥미가 광범위하고 상상력이 뛰어난 반면, 낮은 점수는 실용적이고, 전통적이며, 정해진 방식으로 행동하는 경향이 강함을 의미함
- 성실성(conscientiousness): 개인이 높은 성취기준을 설정하고 이를 달성하기 위해 노력하는 정도를 반영하는 것으로 성실성은 지지적인 양육태도와는 정적인 상관이 있는 반면, 통제적인 부모역할과는 부적상관이 있음

(2) 자녀의 특성

부모역할의 과정은 상호적이며 아동 자신도 어느 정도 자신의 환경을 만들어 간다. 아동의 성격, 활동성, 정서 등을 포함한 아동의 특성은 부모역할에 영향을 주는데, 순종적이지 않고 부정적이며, 아주 활동적인 자녀에게 부모는 부정적이고 통제적인 행동을 하게 된다.

부모의 성격이 자녀에게 미치는 영향에 비해 아동의 성격이 부모역할에 미치는 영향에 대해서는 상당히 오랫동안 간과해 온 측면이 있다. 부모역할은 부모가 가지고 있는 특성의 영향을 받을 뿐 아니라 자녀의 특성에도 영향을 받는다. 자녀의 성별이나 출생순위, 기질 등은 부모역할에 영향을 미치는 중요한 요인이다. 또한 특별한 욕구를 충족시켜야 하는 발달상의 문제를 가지고 있는 아동의 경우 부모역할은 상당히 많은 영향을 받게 된다.

(3) 사회문화적인 요인

부모 자신이나 자녀가 가지고 있는 고유한 특성 외에도 부모 - 자녀 간에 상호작용이 이루어지는 사회적 맥락도 부모역할에 영향을 미치게 되는 요인으로 작용하게 된다. 부모역할은 부부관계나 자녀양육을 위한 지원망 등의 영향을 받으며, 나아가 사회경제적 지위나 종교, 문화적 영향을 받기도 한다. 즉, 교육수준과 사회경제적 지위, 아동발달에 대한 지식, 부모역할 훈련 및 출산교육, 분만과 출산에 아버지의 참여 등은 부모역할에 긍정적인 영향을 주는 요인들이다. 또한 배우자의 정서적 지지, 부부만족도, 사회적 지지망, 대중매체 등도 부모역할에 영향을 미치는 요인들이다.

MEMO

PART 02

발달단계에 따른 부모역할

CHAPTER 04

태내기와 영아기 부모역할

▫ 배울 내용 ▫

1. 태내기 발달특성
2. 영아기 발달특성
3. 태내기 및 영아기의 부모역할

▫ 학습목표 ▫

1. 태내기 발달특성을 이해한다.
2. 영아기 발달특성을 이해한다.
3. 태내기 및 영아기의 부모역할을 이해하고 지원방안을 모색해본다.

1. 태내기 발달특성

1) 임신

모든 동물은 자신의 종(species)을 유지하고 싶은 본능을 지니고 있다. 이런 본능을 충족시키는 것이 임신(pregnancy)이며, 우리의 인체는 임신을 촉진하도록 구성되어 있다. 임신이란 남녀의 성세포의 결합으로 이루어지는데, 이 결합상태를 수정이라 한다. 난자와 수정되는 정자는 성교할 때 사정된 수억 마리의 정자 중 단 한 마리이다. 수정된 난자는 세포분열을 시작하는데, 분열에 의해 늘어나는 세포 하나하나에는 난자와 정자가 가지고 있는 유전질이 모두 포함되어 있으며, 이때 이미 남녀 성별도 결정되어 있다.

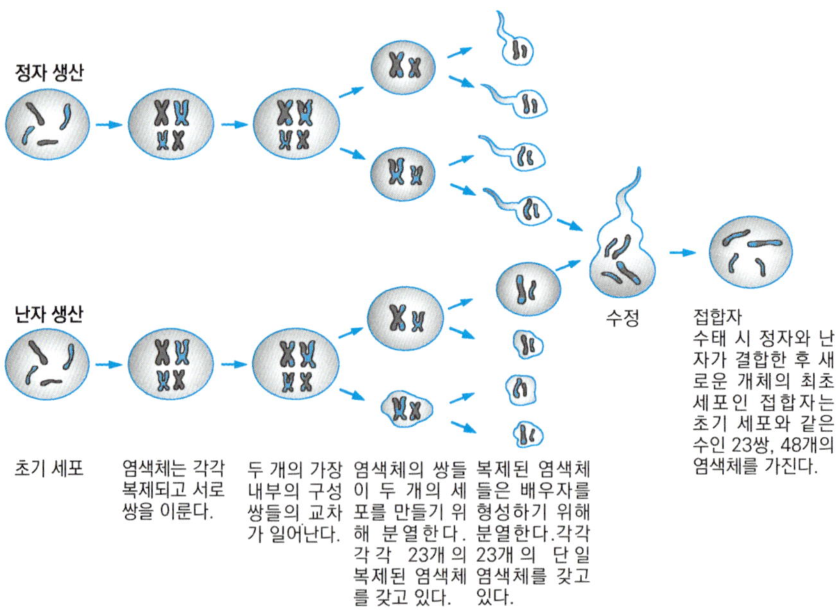

〈그림 4-1〉 성세포가 형성되는 감수분열의 세포분열과정

출처: 이사라 외(2013). 영아발달. 파워북. p.81.

정자와 난자의 수정 이후 세포분열이 이루어지면서 자궁을 향해 이동을 시작하고, 이어 이동한 수정란은 상실배(morula)에서부터 배포체(blastocyst)로 변해 자궁내막에 도달한다. 배포체는 다시 자궁내막에 들어가 내막 속의 혈관에 달라붙는데, 이것을 착상이라고 하며, 일반적으로 임신이 되었다고 하는 것이다. 임신과정을 배란, 사정, 수정, 착상의 4단계로 살펴보면 <표 4-1>과 같다.

〈표 4-1〉 임신과정

구분	내 용
배란	여성의 양쪽 난소에서는 한 달에 한 번씩 교대로 난자를 배출하는데, 이를 배란이라고 한다. 여성의 배란은 평생 동안 약 400회 이루어지며 1년 동안 임신 가능 기간은 약 30일 정도이다. 난관은 난소에서 만들어진 난자와 자궁 안에 들어온 정자가 지나가는 통로이며, 자궁 양쪽에 1개씩 붙어 있다. 난관의 체액이 난자를 둘러싸고 있는 영양세포를 제거해 주는 역할을 한다.
사정	단 하나의 난자를 만나기 위해 한 번의 사정으로 방출된 수천만~2억 개의 정자들이 숨가쁜 경주를 벌이지만 난자가 있는 곳에 이르기 전에 많은 정자는 죽게 된다. 최종적으로 300~500개의 정자만이 난자에 이르게 되고 그중 한 개의 정자만이 난자와 결합하여 새 생명체를 이루게 된다.
수정	정자는 난자 속으로 들어가려고 효소를 내뿜으며 난막을 공격한다. 이때 단 하나의 정자만이 꼬리를 2만여 차례 움직인 끝에 난막을 뚫고 들어가는 데 성공한다. 정자의 머리 부분이 난막을 통과하면 난자의 화학 구성이 변해 다른 정자는 들어오지 못하게 된다.
착상	수정란은 세포분열을 계속하면서 자궁으로 이동하다가 마침내 열 달 동안의 안식처인 자궁내막에 자리를 잡는다. 세포 덩어리가 자궁 내막을 뚫어 자리를 잡고 바깥층인 영양 배엽이 내막 안으로 파고 든다..

2) 태아의 발달

정자와 난자가 만나는 순간부터 출생의 시작이며, 어머니의 자궁 내에서 태아의 신체조직이 발달하고 신체 성장이 가장 큰 폭으로 일어나게 된다. 인간의 개인적 차이는 환경뿐 아니라 유전에 의해서 영향을 받는다. 따라서 태아에게 유전적 요인과 환경적 요인 등이 영향을 미치기 때문에 각별히 조심해야 하는 시기이다. 수정 후 40주, 약 280일 동안 태아는 모체 내에서 자라게 된다. 이 기간 동안 태아의 신체기관이 형성되고 각 기관이 기능하기 시작하며 기관의 크기와 무게가 급속하게 증가하게 된다. 태내발달은 가소성이 가장 큰 시기로서 환경의 영향을 크게 받는다. 정상적인 태아 발달을 살펴보면 <표 4-2>와 같다.

〈표 4-2〉 정상적인 태아의 발달

구 분	내 용	
임신 초기 (임신~3개월)	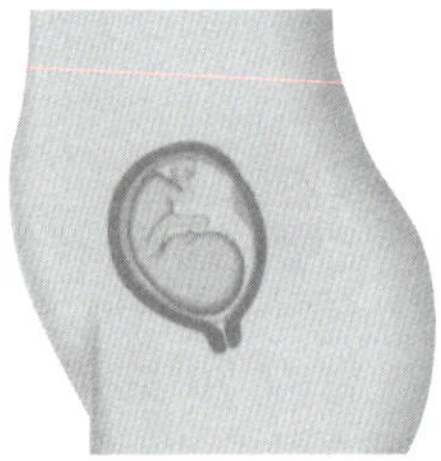 3개월 된 태아	신장 약 8~10cm 체중 약 15~25g
임신 중기 (만 4~7개월)	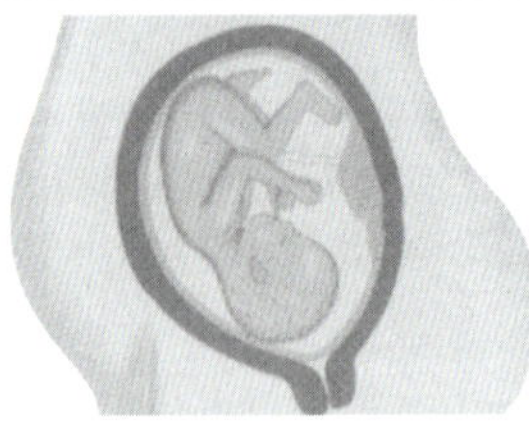 7개월 된 태아	신장 약 35~37cm 체중 약 900g~1kg
임신 후기 (만 8~10개월)	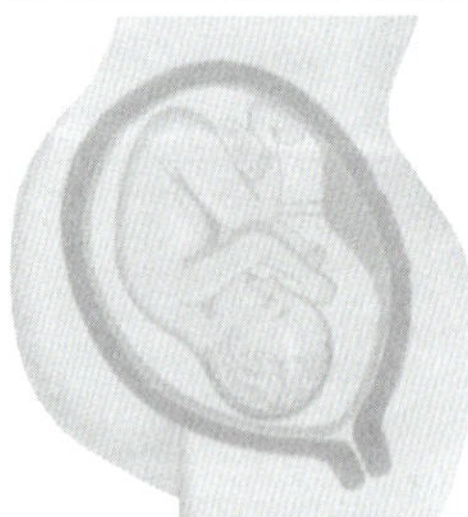 10개월 된 태아	신장 약 50cm 체중 약 3kg

(1) 임신 초기(임신~3개월)

뇌의 기본적인 3층 구조가 형성되고 뇌세포의 대부분이 완성되는데, 이 기간 엄마의 입덧은 태아의 뇌를 보호하기 위한 하나의 방법이다. 왜냐하면 태아 자신에게 맞지 않는 음식이 들어오는 것을 방지하기 위해 모체에게 음식을 조심하라는 신호를 보내는 것이기 때문이다. 태아의 주요한 내・외부 신체기관, 즉 내장이나 근육조직, 눈꺼풀, 코, 귀, 얼굴의 형태를 갖춘다. 3개월이 되면 성별의 구분이 가능하고, 심장 뛰는 소리를 들을 수 있으며, 양수 속에서 움직이는 모습을 관찰할 수 있다. 임신 초기의 특징은 <표 4-3>과 같다.

〈표 4-3〉 임신 초기의 특징

구분	내용
1개월(만 0~3주)	• 수정란이 자궁벽에 착상한다. • 신경, 혈관, 순환계의 기초조직이 완성된다. • 태아가 형성되기 시작한다.
2개월(만 4~7주)	• 3주 말쯤에 심장박동이 시작된다. • 눈, 귀, 입이 생긴다. • 손가락과 발가락이 생기기 시작한다. • 뇌가 급속도로 발달한다. • 태반의 기초가 만들어진다.
3개월(만 8~11주)	• 치아가 생기기 시작한다. • 성별의 구분이 가능하다. • 심장 뛰는 소리를 들을 수 있다. • 양수 속에서 움직인다.

(2) 임신 중기(만 4~7개월)

안정기에 접어든 임신 중기에 태아는 급속한 성장을 하게 된다. 심장박동 소리가 강해지고, 움직임을 조절하게 되면서 활발하게 태동을 하게 된다. 뇌가 발달하면서 엄마의 감정을 그대로 느낄 수 있고, 외부에서 들려오는 소리도 구분할 수 있으며, 빛의 명암도 느끼게 된다. 임신 중기의 특징은 <표 4-4>와 같다.

〈표 4-4〉 임신중기의 특징

구분	내용
4개월(만 12~15주)	• 태반이 완성된다. • 장기의 기능이 좋아진다. • 외관이 발달한다.

구분	내용
5개월(만 16~19주)	• 양수 속을 힘차게 돌아다닌다. • 몸에 지방이 생기기 시작한다. • 손발과 전신운동이 활발해진다. • 손발을 구부렸다 폈다 하면서 양수 속에서 힘차게 돌아다닌다.
6개월(만 20~23주)	• 소화기 계통이 기능을 발휘한다. • 태지의 분비가 이루어진다. • 태아의 심음을 들을 수 있다.
7개월(만 24~27주)	• 호흡동작을 시작한다. • 뇌의 사고력이 발달하기 시작한다. • 주름투성이의 얼굴에 안구운동을 시작한다.

(3) 임신 후기(만 8~10개월)

이미 형성된 신경계통이 성숙하고 감각기관도 완전히 발달하며 뱃속 아기는 살도 통통하게 오르게 된다. 기본적인 조직이 다 형성되어 태아가 출생에 대해 준비를 하는 시기이다. 10개월이 되면 몸의 균형이 잡히고 4등신의 형태가 되며, 머리뼈도 굳어져 머릿속을 보호하게 되고 대부분의 태아가 머리를 아래로 향한 자세로 위치가 고정되어 골반 안으로 들어가게 된다. 임신 후기의 특징은 <표 4-5>와 같다.

〈표 4-5〉 임신 후기의 특징

구분	내용
8개월(만 28~31주)	• 방광에서 소변을 내보낸다. • 폐와 소화기관이 거의 완성된다. • 머리를 아래로 향하는 자세를 취한다. • 청각이 거의 완성된다.
9개월(만 32~35주)	• 신생아다운 모습을 갖춘다. • 폐 · 신장 기능이 성숙된다. • 특별한 주의가 필요한 시기이다.
10개월(만 36~39주)	• 몸의 균형이 잡히고 4등신이 된다. • 머리 부분이 골반 안으로 들어간다. • 병에 대한 면역력을 갖게 된다. • 항공기 이용이 제한된다.

3) 태내발달에 영향을 미치는 요인

태아가 성장해나가는 데 있어 영향을 미치는 요인으로는 어머니의 영양상태, 연령, 질병, 정서상태, 흡연, 음주, 약물복용 등이 있다(김이영 외, 2019).

(1) 어머니의 영양상태

태아는 성장에 필요한 영양분을 모두 어머니로부터 제공받기 때문에, 어머니의 영양상태는 태아의 발달과 성장에 중요한 영향을 미친다. 만약 어머니의 영양상태가 충분하지 못하게 되면 유산과 사산의 가능성이 높아지고, 특히 태아의 뇌발달이 이루어지는 임신 초기의 영양 부족은 큰 지장을 주게 된다. 임신 중에는 각종 무기질 섭취가 필요한데, 무기질의 결핍은 뇌형성의 장애요인이 된다. 또한 철분은 어머니의 몸에 저장량이 적으므로 철분 제재를 복용하여 보충하여 주는 것이 좋다.

(2) 어머니의 연령

임신하기에 적절한 연령은 23~34세 사이로 알려져 있다. 반면, 17세 미만의 임산부는 20대 임산부에 비해 태아의 사망률이 2배 이상 높고, 저체중아나 미숙아를 출산할 가능성도 높다. 또한 35세 이상의 초산부의 경우, 의학적으로 이를 노산이라고 하는데, 자연유산, 임신중독증, 난산, 미숙아 출산, 다운증후군(Down's syndrome)의 비율 증가 등의 문제가 나타난다<그림 4-2>.

특히, 다운증후군은 여성 호르몬인 에스트로겐의 수준과 관련이 있는데, 호르몬 분비의 부족은 21번 염색체 이상을 초래하기 때문이다. 다운증후군은 양수검사(amniocentesis)로 알 수 있다.

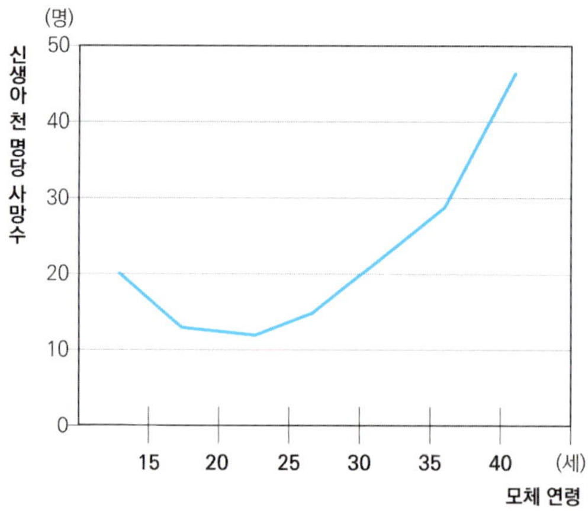

〈그림 4-2〉 모체의 연령별 태아사망률

출처: 이사라 외(2013). 영아발달. 파워북. p.109.

(3) 어머니의 질병

어머니의 질병이 태아에게 영향을 미치는데, 당뇨병, 고혈압, 풍진, 매독 등이 그 예이다. 산모가 당뇨가 있을 경우, 거대아를 출산할 가능성이 높으며, 거대아를 분만하는 과정에서 난산으로 태아가 뇌손상을 입거나 사망할 수도 있다. 고혈압의 경우도 태아의 발달지체나 자궁 내 사망을 초래할 가능성이 높으며, 각종 합병증을 유발할 수 있다. 또한 바이러스, 박테리아, 기생충 등에 감염이 될 경우는 태아의 발달을 저해하거나 선천성 기형 등의 문제를 유발할 수 있다.

(4) 어머니의 정서상태

어머니의 정서상태가 태아의 발달과 이후 영・유아기와 아동기에 여러 가지 장애를 일으킬 수 있는 원인이 될 수 있다. 예를 들어, 임산부가 정서장애를 가지고 있거나 임신 당시에 정서적으로 불안정하였을 경우, 태어난 아이는 지나치게 활동적이거나 많이 울거나 잠을 잘 자지 않는 등의 문제를 보일 수 있다. 이러한 영아의 행동특성은 어머니의 양육을 어렵게 만드는 요인이 되어, 부모 - 자녀관계에도 부정적인 영향을 미치게 된다. 또한 어머니의 불안은 신진대사율을 증가시켜 저체중아의 출산을 야기하거나, 불안을 극복하기 위해 이들 호르몬의 분비를 촉진시킴으로써 조산을 유발하는 요인이 되기도 한다(Azar, 1999).

(5) 흡연과 음주 및 약물복용

임신 중 산모의 흡연으로 인한 가장 큰 문제는 조산인데, 비흡연자보다 조산의 비율이 3.3배나 높다. 또한 자연유산율은 비흡연자보다 1.5배 정도 높다. 흡연을 통해 산모의 몸 안으로 들어간 니코틴은 모세혈관을 수축시키는데, 이는 모체와 태아를 연결시키는 태반이나 탯줄의 혈관도 수축시켜 태아에게 필요한 영양분과 산소의 공급을 방해하여 정상적인 발육이 이루어지지 않는다. 그리고 니코틴은 태아의 뇌의 호흡을 관장하는 부분의 발달을 저해하여 태어난 아기에게 호흡장애를 일으키게 된다. 미숙아가 태어날 비율도 비흡연자보다 2배 가까이 높다.

임신 중의 음주는 태아의 혈액에 알코올이 순환하게 되어 태아의 발육장애, 성장지연, 구순열, 안면형성기형 등을 일으키며, 유산의 비율을 증가시킨다. 또한 임신 중 산모가 알코올을 많이 섭취한 경우에는 태아알코올증후군(Fatal Alcohol Syndrome: FAS)을 보이는 아기를 출산할 가능성이 높다. 이런 아기는 몸집이 비정상적으로 작고, 특히 머리 크기가 비정상적으로 작으며 얼굴이 기형인 경우가 많다. 그리고 이런 아기는 뇌가 제대로 발달하지 못해 지적장애나 학습부진아가 될 가능성이 높다.

산모가 약물을 복용하게 되면 기형아를 낳을 확률이 높다. 특히, 임신 초기인 5~10주 사이는 태아의 신체와 장기가 형성되는 시기인데, 이때 임신 사실을 모르고 약물을 복용하게 되면 기형아를 낳을 가능성이 높다. 임신 중 약물복용이 태아에게 치명적인 것으로 널리 알려진 것은 1960년대 유럽에서 임산부가 복용한 탈리도마이드(Thalidomide) 진정제이다. 불면증과 입덧 증세를 완화하기 위해 배아기 때 이 약물을 복용한 임산부의 아기들에서 사지발달의 지체가 나타났다<그림 4-3>.

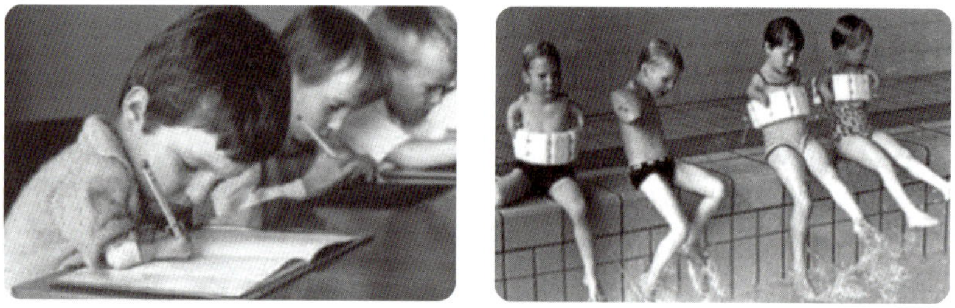

〈그림 4-3〉 탈리도마이드 약물복용의 부작용

2. 영아기 발달특성

출생 후 약 2주(혹은 4주)의 기간을 신생아기라고 하며, 24개월까지를 영아기로 부른다. 이 기간의 가장 큰 특징은 성장속도가 매우 빠르다는 것이다. 영아기는 독립적으로 생활할 수 없으므로 신체적 · 심리적으로 성인에게 의존하며, 부모나 형제자매 등 돌보는 사람에게 애착행동을 보이게 된다. 영아기의 가장 큰 변화는 일어서서 이동하는 능력을 나타내는 것이다. 또한 감각운동의 시기이며, 한 두 단어를 사용할 수 있게 된다.

1) 신체발달

(1) 신체발달의 특징

영아의 신장과 체중의 변화에서, 신생아의 평균 신장은 약 50cm이며, 1년 후 출생 시의 약 1.5배가 되며, 2년 후에는 성인 신장의 약 1/2로 성장한다. 체중은 약 3~3.5kg이며, 1년 후에는 3배, 2년이 되면 성인 몸무게의 20% 정도가 된다. 즉, 2세가 되면 11~12kg으로 출생 시의 약 4배가 되고 1년에 평균 2.7kg씩 증가한다<표 4-5>. 신체비율의 변화는 신생아 시기에는 머리 크기가 신체에서 차지하는 비율이 1/4이고, 생후 2년 무렵에는 신체의 1/5이 되며, 성인이 되면 1/6~1/8이 된다. 치아의 발달은 치아는 유치(젖니)와 영구치가 있다. 유치는 20개이고, 영구치는 모두 32개이다. 유치란 영구치가 나기 전 6~7세까지 나는 이를 말하며, 영구치는 성인이 될 때까지 사용하게 되며 유치가 빠지면서 나기 시작한다. 생후 6개월경에 유치가 아래 앞니부터 나기 시작하여 1년이 되면 6~8개의 앞니가 난다<그림 4-7>.

〈표 4-6〉 성별에 따른 한국소아발육표준치 : 영아

표준 신장(cm)

	남자	여자
출생시	50.1	49.4
5~6개월	67.6	66.3
11~12개월	76.0	74.8
15~18개월	81.2	79.9
21~24개월	86.2	85.0

표준체중(kg)

	남자	여자
출생시	3.4	3.3
5~6개월	8.0	7.5
11~12개월	9.9	9.4
15~18개월	11.1	10.5
21~24개월	12.3	11.7

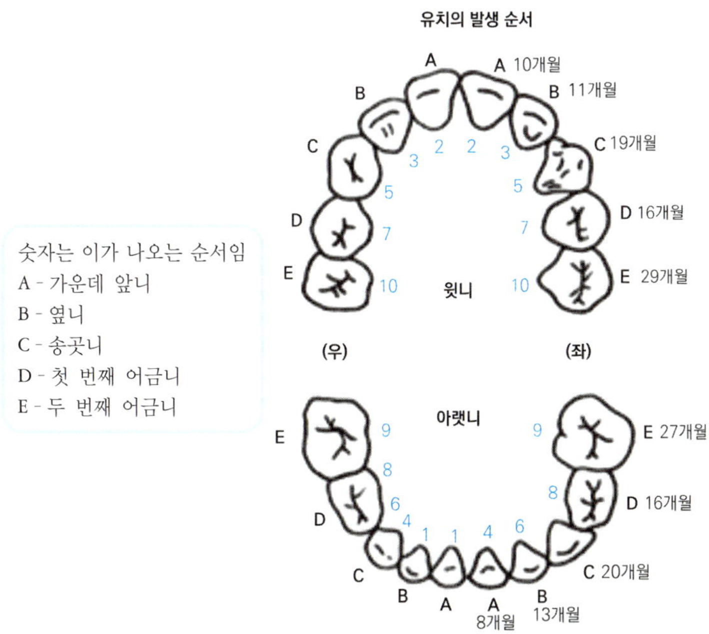

〈그림 4-4〉 치아의 발달

(2) 생리기능적 발달

신생아는 하루 중 16~20시간 동안 잠을 자며, 밤과 낮의 구분이 없다가 6개월이 되면 대부분의 영아들은 점차 밤에는 자고 낮에는 깨어 있는 성인의 수면 양상을 보이게 된다. 그래도 하루에 3~4회 정도는 낮잠을 자는 것이 일반적이다. 영아기 동안 수면시간도 극적으로 감소하는데, 생후 1개월간 하루 18시간의 수면에서 2세가 되면 12시간으로 감소한다. 생후 7개월쯤 된 아이들이 밥을 먹을 때는 대개 한 번에 큰 숟가락으로 두 숟가락 이상 먹지 못하고, 생후 9~10개월이 되어도 두 숟가락에서 멈추는 아기들이 대부분이다. 밥을 먹는 시기는 아기마다 차이가 있으나 일반적으로 돌 지나서 밥을 먹는 것이 좋다고 한다. 그러나 밥을 잘 먹는 아기가 모유나 분유도 충분히 먹고 소화도 잘 시키고 반찬도 골고루 먹을 수 있다면 생후 9개월 된 아기라도 굳이 밥을 끊을 필요는 없다. 현재 밥을 잘 먹고 양도 조금씩 늘고 있다면 밥을 약간 질게 해서 먹이고 고기와 채소와 다른 반찬도 골고루 먹이면 된다. 대변은 13~15개월, 소변은 20개월 정도 지나야 가릴 수 있다. 대・소변 가리기는 영아의 건강상태나 정서상태에 따라 차이가 나기 때문에 무리하게 강요해서는 안 된다. 아이가 태어난 후 1년 정도가 지나면 배변훈련을 받는다. 물론 부모에 따라서 배변훈련 양상도 다르게 나타난다.

(3) 운동기능의 발달

생후 시간이 지남에 따라 자연스럽게 아이가 해낼 수 있는 운동기능도 발달하게 된다. 하지만 부모에게 있어서는 이 자연스러운 현상이 그렇게 당연하게 받아들여지지 않는다. '우리 아이가 기기 시작했어', '우리 아이가 걷기 시작했어'하면서 자랑스럽고 흥분된 목소리로 주변사람들에게 자랑하는 것을 흔히 볼 수 있다. 이것은 아마도 생후 몇 년 동안의 운동발달은 신체적 성장과 더불어 뼈, 근육 및 신경조직이 성숙하면서 이루어지기 때문에 정상적인 발달은 신경계의 정상성을 나타내는 중요한 지표가 되기 때문으로도 이해할 수 있으며, 이것이 곧 아이가 건강하게 잘 자라고 있다는 것을 증명받는 순간일 것이다.

운동기능은 근육의 크기와 신체부위에 따라 대근육운동과 소근육운동으로 나누어진다. 대근육운동은 기기, 서기, 뛰뛰기, 걷기, 달리기, 계단 오르내리기, 공 던지기와 같은 팔, 다리, 몸통과 같은 대근육을 사용하는 운동을 말한다. 소근육운동은 물건 잡기, 손가락으로 물건 집기, 글씨 쓰기, 가위로 오리기, 단추 채우기 등의 몸의 소근육을 사용하는 운동을 말한다. 영아의 운동기능발달을 연령에 따라 구분하여 살펴보면 <표 4-7>, <표 4-8>과 같다.

〈표 4-7〉 대근육운동발달

구분	내용
4주 이전	엎어놓으면 머리를 들려고 한다. 누워 있을 때에는 머리를 한쪽으로 돌리고 있다.
4주	손은 주먹을 쥔 상태이고 팔다리는 펴는 자세일 때가 많다. 목은 아직 잘 못 든다.
16주	엎어놓으면 머리를 90도로 들 수 있고 머리를 가눌 수 있다. 반듯이 누워 있으며 몸을 약간 자유로이 움직일 수 있다.
28주	앞으로 기울이면서 앉을 수 있고, 세우면 다리를 껑충 껑충 뛰고 뒤집을 수 있다.
40주	혼자 앉고, 기어다니고, 붙잡고 일어선다.
12개월	혼자 서고, 한 손 잡고 걷는다.
15개월	혼자 걷고, 계단을 기어 올라가고, 공을 발로 찰 수 있다.
18개월	혼자 잘 걷는다. 한 손으로 잡고 층계를 걸어 올라간다. 조금씩 뛸 수가 있다. 서랍을 연다.
2세	넘어지지 않고 잘 뛴다. 발로 큰 공을 찰 수 있다. 계단을 혼자 오르내린다.

〈표 4-8〉 소근육운동발달

구분	내용
4주 이전	움직이는 물체나 소리에 반응한다.
4주	움직이는 물체를 중앙선까지 따라가며 볼 수 있다.
16주	천천히 움직이는 물체를 따라서 주시할 수 있다. 장난감을 보면 잡으려고 손을 옴지락거린다. 물체를 주면 쥘 수도 있다.
28주	한 손으로 장난감을 잡을 수 있고, 잡은 장난감을 다른 손으로 옮겨 쥘 수도 있으며, 장난감을 흔들 수도 있다.

구분	내용
40주	숨겨진 장난감을 찾을 수 있고, 2개의 장난감을 쥐고 맞부딪쳐 소리를 내기도 하며, 미세한 동작도 약간 가능해 작은 물체를 엄지와 집게손가락으로 집을 수도 있다.
12개월	음식을 엄지와 집게손가락으로 정확히 집어서 먹을 수 있다. 장난감을 달라고 하면 주기도 한다. 공을 던질 수도 있다.
15개월	크레용으로 선을 그리는 시늉을 한다. 2개의 정육면체를 쌓을 수가 있다. 그리고 작은 조각들을 병에 담을 수도 있다.
18개월	3개의 정육면체를 쌓을 수 있고 크레용으로 종이 위에 마구 그을 수 있다.
2세	6개의 입방체를 쌓을 수 있다. 수평선을 그리고 원을 그리는 흉내를 낸다.

운동발달에는 개인차가 있어서 어떤 아이는 평균보다 더 빨리 발달하기도 하고 어떤 아이는 늦게 발달하는 경우도 있으므로 몇 개월 정도의 차이는 정상적인 것으로 본다. 그리고 아이의 운동기능이 발달하면서 그만큼 사고의 위험에 노출될 가능성도 높아진다. 따라서 아이가 기거나 걷기 시작한다면 그에 따라 주변의 위험환경으로부터 보호해 줄 필요가 있다. 그렇지만 유아기에 운동기능을 연습할 충분한 기회가 없다든지 부모가 다칠 것을 두려워하여 운동을 못하게 하면 운동발달이 지체될 수도 있으므로 적절한 운동과 적절한 보호가 모두 필요하다(김이영 외, 2019).

2) 뇌와 인지발달

(1) 뇌의 발달

아기의 두뇌형성과 발달은 우주의 탄생처럼 신비롭다. 두뇌의 발달은 영아기 동안 급속하게 이루어지며 2세경에는 성인 두뇌 크기(1.4kg)의 75%, 5세경에는 성인의 90%까지 성장한다<그림 4-5>. 뇌의 각 부위의 발달을 시기별로 살펴보면 출생 시에는 각성, 반사기능, 소화, 배설 등 주로 생물학적인 기능을 담당하는 뇌간과 대뇌번연계가 먼저 발달한다. 6개월경에는 대뇌 피질부의 감각 영역과 운동 영역의 발달이 이루어지는데, 이는 출생 후 2년 내에 성인의 수준에 도달한다<그림 4-6>. 이 발달들로 인해 의도적인 운동이 가능해지면서 생득적인 반사기능이 사라지게 된다. 시상,

소뇌, 해마 등 뇌의 다른 부위는 출생 시에도 기능을 하지만 출생 후 계속 발달하고 재편성된다.

복잡한 인지기능을 관장하는 대뇌피질은 출생 시 가장 덜 발달된 부위이다. 뇌의 피질부는 좌반구와 우반구로 구분되는데, 좌반구는 주로 언어이해기능을 담당하며 우반구는 시·공간적 정보 및 비언어적 소리 정보를 처리한다. 이와 같은 좌·우반구의 기능분화는 매우 일찍 시작되어 3세경에는 대부분 완성된다.

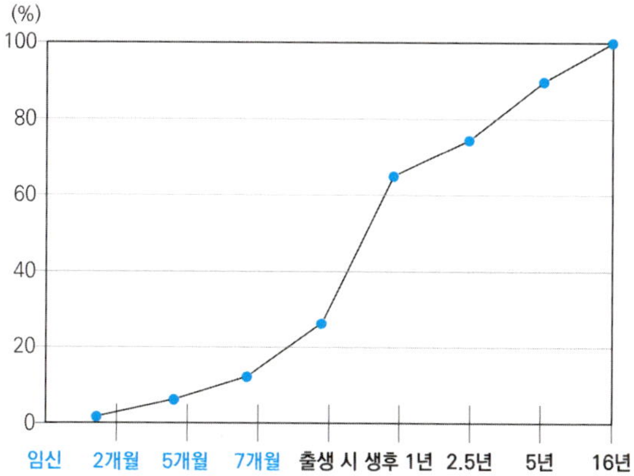

〈그림 4-5〉 아동의 연령에 따른 성인의 두뇌 무게에 대한 아동 두뇌 무게의 비율(%)
출처: 이사라 외(2013). 영아발달. 파워북. p.94.

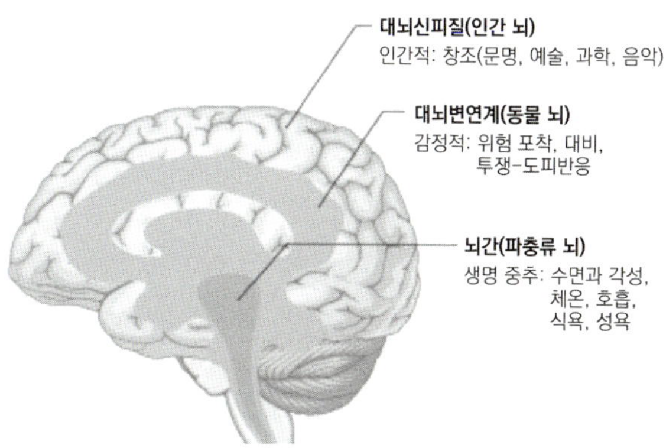

〈그림 4-6〉 뇌의 3중 구조
출처: 이시형(2010). 세레토닌하라. 중앙books. p.40.

영아기의 뇌의 발달은 전적으로 생물학적인 원인에 의한 것이 아니고 환경의 영향에도 민감하게 작용한다. 영아기 동안 영양실조나 학대와 같은 해로운 경험을 한다면 뉴런의 수와 크기, 구조, 시냅스의 형성에 영향을 미치고 심각한 뇌손상을 초래할 수도 있다. 건강한 아이와 학대받은 아이의 양전자단층 촬영 결과, 고아원에서 받은 학대로 인하여 아이의 뇌는 감각기관으로부터의 자극을 수용하고 감정조절기능을 하는 측두엽이 거의 활동을 하지 않고 있는 것으로 나타났다. 즉, 이런 아이들은 정서・인지발달에 문제가 발생한다. 최근 관심이 되고 있는 '흔들어진 아이 증후군(Shaking Baby Syndrom)'은 아이가 칭얼대거나 울 때 심하게 흔든다거나 난폭한 취급을 받게 되면 뇌손상을 입거나 사망할 수도 있다는 증후군이다. 아이들은 5세가 될 때까지 이런 증후군에 취약하며 2~4개월 때 특히 위험하다고 한다. 그래서 영아기에 있는 아이의 두뇌는 신주단지 모시듯 해야 하는 것이다.

(2) 인지발달

① 감각운동기 사고

피아제(Piaget)는 구성주의 관점에서 아동의 인지발달을 설명하고 있다. 그는 아동의 인지발달을 설명하기 위해 적응(adaptation)과 평형(equitibration)의 두 가지 개념을 주장하였다. 적응은 아동이 어떤 상황에서 보다 효율적으로 기능해가는 과정을 의미한다. 아동은 외부 환경을 이해하고 거기에 적응하기 위해 동화(assimitation)와 조정(accommodation)의 두 가지 전략을 사용한다. 동화는 자신의 인지구조를 가지고 새로운 정보를 이해하는 과정을 의미한다. 반면, 조정은 새로운 정보에 맞게 자신의 인지구조를 변화시키는 과정을 의미한다. 피아제(Piaget)는 영아기에 해당되는 0~2세의 인지발달단계를 감각운동기로 정의하였다.

영아기에 해당하는 감각운동기는 태아기 이후 첫 급성장이 이루어지는 시기이므로 다시 6단계로 세분하여 영아의 인지발달을 설명하고 있다. 즉, 인간이 다른 동물과 현저하게 다른 표현 형질적 특징인 직립보행이 시작되는 시기이고, 유전적 경향이 깊은 언어 획득이 시작되는 시기이며, 감각기능과 두뇌 성장이 급속도로 발달하는 시기로서 감각운동기를 6단계로 나누어 인지발달을 설명하고 있다. 이 시기의 영아가 가지는 지식은 생득적 능력과 반사행동과 감각기관으로부터 들어온 정보를 선택·조직·해석하는 과정에서 형성된 지각에 크게 의존하고 자신의 의도적 사고가 시작되는 지각에서 인지로 바뀌는 시기로 볼 수 있다. 피아제의 감각운동기 하부 6단계 인지발달을 정리하면 <표 4-9>와 같다.

〈표 4-9〉 영아의 감각운동기 인지발달

단계		개월	인지발달
1단계	반사기	0~1	이 시기의 영아의 행동은 대개 선천적으로 타고난 무의식적 반사행동이 주를 이룬다. 그러나 이 시기의 후반부 영아들은 서서히 반사행동들을 통제하기 시작하여 자신의 행동을 통제하는 방식을 습득하게 된다.
2단계	1차 순환반응기	1~4	이 시기의 영아는 우연히 처음 하게 된 행동에서 재미를 느낄 경우 그 행동을 반복하게 된다. 예를 들어, 우연히 자신의 손가락을 빠는 행동을 했을 때 그 행동이 재미 있다고 느끼면 손가락 빨기 행동을 되풀이 한다. 그리고 이 시기의 행동들은 환경에 대한 행동의 영향보다는 영아 자신의 신체를 중심으로 이루어진다.
3단계	2차 순환반응기	4~8	이 시기의 영아는 자신의 신체가 아닌 대상에 흥미를 느끼게 된다. 그리고 재미있는 결과를 가져오는 행동을 반복함으로써 자신의 재미있는 경험을 지속시키려 한다. 예를 들어, 딸랑이를 흔들어 재미있는 소리가 나는 것을 경험하면 딸랑이를 흔드는 행동을 반복한다. 이처럼 이 시기의 행동들은 의도적이기는 하지만 목적지향적이지는 않다.
4단계	2차 도식협응기	8~12	영아들은 이전에 배운 다양한 도식들을 협응하여 더욱 정교하고 복잡하며 목적지향적인 행동을 하게 된다. 따라서 이 시기의 영아들은 특정 목적을 달성하기 위해 도식들을 다양하게 조합할 수 있으며, 행동에 대한 결과를 기대하거나 예상할 수 있다.
5단계	3차 순환반응기	12~18	이 시기의 영아는 원하는 결과를 달성하기 위해 자신의 행동을 목적에 따라 의도적으로 변화시켜 다양하고 창의적인 행동을 하게 되며, 적극적으로 세상을 탐색한다. 그리고 새로운 행동을 시도하며 문제를 해결하는 과정에서 시행착오를 거치게 된다. 영아들은 시행착오를 통해 자신이 원하는 결과에 도달하는 가장 좋은 방법을 찾아 문제를 해결하는 방식을 습득한다.
6단계	정신적 결합기	18~24	이 시기의 영아는 자신이 기억하는 사람, 사물, 사건이나 상황 등을 정신적 이미지로 그려내는 표상능력을 갖게 된다. 표상능력에 기초한 상징적 사고가 가능하기 때문에 이 시기의 영아는 행동적 시행착오 없이 행동 이전의 사건에 대해 생각하고 그 결과를 예상하는 사고과정을 통해 문제해결방법을 찾아낼 수 있게 된다. 또한 상징적 사고능력과 기억력의 증가로 인해 지연모방과 가상놀이가 가능해진다.

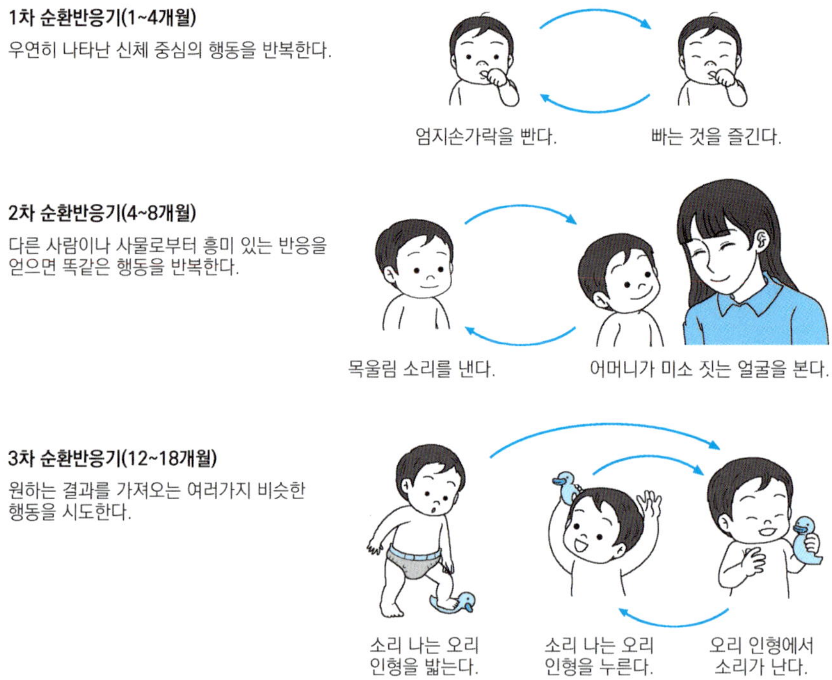

〈그림 4-7〉 1, 2, 3차 순환반응기

출처: 이사라 외(2013). 영아발달. 파워북. p.158.

② 대상영속성 개념의 발달

감각운동기에 획득하게 되는 중요한 능력 중의 하나는 대상영속성의 개념이다. 대상영속성은 물체가 눈에 보이지 않거나 소리가 들리지 않더라도 그 물체가 계속 존재한다는 것을 아는 것이다. 대상영속성 개념은 인지발달단계와 병행하여 발달하는데, 이 개념을 획득하기 위해서는 자신의 주변 세계와 분리된 독립된 존재라는 사고를 할 수 있어야 한다. 피아제(Piaget)는 감각운동기의 하위단계별로 대상영속성 개념의 발달을 <표 4-10>과 같이 설명하고 있다.

〈표 4-10〉 감각운동기 하위단계별 대상영속성 개념의 발달

감각운동기 하위단계	대상영속성의 개념발달
반사기	대상영속성의 개념이 전혀 없다. 바라보고 있던 물체가 사라져도 아무런 반응을 보이지 않는다.
1차 순환반응기	대상영속성의 개념이 어렴풋이 나타난다. 바라보고 있던 물체가 사라지면, 물체가 있던 자리만 응시한다.
2차 순환반응기	물체가 보이지 않아도 어딘가 존재한다는 것을 어렴풋이 안다. 물체를 반쯤 덮어 놓으면 찾아내지만, 완전히 가려 놓으면 찾지 않는다. 대상영속성 개념이 완전히 발달하지 못한 것으로 해석할 수 있다.
2차 도식협응기	물체가 완전히 덮여 있어도 찾아낼 수 있다. 그러나 영아가 보는 앞에서 그 물건을 다른 곳으로 옮겨도 여전히 처음 감추었던 장소에서 그 물체를 찾는다.
3차 순환반응기	영아가 보고 있는 상태에서 물건이 이동되면 찾을 수 있으나, 보고 있지 않은 상태에서 이동을 하면 찾지 못한다. 물건의 이동을 시각적으로 추적하는 것은 가능하나 정신적으로 추적하지는 못한다.
정신적 결합기	대상영속성의 개념이 완전하게 발달한다. 영아는 물건이 보이지 않는 곳으로 이동해도 예상되는 장소를 탐색한다. 정신적 추적이 가능해진다.

3) 언어발달

어른이 되어 말을 새로 배우기란 몹시 힘들지만 아이들은 굳이 애쓰지 않아도 쉽게 말을 익힌다. 아이는 소변을 가리기 훨씬 전부터 소리에 의미를 부여하며 신발끈을 맬 수 있기 전부터 문법의 분석에 나선다. 그리고 대다수의 아이들이 3세쯤이 되면 자연스럽게 말을 하게 된다. 언어로의 여행은 자궁에서부터 시작되며 태아는 자궁에서 엄마 목소리를 계속해서 듣는다. 신생아들도 생후 4일이면 서로 다른 언어를 구분할 수 있다고 하는데, 프랑스 신생아들은 러시아어를 들을 때보다 프랑스어를 들을 때 더욱 힘 있게 엄마의 젖을 빨았다고 한다(정옥분, 2002). 단어나 문장을 습득하는 시기에는 개인차가 있지만 대부분의 아동은 언어습득에 있어 동일한 발달단계를 거치게 된다.

(1) 생후 2개월 이전

아기는 언어를 사용하기 이전부터 울음, 표정, 몸짓 등 비언어적 행동으로 의사를 표현한다. 배가 고프거나 아프면 울음으로 표현하고, 큰소리로 말하면 행동을 멈추기도 한다. 언어발달의 첫 단계는 울음이다. 처음에는 울음의 분화가 이루어지지 않지만 점차 울음은 분화되어 배가 고픈지, 잠이 오는지, 화가 났는지, 아픈지를 알 수 있다. 이것은 우는 소리의 패턴이나 고저, 강도에 따라 달라진다. 울음의 분화를 가장 잘 알아차리는 사람은 아기의 곁에 항상 같이 있는 부모일 것이다. 놀랍게도 엄마는 아기의 울음소리만 듣고도 아이가 원하는 것이 무엇인지를 금방 알아차린다.

(2) 생후 2~12개월

언어발달은 뇌의 발달과 밀접한 관련이 있다. 생후 2~3개월 이내에 영아의 신경세포는 출생 시의 20배에 달하는 1만 개의 연합이 이루어진다. 8~9개월이 되면 뇌는 거의 제 기능을 다하게 된다. 언어발달의 기반을 형성하는 옹알이(babbling)는 생후 2~3개월부터 시작된다. 옹알이는 아기가 만족스러운 상황에서 가장 빈번하게 나타나며 처음에는 소리를 내는 즐거움 그 자체를 위해 옹알이를 하지만 점차 자신의 옹알이가 환경에 주는 영향 때문에 옹알이를 한다. 즉, 자신이 옹알이를 하면 주변의 사람들이 받아주고 즐거워하는 것을 느끼기 때문이다. 만약 옹알이에 반응을 보여 주지 않으면 빈도가 점차 줄어들고 반응을 많이 할수록 빈도는 늘어난다. 농아인 아기도 이 시기에는 옹알이를 한다.

전 세계적으로 생후 1년 내에 하는 옹알이는 거의 동일하다. 이것은 모든 아기가 어떤 언어라도 습득할 수 있다는 잠재력을 가지고 있음을 보여 준다. 그러나 자라면서 점차 모국어와 유사한 음에 대해 강화를 받으면서 모국어를 익히게 되고 강화받지 못한 발음은 점차로 사라지게 된다. 예를 들어, 아기가 '무 - 우'라는 발음의 옹알이를 할 때 엄마는 '아기가 물이라고 했어' 하며 좋아한다. 이러한 반응들이 아기에게는 곧 강화가 된다.

옹알이가 거의 끝나는 생후 6개월경에는 자기 스스로 소리를 만들어 반복하는 자기소리 모방이 시작되고 9개월경에는 주변 사람들의 말소리를 의식적으로 모방하기 시작한다. 이 시기의 아이와의 상호작용방법은 <표 4-11>과 같다.

〈표 4-11〉 생후 2~12개월 아이와의 상호작용방법

- 아기와 이야기할 때는 기쁜 표정과 부드러운 목소리, 간단하고 명확한 언어를 사용한다.
- 얼굴을 쳐다보며 이야기한다.
- 옹알이 같은 발성이나 몸짓에 반갑게 반응해준다.
- 아기의 발성을 따라 해주거나 간단한 말로 의사소통을 시도한다.
- 옹알이를 하면 칭찬도 해준다.
- 무릎에 앉히고 영아용 책을 보여 주며 이야기를 들려준다.

(3) 생후 1~2년

생후 1년이 되면 영아는 하나의 단어나 어휘로 자신의 의사를 표현하게 된다. 하지만 아직 성인의 발음과는 차이가 있다. 이때 하나의 단어로 자신의 의사를 표현해야 하므로 얼굴표정이나 몸짓을 함께 사용하게 된다. 자음 하나와 모음 하나가 합쳐진 말의 반복이 대부분이며 사물이나 사건을 지칭하거나 자신의 기분이나 욕구를 표현하기 위해 주로 사용된다.

생후 2년이 되면 두 개의 단어를 사용하여 문장을 만들게 되는데, 이 시기의 영아가 사용하는 언어는 '엄마, 맘마'와 같이 조사나 접속사가 생략된 핵심적 단어로 구성되는 것이 특징이다. 한 단어 문장에 비해 보다 정교하고 명료하며 두 단어 가운데 강세의 위치가 어디에 있는가에 따라 자신이 원하는 바를 강조하기도 한다. 보편적으로 50개의 단어를 말할 수 있을 때 두 단어를 결합시키는 것이 가능하다고 한다.

생후 15개월경의 영아는 상당히 친숙한 단어를 인식하는 데에도 1초 이상의 시간이 필요하지만 24개월경에는 0.6초 내에 인식할 수 있다. 이러한 변화는 언어를 관장하는 뇌의 부분이 뇌의 양반구에서 좌반구로 이동하여 관장하기 때문에 가능해진다고 본다. 이 시기의 아이와의 상호작용방법은 <표 4-12>와 같다.

〈표 4-12〉 생후 1~2년 아이와의 상호작용방법

- '이게 뭐야'와 같은 질문의 의도를 파악하여 간결하고 정확하며 즐겁게 대답해준다.
- 큰 그림책을 보여 주며 자연스럽게 사물의 이름을 말해준다.
- 다양한 상황에서 서툴지만 자신의 생각을 말 할 기회를 만들어 준다. 명사를 외우게 반복하는 것보다는 자기가 생각하고 있는 것을 간단하게라도 표현하는 것이 중요하다.
- 아이가 단순하게 영아어로 표현할 때 부모는 이를 확장시켜 주도록 한다. 부모가 먼저 영아어를 사용하는 것은 바람직하지 않다.
- 큰 종이와 크레파스나 아이용 수성 매직을 준비해주어 아이가 마음대로 낙서해보도록 한다.

4) 사회정서발달

(1) 정서의 발달

정서란 생리적이고 행동적인 변화를 수반하는 개인의 경험에 대한 주관적 반응으로 정의된다. 인간은 누구나 정서를 느끼며 이에 반응하며 살아간다. 정서는 태어나면서부터 존재하지만 덜 분화된 상태로 있다가 시간이 지나면서 점차 다양화되고 복잡하게 발달된다. 이자드(Izard, 1994)는 인간의 정서는 긍정적 정서인 기쁨, 사랑, 열광 등과 부정적 정서인 불안, 분노, 슬픔 등이 있으며 세계 모든 문화권의 영아에게서도 볼 수 있으므로 일차 정서 또는 기본 정서라 불렀다. 영아는 첫돌이 되기 전에 기쁨(약 6주), 분노(약 4~6개월), 슬픔(약 5~7개월) 그리고 두려움(약 6~12개월)으로 분화된다(박경자 외, 2007). 흔히 우리가 경험하는 기쁨, 분노, 공포 및 슬픔의 정서와 같은 인간의 정서를 기본 정서라 하고 시간이 지남에 따라 사람들과의 관계 속에서 형성되는 자부심, 수치심, 죄책감 등의 이차 정서가 있는데, 일차 정서와 이차 정서는 거의 영아기에 발달하게 된다.

(2) 기질의 발달

영아들은 태어나면서 서로 다른 모습을 하고 있듯이 서로 다른 성격을 보인다. 자주 울고 보채는 아기가 있는 반면, 자주 미소지으며 웃음짓는 아이, 곤히 잠자고 있는 아이, 깨어 있지만 움직임이 느린 아기도 있다. 출생 초기부터 보이는 이러한 개인차를 기질(temperature)이라고 한다. 기질은 성격(personality)과 구별되는 개념으로 성격은 한 개인의 신체적·정서적 및 사회적 특성의 총합으로 정의되며 다른 사람과 구별되는 개인의 독특한 특성을 포함한다. 따라서 성격은 정적인 것이 아니라 여러 해에 걸쳐 형성되는 특징이 있으나 기질은 성격과 행동의 기초가 되며 행동을 조절하는 기능을 하는 비교적 일관성 있는 선천적·개별적 성향이지만 항상 외부의 자극, 기대, 또는 요구에 대한 반응으로 표현되는 것이며 발달과정에서 환경적인 요인에 의해 영향을 받아 변화할 수 있는 성격적 특징이다(장휘숙, 2013). 기질은 <표 4-13>과 같이 순한 기질(easy temperature), 까다로운 기질(difficult temperature), 느린 기질(slow to warm up temperature)로 구분할 수 있다.

〈표 4-13〉 기질의 종류와 특징

구분	특징
순한 기질	순한 기질을 지닌 영아는 장난감을 혼자 잘 가지고 놀며 규칙적인 수면과 수유 및 배변 등의 일상생활 습관이 대체적으로 규칙적으로 이루어지며 낯선 사람에게도 미소를 보이고 쉽게 당황하기보다 안정된 반응을 보이는 등 새로운 환경적 자극에 노출되었을 때 쉽게 적응하며 온화한 정서를 지녀 새로운 환경에 순응적이다. 연구대상 영아의 40%가 순한 기질을 지닌 것으로 나타났다.
까다로운 기질	까다로운 기질의 영아는 일상생활 중 생활습관이 불규칙적이어서 예측하기 어렵고 환경으로부터의 자극이나 욕구좌절상황에서 강하게 반응한다. 또한 새로운 상황이나 낯선 사람에게 적응하는 데 시간이 오래 걸리며 거부하거나 의심을 보이는 등의 불안행동을 나타내고 식습관도 까다로운 편이다. 예를 들어, 잠을 깨기 전부터 보챈다든지 욕구가 좌절되는 상황에서 적대적이거나 심한 스트레스를 받아 부정적인 기분을 신경질적으로 격하게 드러내므로 양육자로 하여금 달래는 데 어려움을 겪게 한다. 연구대상 영아의 10%가 이러한 기질을 지니고 있는 것으로 나타났다.
느린 기질	반응이 느린 영아는 생활습관이 까다로운 기질 아이보다는 규칙적이지만 순한 기질 아이보다는 불규칙적이고 수동적이며 소극적인 행동을 보이며 새로운 상황에 대해 움츠러드는 등 변화에 적응하는 데 시간이 오래 걸리며 느리게 반응한다. 낯선 상황이나 사물에 대해서 부정적인 반응을 보이는 성향은 까다로운 영아와 유사하나 활동량이 적고 느리게 반응한다는 측면에서 다르다. 일상생활의 규칙성은 순한 영아와 까다로운 영아의 중간 정도 수준이며 연구대상 영아의 15%가 이러한 기질을 지니고 있는 것으로 나타났다.

토마스와 체스는 위의 세 가지 기질 중 까다로운 기질을 가진 아이를 종단연구한 결과, 까다로운 기질 중 70%가 정서장애로 발달하였으며 순한 기질은 19%만이 해당

되고, 까다로운 기질의 아이가 행동장애와 정서장애로 발달할 가능성이 높은 위험군이라고 하였다(Gordon, 1981).

(3) 애착발달

보살핌을 통해 영아 초기에 이루어지는 양육자와 영유아와의 심리적・애정적 관계를 애착이라고 한다. 특별한 사람에게 느끼는 애정적 유대관계를 말하는데, 이러한 유대관계가 안정적일 때 영아는 편안함을 느끼고 환경을 탐색하게 된다. 생후 6개월경부터 영아는 자신의 욕구를 만족시켜 주는 친숙한 사람에게 애착을 느끼게 되며 프로이트(Freud)는 어머니와 영아와의 정서적 결속감이 후기에 나타나는 모든 인간관계의 기초가 된다고 주장하였다(박낭자 외, 2007). 일반적으로 안정적으로 애착관계가 형성된 영아는 이후 발달과정에서 자신감, 호기심, 친구관계 등에서 신뢰감을 지닌 긍정적인 성향을 보이는 반면 애착발달이 불안정할 경우 이후에 문제행동과 상관관계가 높게 나타나는 것으로 알려져 있다.

① 애착의 초기이론들

애착에 대한 초기이론에는 정신분석이론, 학습이론 그리고 인지발달이론이 있다. 정신분석학자인 프로이트(Freud)와 에릭슨(Erikson)은 수유를 통한 구강만족을 제공하는 대상에게 애착을 형성한다고 본다. 어머니는 영아에게 음식물을 제공하는 주된 역할을 하기 때문에 대부분의 영아에게 어머니는 가장 중요한 애착대상이 된다.

학습이론에서도 수유가 애착의 발달에 중요한 요인이 된다고 하지만 그 이유는 다르다. 즉, 어머니는 영아의 배고픔을 해결해줌으로써 어머니는 배고픔의 해소와 짝지어진다. 뿐만 아니라 수유 동안 신체적 접촉을 통해 따뜻하고 부드러운 느낌이나 청각적 자극 등을 제공해준다. 이런 경험이 반복되면서 영아는 어머니와 좋은 감정을 연결짓게 되고, 이로 인해 어머니는 이차적 강화인(secondary reinforcer)의 지위를 획득하게 됨으로써 영아는 어머니에게 애착을 형성하게 된다. 이차적 강화인이란 처음에는 중립적이던 것이 다른 강화와 짝지어져 강화인의 지위를 얻게 되는 것을 말한다. 정신분석이론과 마찬가지로 학습이론에서도 일차적인 욕구충족을 통해 발달한 긍정적인 정서적 유대관계를 애착이라는 개념보다는 의존성과 관련된 개념으로 설명하고 있다(Sears, 1972).

인지발달이론에서는 애착은 영아의 인지발달수준에 의존하므로, 영아의 지적 발달이 선행되어야 애착을 형성할 수 있다고 본다(Schaffer & Emerson, 1964). 애착을 형성하기 위해서는 기본적으로 친숙한 사람과 낯선 사람을 구분할 수 있어야 하며, 애착대상이 영속적으로 존재한다는 것을 인지할 수 있는 대상영속성 개념 또한 획득해야 한다. 영아가 최초로 애착형성을 하는 시기가 생후 6~8개월경이라는 것은 애착형성이 대상영속성의 발달에 기초한다는 것을 의미한다.

② 동물행동학적 이론

보울비(Bowlby, 1973)의 동물행동학적 이론에 의하면, 애착의 발달은 근본적으로 생존유지 및 보호를 위한 본능적인 반응의 결과로 이미 생태적으로 계획되어 있다고 한다. 즉, 양육자에 대한 애착행동은 영아의 생존 가능성을 증가시키므로 진화되었다는 것이다.

보울비에 의하면, 양육자와의 접촉은 영아의 음식물 섭취를 보장하기는 하지만 음식물이 애착형성의 기초는 되지 못한다. 그 대신 애착유대는 생물학적인 것으로 종의 생존을 증가시키는 진화의 틀 내에서 가장 잘 이해될 수 있다. 애착은 격리되어 양육되지 않는 모든 종에서 나타나며 환경적 변이에 의해 거의 영향을 받지 않는 진화된 행동으로 스스로 보살핌을 이끌어 내는 영아와 어머니 사이의 상호관계 내에서 형성된다(장휘숙, 2001).

음식물이 어머니와 아기를 연결하는 중요한 맥락이기는 하지만 애착의 형성요인은 아니다. 할로우와 짐머만(Harlow & Zimmerman, 1959)의 실험은 애착형성요인이 수유나 음식물이 아니라 접촉이 결정적이라는 것을 보여 준다.

〈그림 4-8〉 할로우와 짐머만의 원숭이 애착 실험

이들의 실험에서 어린 원숭이들은 철사로 만든 어미 원숭이와 부드러운 천으로 만든 어미 원숭이에 의해 양육되었다. 어린 원숭이들은 철사로 만든 엄마와 천으로 만든 엄마에게 각각 절반씩 수유를 받았다. 실험결과 어린 원숭이들은 어느 엄마에게서 수유를 받든 상관없이 천으로 만든 엄마를 더 좋아하였으며, 공포자극이 나타났을 때도 모두 천으로 만든 엄마에게 매달렸다<그림 4-8>. 심지어는 철사로 만든 엄마에게만 우유병이 매달려 있을 때도 몸을 천으로 만든 엄마에게 부착시킨 채 우유를 먹었다. 이러한 결과는 애착형성에 중요한 요인이 수유나 배고픔의 해소가 아니라 접촉위안(contact comfort)이라는 것을 보여 준다.

보울비의 애착이론을 경험적 연구를 통하여 확장한 아인스워스(Ainsworth, 1973)는 영아의 애착행동을 기초로 애착의 발달단계를 <표 4-14>와 같이 4단계로 구분하였다(장휘숙, 2001).

〈표 4-14〉 애착의 발달단계

단계	시기	특징
제1단계	출생 ~ 2, 3개월	영아는 울음, 발성, 미소, 응시 및 시각적 추적으로 양육자와 접촉을 시도하고 양육자를 그들 곁에 머무르게 하려고 한다. 아직까지 영아의 시각체계가 완전히 기능하지 못하기 때문에 영아는 감각적 접촉에 의해 양육자의 독특한 특성을 인지한다.

단계	시기	특징
제2단계	2, 3개월 ~ 6, 7개월	영아의 신호와 지향반응은 몇 사람의 친숙한 성인에게 한정된다. 영아는 일차적 양육자는 물론 한 두 사람의 다른 성인도 구별할 수 있다. 친숙한 사람이 나타나면 미소 짓고 좋아하며 그가 떠나면 싫어하는 표정을 짓는다.
제3단계	6, 7개월 ~ 3, 4세	양육자에 대한 최초의 분명한 애착을 형성한다. 영아는 길 수 있기 때문에 어머니 가까이 머물기 위하여 어머니에게 능동적으로 접근한다. 어머니가 떠나면 저항하고 되돌아오면 어머니를 반갑게 맞이한다. 최초의 애착을 형성한 수 주 내에 대부분의 영아는 아버지, 형제자매, 조부모 및 규칙적으로 만나는 사람에게도 애착을 형성한다. 생후 18개월까지 단지 한 사람에게만 애착을 형성하는 영아는 거의 없으며 대부분 여러 사람에게 애착을 형성한다.
제4단계	3, 4세 이후	이제 유아와 양육자는 협력자 관계를 형성할 수 있다. 유아는 인지능력의 증대와 함께 타인의 소망이나 목표를 탐지하고 예상할 수 있으며 사회적 관계에 대한 기본이해를 획득한다. 따라서 이 연령의 유아는 부모의 계획과 목표를 고려할 수 있고 애착인물과 최적의 근접을 유지하기 위해 그들의 행동을 조절할 수 있다. 이러한 애착관계의 양상은 일생 동안 계속된다.

부모의 양육의 질은 애착에 영향을 미치는 주된 요인 중의 하나이다. 부모가 자녀의 신호나 요구에 대해 민감하게 반응할 뿐 아니라 일관성 있으면서도 적절하게 반응하며 부드럽고 애정적인 접촉을 할 때 긍정적・안정적인 애착관계가 형성된다. 따라서 안정애착아로 성장하도록 하기 위해서는 양육자가 자녀를 긍정적인 상호작용 대상자로서 인식하고 민감하게 반응해 주어야 한다. 그리고 영아의 기질적 특성(순한 기질, 까다로운 기질, 느린 기질)도 양육자의 양육행동에 영향을 미치게 된다. 까다롭고 불안한 성향을 지닌 영아는 부모의 민감한 태도에도 불구하고 양육자에게 까다롭게 반응하므로, 나중에 불안정한 애착으로 발달할 가능성이 높아진다(Seifer et al., 1996).

또한 미숙아나 출생 시 합병증 등의 장애를 지니고 출생한 경우 양육에 스트레스를 야기하게 되고 궁극적으로 안정된 애착을 형성하는 데 어려움을 가져오게 된다. 따라서 애착은 아기의 기질과 그 기질에 따른 양육과의 조화로운 관계 속에서 발달하게 되는 것이다.

3. 태내기 및 영아기의 부모역할

1) 태내기 부모역할

(1) 임신에 대한 긍정적 태도

임신을 하면 호르몬의 영향 때문에 혹은 육체적으로나 정서적으로 조절해야 할 일이 많기 때문에 감정의 기복이 심해지면서 일상생활의 모든 면에 영향을 받게 된다. 임신을 했다는 것을 알면 처음에는 갈망했던 아기를 가지게 되었다는 기쁨과 임신을 해냈다는 성취감을 느끼게 된다. 또한 남편에 대한 애정도 더욱 커지게 된다. 아기를 임신한 것이 결국은 남편과의 육체적인 결합의 결과이기 때문이다. 그러나 임신이 큰 문제로 느껴질 수도 있다. 특히, 아기를 가질 마음의 준비가 되어 있지 않은 상태에서 임신을 하게 되면, 당연히 걱정스럽거나 당황스러울 것이다.

아기를 출산하기까지 기다려야 하는 9개월이 영원한 것처럼 길게 느껴질 수도 있지만, 이 기간은 임신부의 몸에서 일어나는 큰 변화에 적응할 시간을 준다. 임신부는 이 기간을 통해 몸에서 일어나는 호르몬 효과에 익숙해질 뿐만 아니라 달라진 생활방식에 적응할 수도 있다. 자기 몸속에 있는 작은 생명을 보호하기 위해 자신의 안전을 돌보는 것이 갑자기 그 어느 때보다 더 중요하게 느껴질 것이다. 그래서 운전을 할 때도 사고를 피하기 위해 평소보다 더 조심스럽게 운전을 하고, 식습관에도 변화를 일으키며, 술을 자제하고, 담배를 끊는다. 심지어 사교활동까지도 달라질 것이다.

생각과 행동의 이런 변화는 자신을 전혀 다른 사람처럼 느끼게 한다. 태어날 아기를 떠올리며 엄마가 될 준비를 하면서 시간을 보내면 정체성의 이런 새로운 면을 받아들이는 데 도움이 된다.

(2) 태내교육

일반적으로 같은 부모에게 태어나고 같은 유전자를 지닌 형제라도 태어날 때부터 성격 등 개성이 상당히 다른 경우가 많이 있다. 이것은 어머니의 체내에 있던 태아기에 어떤 자극을 받는 방식의 차이에 의한 것일 수 있다. 태아는 바깥으로부터의 소리에 귀를 기울이기도 하고, 환경의 변화를 피부로 느끼기도 하고, 또한 그러한 것을 기억하고 있다. 이러한 태아의 학습능력에 작용하여, 태아의 풍부한 가능성을 신장시키는 것이 태아교육이며, 태아를 위한 부모의 역할이다.

〈표 4-15〉 태내기 부모역할

구분	내용
임신 초기 (임신~3개월)	아직 배가 부르지 않아 활동에 지장은 없지만 유산하기 쉬운 시기이므로 몸에 무리가 가지 않도록 신경을 써야 한다. 임신 초기에는 입덧으로 고생할 수 있고, 움직임을 조심해야 한다는 생각에 엄마는 불안과 스트레스를 경험할 수 있는데, 이때 배우자가 기쁨과 감사를 표현하고 부인을 더욱 배려하고 애정스러운 모습을 보여 준다면 산모와 태아에게 긍정적인 영향을 줄 수 있다.
임신 중기 (만 4~7개월)	이 시기에 엄마 자신에게 즐거움을 줄 수 있는 활동을 찾아서 하고 활기차게 생활하는 것이 태아에게 건강한 자극이 될 수 있다. 청각이 발달하여 부모가 싸우는 소리까지 듣게 되며, 엄마의 기분을 똑같이 느끼게 되므로 아빠의 영향이 커질 수밖에 없다. 몸이 붓는 아내를 위해 마사지를 해주거나, 태담으로 아빠의 일상 이야기를 들려주고 그림책을 읽어줌으로써 태아와 아내의 정서적 안정과 행복감을 높여 줄 수 있다.
임신 후기 (만 8~10개월)	이 시기에 부모도 출산에 대해 미리 준비해야 한다. 출산용품을 구비하는 것은 물론, 언제라도 출산의 징후가 나타날 수 있으므로 출산 신호나 출산의 과정을 미리 알아두는 것이 좋다. 부모 자신은 물론 태아도 세상에 나오는 과정이 편하지만은 않다. 곧 만나서 품에 안을 날을 기약하며 태아와 이야기를 나누는 것이 태아와 부모 모두에게 두려움과 긴장을 극복할 수 있도록 용기를 줄 수 있다. 이때 아빠가 엄마의 배를 쓰다듬으며 이야기를 해 준다면 아이가 촉감으로도 느낄 수 있어 더욱 좋다.
교육적인 태내환경	• 태아는 6개월부터 보고 들을 수 있기 때문에 산모는 소음과 현란한 불빛을 피하는 것이 좋다. • 남성의 저음은 자궁벽을 통과해 태아에게 잘 전달되므로 아버지의 음성을 자주 들려주는 것이 좋다. • 임신 5개월이 되면 임산부는 태아에게 산소 및 영양의 원활한 공급을 위해 왼쪽으로 비스듬히 눕는 것이 좋다. • 뇌의 활성화를 촉진시키기 위해 임산부는 잔잔한 음악이나 자연의 소리를 즐겨 듣는 것이 좋다. • 임산부는 가능한 한 스트레스를 줄여야 한다. • 태아의 생활리듬을 유지하기 위해 임산부는 규칙적인 생활을 하는 것이 좋다. • 임산부는 배를 부드럽게 쓰다듬어 주어야 한다.

출처: 중앙육아종합지원센터(2015). 존중받는 아이 함께 크는 부모(영아 편). pp.16-17.

(3) 아버지의 적극적인 참여

임신기간 중 대부분의 남편들은 정서적 위안을 필요로 하는 아내에 대해 적극적인 반응을 보이며, 사소한 문제에서 아내의 의견에 순응하는 타협적인 태도를 갖게 된다. 이러한 남편의 정서적 지지는 아내로 하여금 임신과정에 잘 적응해 나가고 임신을 즐겁게 받아들이게 하는 것으로 나타났다. 또한 남편이 아내의 임신 사실을 행복해하면 할수록 아내의 만족도도 높아지게 된다(정옥분, 정순화, 2016). 뿐만 아니라 아버지가 자녀출산에 대해 준비하고 분만과정에 참여하는 것은 아버지 자신에게 중요한 변화를 초래하며, 이후의 부모 - 자녀관계에도 큰 영향을 미친다. 아버지가 분만과정에 직접 참여했거나 어머니가 병원에 있는 동안 영아와 충분한 접촉을 시도한 아버지는 이후의 자녀양육에도 적극적으로 참여하며 자녀와 많은 접촉을 시도하는 것으로 나타났다(Parke, 1995).

이런 이유로 최근 우리나라에서 가족 분만이 늘어나고 있는 추세이다. 가족 분만은 가족이 함께 참여하는 분만법으로 가족이 분만의 전 과정을 함께 할 수 있기 때문에 임산부가 심리적으로 안정된 상태에서 아이를 출산할 수 있다는 장점을 지닌다.

(4) 출산준비

출산예정일이 다가오면 출산에 대한 정신적인 준비나 아기에게 필요한 물품을 미리 준비해야 한다. 분만이 반드시 예정일에 이루어지는 것은 아니므로 임신 말기에는 미리 출산에 대한 준비를 하고 있어야 한다. 일반적으로 출산 준비물은 <표 4-16>과 같다.

〈표 4-16〉 출산준비물

의류		목욕용품		수유 및 위생용품	
배냇저고리	3~5개	온도계, 습도계	1개	젖병(소)	3개
신생아 내의	3개	목욕 타올	1개	젖병(중)	3개
신생아 모자	1개	체온계	1개	젖꼭지	4개
양말	2~3개	물티슈	1개	젖병세정제	1개
우주복	12개	바디워시	1개	젖병소독기	1개
손&발싸개	2개	바디로션	1개	젖병건조대	1개
턱받이	3개	발진크림	1개	우유병 솔	1개
일회용 기저귀	1~2팩	신생아 연봉	1개	우유병 집게	1개
		욕조	1개	분유	
침구류		**침구류**		보온병	1개
				유축기	1개
속싸개	2~3개	기저귀	1개	모유저장팩	1개
겉싸개	1개	가재수건	3개	수유패드	1개
이불&요 세트	1개	딸랑이		수유쿠션	1개
방수요	1개			유아전용세제	1개
배게	1개			유아전용유연재	1개
목보호쿠션	1개			세탁비누	3~5개
포대기, 아기띠	1개			손톱가위	1개

2) 영아기 부모역할

(1) 발달영역별 지원 역할

영아기 때 발달영역별 부모 지원은 <표 4-17>과 같다.

〈표 4-17〉 발달영역별 부모 지원

구분	내용
신체 발달	• 태어나 1년 동안은 생애에서 가장 급격하게 성장하는 시기로 출생 시 몸무게의 3배, 키는 1.5배 정도 성장하게 된다. 뒤집기를 하고, 앉고 기고 서는 등 운동능력 또한 놀라울 정도로 발달하게 된다. 발달은 보편적인 순서를 따르지만 과업을 이루는 시기는 아이마다 차이가 있으므로 월령을 절대적인 기준으로 삼기보다는 순서와 과정을 위주로 참고하는 것이 좋다. • 불안정하게 뒤뚱뒤뚱 걷던 아이들은 좀 더 균형 잡힌 걸음으로 걷고 뛸 수 있게 된다. 그러나 주변을 주의 깊게 살피거나 속도나 방향을 순발력 있게 조절하는 것은 어려우므로 부모는 이 점에 유의해서 보살펴야 한다.

구분	내용
	• 이 시기는 눈과 손의 협응능력이 점차 발달하여 2세 정도가 되면 서툴지만 혼자 숟가락을 사용하려고 시도하는 등 일상생활에 필요한 여러 가지 행동을 할 수 있다. 아이는 스스로 할 수 있는데, 부모가 옆에서 일일이 다해 주는 경우가 많다. 부모 입장에서는 입으로 들어가는 것보다 흘리는 양이 더 많아서, 고사리 손으로 애쓰는 모습이 안쓰러워서, 시간이 오래 걸리고 결국 다시 해야 하는 경우가 많아서 등의 이유를 든다. 그러나 아이들은 자발적인 반복을 통해서 근육의 기능과 운동능력을 익혀나가는 것이므로 스스로 할 기회를 마련해 주는 것이 중요하다.
인지 발달	• 물고 빠는 것을 가르쳐주지 않아도 영아들은 열심히 입에 넣고 탐색을 한다. 영아기는 감각을 통해 주변세계를 인식해나가는 시기이기 때문이다. 기어 다니고, 붙잡고 서서 돌아다니고 손에 닿는 대로 잡고 흔드는 것 등 모든 신체운동 능력의 발달은 인지발달로 이어진다. 오감을 충분히 활용할 수 있는 환경을 마련해주고, 탐색활동을 제한하기보다는 안전한 환경에서 탐색할 수 있도록 위험요소를 제거해주어야 한다. • 누워만 있던 아기들이 스스로 움직일 수 있게 되고, 말을 하게 되는 것은 모두 뇌와 관련이 있다. 인간은 많은 뇌세포를 가지고 태어나지만 뇌세포 간의 연결이 되어 있지 않기 때문에 태어나 할 수 있는 것이 제한적이다. 아이의 이름을 불러주고, 노래를 들려주고, 부드럽게 마사지를 해주는 등 아이와 상호작용하는 모든 것은 아이의 뇌에 불을 밝히는 자극이 된다. 보고, 듣고, 만지고, 맛보고, 냄새 맡는 등의 감각적인 경험을 제공하고 애정을 담아 아이와 교감을 나누는 것이 아이 두뇌를 건강하고 똑똑하게 자라도록 도와준다. • 아이들은 스스로 호기심을 갖고 탐색하는 활동을 통해 성인이 가르쳐주는 것보다 훨씬 많은 것을 배워간다. 무조건 양만 늘리는 것이 아니라 반복을 통해 지식을 탄탄하게 하는 것이 좋다. 따라서 놀이를 통해 자연스럽게 반복을 즐기고 확장할 수 있도록 환경을 마련해 주어야 한다.
언어 발달	• 아기들이 단어를 말하지는 못하지만 여러 방식으로 자신의 의사를 전달할 수 있다. 울음은 최초의 언어이며, 발성기관이 발달하면서 옹알이가 나타난다. 옹알이는 말하기 준비운동이라 할 수 있는데, 영아에게는 일종의 발성놀이이다. 따라서 아이가 옹알이를 할 때 눈을 맞추고 풍부한 표정으로 감정을 표현하면서 이야기를 들려주고 상호작용해주는 것이 좋다. • 돌을 전후로 의미 있는 단어를 말하기 시작하면서 본격적으로 언어발달이 시작된다. 한 단어로 말하지만 아기가 사용하는 한 단어는 여러 다양한 의미를 담고 있다. 따라서 상황과 맥락에 따라 아이가 말하는 단어를 문장으로 확장해서 다시 들려주면 표현방식을 배우는 데 도움이 된다. • 첫 말을 떼고 나서도 어휘가 늘어나는 속도가 크게 느껴지지 않다가 18개월을 전후하여 급격하게 표현어휘가 증가하고 두 돌 즈음이면 두 단어를 이어서 표현하기 시작한다. 아이의 질문에 눈높이를 맞춰 친절하게 설명해주고, 리듬감 있는 언어를 많이 담고 있는 그림책을 읽어주거나 동요를 들려줌으로써 말의 재미를 느끼게 되면 아이의 언어발달에 좋은 자극이 된다.
사회 정서 발달	• 아기들은 귀여운 모습으로서 자신들에게 가장 중요하고 필요한 것이 돌봐주고 아껴주는 손길이라고 메시지를 던지고 있다. 이러한 영아의 요구에 부모가 민감하게 반응하며, 애정적인 양육태도로 안정감을 주었을 때 아이는 부모와 긴밀한 유대감, 즉 애착을 형성하게 된다. 이 시기 안정적인 애착형성은 이후의 정서발달이나 성격, 사회성, 성취에도 지속적으로 영향을 미치게 된다. 미소 띤 얼굴로 따뜻하게 바라보고, 부드럽게 안아주는 등 정서적·신체적 스킨십을 많이 해주는 것이 도움이 된다. • 보통 이 시기에 배변훈련을 시작하는 경우가 많은데, 이때 부모가 지나치게 통제하며 부정적인 피드백과 스트레스를 주거나 아이 스스로 시도하는 과정에서 실패가 거듭되면 아이는 자신의 부족한 조절능력에 대해 수치감과 회의감을 갖게 된다. 따라서 충분히 성숙한 상태에서 대·소변 가리기를 시작하는 것이 필요하며, 실수를 하더라도 따뜻하게 수용해주어 아이가 자기통제력에 대한 자신감을 형성할 수 있도록 해 주는 것이 필요하다.

출처: 중앙육아종합지원센터(2015). 존중받는 아이 함께 크는 부모(영아 편). pp.18-23.

(2) 양육자로서의 역할

영아는 자신의 힘으로 해결할 수 있는 능력이 부족하기 때문에 모든 것을 부모에게 의존할 수밖에 없다. 인간은 생후 약 1년간 급성장이 이루어지는 시기이므로 충분한 영양공급과 적절한 체온 유지, 그리고 질병 예방을 위해 적절한 시기에 예방접종을 실시하는 것이 양육자로서의 부모역할이다.

영아를 적절히 보호하기 위해서는 가정의 경제적 안정이 필수적이나 동시에 각별한 관심과 주의가 필요하다. 무지와 무관심에 의해 질병에 걸리거나 사고를 당하여 치명적인 손상을 입게 되는 경우가 많기 때문이다. 따라서 아동의 발달단계와 가정의 제반 여건을 고려하여 의·식·주 생활을 적절하게 영위할 수 있도록 하고, 정기검진과 가정 주위의 환경위생 및 안전사고의 위험에 대해 수시로 점검해야 한다.

(3) 자극자로서의 역할

영아는 자기 신체를 조정할 수 있는 능력이 생기면서부터 의존적인 상태에서 벗어나 점차 독립적인 힘을 가지게 된다. 이때 영아가 할 수 있는 일을 하게 되면 매우 즐거워하게 되고, 이것이 성취감의 기초가 되며, 자신감이 생기면 능동적으로 학습경험에 참여한다. 그런데 부모들은 이 시기에 나타나는 영아의 바른 성장·발달을 이해하지 못하여 영아가 스스로 할 수 있는 일과 하고 싶은 일을 좌절시키는 경우가 있다. 그러므로 이 시기의 부모의 역할은 영아를 있는 그대로 받아들이면서 한편으로는 직접적인 상호작용을 통해 감각기관을 자극시킬 수 있는 다양한 형태의 시각적 자극과 대화나 노래 등을 통한 음성적 자극, 그리고 신체적 접촉을 통한 감각적 자극과 눈과 손의 협응을 통한 음성적 자극 등을 제공하여 영아들의 정상적인 발달단계를 거쳐 가도록 도와주어야 한다.

(4) 상호발달 촉진자로서의 역할

영아기 부모는 초기 양육과정에서 일어난 부모 - 자녀 상호작용이 영아기 동안 형성되는 능력과 성격발달의 기초가 된다는 사실을 인식하고, 영아의 발달적 특징에 대한 지식뿐만 아니라 상호발달 촉진자로의 부모역할을 수행해야 한다.

① 부모와의 상호작용

자녀를 바람직하게 양육하기 위해서는 부모는 자녀와 많은 시간을 함께 놀아 주고 언어적 상호작용의 기회를 충분히 가지도록 노력해야 하며, 영아의 발달을 촉진시킬 수 있도록 풍부한 학습경험의 환경과 기회를 제공해 주어야 한다. 특히, 영아와 장기간에 걸쳐 지속되는 주 양육자와의 상호작용이 영아의 발달에 미치는 영향의 중요성은 아무리 강조해도 지나치지 않을 것이다. 언어를 습득하기 이전의 영아는 울음, 미소, 옹알이 등으로 자신의 의사를 표현하면서 양육자와의 상호작용을 계속하게 된다. 영아는 상호성발달을 통해 의사소통체계를 발달시켜 나가므로 부모는 영아와의 지속적인 의사표현 행위를 통하여 상호성발달의 촉진자로서의 역할을 수행하게 된다.

영아가 적절한 발달을 이루어 나가게 하기 위해서는 부모는 영아의 요구에 가능한 모두 반응해주어야 하며, 만져주기를 통해 영아가 심리적인 안정감을 갖게 하고, 놀이를 할 때에는 애정을 가지고 영아가 하는 일에 대해 많이 말해 주어야 한다. 또한 부모는 영아에게 따뜻한 사랑을 베풀면서 자연스럽게 행동하는 것이 좋다(오영희, 주혜영, 2001).

② 조부모와의 상호작용

영아에게 있어서 조부모는 부모 다음으로 주요한 지지적 자원이 되며, 1차적인 양육자로서의 역할을 주로 담당하는 존재라고 할 수 있다. 특히, 한부모가정이나 10대 부모가정, 부모가 질병을 앓고 있거나 약물중독 등의 문제를 가지고 있는 가정 또는 여타 제반 다른 이유로 영아를 돌볼 수 없는 가정의 경우에는 손자녀의 양육을 책임지고 있는 조부모는 영아에게 있어 더욱 중요하다.

③ **형제자매와의 상호작용**

만약 영아에게 손위 형제나 자매가 있다면 영아들은 많은 시간을 이들과 함께 보내게 된다. 형제자매 관계와 발달과의 관련성을 밝히고자 하는 수많은 연구가 수행되었으며 대다수의 연구에서 형제자매 관계가 영아의 발달에 긍정적인 영향을 미치는 주요한 요인으로 작용하는 것으로 보고하고 있다. 즉, 영아들은 형제자매 관계를 경험하면서 정서규제 및 행동통제 기술을 습득한다. 이렇게 습득한 정서규제와 행동통제 능력을 바탕으로 유아교육기관 및 학교에서 긍정적인 사회적응을 하게 되며 적절한 또래관계를 형성하게 된다고 주장하고 있다. 긍정적 형제관계의 질을 결정짓는 상호작용의 내용은 웃기, 미소 짓기, 장난하기, 언어적 지지(혹은 찬성) 등이 있으며 반대로 부정적 질을 결정하는 상호작용으로는 싸우기, 울기, 신체적으로 공격하기 같은 내용으로 구성된다. 형제자매관계는 이런 긍정적 상호작용과 부정적 상호작용이 동시에 가능하기 때문에 형제자매관계는 항상 긍정적 측면과 부정적 측면을 동시에 갖는 양면적 특성으로 이해되어야 한다. 비록 형제자매가 부정적 상호작용 행동을 경험하더라도 형제자매들은 이를 해결하려는 노력과 과정을 통해서 긍정적 정서를 공유할 기회를 갖기도 하고 이러한 경험은 영아의 사회・정서적 발달에 기여하는 측면을 가지기 때문에 형제자매 관계를 항상 양면적 관계로 볼 것이 아니라 보다 긍정적인 관계로 유지될 수 있도록 가정 내 환경을 제공해 주는 것이 무엇보다 중요하다.

④ **또래와의 상호작용**

신생아 시기에는 오직 양육자와의 관계만이 사회적 관계로 존재하지만 출생 후 2개월 정도가 지난 영아도 또래의 출연에 자극되고, 상호 응시행동이 나타나는 것으로 알려지고 있다. 이른 시기에 보육기관에 맡겨진 영아가 또래와의 관계를 형성한다고 하더라도 12개월 이전의 영아는 또래를 쳐다보고, 웃고, 소리 내는 것과 같은 사회적 행동을 나타내 보이기는 하지만 그 관계가 짧고 단순해서, 서로를 탐색하는 형태에 지나지 않는다. 즉, 상호작용이 아주 단순한 반응에 머물며 서로에게 영향을 주고받는 관계형성은 이루어지지 않는다. 생후 14~18개월 정도에 이르면 나란히 앉아 동일한 유형의 놀이를 하지만 서로의 상호작용은 전혀 보이지 않는 단순한 평형놀이를 시작한다. 18개월 정도가 되면 서로에게 관심을 보여서 모방을 하거나 동일한 행동을 따라함으로써 관계지향의 행동을 보이기 시작한다. 그러나 영아들은 대부분 또래의 상호작용 요구에 무관심하며 언어능력이 발달하고 언어적 표현이 복잡해지면서 상호작용이 점차 사회화되어 간다. 그러므로 영아기 발달에서의 또래 간의 상호작용은 사회적 관계 이전의 탐색과정이라 볼 수 있으며 서로 간의 빈번한 상호 접촉과 언어의 발달에 의해서 또래관계의 사회적 상호작용이 빨라질 수가 있다.

⑤ **보육교사와의 상호작용**

최근 들어 가족구조가 핵가족화되고 취업모가 증가함에 따라 보육시설에 맡겨지는 아동의 연령이 하향화되어 영아기부터 보육시설에서 하루의 대부분을 보내는 영아가 증가하였다. 즉, 최근에는 맞벌이 부부가 늘고 국가적으로도 출산장려정책의 일환으로 보육료를 무상 지원하는 범위를 확대하고 있어 아주 어린 시기에 보육기관에 맡겨지게 되고 보육교사와의 관계를 형성하는 경우가 많아졌다. 종일 보육을 받은 영아들에게 보육교사와의 애착은 어머니와의 애착과 더불어 영아에게 매우 중요한 사회·심리적 환경이 된다. 따라서 종일보육을 받은 영아의 사회·정서발달을 이해하기 위해서는 어머니와 보육교사 어느 한쪽의 애착관계만이 아닌 어머니와 보육교사에 대한 복합적인 애착을 고려해야 한다.

CHAPTER 05

유아기 부모역할

▫ 배울 내용 ▫

1. 유아기 발달특성
2. 유아기의 부모역할

▫ 학습목표 ▫

1. 유아기 발달특성을 이해한다.
2. 유아기의 부모역할을 이해하고 지원방안을 모색해본다.

1. 유아기 발달특성

유아기는 대개 만 2~6세까지의 기간을 말한다. 이 시기의 아동은 자기주장과 지배에 대한 욕구가 매우 강하다. 이는 개인으로서의 자신을 의식하기 시작하는 데서 비롯된 것으로 반항과 고집, 자기주장이 나타나기 시작한다. 이 시기의 아동이 경험하는 긴장은 아이의 행동을 제한하고 규제하려는 환경의 요구에서 비롯된다. 따라서 유아는 자신의 행동에 타인의 요구를 고려해야 한다는 것을 배우게 된다. 이러한 과정을 거쳐 초기에는 타인과의 상호관계를 고려하지 않는 자기중심적 존재로부터 타인과의 상호관계를 고려하는 존재로 성장해 간다. 이 시기에 아동은 자신의 고유성을 인식하기 시작하여 유아기 후반에 가면 '내 마음대로' 하는 것보다는 '내 스스로' 하는 것에 더 관심을 갖게 된다.

1) 신체발달

(1) 신체적 성장

유아기는 신장과 체중에서 급격한 변화를 보이게 된다. 예를 들어, 2세 이후 신체성장속도는 완만해지고, 6세경에 신장은 출생 시의 약 2배가 되어 100~120cm 정도 자라게 되며 매년 7cm 정도씩 증가한다. 체중은 20~22kg으로 출생 시의 약 6배가 되며 체중은 1년에 평균 2.7kg씩 증가한다<표 5-1>. 10세 전까지는 남아가 여아보다 크지만 11~13세까지는 여아가 남아보다 더 크게 된다. 유아기에는 하체의 길이가 길어지면서 가늘어진다. 여전히 머리가 신체에 비해 큰 편이지만 유아기 말이 되면 머리가 무겁고 커 보이는 모습에서 벗어나게 된다. 유아기에는 체지방도 꾸준히 감소하게 된다. 유아는 통통하던 영아의 모습에서 벗어나 팔다리가 급속히 성장하고 머리의 비율이 작아져 신체의 비율이 어른과 유사해진다(김나영 외, 2007). 6세경이 되면 젖니가 한 두 개씩 빠지기 시작해 아동기 동안 젖니는 계속 빠지게 된다. 1년에 약

4개씩 젖니가 영구치로 대치되는데, 첫 번째 어금니는 6세경에 나고, 두 번째 어금니는 13세경, 세번째 어금니, 즉 사랑니는 20세경에 나게 된다. 특히, 4세경에는 영구치의 어금니가 나기 시작한다. 이 시기에 충치가 생기면 평생에 걸쳐 손상을 줄 수 있기 때문에 충치 예방에 각별히 신경을 써야 한다. 따라서 충치를 예방하기 위해서는 올바른 식사 습관과 칫솔질을 통해 치아를 관리하는 습관을 가지도록 하는 것이 중요하다. 특히, 취학 전까지는 정확한 칫솔질보다는 칫솔질하는 습관을 갖도록 하는 것이 중요하며, 스스로 칫솔질을 잘 할 때까지 보호자가 수시로 점검하면서 치아를 닦아주는 주는 것이 좋다.

〈표 5-1〉 성별에 따른 한국 소아 발육 표준치 : 유아

표준 신장(㎝)

	남자	여자
2.5~3세	93.1	91.9
3.5~4세	100.3	99.2
4.5~5세	107.2	106.1
5.5~6세	113.6	112.5
6.5~7세	119.5	118.3

표준체중(㎏)

	남자	여자
2.5~3세	14.0	13.4
3.5~4세	15.9	15.3
4.5~5세	18.1	17.4
5.5~6세	20.4	19.6
6.5~7세	22.9	22.0

(2) 생리기능의 발달

유아기의 건강에 영향을 미치는 요인 중 하나가 수면과 휴식이다. 수면은 피로를 회복하고 에너지를 재충전하는 데 필요한 생리적 기제이다. 일반적으로 2~3세 유아의 경우 하루에 12~15시간, 4~5세 유아의 경우 10~12시간의 수면이 필요하다. 또한 유아들의 경우 재미있는 일에 몰두하게 되면 피곤한 것도 잊어버리고 노는 경우가 있기 때문에 부모나 유아교사는 피곤할 때나 놀이 후에는 적절한 휴식을 취하여야 한다는 것을 유아들이 이해하고 실천할 수 있도록 도와주어야 한다.

그리고 유아의 식습관에 영향을 미치는 양육자의 행동에 주의를 기울일 필요가 있

다. 초등학교에 입학하기 전 유아는 에너지 사용량이 많기 때문에 성인에 비해 자주 먹어야 한다. 아침과 점심 사이, 점심과 저녁 사이의 시간은 활발하게 움직이는 유아에게는 긴 시간이다. 그래서 유아는 오전과 오후에 간식을 먹는 것이 좋다. 이러한 간식시간에는 단 음식을 피하는 것이 좋다. 또한 유아기의 영양섭취는 성장에 있어서 중요한 영향을 미친다. 유아는 음식물을 씹고 삼킬 수 있는 다양한 형태의 능력이 발달된다. 그러나 치아의 발달이 아직 이루어지지 않아서 음식물을 씹는 능력이 부족하다. 그것으로 인하여 소화능력이 원활하지 못하고 음식물을 섭취하는 양도 제한적일 수밖에 없다.

(3) 운동기능의 발달

생의 초기 2년간의 운동발달을 지배하는 동일한 원리가 유아기 동안에도 계속 작용한다. 유아들은 이전에 습득한 능력을 보다 복잡하고 역동적인 행동체계에 통합시킨다. 유아들은 신체가 더 크고, 강하게 자라고, 중추신경조직이 발달하고, 환경의 새로운 목표를 제시하고, 지각능력과 인지능력의 도움으로 새로운 목표를 성취하려는 시도를 함에 따라 각각의 새로운 기술들을 습득하거나 교정하게 된다(박낭자 외, 2007). 이와 같이 모든 유아가 동일하게 자라지는 않지만 유아기의 일반적인 성장패턴을 보이기도 한다. 유아기의 일반적인 대근육 발달과 소근육발달을 살펴보면 <표 5-2>, <표 5-3>과 같다.

〈표 5-2〉 대근육발달

구분	내용
2세	넘어지지 않고 잘 뛴다. 발로 큰 공을 찰 수 있다. 계단을 혼자 오르내린다.
5세	계속 달리면서 방향을 바꿀 수 있으며, 갑자기 멈추어도 넘어지지 않는다. 멀리뛰기를 한다. 공을 던지고 잡는 것이 가능하다.
6세	줄넘기를 할 수 있고 두발자전거를 탈 수 있다.

〈표 5-3〉 소근육발달

구분	내용
2세	6개의 입방체를 쌓을 수 있다. 수평선을 그리고 원을 그리는 흉내를 낸다.
3세	숟가락과 젓가락을 사용하는 것이 가능하다.
4세	블록으로 탑을 높이 쌓고 신발 끈을 맬 수 있으며 가위질을 한다. 혼자 옷을 벗고 입을 수 있다.
5세	블록으로 의도한 완성된 건물을 만들 수 있고 종이를 반으로 또는 1/4로 접을 수 있다. 글자나 숫자를 베낄 수 있고 크레용으로 색칠을 할 수 있다.
7~8세	숟가락, 젓가락 사용을 자유자재로 할 수 있다.

2) 뇌와 인지발달

(1) 뇌의 발달

뇌발달이 3세까지는 영역별로 골고루 발달하지만 3세 이후부터는 부위별로 발달이 집중된다. 즉, 발달양상에 차이를 보이는데, 3~6세 사이에는 사고와 인간성을 담당하는 전두엽이 발달하게 되고, 7~12세는 뇌회로가 입체와 공간을 지각하는 두정엽과 소리를 담당하는 측두엽이 발달하고 12세 이후에는 시각을 담당하는 후두엽이 발달하게 된다<그림 5-1>.

한 뉴런과 다른 뉴런의 연결부위를 시냅스(synapse)라고 하는데, 이 시냅스를 통하여 자극이 다른 뉴런으로 전달된다. 대부분의 시냅스는 출생 후에 형성되며 시냅스 연결은 출생 후 2년까지 과다 생성되다가 불필요한 시냅스는 점차 소멸되고 필요한 것만 선택적으로 보전되어 7세경이 되면 성인의 수준에 도달하게 된다. 과다 생성된 시냅스 중 어느 연결이 선택적으로 유지되느냐의 여부는 환경적 경험에 의해 의존되므로 유아 초기 경험이 뇌와 인지발달에 중요한 영향을 미침을 알 수 있다.

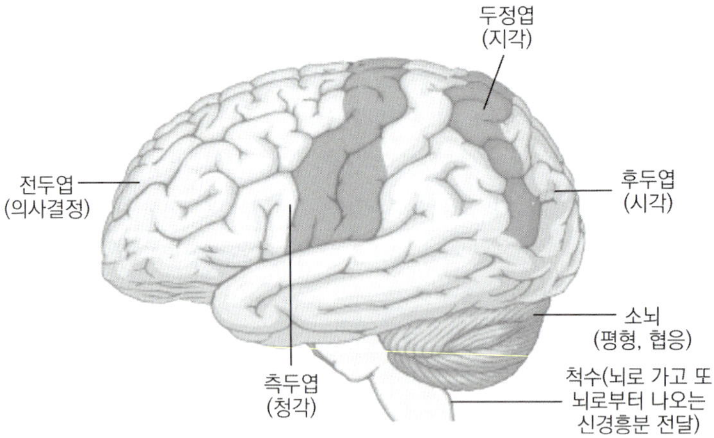

〈그림 5-1〉 **대뇌 피질**

대뇌피질 이외에 뇌의 다른 부분들도 유아기에 크게 발달하게 된다. 뇌의 뒷부분 아래쪽에 있는 소뇌(cerebellum)는 신체 움직임의 균형과 조정을 돕는 뇌의 구조이다. 소뇌의 무게는 130g 정도로 대뇌의 10% 정도 차지하지만 표면적은 약 25%에 해당된다. 대뇌와 소뇌를 연결하는 섬유질은 출생 이후 성장하고 수초화된다. 그러나 이 과정은 4세경이 되어야 완성된다. 이러한 변화로 인해 운동조정능력은 극적으로 증대되어 유아기 말기가 되면 유아들은 그네 타기, 공 던지기 활동을 할 수 있게 된다. 망상체(reticular formation)는 민첩성과 의식을 유지하는 뇌간 안에 있는 조직으로 유아기를 지나 청소년기에 이를 때까지 시냅스를 생성하고 수초화된다<그림 5-2>. 망상체 안에 있는 뉴런들은 뇌의 다른 부분으로 신경섬유를 내보낸다. 많은 신경섬유가 대뇌피질의 전두엽으로 가서 주의력을 유지하고 조절하는 능력을 증진시키게 된다(박낭자 외, 2007).

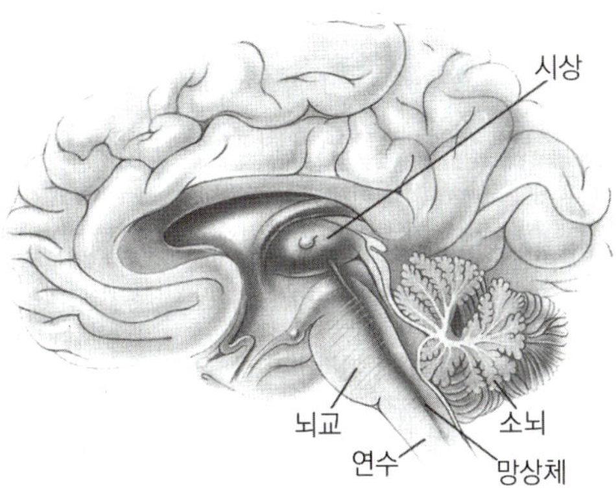

〈그림 5-2〉 소뇌와 망상체

(2) 인지발달

피아제의 인지발달이론에 따르면 유아기는 인지발달의 제2단계인 전조작기에 해당된다. 즉, 두 번째 단계는 전조작기(peroperational stage)로서 2~7세까지이다. 이 단계에서는 논리적인 조작이 불가능하기 때문에 전조작기라 부른다. 조작이란 과거에 일어났던 사건들을 내면화시켜 서로 관련지을 수 있는, 즉 논리적인 관계를 지을 수 있는 것을 뜻한다. 이 시기의 사고의 특징은 상징놀이, 자기중심적 사고, 물활론, 직관적 사고를 하는 것 등이다. 피아제(Piaget)는 전조작기를 다시 2~4세까지를 전개념적 사고기(preconceptual period), 4~7세까지를 직관적 사고기(intutive period)로 나누었다.

① 전개념적 사고기

개념이란 사물의 특징이나 관계, 속성에 대한 생각으로 정의할 수 있는데, 어떤 대상에 대한 정확한 개념만 가지고 있다면, 그것이 어떻게 변하든 동일한 대상으로 인식할 수 있다. 이 단계에서의 유아는 대상을 내면화시키는 과정에서 성숙한 개념을 발달시키지 못하므로, 전개념적 사고기라고 한다. 전개념적 사고의 특징은 상징적 사고, 자기중심적 사고, 물활론적 사고, 인공론적 사고, 전환적 추론을 하는 것 등이다.

가. 상징적 사고

감각운동기의 말기가 되면 정신적 표상, 지연모방, 상징놀이 등의 정신능력이 나타나기 시작하는데, 이러한 능력은 언어를 습득하고 상상력이 풍부해지는 전조작기에 와서 확대된다. 상징은 어떤 대상을 나타내는 징표를 말한다. 상징의 사용은 문제해결의 속도를 증가시키고, 시행착오를 감소시킨다. 상징적 사고능력은 유아로 하여금 '지금 여기'의 한계를 벗어나 정신적으로 과거와 미래를 넘나들게 해준다. 상징적 사고의 가장 중요한 결과 중의 하나는 가상놀이다. 가상놀이란 가상적인 사물이나 상황을 실제 사물이나 상황으로 상징화하는 놀이로서 전조작기 유아의 표상적 발달을 보여 준다. 소꿉놀이, 병원놀이, 기차놀이 등이 가상놀이의 예이다. 유아기 동안 가상놀이는 점점 더 빈번해지고, 연령이 증가함에 따라 점점 더 복잡해진다.

나. 자기중심적 사고

유아는 모든 주변 환경에서의 현상을 자기중심적으로 생각한다. 유아는 타인도 자신과 같이 느끼고, 사고하고 행동한다고 생각한다. 자기중심적 사고는 다른 사람의 관점을 고려하지 못한 데서 기인한다. 이것은 유아가 일부러 타인의 입장을 생각하지 않는 것이 아니라, 타인의 관점을 이해하지 못하는 것을 의미한다. 유아의 자아중심적 사고를 보여 주는 실험으로 피아제와 인헬더(Piaget & Inhelder, 1956)의 '세 개의 산 실험(three mountains experiment)'이 있다. 서로 다른 세 개의 산 모형을 탁자 위에 올려놓고, 유아에게 탁자 주위를 돌아보게 한다. 유아를 한쪽 의자에 앉히고, 맞은편이나 옆에 인형을 앉힌다. 몇 장의 사진을 보여 준 후 자신이 본 것과 똑같은 사진을 찾아내게 하면 잘 고르지만, 인형이 본 것을 찾으라고 하면 역시 자신이 본 것과 같은 사진을 선택한다. 유아의 자기중심성은 언어에서도 잘 드러난다. 자기중심적 언어는 상대방이 자신의 말을 이해하든 못하든 관계없이 자기 생각만을 전달하는 것을 말한다. 그러나 피아제의 주장처럼 유아들이 항상 자아중심적인 것은 아니다. 친숙한 그림을 사용하거나 좀 덜 복잡한 과제를 제시하면, 유아는 자기중심성을 덜 보이는 것으로 나타났다(Newcombe & Huttenlocher, 1992). 피아제의 주장과는 달리 유아는 익숙하지 않은 상황에서만 자기중심적 사고를 보이는 것으로 보인다. 유아의 대화에서도 대상이 누구냐에 따라 사용하는 언어의 수준이 달라지는 것을 볼 수 있는데, 4세의 유아가 또래나 성인과 대화할 때보다 2세의 유아에게 이야기를 할 때 더 짧고 간단한 표현을 사용함으로써 청자의 수준에 맞추어 이야기할 수 있다(Gelman & Shatz, 1978).

다. 물활론적 사고

전조작기의 또 다른 특징은 물활론적 사고인데, 이는 무생물이 살아 있다고 생각하는 것이다. 즉, 생명이 없는 대상이 사람처럼 감정이나 의도를 가지고 있다고 생각한다. 예를 들어, 공을 차면 아플 것이라고 생각하고, 눈 덮힌 나무는 춥다고 생각하며, 돌에 걸려 넘어진 아이는 돌에게 야단을 치거나 화를 내기도 한다. 또한 가지고 노는 인형에게 음식을 먹이기도 한다. 이러한 물활론적 사고는 4~6세의 유아는 모든 대상물이 살아 있다고 여기고, 6~8세의 아동은 움직이는 대상물만 살아 있다고 생각하며, 8세가 지나면 생물과 무생물을 완전히 구별할 수가 있다. 하지만 이와 관련된 연구들(Massey & Gelman, 1988; Poulin-Dubois & Heroux, 1994)은 3~5세의 유아들이 모든 대상물에 물활론적 사고를 하는 것은 아니라는 것을 보여 주고 있다. 유아들도 관찰 가능하고 구체적인 사물들에 대해서는 무생물과 생물을 구분할 수 있다. 유아들에게 친숙한 로봇, 크레용, 블록 등을 대상으로 질문을 하면, 유아는 그것이 살아 있다고 생각하지 않는 것으로 나타났다(Richards & Siegler, 1986). 유아가 잘 알지 못하거나 구름, 바람, 태양 등에 대해 물활론적 사고를 한다는 것은 아마도 그것을 관찰할 수 있는 기회를 갖지 못해 그것의 속성을 모르기 때문일 수도 있다.

라. 인공론적 사고

물활론적 사고와 관련이 있는 것이 인공론적 사고이다. 물활론(animism)과 인공론

(artificialism)은 자기중심성의 특별한 형태이다. 유아는 세상의 사물이나 자연현상이 사람의 필요에 의해서 만들어진 것이라고 믿는다. 유아는 사람들이 해와 달을 만들었다고 생각하고, 바닷물이 파란 이유는 누군가가 파란색 물감을 풀어놓았기 때문이라고 믿는다.

마. 전환적 추론

인과개념은 어떤 현상의 원인과 결과 간의 관계를 추론하는 능력을 말한다. 유아는 전개념적 사고의 한계 때문에 귀납적 추론이나 연역적 추론을 하지 못하고 대신 전환적 추론(transductive reasoning)을 하게 된다. 전환적 추론의 특징은 한 사건으로부터 다른 특정 사건을 추론하는 것인데, 예를 들어 아침을 먹지 못한 유아가 오후가 되어서도 자신이 아침을 먹지 않았기 때문에 시간이 아직 아침이라고 말한다. 이는 유아가 '아침 밥'이라는 사건이 '아침'이라는 특정 사건을 결정짓는 원인이 되는 것으로 생각하기 때문이다.

② 직관적 사고기

직관적 사고란 어떤 사물을 볼 때, 그 사물의 두드러진 속성을 바탕으로 사고하는 것을 말한다. 판단이 직관에 의존하기 때문에 전체와 부분의 관계를 정확하게 파악할 수 없으며, 과제에 대한 이해나 처리방식이 그때그때의 직관에 의해 좌우되기 쉽다.

가. 보존개념

보존개념(conservation)이란 사물의 외형이 변한다고 할지라도 그것의 길이, 양, 크기, 무게 등의 속성이 바뀌지 않는다는 것을 이해하는 능력이다. 피아제에 의하면 전조작기에는 보존개념이 획득되지 않는다고 한다. 예를 들어, 전조작기의 유아에게 같은 양의 물을 보여 주고, 폭이 좁고 긴 컵과 폭이 넓고 짧은 컵에 각각 부었을 때, 대부분의 경우 폭이 좁고 긴 컵의 물이 더 많다고 대답한다. 이러한 것은 양에 대한 보존개념이 형성되지 않았다는 것을 보여 주는 것이다. 수, 길이, 부피 등의 보존개념도 이와 유사한 결과가 나온다. 보존개념이 획득되는 연령은 각각의 과제에 따라 다른 것으로 보이는데, 수의 보존개념은 5~6세, 길이의 보존개념은 6~7세, 무게, 액체, 면적의 보존개념은 7~8세, 부피의 보존개념은 11~12세에 획득되는 것으로 보인다.

나. 유목 포함

유목 포함(class inclusion)은 상위유목과 하위유목 간의 관계, 즉 전체와 부분의 관계를 이해하는 능력을 말한다. 피아제에 의하면 전조작기의 유아는 상위유목과 하위유목을 동시에 고려할 수 없기 때문에 과제를 위계적으로 분류하지 못한다. 유목 포함 과제로 10개의 백합과 5개의 장미를 사용하였을 때, 유아들은 백합이 장미보다 더 많다는 것을 알 수 있다. 하지만 백합이 더 많은지 꽃이 더 많은지에 대해 물으면, 여전히 백합이 더 많다고 대답을 하는데, 이는 백합과 장미가 모두 꽃이라는 범주에 속한다는 것, 즉 전체(꽃)와 부분(백합과 장미)이라는 관계를 모르기 때문이다.

다. 서열화

서열(seriation)이란 사물의 특성을 양적 차원에 따라 차례로 배열하는 능력을 말한다. 유아에게 길이가 다른 여러 개의 막대기를 주고 짧은 것에서부터 긴 것까지 배열하게 하면, 3~4세의 유아는 차례대로 배열하지 못하고, 5~6세가 되면 일부는 순서대로 나열할 수 있지만, 전체적으로는 하지 못한다. 구체적 조작기에 이르면, 서열화의 개념을 완전히 획득하게 된다.

3) 언어발달

(1) 2~4세

이 무렵에는 세 단어 이상을 사용하는 시기에 들어간다. 3세 말까지 유아들은 의도적으로 문법을 가르치지 않아도 문장의 기본 구조를 자연스럽게 습득하여 문법에 맞게 표현하게 된다. 이 시기의 아이와 상호작용방법은 <표 5-4>와 같다.

〈표 5-4〉 2~4세 아이와의 상호작용방법

- 유아가 사용한 낱말이나 불완전한 문장에 덧붙여 대답해주거나 자연스럽게 적합한 단어를 말해주는 등의 방법으로 유아의 말을 확장해서 이야기해준다. 예를 들어, 유아가 "이거 누나 가"라고 말하면 "이거 누나한테 갖다 주고 싶니?"라고 정확하게 유아의 의도를 다시 말해 주며, "와, 물강 봐"는 "어디, 음… 강물이 보이는구나" 하며 유아가 사용한 낱말을 정확히 사용해 준다.
- 자신의 생각을 유아 나름의 언어로 표현하도록 격려하고 때로는 유아의 생각을 글로 받아 적어준다.
- 유아의 표현이 미숙하거나 조리 없고 장황하더라도 재촉하거나 성급하게 단정 짓기보다는 잘 듣고 유아가 의도하는 것을 이해해준다.
- 다른 사람이 이야기할 때 바르게 듣는 태도를 알려주고 모범을 보인다.
- 같은 이야기를 반복해서 읽는 것을 좋아하므로 유아가 원하면 읽어주고 유아 자신이 읽는 것처럼 꾸며 말하는 기회를 준다.
- 긁적거리며 쓰는 것처럼 하는 행동은 장려하지만 정확한 글자를 쓰도록 강요하지 않는다.
- 유아가 언제든지 꺼내 쓸 수 있는 곳에 커다란 종이와 크레파스, 수성펜 등을 준비해주어 원할 때마다 긁적거릴 수 있도록 한다.
- 유아가 말로 표현한다 해도 모두 이해하고 있는 것은 아니므로 때때로 질문하여 의미를 알고 사용하는지를 파악한다.

(2) 4세 이후

4세 이후에는 6~8개의 단어로 결합된 완전한 문장을 구사할 수 있게 되고 복잡한 구문도 정확하게 사용할 수 있게 된다. 이 시기의 아이와 상호작용방법은 <표 5-5>와 같다.

〈표 5-5〉 4세 이후 아이와의 상호작용방법

- 말하고 듣고, 읽고 쓰기에 관심을 보이는 시기이므로 자연스러운 생활 속에서 언어생활을 하도록 격려하고, 학습지를 통해 읽고 쓰는 것을 강요하지 않도록 한다.
- 글자를 틀리게 쓰는 경우 정확하게 쓰도록 강요하면 오히려 쓰기 싫어하는 현상이 나타나므로 주의한다.
- 유아의 읽고 쓰기 능력을 평가하여 상 혹은 벌을 주게 되면 읽기와 쓰기를 즐기기보다는 어렵고 지겨운 것으로 받아들이게 되므로 유의한다.

- 읽고 쓰는 것은 개인차가 있으므로 지나치게 서두르지 않도록 하며, 놀이를 통해 언어와 관련된 경험을 제공해 준다.
- 매일 부모님이 책을 읽어주는 것은 유아의 읽기, 쓰기 발달과 언어표현 및 사고력 발달에 효과적이다.
- 일상의 의미 있는 경험을 통해 기본적인 언어능력이 발달하도록 돕는다. 예를 들어, 과자 봉지의 글씨 살펴보기, 할머니께 편지 보내기, 동화 지어보기, 가족 회의 내용 적어서 벽에 붙여주기 등이다.
- 다른 사람과 이야기 나눌 때의 적절한 언어 예절을 지도한다. 예를 들어, 존댓말을 적절히 사용하기, 다른 사람이 말할 때 잘 듣기, 너무 큰 소리로 말하지 않기, 부드럽고 정확한 목소리로 말하기 등이다.

4) 사회정서발달

(1) 놀이

유아의 하루는 놀이의 연속이며, 그들이 하는 거의 모든 활동은 놀이가 된다. 성인의 시각에서 보면 놀이는 시간을 없애는 무의미한 것일 수 있지만 놀이는 유아의 성장과 발달에 영향을 미치는 중요한 활동이며, 그들의 일이다. 유아는 자신의 생각과 감정을 쉽게 언어화할 수 없으므로 언어보다는 놀이에 의해 이를 더 적절하게 표현할 수 있으며, 놀이를 통해 새로운 지식을 획득하게 된다. 그 외에도 놀이는 또래와의 관계를 확장시키고 신체발달을 돕는 다양한 기능을 가지고 있다.

(2) 정서표현

유아기가 되면 정서이해능력이 빠르게 발달한다. 유아들은 정서를 표현하는 단어를 사용하거나 슬픔, 기쁨과 같은 정서를 야기시키는 원인과 결과 그리고 행동적 표현을 언급할 수 있으며, 정서표현에 대한 그들의 이해는 더 정확해지고 복잡해진다.

하지만 유아는 아직까지 사람들이 실제로 경험하는 정서와 표현하는 정서를 확실하게 구분하지 못하는데, 그 이유는 아직까지 사물의 실제 모습과 겉으로 보여지는 모습의 차이를 이해하지 못하기 때문이다. 따라서 행복한 표정과 슬픈 표정은 구분할 수 있지만, 슬픔을 느끼는 사람이 행복한 표정을 짓거나, 기쁜 상황에서 기쁜 표정을 짓지 않으면 유아는 혼란을 느낀다(Friend & Davis, 1993).

던햄(Denham, 1986)은 유아기의 정서이해능력과 또래관계에 관한 연구에서, 유아는 또래가 표현하는 각기 다른 정서에 다른 반응을 보인다고 하였다. 즉, 행복한 표정을 짓고 있는 아이에게는 자기도 행복한 표정을 지어 보였고, 슬프거나 화난 표정을 짓고 있는 아이에게는 못본 척하거나 그 자리를 떠나는 반응을 보였다. 이러한 결과는 발달된 정서이해능력은 유아를 또래들과 잘 지낼 수 있도록 하고 사회성의 발달에 기여한다는 것을 보여 준다.

(3) 자아개념의 발달

자아개념(self-concept)은 자신의 특성, 즉 신체적 특징, 정서적 특징, 가치관, 태도, 능력 등에 대해 가지고 있는 내재화된 스스로에 대한 생각을 의미한다. 영아기의 자기개념은 아주 피상적이지만, 유아기에서의 자기개념은 아주 구체적이 된다. 영아기에는 대부분 자신을 표현해보라고 하면, '인형을 가지고 논다'와 같은 자신이 좋아하는 행동으로 표현을 하지만, 유아기의 아이는 자신의 이름, 소유물, 활동 등을 통해 자신을 묘사한다. 이와 같이 자아개념은 연령이 증가함에 따라 점차 안정적이고, 추상적인 개념을 사용하여 자신을 기술한다. 유아기에는 주로 신체적 특징이나 소유물 등으로 자신을 설명하지만, 아동기가 되면 자신의 능력이나 심리적 특성, 타인과의 관계 등으로 자신을 묘사하게 된다(Montemayor & Eisen, 1977).

(4) 자아존중감의 발달

자아존중감(self-esteem)이란 자기가치에 대한 판단으로 긍정적 또는 부정적 판단을 말한다. 자아개념이 자신에 대한 인지적 개념이라면, 자아존중감은 자신에 대한 감정적인 느낌이라고 할 수 있다(Simmons & Blyth, 1987). 자아존중감은 인간의 기본욕구로서 정신건강에 매우 중요한 역할을 하고, 개인의 심리적 적응을 알기 위해서는 개인의 자아존중감을 알아야 한다(Branden, 1969).

자아존중감은 크게 세 가지로 구분이 되는데, 학업적 자아존중감, 사회적 자아존중감, 신체적 자아존중감이 그것이며, 이는 연령이 증가할수록 각각 세분화된다(Marsh, 1990). 하터(Harter, 1998)는 이러한 분리된 자아존중감이 먼저 형성되고, 아동기 동안 전반적 자아존중감으로 통합이 된다고 하였다. 자아존중감은 연령의 증가에 따라 그 수준이 변화한다. 일반적으로 유아기에 자아존중감이 가장 높고, 아동기가 되면서 현실적인 수준으로 맞춰진다. 이는 아동이 또래들과 어울리게 되면서 자신의 외모, 능력, 행동 등 여러 영역에 걸쳐 타인과 비교하는 사회적 비교(social comparisons) 때문이다.

2. 유아기의 부모역할

유아기 부모역할로서 가장 중요한 것은 아이가 주변 환경과 바깥 세상에 적극적으로 도전하여 자신의 세계를 구성하면서 야망과 포부를 키우도록 격려하고 환경을 조성하는 일이다. 또한 사회적 존재로서 필요한 기초적인 인격을 형성하도록 훈육하고, 해야 할 일과 하지 말아야 할 일에 대해 분명하게 구분해주며 사회문화적으로 용납될 수 없는 행동에 대해서는 엄격하게 통제하고 처벌하는 훈육이 중요하다.

유아는 자신이 부모나 다른 성인에 비해 너무 작고, 힘이 약하고 유능하지 못하다는 것을 깨닫게 됨으로써 발달적 열등감을 형성하게 되며, 이러한 열등감은 초등학교 초기까지 계속되지만 병리적인 것이 아니라 발달에 원동력이 될 수 있다. 그러므로 부모는 유아가 발달적 열등감을 극복할 수 있도록 훈육자, 교사, 학습경험 제공자 및 조력자 역할을 수행해야 한다.

1) 정상적인 발달의 조력자 역할

유아기, 특히 3~5세 유아들의 신체발달, 인지발달, 언어발달 및 사회정서발달의 특성에 맞도록 조력해야 한다<표 5-6>.

〈표 5-6〉 영역별 발달에 대한 조력내용

구분	내용
신체 발달	이 시기의 아이들은 가위질을 하거나 모양을 따라 그리는 것, 정교한 블록 형태를 만드는 것, 젓가락질 등의 활동이 가능할 정도로 소근육이 발달하게 된다. 뿐만 아니라 골격과 근육이 발달하면서 힘도 세지고 속도를 조절하거나 몸의 균형을 잡는 것도 잘하게 된다. 이 시기 신체운동능력이 잘 발달한 아이들은 또래와의 놀이에 더 잘 참여하게 되고 그 과정에서 다양한 사회적 경험을 하게 되며, 친구 관계나 사회성 발달에도 영향을 미쳐 더욱 중요하게 된다. 따라서 게임이나 스마트 기기에만 몰두하는 놀이가 아닌, 바깥활동을 하며 에너지를 발산하고 체력과 운동능력을 키울 수 있는 놀이환경을 제공해 주는 것이 좋다.
인지 발달	인지와 사고가 점차 발달하여 감각에 의존하는 것이 줄어들게 된다. 겉으로 보이는 특성을 기준으로 판단하거나 자기중심적으로 사고하는 경향이 강하다가 점차 속성을 이해하고 다른 사람의 입장이나 관점에서 이해하는 능력이 생긴다. 그러나 여전히 머릿속으로만 생각하고 이해하는 것에는 한계가 있으므로 구체적인 실체를 관찰하고 만지고 직접 부딪치는 경험을 통해 배우는 것이 필요하다. 수의 보존이나 분류 등의 어려운 개념도 아이들 자신에게 익숙한 물건이나 상황을 통해 접근하면 훨씬 더 잘 받아들이게 된다. 실제적이고 맥락적인 상황에서 생각과 느낌을 나누며 이야기를 하는 것이 아이의 논리적인 사고발달이나 도덕적 사고발달을 돕는다.
언어 발달	연령이 증가하면서 사용하는 어휘가 많아지고, 어른의 말도 금세 흡수하여 상황에 적절하게 적용하고 사용할 수 있으며 문법적인 오류도 점차 줄어들게 된다. 이 시기는 자기중심성이 강하고 참을성이 부족하여 다른 사람과 의사소통하는 기술이 부족할 수 있다. 말하는 사람의 이야기를 귀 기울여 듣고, 대화의 순서를 기다리고, 상대에 따라 언어표현을 조정할 수 있도록 알려주어야 한다. 평상시에 부모와 자녀 사이에 많은 대화를 나누는 경험이 영향을 미치게 된다. 아이에게 다양한 주제의 책을 읽어주고 아이의 시선이 머무는 곳에 함께 주의를 기울이면서 내용이나 인물, 인상 깊은 장면 등에 관한 이야기를 나누는 것이 가장 자연스럽게 풍부한 대화를 끌어내는 방법이다. 책을 통해 문자에도 관심을 갖게 되므로 이후 언어 발달을 돕는 환경도 저절로 마련된다.
사회 정서 발달	아이는 부모에게 의존하는 경향이 줄고, 점차 독립적이 되어 다른 사람과의 관계에 관심을 확장하게 된다. 특히, 보다 수평적인 또래 관계에서 강한 끌림을 느끼고 영향을 받게 된다. 아이는 또래와의 놀이경험을 통해 욕구를 조절하고 협력하는 것을 배우는 등 사회적 문제해결기술을 연습할 기회를 얻게 된다. 유아교육기관은 물론 그 외의 시간에도 자유롭게 또래와 놀이를 할 수 있는 환경을 마련해주어야 한다. 그리고 이 시기는 주도성이 증가하여 자기주장이 강해진다. 이때 부모의 권위로 억압하려 하거나 대화나 협의 없이 부모의 계획대로 따르도록 강요하는 것은 아이를 반항적으로 만드는 것이며, 아이가 자신을 무가치한 존재로 느낄 수 있다. 자신에게 긍정적인 가치를 부여할 수 있도록 아이의 의견을 경청하고 존중하는 모습을 보여 주어야 한다. 아이 스스로 어떠한 일을 계획하고 완수할 수 있도록 자유시간을 충분히 보장해 주는 것이 필요하다.

출처: 중앙육아종합지원센터(2015). 존중받는 아이 함께 크는 부모(유아 편). pp.16-19.

2) 훈육자 역할

유아기는 부모가 행동의 옳고 그름을 구체적으로 가르치며 자녀가 바른 행동습관을 익히도록 적절한 통제를 가해야 하는 시기이다. 유아기에 적절한 행동규범을 익힌 자녀는 청소년기로 커갈수록 오히려 통제를 줄이더라도 자신을 제대로 관리하는 능력이 유지되고 향상된다. 따라서 부모는 자녀의 바람직한 행동에 대해서는 즉각적으로 자주 보상을 하고 나쁜 행동에 대해서는 우연이라도 보상을 하지 말아야 한다. 자녀의 행동에 대한 문제가 발생했을 때 부모는 서로 충분한 대화를 통해 자녀에 대해 바라는 행동과 바라지 않는 행동에 대한 목표와 기준을 일치시킨 후 사랑으로 자녀를 가르쳐야 한다. 이 시기에는 식사습관, 배변훈련, 수면습관 등 자신의 신변 처리와 관련된 바람직한 습관형성을 위한 훈육이 필요하다.

훈육과정에서 부모는 가끔 벌을 사용하게 되는데, 자녀의 양육과정에서 벌을 사용하는 것은 바람직하지 않지만 불가피하게 벌을 사용할 때 주의해야 할 점은 먼저 가혹한 처벌은 절대 피해야 하는데, 그 이유는 아이가 적개심을 가질 수 있기 때문이다. 다음으로 부모의 감정에 따라 처벌하지 말아야 한다. 기분이 좋을 때에는 봐주던 행동을 기분이 나쁠 때는 가혹하게 처벌한다면 일관성이 없으므로 아동의 행동수정에 전혀 도움이 되지 않는다. 마지막으로 나쁜 행동에 대해 처벌해야지 아이 자체를 처벌해서는 안 된다. 아이들의 나쁜 행동을 제재하는 방법 중 대표적인 것을 살펴보면 <표 5-7>과 같다.

처벌은 아이의 부정적 행동을 즉각적으로 수정할 수 있다는 이점 때문에 많은 어른들이 선호하고 있지만 그에 따르는 부작용이 있다. 먼저 처벌을 하는 사람이 있을 때에는 행동수정이 이루어지지만 그 사람이 사라지면 다시 나쁜 행동을 반복하게 되어 눈앞의 효과밖에 없는 경우도 있다. 또한 처벌에 익숙해져 갈수록 처벌의 강도를 높여야 하는 부작용도 따른다. 처벌은 또한 적개심을 일으켜 잘못을 깨닫기보다 분노감을 갖게 되어 인간관계에도 악영향을 줄 수 있고 아동의 모방으로 인하여 공격적인 아이가 될 수 있다. 그리고 처벌을 자주 받는 아이는 자아존중감이 낮아져 자포자기식의 행동을 보이기 쉽고 무력감에 빠질 수도 있다. 따라서 처벌은 그만큼 신중을 기해야 한다.

〈표 5-7〉 처벌의 종류와 내용

구분	내용
체벌	평균적으로 31% 정도의 부모가 이따금 자녀를 체벌한다고 한다. 하지만 전문가들은 체벌을 피해야 한다고 충고한다. 그 이유는 체벌과 완력은 아이를 즉각 순종하게 만들지만 아이의 마음속에 적개심, 분노 그리고 부모에 대한 두려움 등이 쌓이게 되기 때문이라고 한다. 어떤 연구는 체벌이 절대 효과적이지 않다고 한 결과도 있다.
타임아웃 (time out)	타임아웃은 체벌에 대한 '인도적' 대안으로 고집 센 아이를 다루는 데 주효한 방법이다. 타임아웃이란 아이에게 정해진 시간동안 아무것도 하지 못하도록 하며 격리되고 조용한 장소에 일정 시간 동안 있도록 하는 일종의 벌이다. 움직임이 많은 아이들로서는 무거운 벌에 해당한다. 이에 대해서 전문가들은 타임아웃을 남용해서는 안 되며 타임아웃이 끝나면 항상 아이의 잘못된 행동이 왜 나쁜 행동인지를 설명해야 하고 아이가 미워서가 아니라 나쁜 버릇을 고치기 위한 것이라고 꼭 말해 주어야 한다. 특히, 이해력이 부족한 유아에게는 타임아웃을 사용하지 말 것을 권고한다. 이들은 옳고 그름을 판단할 능력이 없기 때문이다. 타임아웃의 시간은 5분에서 10분 정도가 적절하다.

(1) 식사습관

유아기의 영양섭취는 성장에 있어서 중요한 영향을 미친다. 유아는 음식물을 씹고 삼킬 수 있는 다양한 형태의 능력이 발달되었다. 그러나 치아의 발달이 아직 이루어지지 않아서 음식물을 씹는 능력이 부족하다. 그것으로 인하여 소화능력이 원활하지 못하고 음식물을 섭취하는 양도 제한적일 수밖에 없다. 더욱이 이 시기의 유아는 영아기에 비하여 성장 속도가 느려지면서 식사를 하는 양도 줄어들게 된다. 또한 유아는 타율성에서 자율성으로 옮겨가는 시기가 시작됨으로써 억지로 음식을 먹이려고 하는 부모와 갈등을 경험하게 된다. 그런데 영아에 비해 활동량과 활동시간이 늘어난 유아가 음식을 덜 먹으려고 하는 것을 걱정하는 주 양육자인 부모는 강압적이거나 회유적인 방법을 사용하여 음식을 먹이려고 한다. 따라서 유아의 올바른 식사습관 형성을 위해 다음과 같은 사항들에 대해 유의해야 한다(김이영 외, 2019).

첫째, 음식을 먹을 때 투정을 부리는 유아에게는 부모가 일관성을 보이는 것이 중요하다. 둘째, 부모는 유아에게 음식을 먹이는 것에 너무 집착하여 유아가 음식을 먹지 않으려고 하면 전전긍긍하는 모습을 보이는 것은 바람직하지 못하다. 셋째, 부모는 가능하면 유아와 함께 음식을 먹는 시간이 즐거운 분위기가 되도록 이끌어 가야 한다. 부모는 음식을 먹는 시간에 화를 내거나 전전긍긍하면서 유아에게 음식을 먹이려고 신경질을 부려서는 곤란하다. 더욱이 유아에게는 이 시기가 자율성과 주도성이 발달되는 시기이므로 숟가락과 젓가락을 사용하여 음식을 먹는 것과 같은 행동은 소근육운동을 발달시킬 수 있는 기회이기도 하다. 부모는 음식을 먹는 시간을 즐겁게 하기 위하여 함께 음식을 만들어 보는 기회를 유아에게 제공하는 것도 좋은 방법이다.

더욱이 최근에는 아이의 영양분의 과잉섭취나 맞벌이 부부의 영향으로 인스턴트 음식의 섭취 등과 같은 것으로 인하여 유아의 비만이 증가하고 있다. 이것은 비만이었던 유아는 성인이 되었을 때 비만이 될 가능성이 상당히 높다. 그 결과로 인하여 성인이 되었을 때 당뇨병, 고혈압, 신장질환, 심장질환 등이 발생할 가능성이 높다. 또한 또래로부터 놀림이나 따돌림을 당할 수 있어서 또래관계에서 심각한 문제를 야기시킬 수 있다. 따라서 유아기에는 여러 가지 음식을 골고루 섭취함으로써 영양분을 보충하도록 해야 한다. 그 과정에서 항상 음식의 양과 질에 주의를 기울이면서 음식의 적절성을 유지하여야 할 필요가 있다.

(2) 배변훈련

대・소변 가리기는 아이의 건강상태나 정서 상태에 따라 차이가 나기 때문에 무리하게 강요해서는 안 된다. 아이가 태어난 후 1년 정도가 지나면서 배변훈련을 받기 시작한다. 물론 부모에 따라서 배변훈련 양상도 다르게 나타난다. 프로이트(Freud)의 성격발달이론에 의하면 부모의 배변훈련이 엄격하면 아이가 자라 지나치게 청결하고, 정돈 등에 강박적인 성격이 되며, 반대로 배변훈련이 너무 자유로우면 낭비를 하거나 낭만적인 성격을 지니게 된다고 한다. 그러나 중요한 것은 아이가 부모의 배변훈련에 적응하기가 어렵다는 것이며, 이것으로 아이가 스트레스를 경험하게 된다는 것이다. 그러므로 배변훈련은 조급하게 서두르지 말아야 하고, 어머니가 유아의 얼굴표정이나 행동에 민감하게 반응하여 적절한 시기를 선택하는 것이 무엇보다 중요하다.

(3) 수면습관

수면은 유아기의 건강한 신체발달에 영향을 미친다. 유아는 성장하면서 수면시간이 줄어드나 밤의 수면시간에 있어서는 별 차이가 없고 낮잠을 자는 시간이 줄어든다. 대체로 3세 정도까지는 한 번 정도의 낮잠을 자지만 4세가 되면 낮잠을 자지 않는 경우가 있다. 그런 경우에는 부모는 유아에게 점심을 먹인 후에 휴식을 취하도록 해야 한다. 전문가들은 유아가 매일 저녁 11~13시간 정도의 수면을 취해야 한다고 조언한다. 대체로 유아는 밤 시간 동안 잠을 자지만 낮 시간 동안에도 잠을 자는 경향이 있다. 특히, 유아에게 중요한 것은 잠의 양도 중요할 뿐만 아니라 연속적인 수면도 고려해야 한다. 가끔 유아는 자다가 깨어나기도 하고 잠자리에 들기 전에 어려움을 겪기도 한다. 잠자기 전 유아를 안정시키기 위한 노력은 유아가 잠드는 데 다소 수월하도록 해준다. 그러한 방법으로 유아에게 이야기책 읽어주기, 부모와 욕조에서 함께 놀아주기, 양육자의 무릎에 앉혀서 음악 들려주기 등과 같은 것이 있는데, 이러한 활동들은 유아들이 취침을 하는데 있어서 유아들을 안정되게 하는 경향이 있다.

(4) 기타 신변처리능력

대부분의 유아들은 2세 정도가 되면 숟가락을 사용하여 혼자 밥을 먹을 수 있으나 숟가락을 안정되게 사용하는 것은 3세경이 지나야 가능해진다. 젓가락을 사용하게 되는 것은 4세가 지나서 가능해진다. 그러나 먹는 행위가 안정되게 진행되고 유아가 속한 문화에서 요구하는 방식으로 숟가락과 젓가락을 사용할 수 있게 되는 것은 6세가 지나서야 가능해진다. 따라서 양육자는 유아의 젓가락 사용의 단계를 정확히 알고 자녀를 지도해야 한다.

또한 옷을 벗을 수 있는 시기는 대략 3세 이후이고 옷 입는 것이 부분적으로 가능한 시기는 약 4세경이며, 혼자서 옷을 벗고 입는 것이 가능한 때는 5~6세경이다. 3~4세가 되면 자기 옷의 단추를 빼고 끼울 수 있게 되며, 5~6세경에는 자기 손이 닿는 곳에 있는 단추는 어떤 것이든 자유자재로 사용할 수 있게 된다. 그리고 5~6세경에는 신발을 혼자서 신고 벗을 수 있으며 끈도 맬 수 있게 된다(김나영, 2007). 유아는 모든 옷을 스스로 입고 벗을 만큼 소근육이 발달되어 있지 않지만 혼자서 입고 벗기를 좋아하다. 시간이 오래 걸리고 다소 잘못 입었더라도 격려해줌으로써 혼자 옷 입기 훈련을 하는 것이 필요하다. 옷을 벗는 것에 비해 입는 것은 다소 힘이 들기 때문에 처음에는 큰 단추가 달린 옷이나 고무줄 바지를 입게 하고 점차 작은 단추가 달린 옷이나 지퍼를 채우는 훈련을 해 나가도록 한다.

3) 교사로서의 역할

사회학습이론가들은 인간이나 동물의 학습에 강력한 영향을 주는 것이 관찰이라고 하였다. 옳고 그른 것에 대한 판단력이 부족한 아이들은 타인의 행동을 관찰하고 어떤 행동을 한 후에 칭찬을 받게 되면 그 행동을 따라할 가능성이 높으며, 어떤 행동 후에 야단을 맞는 것을 보게 되면 그 행동을 하지 않을 가능성이 높다는 것이다. 아이의 곁에 항상 가까이 있는 부모와 가족의 행동이 그래서 중요하다는 것인데, 부모는 아이에게 있어 행동을 배우게 되는 모델이 되는 것이다.

자녀는 부모와의 관계를 통해 알게 모르게 부모의 행동뿐만 아니라 태도나 가치관, 흥미 그리고 대인관계의 태도를 보고 배우게 된다. 이 세상 모든 가정에서 부모는 자녀가 최초로 만나는 가장 중요한 교사이다. 따라서 부모는 지나치게 강요하거나 강압적으로 무엇을 가르치려고 하지 말고 유아의 능력수준과 흥미범위 내에서 풍부한 지적 자극을 주어 유아의 지적 능력과 문제해결능력을 향상시키는 역할을 수행해야 한다. 또한 사회는 모든 사람들이 함께 살아가는 공간이므로 누구나 쾌적한 생활을 영위하기 위해서는 반드시 지켜야 할 질서가 있음을 어릴 적부터 인식시켜야 한다. 이처럼 교사로서의 부모는 단지 지식만을 가르치는 것이 아니라 바르게 사는 법을 가르쳐야 한다.

4) 학습기회 및 지적 자극의 제공

유아기는 신체적, 사회적, 지적으로 왕성한 성장을 이루는 시기이다. 유아의 학습은 자신이 처해 있는 환경과 경험을 통해서 이루어지므로 유아들에게 다양한 놀이 및 환경과의 상호작용을 할 수 있는 기회를 충분히 제공해 주어야 한다. 유아의 지적 자극을 충분하게 제공해 줄 수 있는 유아교육기관에 보내는 것도 좋은 방법이다. 일반적으로 유아기에는 놀이를 통해 많은 지적 자극을 받아들이게 된다.

유아는 놀이과정에서 사회생활에 필요한 제반 지식과 기술을 획득하게 되며, 2~3세에는 혼자놀이나 평행놀이를 더 많이 하지만 4~5세에는 연합놀이 혹은 협동놀이에 참여하게 된다. 유아는 자신이 또래집단의 유아들에 비해 신체적으로 작다고 느낄 때 일종의 압도감과 위협감을 느껴 상호작용을 기피할 수 있으며, 또한 집단활동 경험에 낯설거나 가정과 같은 친숙한 환경이 아니면 편안함을 느끼지 못하기 때문에 다른 유아와 상호작용을 하지 못할 수도 있다. 따라서 부모는 자연스럽게 모여 놀 수 있는 활동을 제공함으로써 또래 간의 활동에 참여할 기회를 갖도록 한다. 사회적 놀이에 참여하지 않고 혼자놀이를 장기간 동안 즐기게 되면 협동과 타협 등 사회적 기술과 태도가 미숙하게 될 수 있다. 따라서 유아가 놀이집단에서 놀 수 있는 기회와 놀이재료를 충분히 제공해주는 것이 필요하다. 또한 놀잇감은 반드시 상품으로 만들어진 것일 필요는 없으며, 주변의 생활용품이나 폐품, 자연에서 얻을 수 있는 모든 것이 가능하다.

CHAPTER 06

아동 및 청소년기 부모역할

▫ 배울 내용 ▫

1. 아동기 발달특성
2. 청소년기 발달특성
3. 아동기와 청소년기 부모역할

▫ 학습목표 ▫

1. 아동기 발달특성을 이해한다.
2. 청소년기 발달특성을 이해한다.
3. 아동기와 청소년기의 부모역할을 이해하고 지원방안을 모색해본다.

1. 아동기 발달특성

아동기에는 학교경험이 시작됨으로써 유아기보다 복잡한 사회적 영향을 받게 된다. 아동기 이전의 시기인 학령전기까지 유아는 거의 전적으로 가족의 영향에 놓여 있다. 학교는 아동에게 가족 이외의 외부로부터의 평가, 성공과 실패의 기회, 또래 집단과의 경험 등을 제공하는 중요한 영향력의 원천이 된다. 아동기는 대략 아동이 일반적으로 유아교육기관에 들어가는 연령인 6세부터 초등학교를 졸업하는 12세 정도까지의 시기이다.

1) 신체발달

(1) 신체적 성장

아동기의 신체발달은 성장급등기라고 할 수 있는 영아기나 사춘기에 비해 완만한 편이지만 성장은 지속적으로 이루어지고 있다. 그러다가 청소년기에는 또 다시 성장급등이 일어나게 된다. 신체 비율 면에서 보면 아동기에 이르면 신체의 다른 부분이 빨리 성장하기 때문에 신체의 비율에 변화를 가져온다. 신장과 체중 면에서 보면 아동기에 이르면 신장은 남녀 구별 없이 유아기와 비슷하게 1년에 5~6cm 정도 자라며 11세경에는 145cm 정도가 된다. 체중은 1년에 평균적으로 2.7kg 정도 늘어나며 11세경에는 40kg 정도가 된다<표 6-1>. 일반적으로 출생 시의 체중이 두 배가 되는 데는 6개월 정도 걸리지만 6세 아동의 체중이 두 배가 되려면 6년 정도 걸린다는 것은 아동기의 신체 성장의 진행 속도가 영아기에 비하면 매우 느리다는 것을 보여 준다.

〈표 6-1〉 성별에 따른 한국 소아 발육 표준치 : 아동 및 청소년기

표준 신장(㎝)

	남자	여자
5.5~6세	113.6	112.5
6.5~7세	119.5	118.3
7~8세	123.7	122.4
8~9세	129.1	127.8
9~10세	134.2	133.6
10~11세	139.4	139.9
11~12세	145.3	146.7
12~13세	151.8	152.7
13~14세	159.0	156.6
14~15세	165.5	158.5
15~16세	169.7	159.4
16~17세	171.8	160.0
17~18세	172.8	160.4
18~19세	173.4	160.7

표준체중(㎏)

	남자	여자
5.5~6세	20.4	19.5
6.5~7세	22.9	22.0
7~8세	24.8	23.9
8~9세	27.8	26.9
9~10세	31.3	30.5
10~11세	35.5	34.7
11~12세	40.3	39.2
12~13세	45.5	43.8
13~14세	50.7	47.8
14~15세	55.4	50.9
15~16세	59.4	52.8
16~17세	62.4	53.6
17~18세	64.5	53.9
18~19세	65.8	54.1

골격과 근육 면에서 보면 아동기에 이르면 근육이 성장하는 시기이므로 지방보다는 근육의 증가로 인하여 체중이 늘어난다. 이 기간 동안 10~20%의 아동은 근육이 당기는 듯한 느낌이 오는 통증, 다시 말해서 성장통(growing pains)을 경험하게 되는데, 이러한 성장통은 보통 밤에는 심하지만 아침이 되면 사라진다(정옥분, 2002). 그리고 근육조직의 발달은 남아가 여아보다 늦게 발달하는데, 여아는 12~15세, 남아는 15~16세에 현저하게 발달한다. 또한 아동기에는 골격은 크기가 증가하고 근육이 발달함에 따라 대체로 남아는 여아보다 신체적으로 강해지는 경향이 있지만 여아는 지방조직이 남아보다 많아지는데, 이러한 특성은 성인까지 지속된다.

치아 면에서는 아동기에 이르면 치아는 유치에서 영구치로 바뀌기 시작하는데, 그것은 6세에 1~2개, 8세에 10~11개, 10세에 14~16개, 12세에 24~26개, 13세에 27~28

개 그리고 17~25세 사이에 개인에 따라서 나머지 4개의 사랑니가 난다. 이와 같이 영구치가 나면 입의 모양이 달라지고 얼굴의 하부가 커지므로 어릴 때의 모습이 사라지는 경향이 있다(강문희 외, 2009). 그러한 영향으로 얼굴턱과 아래턱의 골격뼈가 자라면서 점점 얼굴이 길어지고 입이 넓어지면서 새로 솟아나는 치아를 갖추게 된다(전남련 외, 2014).

폐와 소화기능 면에서 보면 아동기에 이르러 폐의 발달은 10세까지는 비교적 완만하게 진행되다가 그 이후는 빠르게 진행된다. 이러한 폐의 발달은 흉각의 크기와 폐활량으로서 추정할 수 있는데, 대체로 남아가 여아보다 더 넓다. 소화기능의 발달에 있어서 아동의 위는 성인 위의 약 3분의 2 정도에도 미치지 못한다. 그래서 식사는 한 번에 조금씩 하고 배도 쉽게 고프다. 그러나 점차로 미각이 발달하고 움직임이 많아짐에 따라서 식사량이 늘 뿐만 아니라 위의 기능도 발달하게 된다.

(2) 운동기능의 발달

아동기에는 유아기에 획득되었던 운동기술이 더욱 세련되어지고 정교하게 협응하게 되는 시기이다. 연령이 증가함에 따라 원하는 대로 신체를 자유롭게 움직이게 되고, 공을 멀리 던지고 잘 받을 수 있게 되며, 위로 뛰어오르거나 멀리뛰기를 더욱 잘하게 된다(박영아, 2010). 아동기의 운동기능의 발달은 신체적 · 지적 · 정서적 · 사회적 발달과 밀접한 관계가 있다. 유아기에 비하여 아동기의 운동기능은 속도, 정확성, 안전성, 호응성, 역량 등이 더욱 발달된다(강문희 외, 2009). 학령기가 시작되는 시기인 아동기에는 대근육과 소근육의 기본적인 운동기능이 거의 발달할 뿐만 아니라 운동의 속도와 강도도 증가한다.

대근육운동기능의 발달로 이 시기 대부분의 아동은 유아기에는 잘 수행하지 못했던 수영, 줄넘기, 스케이팅, 구기종목, 자전거 타기 등의 운동기능을 수행할 수 있다. 아동은 대근육을 사용한 운동을 하면서 운동의 기본적인 기술뿐만 아니라 또래와 함께 하는 놀이와 스포츠 게임 규칙을 준수하는 방법을 터득하게 된다(조성연 외, 2009).

아동기에는 중추신경계의 수초화가 증가하면서 아동기의 소근육운동기능도 더 빨리 전달되게 해 주고 근육을 더 잘 통제하게 만든다(정옥분, 2005). 그리하여 손과 손가락을 사용하는 소근육운동의 증가로 인하여 아동은 6세경에는 스스로 신발끈을 묶고 옷을 여밀 수 있으며, 7세경에는 비교적 손의 움직임이 안정되고 머리 손질도 잘 할 수 있으며, 8세경에는 쥐는 힘이 강해지면서 망치와 같은 도구를 사용하고 먼지 털기 및 쓸기와 같은 집안일을 도울 수 있다. 9세경에는 손을 사용하는 기술이 더욱 발달하여 원활해지며 글자의 크기가 더 작아지고 일정해진다. 10세경에는 여아가 남아보다 소근육을 사용하는 기술이 앞서 나가면서 음식을 만들 수 있고 유용한 물건이나 도구를 만들 수 있으며, 11세경에는 자신의 머리를 스스로 감을 수 있으며 정교한 공예품을 만들 수 있다.

2) 뇌와 인지발달

(1) 뇌의 발달

뇌의 구조 면에서 보면 6세경이 되면 뇌의 무게가 거의 성인수준에 이르기 때문에 아동기에서의 뇌의 성장은 매우 느린 편이다. 그러나 뇌의 편측성과 수초화 현상은 아동기에도 지속적으로 일어난다. 뇌의 편측성이라는 것은 뇌의 좌반구와 우반구가 완전히 대칭적이지는 않지만 뇌의 좌반구와 우반구가 각각 다른 기능을 맡아 하는 것을 말한다. 수초화 현상은 미엘린(myelin)이라는 지방성 물질이 뉴런(neuron)의 일부 연장선인 축색돌기의 둘레에 막을 형성하는 것으로 축색돌기가 분리・증가되고 정보의 전달이 가속화되는 것을 말한다<그림 6-1>.

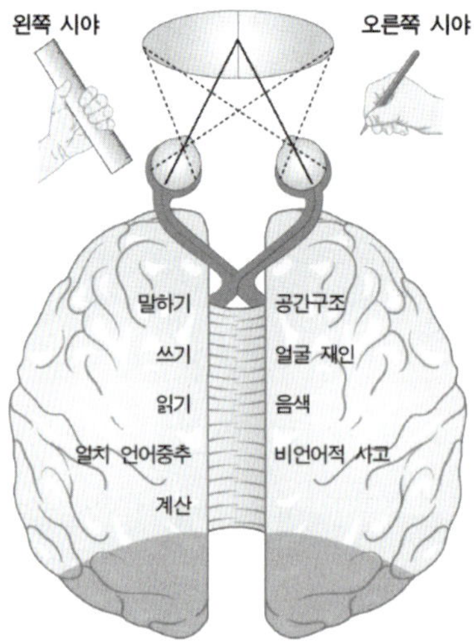

〈그림 6-1〉 뇌의 편측성발달

(2) 인지발달

피아제(Piaget, 1954)에 의하면 인지발달은 유기체와 환경과의 상호작용으로 이루어지는 적응과정이다. 여기에는 질적으로 다른 네 개의 단계가 있으며, 질적으로 다른 이 단계들은 정해진 순서대로 진행되고, 단계가 높아질수록 복잡성이 증가한다고 하였다. 아동기는 피아제의 인지발달단계 중 세 번째 단계이며, 7~12세까지 해당된다. 아동들은 전조작적 사고의 제한된 특성에서 벗어나 논리적인 사고가 시작되고, 추리능력도 정확해지며 복잡하고 융통성을 갖게 된다. 이 시기의 아동은 사고가 자신이 직접 경험한 구체적인 세계에 한정되고 추상적이며 가설적인 문제의 해결에는 아직까지 어려움을 보이기 때문에 구체적 조작기(concrete operational stage)라 부른다. 조작이란 주어진 정보를 특정한 목적을 위해 변형시키거나 관련된 사고로 통합하는 정신적 활동을 의미하는 것으로, 덧셈이나 뺄셈과 같은 능력이 이에 속한다. 구체적 조작기에서 사고의 특성은 보존개념, 조망수용능력, 유목화, 서열화 개념 등을 습득할 수 있다.

① 보존개념

전조작기와 구체적 조작기의 중요한 차이점은 아동이 문제해결과정에서 직관보다는 논리적 조작이나 규칙을 적용하기 시작한다는 것이다. 이러한 사고의 변화를 보여주기 위해 피아제가 사용한 대표적 과제 중 하나는 보존개념이다. 학령기의 아동은 폭과 넓이가 다른 두 잔에 옮겨지더라도 물의 양이 동일하다는 것을 알게 되는 것인데, 이는 유아기에는 높이나 폭의 한 차원밖에 고려할 수 없으나, 아동기에는 두 가지 차원을 모두 고려할 수 있기 때문에 가능하다. 일반적으로 수에 대한 보존개념이 가장 먼저 획득되고, 길이, 면적, 양, 무게, 그리고 부피의 순서로 획득된다.

② 조망수용

아동기에는 자기중심적인 사고에서 벗어나 타인의 입장, 감정, 인지 등을 추론할 수 있는 조망수용(perspective taking)능력을 습득하게 된다. 피아제의 '세 개의 산' 실험에서 이 시기의 아동은 인형이 보는 산 모양, 즉 타인의 위치에서 보는 공간적 시각을 추론할 수 있다. 또한 특정 상황에서 타인의 감정을 추론하는 것이 가능하다. 조성례(2001)는 초등학교 1, 3, 5학년 90명을 대상으로 실시한 연구에서 사회적 조망수용능력은 아동의 학년이 높아질수록 더 높게 나타났으며, 남아보다 여아들이 더 높게 나타났다. 그리고 이종화(1993)에 따르면, 아동의 감정조망수용능력은 한 가지 감정과 관련된 단순한 상황에 비해 두 가지 감정이 복합적으로 관련된 복합상황에서 더 늦게 발달하는 것으로 나타났으며, 전반적으로 여아의 감정조망수용능력이 남아보다 높게 나타났다.

③ 유목화

유아기에는 사물을 일정한 규칙에 따라 분류하지 못하고, 전체와 부분에 대한 개념도 가지고 있지 않다. 구체적 조작기의 아동은 대상물이 지니고 있는 공통적인 속성에 따라 물체를 분류할 수 있다. 물체를 한 가지 속성에 따라 분류하는 단순 유목화(simple classification), 물체를 두 가지 속성에 따라 분류하는 다중 유목화(multiple classification)의 개념이나 상위유목과 하위유목 간의 관계를 이해하는 유목 포함(class inclusion)의 개념을 습득하게 된다(정옥분, 2002). 이처럼 상위유목과 하위유목을 구별할 수 있기 때문에, 구체적 조작기의 아동은 백합꽃(10개)과 장미꽃(5개)이 모두 꽃이므로 백합꽃보다 꽃이 더 많다는 것을 알 수 있게 된다. 10세 정도가 되면 완전한 분류능력이 획득된다(장휘숙, 2001).

④ 서열화

구체적 조작기의 또 다른 특성은 사물을 영역별로 차례대로 배열할 수 있는 능력을 획득하는 것이다. 아동기에는 특정한 속성에 따라 유목으로 나누면서, 동시에 거의 시행착오 없이 상호관계에 따라 순서대로 배열하는 것이 가능하다. 아동은 한 가지 속성에 따라 대상을 비교하면서 순서대로 배열하는 단순 서열화(simple seriation)뿐만 아니라, 두 가지 이상의 속성에 따라 대상을 비교해서 순서대로 배열하는 다중 서열화(multiple seriation)도 가능하다. 서열화의 개념은 수들 간의 관계를 이해하는 데 결정적인 역할을 하므로 산수를 배우는 데는 필수적이다(정옥분, 2002).

3) 언어발달

유아기는 상당히 많은 언어능력을 획득하지만 언어적 유능성을 판가름하는 중요한 발달은 보통 아동기에 이루어진다(Shaffer, 1999). 아동의 언어능력은 언어발달의 기초가 되며 타인의 말을 듣고 이해하는 수용언어능력과 자신의 생각이나 지식, 의견 등을 문자, 구어, 수화 등의 체계가 있는 상징적인 기호로 표현하고 대화의 상대나 상황에 따라 적절하게 이야기할 수 있는 표현능력이 급격히 발달하는 시기이다. 또한 아동기에는 학교교육의 결과로 문자언어, 발표력, 문법력, 독해력의 발달이 이루어진다.

오늘날 언어습득 지연현상을 보이는 아동들의 치료 여부를 둘러싸고 전문가들 사이에선 치열한 논쟁이 한창이다. 한 연구에 따르면 어린 시절의 언어장애는 나중에 읽기, 쓰기, 철자법 등을 배우는 데 어려움을 초래할 수도 있다. 그래서 일부 전문가들과 유아교육기관의 교사들은 언어발달에 이상을 보이는 유아들에 대해 '기다려 보자'는 태도를 버리고 적극적으로 개입할 것을 권장하고 있다. 반면, 성장과정에서 저절로 해결될 문제를 서둘러 치료한다고 나서는 것은 바람직하지 않다고 보는 시각도 있다. 언어지연문제 전문가 중 일부는 조기치료를 통해 아이들이 말하는 법을 빨리 배울 수는 있지만 몇 년 지난 후에는 치료받은 아이와 그렇지 않은 아이 사이에 아무런 차이도 없다고 하였다. 언어장애와 지연의 원인은 청각장애, 산모의 약물남용, 생활환경 등이 있다. 그러나 정상적인 언어발달에 못 미친다 하더라고 청력이 뛰어나고 손짓, 몸짓 등으로 의사전달을 할 수 있다면 언어습득이 내면적으로 진행 중이므로 문제될 것은 없다. 왜냐하면 말문이 조만간에 터지게 될 것이기 때문이다. 언어장애 전문가들이 염려하는 것은 간단한 질문이나 지시조차 이해하지 못하는 아이들이다. 아동의 언어지연 조기치료 주장과 지켜보자는 입장은 아직까지도 팽팽하다.

4) 사회정서발달

아동은 자신의 에너지를 내면화하여 사회문화적 기술을 익히는 데 사용하게 되며 자신에 대한 개념을 형성하게 된다. 또한 아동의 활동범위가 가정을 벗어나게 됨에 따라 부모나 형제뿐만 아니라 또래집단이나 주위환경이 사회정서발달에 영향을 미치게 된다.

(1) 정서발달

아동기가 되면 정서표현이 외부의 기준에 의한 것뿐 아니라 스스로의 규준에 의한 표현이 가능해진다. 즉, 자신이 잘한 일에 대해서는 스스로 자랑스러움을 느끼게 되는 반면 잘못한 일에 대해서는 죄책감 내지 수치심을 느끼게 된다. 또한 아동기가 되면 사람들이 실제로 경험하는 정서와 표현하는 정서가 다를 수 있다는 것을 이해하게 되며(Gnepp, 1983), 사람이 동일한 상황에서 한 가지 이상의 정서를 경험할 수 있다는 것을 이해하게 된다. 즉, 사람들은 동시에 긍정적인 정서와 부정적인 정서를 경험할 수 있으며, 그 강도가 다를 수 있다는 것을 인식한다(Wintre & Vallence, 1994).

아동기가 되면 정서규제능력이 급격하게 발달을 하게 되는데, 이는 또래집단 내에서 아동이 자기의 부정적 정서를 표출하게 되면 함께 어울리는 데 어려움이 발생하기 때문이다. 이 시기가 되면 정서규제는 자기통제(self-control)로 변화해 가는데, 이는 목표를 달성하기 위해 순간적인 충동이나 욕구, 행동을 스스로 억제할 수 있는 능력을 말한다. 아동이 미래의 성취를 위해 즉각적인 욕구만족이나 충동을 억제하는 일은 성숙한 인간으로 성장하는 과정에서 매우 중요한 의미가 있다(정옥분, 2002). 하터(Harter, 1990)은 자기통제능력은 상당히 안정적인 특성일 뿐만 아니라 청년기 자아존중감을 예측해주는 인지적 능력, 사회적 기술, 자신감 등의 특성과 관련이 있다고 하였다.

(2) 도덕성발달

도덕성이란 개인이 다른 사람과의 관계에서 지켜야 할 사회집단의 규칙을 인식할 수 있는 능력을 의미한다. 따라서 도덕성발달은 자신이 속한 사회의 문화규범에 따라 행동하도록 배우고 이를 자신의 것으로 받아들이는 과정을 통해 이루어진다.

도덕성발달이론을 최초로 제안하고 연구를 가장 먼저 시작한 사람은 피아제이다. 그는 아동의 도덕성발달이 세 단계를 거쳐서 이루어진다고 설명하였다. 첫 번째 단계는 규칙이나 질서에 대한 도덕적 인식이 전혀 없는 단계이다.

두 번째 단계는 타율적 도덕성단계(heteronomous morality stage)로 4~7세의 아이에 해당한다. 이때 아이들은 규칙이란 것은 부모나 신과 같이 힘이 있는 사람들에 의해 만들어진다고 생각한다. 그래서 규칙은 절대로 변경될 수 없고 규칙을 어기면 벌을 받게 된다고 생각한다. 이들에게 있어 도덕적인 문제는 항상 '옳고, 나쁜'의 방향이 있다고 믿고 규칙에 잘 따르는 것이 항상 옳다고 생각한다. 그리고 이때에 아이들은 행위의 의도에는 관심이 없고 결과만으로 옳고, 나쁜 쪽을 판단한다. 예를 들어, 이때의 아이들은 엄마의 설거지를 도우려고 하다가 접시를 10개 깬 것과 엄마 몰래 과자를 꺼내려고 하다가 접시 1개를 깨뜨린 상황에 대해 전자에 대해 더 큰 잘못을 했다고 판단한다. 의도와 상관없이 깨진 접시의 개수만으로 잘못의 크기를 판단 내린다. 또한 이 시기에는 잘못을 저지르면 반드시 벌을 받게 된다고 믿는다. 주변에 자신을 보고 있는 사람이 없어도 이 시기의 아이들은 하느님이 항상 보고 있으므로 먹지 말라는 과자를 몰래 꺼내먹다가 넘어져 무릎에 피가 나면 이것이 벌을 받고 있는 것이라고 판단하게 된다.

세 번째 단계는 자율적 도덕성단계(autonomous morality stage)이다. 10세경부터 이 단계로의 발달을 보이는데, 이 단계의 아이들은 규칙은 사람들이 만든 것이고 그것은 변경될 수 있으며 상황적 요인을 고려하여 도덕적 판단을 내릴 수 있는 융통성을 발휘하게 된다. 옳고 그른 것에 대한 판단도 행위의 결과가 아닌 의도에 의해 판단하게 된다. 이제 아이는 엄마를 돕기 위해 일하다가 접시를 깬 것이 과자를 몰래 먹다가 접시를 깬 것보다 잘못이 적다는 것을 알게 되며 구급차나 소방차가 응급상황에서 속도나 신호를 위반해도 그것이 잘못된 것이 아니라는 것을 안다. 점차 규칙이란 것은 변경될 수도 있고 상황에 따라 도덕적 판단이 달라질 수 있다는 것도 알게 된다.

(3) 또래관계 형성

또래관계는 성인의 지시나 주도에 의하여 일방적으로 형성되는 수직적인 관계가 아니라 또래끼리 서로의 의견을 자유롭게 표현하는 수평적인 관계이다. 그래서 아이들은 또래와 효과적으로 관계를 형성하고 유지하는 능력을 습득하는 방법을 터득해야 한다. 그리고 아이들은 이러한 또래와의 상호작용을 통하여 많은 지식과 기술을 습득하고 또래로부터 여러 가지 사회적 지원을 제공받는다. 그 외에도 아이들은 또래와의 관계에서 사회적 역할과 규범을 배우고 사회적 조망능력을 발달시키며 사회적 기술을 습득하게 된다(문혁준 외, 2013). 아이들은 또래와의 상호작용을 통하여 자기

중심성에서 벗어나 또래와의 관계를 이해하게 되고, 또래와의 관계에서 나타나는 다양한 문제를 해결할 수 있는 능력을 발달시킬 수 있게 된다. 그리고 아이에게 새로운 형태의 행동을 가르치고 상황에 따라서 어떠한 행동이 적합한지를 알게 하므로 아이 자신의 유능성을 평가할 수 있는 기준을 형성하게 된다. 더불어 아이는 자신감도 형성하게 된다(Perry & Bussey, 1984).

(4) 학교생활

학교는 가정과 더불어 가장 중요한 사회화 기관이다. 우리는 흔히 학교를 공부하는 곳으로만 생각하기 쉽지만, 학교는 아동들에게 매우 중요한 사회적 활동의 장이기도 하다. 오늘날 학교의 영향은 전 세대에 비해 더 크다고 할 수 있다. 즉, 현대사회에 접어들면서 가정의 교육적 기능이 약화됨에 따라 학교는 아동의 사회화 과정에서 매우 중요한 역할을 하게 되었다.

2. 청소년기 발달특성

청소년기는 아동에서 성인기로 전환하는 시기이다. 연령적으로 대략 만 12~24세이며, 12~18세의 청소년기 전기와 18~24세의 청소년기 후기로 구분할 수 있다. 청소년기 전기에는 급속한 신체적 변화와 인지적 발달을 경험하며, 청소년기 후기는 자아정체감 확립과 더불어 성인생활을 준비하기 위한 여러 가지 과제에 집중한다.

1) 신체발달

개인에 따라 차이는 있으나 성적으로 성숙하는 연령이 점차 낮아지면서 아동기 말에 사춘기를 맞이하게 되는 경우가 점차적으로 늘어나고 있다. 대체로 여아는 9~16세 사이, 남아는 10~18세 사이에 성적 성숙이 이루어진다. 이처럼 성숙의 가속화 현상은 양질의 영양섭취와 성적인 자극에 쉽게 노출될 수 있는 환경적 요인 때문인 것으로 보인다. 또한 사춘기는 호르몬의 변화로 인하여 급격한 신체적 · 성적 성숙이 이루어지는 기간으로 2차 성징이 나타난다. 1차 성징이 출생 시에 생식기의 신체형태상 차이에 의한 성적 특징이라면 2차 성징은 사춘기의 성호르몬의 분비에 의해 나타나는 신체상의 형태적 · 기능적 성적 특징을 의미한다. 그래서 남아는 남성호르몬의 분비로 인하여 고환에서 정자가 만들어지고 이것이 점액과 함께 음경을 통해 방출되는 사정을 한다. 또한 남아는 꿈속에서 성적 자극을 받아 잠든 사이에 사정하는 몽정이라는 것을 경험하게 된다. 이 시기에 남아는 어깨와 가슴이 벌어지고 근육이 발달하며 턱수염이 나고 성기와 겨드랑이에 털이 나며 음성이 변한다. 한편, 여아는 여성호르몬의 분비가 증가되어 가슴이 발달하고 골반이 커진다. 여아는 피하지방의 축적으로 엉덩이가 둥그스럼해진다. 또한 성기와 겨드랑이에 털이 나고 초경이 시작된다(조성연 외, 2009).

2) 인지발달

피아제의 인지발달단계 중 마지막 단계이며, 11~15세까지가 형식적 조작기(formal operational stage)에 해당된다. 이 시기가 되면 논리적 사고뿐 아니라 추상적인 방식으로 개념을 조작하고 이해할 수 있다. 이러한 능력으로 인해 세상에 대한 일반적인 법칙을 형성할 수 있으며, 가능한 일들에 대한 검증이 가능해진다. 사고는 더 이상 직접적인 경험에 의존하지 않으며, 가설적인 견지에서 추론하여 문제를 해결할 수 있다. 형식적 조작기의 특징은 첫째, 새로운 상황에 직면했을 때 현재의 경험뿐만 아니라 과거와 미래를 연결하여 사고한다. 즉, 형식적 조작기의 청소년은 시간을 초월하여 문제를 다룬다. 둘째, 체계적인 과학적 사고가 가능하다는 것이다. 문제해결을 위해 계획을 세우고, 체계적인 해결을 해 나간다. 셋째, 추상적인 사고가 가능하다는 것이다. 구체적 조작기의 아동은 눈에 보이는 구체적인 사실들에 대해서만 사고가 가능하지만, 이 시기의 청소년들은 추상적인 개념도 이해할 수 있다. 넷째, 이상주의적 사고를 한다는 것이다. 청소년들은 이상적인 특성, 즉 자신과 다른 사람들에게 이상적이었으면 하고 바라는 특성들에 대해 사고하기 시작한다. 그들은 이상적인 부모상에 대해 생각하고, 이 이상적인 기준과 자신의 부모를 비교한다(정옥분, 2002).

3) 자아정체감 발달

청소년기의 가장 중요한 과업은 자아정체감을 형성하는 것이다. 자아정체감이란 자신의 독특성에 대한 비교적 안정된 느낌을 말한다. 자아정체감은 개별성, 통합성, 연속성(또는 계속성)의 차원을 갖는다. 개별성이란 나는 다른 사람과 구별되는 고유한 존재라는 인식을 말하며, 통합성이란 자신의 행동이나 태도 등이 전체적으로 일관성이 있으며 통합되어 있다는 인식을 말하고, 연속성이란 시간의 경과에도 불구하고 나는 동일한 사람이라는 인식을 말한다. 자아정체감의 형성은 아동기 때부터 시작되는 것으로 볼 수 있으나 청소년기 후기에 가장 중요한 인생과업으로 등장한다. 자아정체감 형성을 위해서는 자신의 신념, 가치관 등에 대한 고통스러운 의문 제시가 선행되어야 하며 따라서 일종의 위기를 경험하게 된다. 자신이 경험한 많은 요소들을 모아 통합된 명확한 자기정의를 내리는 것은 어려운 일이므로 자아정체감을 형성하는 과정에서 누구나 혼란과 우울증을 경험할 수 있다.

3. 아동기와 청소년기의 부모역할

1) 아동기 부모역할

아동기에는 학업적 성취나 또래와의 상호작용, 학교생활을 통해 근면성을 발달시켜 나가며, 이러한 과정에서 여러 가지 문제행동을 보이기도 한다. 그러므로 부모는 아동이 보다 성공적인 경험을 할 수 있도록 격려해 주고, 문제행동에 대해서도 적절한 지도가 필요하다.

(1) 근면성발달

에릭슨(Erikson, 1963)에 의하면 인간은 전 생애 동안 일련의 정서적 과업을 수행하면서 발달해 나가는데, 이러한 과업을 8단계로 설명하고 있다. 각 단계는 중심이 되는 긍정적 정서과업과 부정적 정서과업이 있으며, 이 두 정서 간에 일어나는 갈등을 해결해나가는 과정을 발달과정으로 보았다. 모든 아동은 각 단계에서 어느 정도 양 극단을 경험하지만 긍정적인 비율이 좀 더 높을 때 최적의 정서발달을 이루게 된다.

6~12세경의 아동은 무엇인가를 만들고 성인들이 하는 것과 유사한 과업을 하려고 한다. 또한 이들은 타인과 협력하고 사회에 기여하는 것에 더 많은 관심을 가지며 자신을 유능하고 능력 있는 존재로 생각하는지 아니면 노력해도 소용없는 존재인지와 같은 정서적 문제를 경험하게 된다(박경자 외, 2007). 이 시기는 형식적 교육을 시작하게 되며 학업적 성취뿐 아니라 미래의 직업을 위해 준비를 하면서 성취감과 실패를 경험하게 된다.

에릭슨에 의하면 초등학교에 입학하게 되는 시기인 아동기는 근면성 대 열등감의 과업을 겪게 되는 시기이다. 근면성은 양육자가 아동의 성공을 인정하고 칭찬해 주며 다양한 영역에서 자신의 기술을 탐색하도록 격려할 때, 현실적인 목표를 갖도록 도와주며 성취할 수 있는 과업을 제시할 때 발달한다. 반면에 자신의 노력에 대해 비관적으로 생각하고 자신이 일을 잘 할 수 있는 능력이 부족하다거나 기대에 못 미칠 것이라는 부정적 생각은 열등감을 갖게 한다. 따라서 노력했지만 실패한 아동에게는 격려해 주고 지지해줌으로써 아동의 스트레스를 줄여 주고 자신감을 갖고 재도전할 수 있도록 도와주어야 한다.

(2) 또래와의 상호작용

아동기에 또래집단에 참여하는 것은 사회화의 중요한 근원이다. 이 시기의 아동은 가족에 속하고 싶은 마음과 동시에 가족으로부터 떠나고 싶은 두 가지 마음이 존재한다. 부모는 자녀가 어떤 또래집단에 소속해 있는가에 대해 신경을 써야 하며 또래집단에 소속되지 못한 아동에 대해서도 대책을 세워야 한다. 아동의 사회적인 고립은 유아적인 성격특성이나 지나치게 이기적이고 고집이 세고 자기 마음대로 하는 성격특성들이 원인이 될 수도 있지만, 외모나 옷차림, 신체적인 특징이나 부모의 양육태도가 그 원인이 되기도 한다. 따라서 거부되는 아동에게는 또래 간에 지켜야 할 규율이 있음을 이해시키고 자신의 주장을 관철시키기 위해 의사소통하는 방법을 가르쳐 주어야 하며 무시되는 아동은 대상아동보다 어린 집단에서 함께 놀도록 하고, 소집단에서 시작하여 점차 집단구성원의 수를 늘려가는 것이 바람직하다.

아동이 또래와 문제가 있는 경우 이 문제에 대해 말하도록 격려하고 적극적으로 경청해 주는 것이 효과적이다. 또한 또래관계에서 수용이나 거부를 결정짓는 가장 중요한 시점은 첫 번째 상호작용이라는 점을 고려해야 하는데, 새로운 집단과의 첫 만남에서 잘 어울리는 아동은 이후에도 또래집단에서 인기가 있다.

(3) 학교생활의 지도

학교를 간다는 것은 많은 낯선 사람과 생활해야 하며, 외적인 기준으로 평가를 받는다는 점에서 아동의 생활에서 커다란 변화이다. 학령기 아동의 주된 적응은 학교와 관련된 것으로 정해진 시간 동안 학교에서 보내고 숙제를 하고 교사와 또래집단에 적응하는 문제에 대해 부모의 적절한 지도와 통제가 필요하다. 학생으로서 이 시기의 아동은 협응의 장이며 성취의 장인 학교생활을 즐겨야 한다. 이를 위해서는 부모의 태도가 중요한데, 학교와 교사에 대해 부모의 태도가 긍정적이지 못하면 아동은 학교생활을 의미 있고 가치롭게 여기지 못한다. 그러므로 부모는 교사를 존경하고 학교를 긍정적인 시각에서 보는 것이 필요하다. 또한 아동에게 문제가 있는 경우 부모는 아동의 지지자로서의 역할을 수행해야 하며, 이를 해결하기 위해 부모는 학교와 긴밀한 유대관계를 형성해야 한다.

(4) TV 시청 지도하기

휴대폰과 더불어 아이의 발달에 영향을 미치는 대중매체요인 중의 하나가 TV이다. 어떤 부모는 조기교육을 목적으로 영어 동영상을 틀어놓고 아이가 TV에 집중하고 있을 때 흐뭇함을 느끼는 경우도 있다. 그러나 너무 이른 나이의 아이가 TV에 장시간 노출될 경우 그 부작용이 만만치 않은 것으로 보고되고 있다. 최근까지지도 TV 시청의 영향이 부정적이냐, 긍정적이냐에 대한 논의가 많이 되고 있지만 어떻게 할 것인가에 대해서는 스스로 결정하도록 하는 것이 바람직하다.

TV가 아이들에게 미치는 영향을 종합해보면, 폭력적인 장면은 아이들의 공격적인 행동학습에 영향을 미치게 됨으로써 부정적인 효과를 가져오는 것으로 분석되었으나 반면 다른 아동과의 협동이나 타인의 기분을 이해하며 객관적인 입장에서 자신 및 타인을 지각하게 된다는 친사회성의 행동습득도 또한 가능하다고 하였다. 즉, 사고 및 인지기능에 도움을 주게 된다는 것이다. 따라서 중요한 과제는 부모의 TV 시청 지도 방법이다. 올바른 TV 시청 지도를 위해 부모의 역할을 살펴보면 다음과 같다.

첫째, 부모들이 아이들의 TV 프로그램의 내용을 먼저 이해하기 위해 이들을 직접 시청해 보는 노력이 필요하다. 그후 아이들에게 프로그램을 선택해서 보도록 유도하는 것이 바람직하다. 둘째, 아이들은 현실과 환상의 구별이 어려우므로 아이들이 이에 대한 갈등을 나타낼 때는 이에 관해서 성인의 재해석이 요청된다. TV 시청 뒤 “특정인물이 왜 이러한 행동을 보였을까?”라든지 “너라면 어떻게 하였을까?” 등의 짧은 질문을 통해 잠시 아이들이 갈등상황을 같이 이야기하는 기회가 주어질 때 도덕적 또는 윤리적인 상황판단을 아동 스스로가 하게 될 것이다. 셋째, 좋은 TV 시청 습관은 가능하면 조기에 형성시켜 주는 것이 바람직하다. 특히, 부모 스스로 선택적으로 시청하는 역할모델이 될 수 있어야 한다. 부모는 늦게까지 여러 종류의 프로그램을 시청하면서 아이들에게만 무조건적으로 제한적인 시청을 요구한다는 것은 매우 비교육적이므로 부모 스스로가 먼저 TV 시청을 통제하는 모델이 된 후 아이들의 TV 시청을 위한 매일의 시간 및 내용에 대한 계획을 한다. 마지막으로 아이들의 올바른 가치관 형성을 돕기 위해서는 필요시 TV의 비교육적인 내용에 대해(살인, 폭력 장면) 부모는 자신의 의견, 즉 이러이러한 행동은 부모의 생각에는 도저히 수용하거나 승인할 수 없는 것이라는 분명한 태도를 보이는 것이 중요하다. 이러한 서로 간의 짧은 대화를 통해 아이들은 올바른 가치관을 형성하게 되며 나아가 상황에 따른 대안적인 행동까지 고려할 수 있는 보다 윤리적인 상황판단력이나 문제해결력을 습득하게 되는 것이다.

2) 청소년기 부모역할

청소년에게 발생되는 다양한 문제들에 대해서는 오랫동안 연구되어온 중요한 과제 중 하나이다. 청소년문제를 예방하는 차원에서 인성교육을 통해 학생들의 자아개념과 자아존중감이 형성되고 자아정체감도 확립된다고 많은 연구 결과가 발표되고 있다.

(1) 긍정적 자아개념 형성

학생들이 적응을 잘 한다는 것은 환경과의 상호작용에서 개인의 욕구를 잘 충족시킬 수 있다는 것이며, 또한 환경에 순응하는 것으로서의 적응과 자신의 욕구를 실현하는 것으로서의 적응을 동시에 추구할 수 있다는 것을 의미한다. 따라서 개인의 행복을 추구하고 동시에 자신이 당면한 문제상황에 효과적으로 대처하여 문제를 해결할 수 있는 능력이 있을 때 정신건강의 유지가 가능하다. 이에 청소년이 그들의 생활 속에서 보다 잘 적응할 수 있도록 지도하기 위하여 수행하여야 할 구체적인 노력은 개별적 상황과 문제에 따라 다를 것이다. 하지만 이들에게 포괄적으로 적용할 수 있는 노력 중의 하나는 이들이 긍정적 자아개념을 갖도록 하는 것이다. 자기 자신에 대한 자아개념은 적응과 밀접한 관계가 있기 때문이다. 실제로 일상생활에서 적응을 잘 하는 사람은 건강한 성격과 긍정적 자아개념을 가지고 있다는 특성을 공유하는 것으로 나타났다(안범희, 2000).

자신에 대한 자아상이라고 할 수 있는 자아개념(self-concept)은 자기 자신을 좋아하는지에 대한 감정인 자아존중감(self-esteem)과 자신의 능력에 대하여 자신감을 가지고 있는지에 대한 자아자신감(self-confidence)이 핵심적 구성요소라 할 수 있다(황정규, 1998). 이 두 요소에 따라 자기 자신에 대한 긍정적 혹은 부정적 자아개념이 형성된다. 따라서 청소년이 건강한 성격과 긍정적 자아개념을 지닐 수 있도록 가정이나 학교에서의 지도가 필요하다. 이를 위한 방법으로서 하마체크(Hamachek, 1995)는 다음과 같은 방법을 제시하고 있다. 청소년의 자아를 고양시키는 방법으로서 첫째, 수용적 태도를 길러준다. 부모는 자녀의 생각과 느낌을 표현할 수 있도록 허용하는 환경을 마련하여 자녀 스스로가 있는 그대로의 자신을 수용하고 개방적 태도를 갖도록 도와주어야 한다. 둘째, 가정에서의 상호작용 기회를 확대한다. 셋째, 확고하고, 공정하며, 명시적인 규칙을 세우고 이를 지키게 한다. 무엇이 옳고 그른지에 대하여 명확한 규칙이 분명하게 세워져 있을 때 잘못된 행동을 줄일 수 있다. 넷째, 자녀로 하여금 성공에의 확신을 심어주고, 성공의 기회를 많이 만들어 준다.

부정적 자아개념을 형성한 청소년은 일이 잘못되면 무조건 다른 사람의 잘못으로 돌리고, 열등감을 많이 가지며, 욕구좌절을 참지 못하고 인내심이 부족하다. 또한 나중에 범죄, 약물남용, 성적 문란, 가출 등의 문제행동을 보이기도 한다. 이처럼 자존감은 한 개인이 자신의 잠재력을 발휘하거나 행복한 삶을 사는 것과 직결되는 중요한 문제이다(신현균, 김진숙, 2002).

따라서 청소년이 신체적으로나 정신적으로 건강하며 긍정적인 자아개념을 지닌 사람으로 성장하도록 보다 더 적극적인 관심을 가지고 도와주어야 한다. 청소년이 자유로운 학습분위기에서 미래를 위해 자기주도적으로 준비하며, 진지하면서도 적극적으로 공부하고, 신명나게 뛰어놀 수 있는 환경을 마련해 주어야 한다. 또한 청소년 각자의 개성과 잠재력을 발휘할 수 있도록 그들의 가능성을 지지하고 이를 시험해 볼 수 있는 많은 경험과 다양한 기회가 제공되도록 가정과 학교 그리고 사회가 이를 지원하는 풍토를 마련해 주어야 한다.

(2) 학습에 대한 내적 동기 유발

우리는 무슨 일을 시작할 때 자신의 힘의 원천에 의해서 하는 경우도 있지만 외적인 환경에 의해서 하는 경우도 적지 않다. 이 용어가 낯선 이들을 위해 '내적 · 외적' 동기 유발의 설명을 먼저 하면 다음과 같다.

- 외적 동기유발: 밖에서 어떤 위압을 가해서 부모나 교사가 바라는 목적을 달성하기 위한 수단을 외발적 동기유발이라고 한다. 이 수단에는 여러 가지가 있는데, 긴장감을 가질 수 있도록 위협한다거나, 돈이나 선물을 주거나, 신에게 비는 것은 밖으로부터의 외적 동기유발이라고 할 수 있다.
- 내적 동기유발: 외적 동기유발과는 대조적으로, 오로지 자신의 의지로 자신에게 적극적으로 작용하여 자신의 속(마음)에 해야겠다는 의지가 용솟음치도록 하는 방법을 내적 동기유발이라고 한다.

많은 성인들은 "내가 가르쳐 줄 테니 말을 잘 들어라"라고 하는 태도를 가지고 있다. 이러한 태도는 처음부터 성인에 대한 친근감도 교과에 대한 흥미도 가질 수 없게 만드는 원인이 된다. 이렇게 해서 공부를 싫어하게 만들어 놓고 성적에 대해 이러쿵저러쿵 간섭하게 된다. 겸허함을 잃어버린 성인에게 문제가 있는 경우 아이들은 피해자가 된다. 내적 동기유발을 자극해 줄 수 있는 성인이라면 가르치기보다는 아이들의 마음을 헤아려 줄 수 있어야 하고 불평불만이 있다면 편안한 대화방법을 통해 호의적으로 처리해 주어야 한다. 이런 활동을 통해 아이들은 스스로 무엇인가를 해보아야겠다는 의지를 분명히 나타낸다.

PART 03

부모교육의 이론

PARENT EDUCATION

CHAPTER 07

민주적 부모교육이론

□ 배울 내용 □

1. 민주적 부모교육이론의 발전과정
2. 민주적 부모교육의 목표
3. 민주적 부모교육의 기본원리

□ 학습목표 □

1. 민주적 부모교육이론의 발전과정을 이해한다.
2. 민주적 부모교육의 목표를 설명할 수 있다.
3. 민주적 부모교육의 기본원리를 이해하고, 부모교육에 적용할 수 있는 방안을 모색해본다.

드라이커스

- 드라이커스(Dreikurs)는 개인심리학 창시자인 아들러(Adler)의 제자로서 아들러의 이론을 부모 - 자녀관계에 적용하였음. 부모와 자녀의 관계는 평등하므로 민주적으로 해결해야 된다고 주장하였고, 인간관계의 평등성을 강조하고 민주적 양육 원리를 소개하였음
- 1939년 시카고에 부모상담센터를 설립하여 가정상담, 교육, 정신요법 등을 실시하여 아들러의 이론을 크게 발전시켰고, 현재까지 부모교육, 가족상담, 심리치료 등 여러 방면에 영향을 주고 있음

드라이커스(Dreikurs)는 1897년 비엔나에서 출생하여 비엔나 의대를 졸업한 후 가족상담과 정신치료법에 관한 연구를 진행하였다. 그는 아들러(Adler)의 제자로 아들러의 개인심리학을 부모교육에 적용하여 부모들에게 민주적 양육의 원리를 소개함으로써 민주적 부모교육이론을 정립하였다. 또한 1939년 시카고 아브라함 링컨센터에 최초로 부모상담센터를 설치하고 1958년에는 오레곤 대학에 아들러학파의 부모 - 교사 교육센터를 설립하고 운영하였다. 무엇보다 그는 부모교육의 목적이 자녀가 성인과 평등하다는 가정하에 부모 - 자녀의 상호작용이 적절히 이루어지도록 부모를 교육시키는 데 있다고 하였다. 더불어 올바른 부모의 태도는 잘못한 일에 벌을 주기보다는 어린 자녀에게 올바른 길을 제시하면서 격려해야 한다고 주장하였다.

민주적 부모교육이론은 권위적인 사회가 민주화되어 감에 따라 권위적인 방식에 의한 엄격한 자녀교육이 비효율적인 것으로 인식됨으로써 출현하게 된 체험적인 부모교육이론이다. 인간관계에서의 갈등해결은 과거의 권위적 방식이 아닌 인간관계의 평등성을 강조하는 민주적인 방식에 의해서만 가능하다고 보았기 때문에, 가정에서 부모가 민주적 양육방식과 생활태도를 가져야만 책임감과 자율성이 있는 자녀로 키울 수 있다고 주장하였다(김현주 외, 2013).

1. 민주적 부모교육이론의 발전과정

민주적 부모교육이론은 아들러의 제자이자 동료인 드라이커스가 아들러의 개인심리학이론을 실생활의 부모 - 자녀관계에 적용시킨 것이다. 나아가 드라이커스는 아들러의 생각을 부부관계와 상담자들에게도 적용시켰으며, 이는 현재 세계 여러 나라에서 널리 사용되고 있다. 드라이커스의 민주적 부모교육이론을 살펴보기 전에 그에게 영향을 미친 아들러의 개인심리학을 간략하게 살펴보면 다음과 같다.

1) 아들러의 개인심리학

아들러

- 영향력 있는 개인심리학 체계를 세웠으며, 열등감이라는 용어를 도입하였음. 열등감에 의해 감정적으로 무능해진 사람들을 성숙하고 사회적으로 유능한 방향으로 인도하는 유연한 지지심리요법을 개발하였음
- 1900년경 정신병리를 연구하기 시작했고, 1902년 프로이트(Freud)와 긴밀한 관계를 갖기 시작했지만 학문 · 사상의 차이로 멀어짐
- 아들러는 1926년 처음으로 미국으로 가서 1927년 컬럼비아대학교의 초빙교수가 되었고, 1932년 뉴욕의 롱아일랜드 의과대학의 초청교수로 임명되었음

아들러의 개인심리학은 인간의 모든 행동은 목적성을 지니고 있으며, 인간은 미래의 목표를 향해 창조적으로 개척해 나간다고 믿는다. 또한 인간은 누구나 열등감을 지니고 있으며, 개인이 지닌 열등감을 극복하기 위해 자기 모습을 발전시켜 나간다고 주장하면서 열등감을 주요한 개념으로 설명하였다. 즉, 아들러는 인간을 통일된, 자아 일치된 유기체로 보며, 인간은 역동적으로 완성을 추구하는 존재이기 때문에 인생목표를 향해 나아가며, 개인이 창조적인 힘을 가지고 자기 삶을 결정할 수 있고, 모든 사람은

협동하고 상호작용하는 사회적 관계를 맺을 수 있는 선천적 능력을 가지고 태어나며, 개인이 자신을 어떻게 주관적으로 지각하느냐에 따라 행동이 결정된다고 보았다.

요약하면 아들러는 인간은 열등감을 지니고 있는 존재이며, 그런 열등감을 극복하려는 노력들(우월에 대한 추구)은 생활양식(life style)이 되고, 그것이 곧 성격이 된다고 보았다. 아들러가 주장한 주요 개념은 <표 7-1>과 같다.

〈표 7-1〉 아들러의 개인심리학이론의 주요 개념

구분	내용
열등감과 보상	• 성격발달에 있어 중요한 것은 어린 시절에 무의식적으로 형성된 열등감이 이후에 신체와 정신적으로 열악한 상태를 극복했더라도 지속적으로 영향을 미친다는 것이다. 열등감은 객관적인 원인보다는 주관적으로 느끼는 것으로서 인간의 모든 행동에 영향을 미치게 되는 요인이다.
우월에 대한 추구	• 인간은 기본적으로 자신의 약점 때문에 생기는 긴장과 불안정감 그리고 남보다 열등하고 하위에 있다는 사실에 매우 불편해한다. 따라서 열등의 감정을 극복 또는 보상하여, 우월해지고자 하는 목표를 달성하기 위해 노력한다. • 인간의 우월에 대한 추구는 두 방향으로 구분된다. 이는 유아 초기에 경험, 즉 어린 시절에 얼마나 깊은 불안감과 열등감을 느꼈는지와 삶의 문제를 극복하는 데 있어 주변 인물이 어떤 모델이 되어 주었는지에 따라 다른 보상형태가 이루어진다.
사회적 관심	• 개인심리학에서는 인간은 우선 사회적 존재이고, 인간의 존재형태는 공동생활이라고 보기 때문에 삶의 정상화의 기준을 공동체의식(또는 사회적 관심)의 유무에 두고 있다.
생활양식	• 생활양식이란 각 개인이 지닌 특수한 열등감에 대한 보상으로 우월에 대한 추구과정에서 형성되는 것이다. • 생활양식은 개인의 모든 행동을 구체화하며, 이는 4~5세경에 기본적으로 결정된다. • 가족관계와 다른 중요한 사회적 경험이 기본적인 생활양식을 형성하도록 돕는다. • 생활양식은 2차원 모형으로 사회적 관심과 활동수준 두 차원으로 구성된다. • 생활양식 유형이 곧 성격 유형이며, 성격은 지배형(활동수준은 높지만 사회적 관심은 낮음), 획득형(활동수준은 중간이고 사회적 관심은 낮음), 회피형(사회적 관심이 낮고 활동수준도 낮음), 사회적으로 유용한 유형(사회적 관심과 활동수준이 모두 높음)으로 구성된다.
가상적 목표	• 개인의 가상적 목표는 자기 스스로 결정한 것으로 자신의 창조력에 의해 형성되고 각 개인마다 독특한 것이다. • 개인심리학에서는 현재 아동의 행동에 영향을 주는 것은 과거의 경험이 아니라 아동이 기대하는 목적이 행동에 주요 동기 또는 충동으로 본다. 이를 개인심리학에서는 가상적 목표라고 한다.
전체로서의 인간	• 아들러는 의식과 무의식, 마음과 육체, 접근과 회피, 양가감정과 갈등들의 양극성의 개념이 개인의 주관적인 경험으로서만 의미가 있는 것으로 보았다. 그리고 개인의 성격은 통일성과 자기 일관성을 전제로 한 자아의 일치를 전제로 통합된 성격구조를 이루고 있는 것으로 보고 있다.

2) 민주적 부모교육이론의 기본 가정

드라이커스의 민주적 부모교육이론은 아들러의 개인심리학에서 많은 영향을 받았다. 따라서 민주적 부모교육이론의 토대가 되고 있는 기본 가정도 아들러가 제안한 부모교육의 기본가정에 영향을 받아 성립이 되었는데, 민주적 부모교육이론의 기본 가정은 <표 7-2>와 같다.

〈표 7-2〉 민주적 부모교육이론의 기본 가정

- 사회적 존재인 인간은 출생 직후부터 가족을 비롯한 다양한 사회적 집단에 소속되고자 하며, 이러한 소속감에 대한 강한 욕구를 가지고 있으며, 끊임없이 추구한다.
- 인간은 선천적으로 목적을 이루기 위하여 행동하는 존재이므로 모든 인간의 행동은 우연히 일어나는 것이 아니라 목표와 동기가 있다. 따라서 개인의 행동을 이해하기 위해서는 먼저 개인의 목적을 아는 것이 중요하다.
- 부모와 자녀 관계는 사회적으로 평등하고 동등한 관계이다.
- 평등한 부모와 자녀관계는 자녀에게 자유를 주지만 자유에는 책임이 따른다.
- 사람들과 상호작용하는 곳에서는 항상 갈등이 존재하며, 이때 민주적인 방식으로 해결해 나가야 한다. 부모와 자녀 관계에서 발생하는 갈등도 마찬가지이다.
- 부모의 좋은 생활양식은 자녀에게 긍정적인 영향을 미친다.
- 자녀는 시행착오를 통해 상황을 파악하고 그 상황에 적합한 행동양식을 학습하게 된다.

드라이커스는 자녀 삶의 생활양식이나 성격, 가치관 그리고 자신과 타인 및 세계에 대한 개념과 행동규범이 부모와 함께 생활하면서 형성해 나가기 때문에 가정환경이 매우 중요하다고 주장하고 있다. 다양한 가정환경의 요소 중의 하나로 부모의 양육태도를 중요한 요인으로 보았다. 즉, 드라이커스는 인간이 부모와 생활하면서 삶의 형태를 형성해나가기 때문에 한 사람의 삶의 양식(life style)을 이해하기 위해서는 가족 내에서의 가족관계 경험에 대한 이해가 선행되어야 한다고 보았다. 가족관계에 따른 가족의 분위기와 경험, 즉 가족관계 안에서 일어나는 사회화 과정이 자녀의 성격형성, 자신과 타인 및 세계에 대한 개념과 가치관을 형성시켜 행동규범의 기초를 갖게 한다는 것이다. 따라서 자녀가 신체적 · 사회적 · 정신적으로 건전하게 성장하기 위해서는 환경이 중요하며, 이러한 맥락에서 민주적 부모교육이론을 강조하였다.

드라이커스의 부모교육이론이 주장하고 있는 부모와 자녀 간의 관계를 살펴보면 다음과 같다(김오남 외, 2002).

첫째, 적절한 권위와 허용을 통해 민주적 태도를 증진시켜야 한다.

둘째, 자녀와 동등한 입장에서 이해하고 격려하여 자신감이 생기도록 동기유발을 해주어야 한다.

셋째, 민주적 가정 분위기에서 자기조절과 통제를 할 수 있도록 해 주어야 한다.

넷째, 자녀와 부모 간의 관계는 평등하다.

2. 민주적 부모교육의 목표

드라이커스의 민주적 부모교육은 부모 자신이 과거 어린 시절에 양육되었던 방식으로 자녀를 양육하게 되면 더 많은 갈등을 경험하게 된다고 주장한다. 따라서 사회적으로 변화함에 따라 부모도 변화해야 한다는 것을 강조한다.

기본적인 목표는 첫째, 드라이커스(Dreikurs)의 부모 - 자녀관계에 대한 기본적인 견해는 평등성에 근거한 것이다. 그러므로 부모 - 자녀 간에 평등한 관계를 수립하는 것이 우선적인 목표이다. 부모 - 자녀 간의 상호작용에서 갈등상황은 일방적인 권위주의적인 방식이 아닌 민주적인 방식에 의해 결정되어야 한다는 것이다. 그러나 이러한 평등은 획일적인 평등을 의미하거나 지나친 허용을 의미하는 것은 아니다. 아동은 시행착오를 거듭하면서 상황에 적절한 행동양식을 배우게 되므로, 부모는 자녀의 잘못된 행동에 대해 격려해주고 가치 있는 존재로 받아들이는 태도가 필요하다. 즉, 평등성에 기초한 민주적 부모교육이론의 목표는 부모로 하여금 자녀를 한 사람의 인격체로 존중하는 민주적 양육태도를 갖도록 하는 것이다.

둘째, 인간은 목적지향적인 존재이다. 즉, 인간은 자기 스스로 자신의 삶을 이끌어 나갈 수 있는 능력이 있으며, 이를 위해 지식과 기술을 배우고 자신이 누구이며, 어떤 능력을 가진 존재이고, 자신이 만족감을 얻기 위해 가장 필요한 것이 무엇인지에 대한 통찰력을 가지고 있다는 것이다. 그러므로 이러한 자기통제능력을 획득할 수 있도록 도와주는 것이 민주주의 부모교육의 중요한 목표가 된다.

셋째, 인간은 사회적 존재이다. 인간은 출생 시부터 타인에게 관심을 보이는 자연적인 성향을 가지고 있으며, 이러한 성향은 출생 당시의 의존성에서 비롯된다고 가정한다. 이러한 특성으로 인해 인간은 타인에게 관심을 보이고, 이를 통해 보다 큰 사회의 한 부분으로 소속감을 추구하고자 하는 욕구를 가지고 있으며, 나아가 인간의 복지를 위해 기여하고자 하는 의지를 가지고 있다. 즉, 인간은 행동의 주 목적을 소속감에 두고 의사결정을 하는 사회적 존재이다. 그러므로 집단에 대한 소속감을 느끼지 못하는 경우, 아동은 이들로부터 인정받기 위해 잘못된 행동목표를 설정하게 된다. 따라서 부모교육의 목표는 부모로 하여금 아동에게 안정된 소속감을 제공해주는 것과 동시에 자녀가 사용하는 잘못된 행동목표를 인식하고 이에 대처해나가는 능력을 갖도록 하는 것이다.

3. 민주적 부모교육의 기본원리

이상과 같이 부모교육의 목표를 전제로 하여 드라이커스(Dreikurs)는 아동의 행동지도를 위해 다음과 같은 구체적인 지침을 제시해주고 있다. 인간은 기본적인 목적을 소속감에 두고 행동하는 존재이며, 이러한 소속감을 긍정적인 방식으로 얻지 못할 경우 잘못된 행동목표를 설정하게 된다고 주장한다. 또한 아동행동의 지도방법으로는 삶의 규칙에 근거한 자연적 귀결과 사회적 교육을 통한 논리적 귀결에 근거하고 행동의 이해와 변화를 위한 기본원칙으로 격려의 방법을 제시하고 있다.

드라이커스의 민주적 부모교육의 기본원리는 일반적 원리와 구체적 원리로 나누어 살펴볼 수 있다. 먼저 민주적 부모교육의 일반적 원리는 자녀가 어떤 행동을 했을 때, 왜 그런 행동을 했는지 먼저 동기를 이해하도록 하는 것이다. 이는 자녀와 평등하게 지내는 것이 부모와 자녀관계를 효과적으로 유지할 수 있는 것이라고 주장한다. 민주적 부모교육의 구체적 원리는 일반적 원리를 이해한 다음, 부모가 개별적으로 경험하게 되는 문제를 해결할 수 있도록 돕는 것이다. 요약하면 민주적 부모교육의 핵심은 아동이 잘못된 행동의 목표에 근거하고 문제행동이 나타난다고 가정하고 있기 때문에 먼저 자녀가 문제행동을 하게 된 동기를 파악하고 이해하는 것이 중요하다는 것이다.

1) 잘못된 행동목표

아들러와 드라이커스는 모두 생활양식을 강조하였는데, 생활양식이란 사회화 과정을 통해 형성되는 한 인간이 가지고 있는 인성, 태도, 신념, 능력 등으로 이는 유아기에 부모 - 자녀 간의 관계뿐 아니라 가족의 크기, 형제관계, 출생순위 등에 의해서 형성된다고 하였다. 아들러는 4~5세경이 생활양식[6]을 형성하는 중요한 시기로 보았고 드라이커스는 더 이른 시기인 3~4세경 가정에서 시행착오를 통해 생활태도가 형성된다고 하였다. 생활태도가 형성되는 이 시기에 부모가 유념해야 할 사항은 다음과 같다. 부모는 자녀가 행동을 통해 얻고자 하는 바가 무엇인지 가상적 행동목표를 깨달아야 하며 이때 자녀의 목표를 바람직한 방법으로 달성하고 잘못된 행동이 나쁘다는 것을 자녀 스스로 알도록 해야 한다. 아이들의 잘못된 행동의 목표를 살펴보면 <표 7-3>과 같다. 아이들의 잘못된 행동목표는 가정에서 소속감을 얻지 못할 때, 10세 이하 아동에게서 쉽게 관찰할 수 있다.

---

6) 유아들이 지니고 있는 기본적인 부정적 개념들
- 부적절한 느낌: "나는 무기력하다"
- 환경에 대한 부정적인 생각: "세상은 위험하다", "세상은 두렵다"
- 자신에 대한 부정적인 사고: "나는 좋지 않은 사람이다", "나는 가치 없는 사람이다"
- 타인에 대한 편견이나 오해: "사람을 믿지 못하겠어", "사람들은 나를 위해 봉사해야 한다"
- 자신을 특별한 존재로 여기는 것: "나는 가장 대단한 사람이다", "나는 희망이 없는 사람이다"

〈표 7-3〉 아이들의 잘못된 행동목표

구분	특징	잘못된 부모반응	바람직한 부모반응
관심 끌기	긍정적인 방식으로 관심을 끌지 못하면 떼쓰기, 때리기, 소리 지르기 등의 부정적인 방법을 사용해서라도 관심을 얻고자 한다.	짜증 난다. 잔소리하게 된다. 꾸중한다. 상기시킨다.	자녀가 부정적인 방법을 사용할 때는 반응을 하지 않고 긍정적인 방법을 사용할 때 관심을 보여 주고 조금이라도 더 시간을 내어 자녀에게 관심을 보여 준다.
힘겨루기	아동이 부모의 요구를 거절, 반항, 고집을 부리면서 자신의 힘을 보여 주려고 한다. 따라서 부모가 아동의 관심 끌기 행동을 지나치게 제지할 경우에 힘 행사하기를 목표로 설정하게 된다.	화난다. 벌을 준다. 맞서 싸운다. 양보해 준다.	맞서 싸우거나 굴복하지 않고 결과를 그대로 경험하게 한다(안전의 위험이 있을 경우는 제외, 예를 들어 밥을 안 먹으려고 버티면 밥을 억지로 먹이지 않고 배가 고픈 경험을 느끼게 함).
앙갚음	자신이 받은 상처만큼 다른 사람도 상처를 받아야 한다고 생각할 때 앙갚음 행동을 하게 된다. 이런 경우의 문제는 부모도 아동의 행동에 상처를 받고 무의식적으로 보복행동을 하게 된다는 것이다.	마음의 상처를 받는다. 똑같이 자녀에게 앙갚음을 한다. 악순환이 계속된다.	마음의 상처를 입거나 벌주려 하지 않고 자녀가 받은 상처를 존중해주고 신뢰를 쌓으려고 노력한다.
무능력함 보이기	지금까지의 잘못된 행동목표를 사용했음에도 소속감을 얻지 못할 때 무능력함을 보인다. 아동은 모든 것을 포기하고 자신을 무기력하며 쓸모없는 인간이라고 생각한다.	절망한다. 포기하고 싶어진다. 자녀가 무능력하다는 것을 인정한다.	아무리 사소한 노력이라도 격려해주고 구체적으로 칭찬해준다. 이때 동정을 하지 않는 것이 중요하다.

첫째, 관심 끌기(attention getting)는 가족 내에서 자신의 위치를 확보하고 차지하기 위한 소속의 욕구에서 시작된다. 이때 자녀가 바람직한 방법으로 가족구성원의 관심을 받을 수 없다고 생각하면 징징거리거나 말썽피우고 싸우는 등의 부정적인 방법을 활용한다. 이 경우 지도방법으로는 긍정적인 행동에 대해서는 적극적으로 관심을 보이고 부정적인 행동은 무시하여 부모의 관심은 자녀가 원해서 되는 것이 아니라 부모가 주는 것이라는 인식을 자녀들이 갖도록 해야 관심을 끌기 위한 잘못된 행동을 자녀가 포기하게 된다.

둘째, 힘겨루기(권력 행사, social power)로 자녀는 자기가 우세한 입장에 있거나 주도권을 쥐고 있을 때 행복하며 가치 있다고 느낀다. 따라서 자기방식대로 모든 일을 행동하고 처리하려고 한다. 그래서 부모의 말에 '싫어'라는 말을 자주하는 통제에 대한 부정적인 언어를 자주 사용하게 된다. 이때 지도방법으로는 부모 - 자녀관계의 갈등을 필연적인 것으로 자연스럽게 받아들이고 자녀가 보복행동을 보일 때 흥분하거나 화를 내지 않으며 행동에 대한 처벌보다는 정서에 공감해주는 것이다. 오히려 부모가 자녀에게 도움을 구하는 등의 협동을 유도하여 힘을 건설적으로 어떻게 사용하는지 가르쳐 주어야 한다.

셋째, 앙갚음(보복하기, retaliation)은 다른 사람에게 상처를 주어 자신의 위치를 확보하려는 것으로 자신이 상처를 입으면 자신도 다른 사람에게 상처를 주는 것을 의미한다. 예를 들어, 부모에게 꾸중을 들은 자녀가 부모에게 보복하려는 의도로 동생을 때리는 경우이다. 자녀의 상대방에 대한 보복은 적개심, 증오심 등의 나쁜 감정을 갖고 상대방에게 상처를 주려고 하기 때문에 상대방의 미움을 받게 되어 자녀의 인성형성에 부정적인 영향을 미치게 된다. 따라서 자녀가 부모와의 힘겨루기에서 이길 수 없다는 판단을 통해 보복이나 앙갚음을 하게 되기 때문에 부모는 자녀의 이러한 행동이 좌절에서 시작되는 것이라는 점을 인식하고 앙갚음의 행동을 보이기 전에 부모가 먼저 자녀와의 힘겨루기를 중단하는 것이 중요하다. 그리고 부모의 자녀에 대한 보복은 자녀와의 관계를 악화시키게 되고 인성발달에 악영향을 미치게 되므로 부모들은 선의를 보여 주면서 침착하게 부모-자녀관계를 개선하려는 지혜가 필요하다(유안진 외, 2002).

마지막은 무능력함 보이기(부적절성, displaying inadequacy)로 관심 끌기, 힘겨루기, 앙갚음 등의 결과가 자녀에게 만족스럽지 못할 때 나타나는 행동으로 실망이나 좌절, 포기나 퇴행과 같은 행동을 통하여 자신의 위치를 확고히 하고자 하는 것이다. 이렇게 부모에게 수동적으로 반응하거나 무반응하는 자녀에 대해 부모는 비난보다는 자녀의 특기나 장점에 관심을 보이고 칭찬과 격려를 아끼지 말아야 한다. 또한 자녀의 잘못된 행동목표를 긍정적인 행동목표로 설정할 수 있도록 지도하는 것이 필요하다(박화윤 외, 2006).

2) 자연적 귀결과 논리적 귀결

드라이커스의 민주적 부모교육에서는 자녀가 잘못된 행동목표를 설정했을 때 먼저 인식반응을 해주는 것이 중요하다고 주장한다. 즉, 아동이 자신이 잘못된 행동목표를 선택했다는 것을 깨달았을 때, 부모는 자녀를 비난하거나 꾸짖은 행동보다는 평등한 존재로 존중하면서 대화를 나누는 것이 필요하다.

전통적인 자녀행동 통제의 단점으로는 첫째, 자녀행동에 대해 자녀가 아니라 부모가 책임을 지려고 하며, 둘째, 자녀가 스스로 결정을 내릴 수 있는 기회를 박탈하고 효율적인 행동규칙을 습득할 수 없게 하며, 셋째, 자녀는 부모의 권위적인 모습을 보일 때만 바람직한 행동을 하려고 노력하고, 마지막으로 자녀는 부모에게 강제로 순종하는 것이므로 반항심이 생기게 된다는 것이다.

이에 비해 드라이커스의 민주적 부모교육에서는 자녀의 가상목표에 따른 부정적 행동을 긍정적 방향으로 통제하는 원리로 자연적 귀결, 논리적 귀결, 격려, 인식반응, 가족회의, 갈등 피하기, 바람직한 언어사용 등을 제시하고 있으며(김명희, 2003), 구체적으로 살펴보면 다음과 같다.

(1) 자연적 귀결

자연적 귀결이란 자녀가 잘못된 행동목표를 가졌더라도 비난하거나 꾸짖지 말고 자녀 스스로 시간이 지나서 자연스럽게 보상이나 벌을 받음으로써 아동이 스스로 배우고 이해하도록 하는 방법이다. 예를 들어, 학교 준비물을 스스로 챙기지 않고 학교에 등교하여 혼자만 수업에 참여하기 어려운 경험을 갖게 되고, 그 후 스스로 학교 준비물을 챙기도록 하는 것이다. 즉, 불에 덴 경험이 있는 유아는 불을 조심하게 되는 것과 같은 원리이다. 자연적 귀결의 장점은 사건의 자연스러운 흐름을 허용하기 때문에 부모와 자녀 간의 힘겨루기를 막을 수 있다는 것이다.

(2) 논리적 귀결

논리적 귀결은 자연적 귀결이 어려운 경우에 사용한다. 즉, 아동이 위험한 상황이거나 타인에게 피해를 줄 때, 혹은 아동이 인과관계를 이해할 수 없는 경우 등에 사용하는 방법이다. 예를 들어, 숙제를 하지 않았을 경우에 TV 시청이나 외출을 금지시키는 규칙이 따르는 것을 들 수 있다. 어떤 규칙을 설정할 때, 자녀에게 상황에 따른 결과를 선택할 수 있는 권리를 부여하고 자녀의 결정을 수용하는 것이 매우 중요하다.

논리적 귀결은 부모가 자녀와 합의하여 규칙을 정하고 이에 따르지 않으면 스스로 벌을 받도록 하는 것이다. 이때 논리적 귀결의 원리<표 7-4>와 벌과 논리적 귀결의 차이점<표 7-5>을 구분해야 한다.

〈표 7-4〉 논리적 귀결의 원리

- 일관성 있는 행동을 한다.
- 애정적인 태도와 단호한 면이 동시에 필요하다.
- 말을 적게 하고 행동을 많이 한다.
- 자녀와 함께 책임의식을 나눈다.
- 자녀를 복종시키려는 태도를 삼가고 투쟁을 거절한다.
- 자녀에게 최대한의 자율성을 보장한다.
- 자녀들이 좋아하는 태도만을 가진 부모보다는 책임 있는 부모가 되도록 노력한다.

출처: 김현주 외(2013). 부모교육. 공동체. p.112.

〈표 7-5〉 벌과 논리적 귀결의 차이점

벌	논리적 귀결
• 권위 강조 • 잘못된 행동과 논리적으로 관련 없음 • 도덕적 판단 내포 • 과거 행동에 관심 • 분노의 표현 • 외재적 동기에 의존 • 굴욕이나 모욕감을 줌 • 대안이나 선택의 여지가 없음 • 충동적임 • 자신을 하찮게 여김 • 복종 요구	• 사회적 질서 강조 • 잘못된 행동과 논리적으로 관련 있음 • 도덕적 판단 배제 • 현재나 미래행동에 관심 • 분노의 최소화 • 내재적 동기에 의존 • 굴욕이나 모욕감이 없음 • 일정한 한계 내에서 선택의 여지가 있음 • 사려 깊고 신중함 • 자신을 소중하게 여김 • 선택권 부여

3) 격려

부모가 자녀에게 격려를 잘 하지 않는 것은 자녀의 잘못된 행동에 대한 근본 원인이 될 수 있다. 따라서 자녀의 장점과 성취에 맞추어 격려해줌으로써 자녀가 긍정적인 자신감과 자아존중감을 가질 수 있도록 해야 한다. 격려를 할 때는 칭찬과의 차이점을 인식<표 7-6>하고 다음과 같은 태도를 지니고 하는 것이 효과적이다.

- 아무런 조건이나 전제 없이 자녀를 있는 그대로 수용하고 믿는다. 부모가 자녀를 믿지 않는데, 자기 자신을 신뢰할 수 있는 아동은 없다. 자신이 향상될 수 있다고 믿기 위해서는 먼저 자신의 능력에 대해 긍정적으로 느끼는 것이 필요하며, 이는 부모의 수용이나 인정을 전제로 한다.
- 자녀의 과제수행이나 문제해결에 간섭하지 않고 자녀가 스스로 수행하여 극복할 수 있다는 것을 표현한다. 즉, 자녀가 주어진 상황이나 과제를 충분히 극복할 수 있을 것이라고 기대하고, 이러한 부모의 기대를 행동으로 직접 표현해주는 것이 바람직하다.
- 긍정적인 언어와 태도를 사용한다. 자녀가 잘못된 행동을 했을 때, 자녀의 행동과 그런 행동을 한 자녀를 구분하는 것이 필요하다. 행동에는 적절한 제재가 필요하지만 어떤 행동을 하였든 자녀는 한 인간으로서 존중받고 수용되어야 한다.
- 자녀의 부정적 행동은 무시하고 긍정적 행동에만 관심을 갖는다. 아이는 착하게 보이거나 앙갚음을 하기 위해 부정적 행동을 하며, 이는 부모를 이용하여 자신이 원하는 목적을 달성하는 가장 손쉬운 방법이다. 따라서 부정적 행동을 다루는 가장 좋은 방법은 이를 무시하는 것이며, 동시에 긍정적인 행동에 관심을 보이는 것이다.
- 자녀의 장점, 재능, 잘한 점, 공헌한 점에 초점을 둔다. 자녀의 재능을 인정해주고 이러한 재능이 가족에게 기여한 점에 초점을 맞춤으로써 자녀는 자신이 유익

한 존재임을 느낄 수 있다. 단순히 "착하다"고 칭찬해주는 것보다 "네가 방을 청소해 주어 엄마가 편하게 되어 정말 고맙다" 등과 같이 구체적으로 기여한 점에 초점을 맞추어 언급해주는 것이 효과적이다.

- 자녀의 노력과 성취의 결과뿐만 아니라 과정도 인정한다. 즉, 자녀의 행동을 결과만으로 평가하지 말고, 과정이나 노력을 인정해주는 것이 중요하다.
- 자녀를 다른 아동과 비교하지 말고 다른 아동과의 차이를 인정한다.
- 자녀에게 칭찬보다 격려를 자주한다. 칭찬과 격려는 모두 긍정적인 행동에 초점을 두고 있기 때문에 부모는 자녀를 칭찬하면서 격려하고 있다고 잘못 생각한다. 그러나 칭찬은 보상의 한 형태이며, 벌과 마찬가지로 사회적 통제의 한 방법이다. 그러므로 자녀를 통제하기 위해 칭찬하기를 좋아하는 부모는 벌도 자주 사용한다. 그 결과, 아동은 타인의 생각을 근거로 자신의 가치를 평가하게 된다. 이에 비해 격려는 비록 작은 것이라도 향상되고 노력한 것에 대해 주어지는 것이며, 실패한 경우에도 주어지는 것이다. 이는 다른 사람과 비교해서 주어지는 것이 아니라 스스로 가치 있게 느끼도록 돕거나 동기화하는 데 그 목적이 있다.

〈표 7-6〉 칭찬과 격려의 차이점

차이	칭찬	격려
통제방법	외적 통제 (너는 내 말을 잘 들어야 한다)	내적 통제 (나는 네가 책임감 있고 독립적임을 믿는다)
향상기준	절대적 기준 존재 (네가 내 기준을 따를 때 너는 가치 있다)	노력과 향상 (너는 완전할 필요가 없다. 노력과 향상이 중요하다)
평가	외적 평가 (가치 있게 보이려면 나를 만족시켜라)	내적 평가 (자신이 어떻게 느끼는가가 중요하다)
공헌	개인적 이익 (너는 최고다. 항상 너는 남보다 우위에 있어야 가치 있다)	장점 - 공헌, 가치 인정 (너의 공헌은 가치가 있다. 네가 있으면 도움을 받는다)

4) 기타 행동통제기법

아동의 행동통제방법으로 자연적 귀결, 논리적 귀결, 격려 외에 인식반응, 가족회의, 갈등 피하기, 바람직한 언어 사용 등이 있는데, 구체적인 내용을 살펴보면 <표 7-7>과 같다.

〈표 7-7〉 기타 행동통제기법

구분	내용
인식반응	• 인식반응이란 아이가 자신이 택한 목표를 갑자기 깨달았다는 뜻을 나타내는 이상한 미소 또는 눈빛을 뜻하며 왜 자신이 그런 식으로 행동했었는지를 이해하기 시작했다는 뜻이기도 하다. • 일단 관찰을 통해 아이의 잘못된 목표를 발견하게 되면 부모뿐 아니라 아이 자신도 문제의 원인을 파악하게 하는 인식반응이 일어나도록 상황을 만들어 주어야 한다.
가족회의	• 가족회의는 문제해결에 도달할 수 있도록 해주며, 가족회의에 아이들도 참석할 수 있어야 한다. • 부모와 아이에게 모든 종류의 가족문제를 말할 수 있는 기회를 주며 불평이나 다양한 해결방법을 제시하고 투표를 할 수도 있다. • 모든 가족에게 영향을 미치는 안건들, 즉 외식, 여가활동, 운동의 선택 등이 토의될 수 있다. 어떤 주제도 허용되고 어떠한 사람도 많은 말을 할 수 있어야 한다.
갈등 피하기	• 문제행동을 해결하는 효율적인 전략의 하나로 갈등을 피하도록 하는 것이다. • 자녀는 갈등이 생기면 반항이나 과격한 행동을 하게 되므로 부모는 갈등을 피하기 위해 자녀에게 협력을 구해야 한다. • 부모가 갈등을 피하는 방법은 부모가 스스로 행동을 억제하고 융통성 있는 행동을 하며, 항상 자녀의 반응을 관찰한 후 이에 적절한 지도를 해야 한다.
바람직한 언어 사용	• 부모가 바람직한 언어를 사용한다면 아이에게 용기를 줄 수 있고 자신감을 향상시킬 수 있으므로 양육에 크게 도움이 된다. 예를 들어, "다른 사람이 할 수 있으면 너도 할 수 있어", "실수를 통하여 배우는 거란다", "만약 네가 정말 원하면 할 수 있어" 등이다. • 자녀의 잘못된 행동은 실망하고 자신감이 없을 때 발생하므로 용기를 주는 것이 필요하다.

MEMO

CHAPTER 08

인본주의 부모교육이론

□ 배울 내용 □

1. 인본주의 부모교육이론의 발전과정
2. 인본주의 부모교육의 목표
3. 인본주의 부모교육의 원리

□ 학습목표 □

1. 인본주의 부모교육이론의 발전과정을 이해한다.
2. 인본주의 부모교육의 목표를 설명할 수 있다.
3. 인본주의 부모교육의 원리를 이해하고 부모교육에 적용할 수 있는 방안을 모색해본다.

기노트

- 기노트(Ginott, 1922~1973)는 이스라엘 텔아비브에서 태어나 미국으로 이민 오기 전까지 초등교사로 10년간 근무하였고, 이후 이스라엘의 교육부 자문 위원, 콜롬비아 대학 졸업 후 뉴욕대학 교수로 지냈음
- 아이의 감성을 이해한다는 원칙에 기반을 두어 부모양육법을 소개하였고, 인본주의 심리학에 기초한 이론으로 자녀를 있는 그대로 수용해야 한다는 인격적인 측면을 강조하였음
- 대화를 중요시하며 자녀를 책임감 있는 인간으로 성장시키는 데 초점을 두었으며, 부모 자신의 감정표출기법과 대화기법 개발에 노력하였음

기노트(Ginott)의 인본주의적 부모교육이론은 매슬로(Maslow), 로저스(Rogers), 액라인(Axline)으로 이어지는 인본주의 심리학이론에 근거를 두고 있으며, 이 외에 진보주의적 유아교육이론에서 주장하는 교수원칙들도 이 이론형성에 영향을 주었다. 기노트(Ginott)의 저서 『Between parent and child』에서 부모 - 자녀 간의 문제는 부모 자신의 성격요인보다는 자녀양육방식을 모르기 때문에 일어난다고 보았다. 따라서 부모의 성격변화를 목표로 하는 심리치료나 상담보다 아동지도와 교육에 초점을 둔 부모교육의 필요성을 강조하였다. 또한 기노트(Ginott)는 부모 - 자녀 간에 생기는 갈등이나 문제행동의 원인은 부모의 성격에 문제가 있기 때문만이 아니라 자녀를 효율적으로 양육하는 방법을 잘 모르기 때문인 것으로 보고, 적절한 방법을 알려주고 훈련시키는 부모교육을 통해 양육방식을 개선해 보려고 노력하였다.

1. 인본주의 부모교육이론의 발전과정

인본주의 심리학에서는 인간은 자신의 행동이나 정서, 사고를 조직하는 역동적 성격구조를 가지고 있다고 주장한다. 프로이트(Freud)도 인간이 역동적 성격구조를 가지고 있다고 믿었는데, 그는 개인의 행동을 통제하는 것은 무의식적인 힘이라고 믿는데 비해, 인본주의자들은 이를 의식적인 과정으로 믿었다.

인본주의 부모교육이론은 로저스(Roger, 1951)의 내담자 중심 상담이론을 근간으로 하고 있으며, 액라인(Axline, 1947)이 이러한 로저스이론을 아동의 놀이치료에 접목시켜 아동 중심 놀이치료로 발전시켰으며, 기노트(Ginott, 1965)는 부모교육이론으로 발전시켰다. 인본주의 부모교육이론은 다른 이론들에 비해 덜 과학적인 것으로 평가받고 있지만 상당한 임상적 가치를 가지고 있으며, 인간의 이해에 대한 깊은 통찰력을 제시해 주고 있다. 기노트(Ginott)의 인본주의적 부모교육이론에 근거를 두고 있는 인본주의 심리학에 대해 먼저 살펴보면 다음과 같다.

1) 인본주의 심리학

인본주의 이론은 분석적 접근과 행동주의적 접근에 대한 최초의 대안을 제시해 주었기 때문에 심리학에 있어 '제3의 세력'이라고 한다. 인본주의적 접근은 1950년 미국의 심리학자인 매슬로와 로저스가 인간에게는 자유 의지가 있으며, 인간은 무의식적인 동기와 환경적 자극에 의해 움직이는 존재가 아니라는 생각을 발전시키면서 탄생하게 되었다. 인본주의는 현상학적 이론에 근거하고 있는데, 오직 지금 일어나고 있는 경험에 대한 주관적인 해석에 초점을 두고 있다. 즉, 모든 인간은 자기 자신에 대한 주관적인 인식과 자기를 둘러싼 세상에 대한 주관적인 인식에 따라 행동한다는 것이다. 반면에 객관적인 현실은 우리의 행위를 결정하는 중요한 요인이 아니라, 그 현실을 우리가 어떻게 보느냐에 따라 행동하게 된다는 것이다.

인본주의는 인간이 통합된 유기체로서 행동하기 때문에, 인간을 전체론적 관점에서 접근해야 한다는 입장을 가졌다. 인간이 어떻게 행동하는가는 그가 세계를 어떻게 지각하느냐에 달려 있다고 생각하며, 개인의 행동을 가장 잘 이해하기 위해서는 그 개인이 지니고 있는 내적 준거 틀에 대한 이해가 필요하다는 입장을 취한다.

(1) 매슬로의 견해

매슬로

- 매슬로(Abraham Harold Maslow, 1908~1970)는 미국의 심리학자로 욕구위계설을 주장하였으며, 심리학에서는 제3세력으로 알려져 있음
- 뉴욕의 브루클린에서 태어났으며, 심리학 학사(1930년)와 석사(1931년), 박사(1934년)학위를 받았고 붉은 털 원숭이와 애착행동에 대한 연구로 유명했던 해리 할로우와 함께 연구를 진행하였음

매슬로는 사람들이 동기화되는 요인과 개인을 완전하게 기능하는 삶으로 이끌어 가는 동기에 관심을 가졌으며, 완전하게 기능하는 사람만이 자아실현을 하는 것으로 보았다. 완전하게 기능하는 사람들은 유기체가 가치를 부여하는 과정에 따라 행동을 조정하며 모든 경험에 개방되어 있고 자아개념이 경험과 일치하며 위협과 불안이 없기 때문에 방어의 필요도 없다고 설명하였다.

매슬로는 자아실현 동기가 그 사람의 삶을 지배하기까지에는 몇 개의 단계를 거치게 된다고 가정하였는데, 그것을 욕구위계설(hierachy of need)이라고 한다. 매슬로는 인간이란 완전한 만족의 상태에는 도달하지 못하고 항상 부족함을 느끼는 동물이라고 하였으며 인간의 욕구는 본능적이고, 또한 계층적 단계로 배열되어 있다고 주장한다. 즉, 생리적 욕구, 안전 욕구, 소속 및 사랑의 욕구, 존중의 욕구, 자아실현의 욕구로 구성되어 있으며, 이러한 각각의 욕구는 우선 순위의 원리에 따라 급히 해결되어야 하는 낮은 단계의 욕구에서부터 더 높은 단계의 욕구로 진행하게 되어 있다<표 8-1>. 높은 수준의 욕구를 추구한다는 것은 정신적 건강과 안녕 상태의 방향으로 가고 있음을 의미한다.

인간은 욕구의 순서에 따라 그 욕구를 충족시키기 위해 행동하게 된다. 즉, 인간

생존의 기본적인 요소가 충족되어야 상위계층의 욕구가 생기고, 이런 인간의 욕구는 불균형상태를 해소하는 행동을 선택하게 되고 행동을 일으키는 원동력이 된다는 것이다.

〈표 8-1〉 매슬로의 욕구

구분	내용
생리적 욕구	생리적 욕구는 음식, 물, 성, 수면, 배설의 욕구 등과 같이 인간이 자신의 신체적 균형을 유지하는 데 필요한 욕구를 말한다. 생리적 욕구가 어느 정도 충족되어야 다음 단계의 욕구에 관심을 가지는 것이 일반적인 인간의 특성이다.
안전 욕구	신체적 · 정서적 위협으로부터 자신을 보호하려는 욕구로 안전, 질서, 보호 등의 차원을 포함한다. 이러한 안전의 욕구가 충족되어야 다음의 상위단계의 욕구에 관심을 가지게 된다.
소속 및 사랑의 욕구	소속 및 사랑의 욕구는 생리적 욕구와 안전 욕구가 충족되었을 때 나타난다. 이 욕구는 타인과 어울리고 어떤 집단에 속하며 타인과 애정을 나누고 싶어 하는 욕구가 포함된다.
존중의 욕구	소속 및 사랑의 욕구가 어느 정도 충족되고 나면 존중의 욕구가 나타난다. 이 욕구는 남으로부터 존경받고 자신도 스스로 능력 있고 가치 있는 사람이라고 느끼고 싶어 하는 욕구이다.
자아실현의 욕구	최상위에 있는 욕구는 자아실현의 욕구로서 하위의 욕구들이 충분히 만족되어야만 나타나는 욕구이다. 이 욕구는 자신의 잠재력을 실현시키고 자신의 강점과 단점을 수용하며 독립적이고 자발적이 되고자 하는 욕구이다. 매슬로(Maslow)는 자아실현의 욕구를 충족한 사람들도 나름대로의 약점을 지니고 있기 때문에 결코 완벽한 인간이라고 할 수 없다고 하였고, 이 욕구에 도달한 사람은 극소수에 불과하다고 주장하고 있다.

매슬로는 하위단계의 욕구가 충족되어야만 상위단계로의 이동이 가능한 것으로 보았고, 건강한 성격이란 자아실현을 할 수 있는 사람으로 보았다. 하지만 자아실현을 달성하는 사람은 소수에 불과하다고 하는데, 그 이유가 무엇일까? 매슬로는 크게 두 가지 이유를 말하고 있는데, 먼저 하위에 있는 기본적인 욕구를 충족시키기 어렵게 만드는 사회적 조건들이라고 하였다. 즉, 기본적인 욕구가 충분히 만족되기 위해서는 이상적인 사회적 조건이 뒤따라야 하는데, 그러한 사회가 실제 존재하기가 어렵다는 것이다. 두 번째로, 개인의 문제를 이야기하고 있다. 즉, 자기 스스로가 자신의 잠재력을 인식하지 못하거나 보다 상위의 욕구단계로 나아가기 위해 위험을 감당하기보다는 현재의 상태에 만족하려는 경향을 보이기 때문에 자아실현을 하기가 어렵다고 하였다.

매슬로는 이러한 욕구가 모든 사람에게 공통적으로 있는 본능과는 달리 개인의 생물학적 특성과 경험에 따라 다르게 결정된다고 보았으며, 변화가 가능한 역동적 과정으로 생각하였다. 또한 한 위계에 있는 욕구가 충족되면 상위의 위계에 있는 욕구를 만족시키고자 동기화된다고 가정하였는데, 이러한 가정은 현상적인 입장과 일치하는 것이다. 그는 이러한 동기가 결손이 되면 개인의 행동은 긴장을 감소시키거나 특정 욕구의 일시적인 결핍을 충족시키는 방향으로 나아간다고 가정하였다. 생리적 욕구, 안전 욕구 수준에서는 이러한 결손 동기화가 더 강하게 일어나며 소속과 사랑에 대한 욕구나 존중에 대한 욕구에서는 동기화가 보다 약하게 일어나는 것으로 보았다.

(2) 로저스의 견해

로저스

- 로저스(Carl Rogers)는 1902년 1월 8일 시카고 외곽 오크 파크에서 6남매 중 넷째로 태어났으며, 컬럼비아대학교 교육대학원에 입학하여 1928년에 석사학위, 1931년에 박사학위를 받았음
- 1935년부터 1940년까지 로체스터 대학교에서 강의를 하였으며, 1939년 첫 번째 저서인 『The Clinical Treatment of the Problem Child』를 집필하였고, 1940년 오하이오 주립대학교 교수가 되었으며, 1942년에 2번째 저서인 『Counseling and Psychotherapy』를 집필하였음.
- 1945년 카운셀링센터 설립을 위해 시카고대학교 교수로 초빙되었으며, 1947년 미국심리학회 회장이 되었음

① 자아발달

자아(self)는 자신에 대해 가지고 있는 조직적이고 지속적인 인식을 말한다. 자아개념은 현재 자신이 어떤 존재인가에 대한 개인의 개념으로 의식적 지각과 가치를 포함하는 것으로 보았다. 이러한 자아개념에는 자신의 현재 모습에 대한 지각뿐만 아니라 자기가 되어야 한다고 또 되고자 생각하는 것까지도 포함한다.

로저스는 모든 인간이 지니고 있는 가장 근본적인 동기이자 궁극적 목표를 자아실

현으로 보았다. 또한 이러한 자아실현의 구체적인 내용은 각 개인의 주관적 경험 또는 내적 준거체계에 따라 달라진다고 가정하였다.

② 긍정적 관심에 대한 욕구

로저스는 모든 인간은 중요한 타인으로부터 따뜻함, 존경, 숭배, 사랑 그리고 수용과 같은 태도를 받고 싶어 하는 기본적 욕구를 가지고 있다고 주장한다. 긍정적 관심에 대한 욕구는 선천적이기 때문에 어린 시절에 자연스럽게 발달하며 자기 주변의 중요한 사람들이 자기에 대해서 가지는 기대와 태도에 많은 영향을 받는다. 아동은 타인으로부터 긍정적인 관심을 얻기 위하여 자신이 경험한 어떤 가치를 부정하고 타인이 생각하는 가치에 따라서 그 경험을 지각하게 되는 경우를 경험하기도 한다. 조건적인 긍정적 관심이 지속되면 그것이 아동에게 내면화되어 규범과 기준이 되며, 심지어는 자신의 행위를 제한시키고 현실을 왜곡하기도 한다. 조건적인 긍정적 관심이 그 사람의 가치부여과정을 지배하게 될 때 그 사람은 자신의 잠재력과의 접촉을 상실하며 자기소외를 경험하게 된다.

③ 조건적 가치부여

어린아이는 긍정적 관심에 대한 강한 욕구를 가지고 있으며 점차로 자기 인생에서 중요한 사람들의 자기에 대한 기대와 태도에 영향받고 민감해진다. 대부분 어른들이 아동에게 조건적인 긍정적 관심을 갖는 것은 우리가 흔히 볼 수 있는 것으로 이는 전혀 놀라운 일이 아니다. 즉, "네가 내가 바라는 사람이 되면 나는 너를 사랑하고 인정하고 대우할 것이다"라고 어른이 말한다. 이 말은 바꾸어 얘기하면 "네가 내가 원하는 방향으로 성장하지 않으면 절대 사랑을 받을 수 없어"라는 얘기와 같다. 이러한 조건적×긍정적 관심 또는 조건적 가치부여(conditions of worth)는 아동을 타인의 기대에 따라 행동함으로써 칭찬을 받고, 주의를 끌며, 인정이나 또는 다른 형태의 보상을 받는 상황으로 내몰게 된다. 로저스(Rogers)는 아동에게 부과된 가치의 조건은 아동이 완전히 기능하는 사람이 되어 가는 데 부정적인 영향을 준다고 강력하게 주장한다. 이것은 아동이 현재의 자기나 앞으로 되고자 하는 자기를 찾고 그렇게 되고자 노력하기보다 타인이 세운 기준에 맞추려고 애쓰기 때문이다.

④ 무조건적 긍정적 관심

어떠한 사람도 완전히 조건적 가치부여를 피할 수는 없지만 로저스는 구체적인 어느 개인의 행위에 부여된 가치와는 무관하게 긍정적 관심을 주거나 받는 것은 가능하다고 생각한다. 로저스에 의하면 인간은 무조건적으로 관심(unconditional positive regard)을 주는 가정과 사회환경 속에서 성장해야 완전히 자신의 잠재력을 발휘할 수 있다고 한다. 건강한 성격이 되기 위한 기본적인 요건은 유아기에 무조건적인 긍정적 관심을 받는 것이다. 이것은 아동이 어떻게 행동하느냐에 관계없이 사랑과 애정을 줄 때 발달한다.

2) 인본주의 부모교육이론

기노트의 아동에 대한 견해는 "아동은 자기 자신을 이해하고 자신의 행동을 조정하며 적절히 통제할 수 있는 능력의 소유자"로 인식한다. 따라서 부모는 자녀의 성격, 지능, 체격이 어떠하든지 간에 아동들이 하는 이야기를 잘 들어주고, 이들의 감정과 행동을 있는 그대로 수용하는 것이 무엇보다도 필요하다. 즉, 부모가 자녀의 감정과 행동을 있는 그대로 수용하고 그런 자기 자신을 인식할 수 있을 때 자녀교육이 제대로 이루어질 수 있는 것이다. 현재 자녀의 상태가 어떠하든지 간에 자녀들의 이야기를 잘 들어주어 그들의 느낌을 부모에게 표현하고 싶은 마음이 일어나도록 하면서 부모는 상담자, 치료자의 기술을 익혀야 한다는 것이다.

인본주의 부모교육이론에서는 자녀양육을 위한 부모개입의 기술은 사람마다 각각 다르게 적용되어야 함을 강조하고 있다. 부모와 자녀 간에 상호작용과 대화를 촉진시키기 위한 전략으로는 <표 8-2>와 같은 원리를 강조한다.

〈표 8-2〉 인본주의 부모교육 대화촉진 전략

- 자녀와의 대화는 인격을 존중하는 태도를 가지고 해야 하며 대화는 기술이 필요하다. 자녀의 인성과 성격을 공격하거나 비평하지 않고 잘못된 행동 그 자체에만 관심을 두어야 한다. 예를 들어, "얘, 너는 왜 그렇게 싸움만 하니? 아주 못된 애구나"라는 말 대신 "나는 네가 미운 것이 아니라 네가 지금 한 행동에 화가 나고 속상하다"라고 표현하는 것이 좋다.
- 칭찬이나 긍정적 강화를 과용하지 않는다. 자녀를 칭찬할 때 자녀의 노력과 행동 자체를 칭찬하지 않고 인성에 대해 표현한다면 오히려 역효과가 난다. 따라서 불분명하고 막연한 표현이 아니라 자녀가 실제로 성취한 만큼의 행동을 구체적으로 말해 주어야 한다.
- 부모는 자녀와의 상호작용에서 생기는 갈등이나 압박감을 다룰 때 자녀들의 행동에 대해 화나는 느낌을 가질 권리가 있다. 즉, 자녀들의 어떤 행동이나 언어는 부모를 화나게 하지만 부모들은 죄의식이나 미안한 마음을 가질 필요가 없다. 자녀의 인격을 공격하지 않으면서 부모 자신의 감정상태를 언어로 표현하는 모델을 보여 주는 것이 필요하다.
- 부모들이 자녀와의 갈등상황에서 패배감을 느끼게 되면 위협, 뇌물주기, 빈정대는 말, 훈계, 억압 등으로 자녀를 복종시키려 하지만 이와 같은 방법은 오히려 잘못된 행동을 반복시키는 결과를 초래할 뿐이다. 위협은 잘못된 행동을 잠깐 동안만 금지시킬 수 있고, 뇌물주기는 자녀행동을 수정하는 것이 아니라 단지 잠깐 멈추게 하거나 모든 행동을 부모와 거래하는 마음으로 조장할 수 있다. 빈정대는 말은 자녀의 기분만 상하게 하며 잘못된 점에 대해 가르치고 설교하는 부모에게 자녀들은 귀를 기울이지 않는다.
- 효과적인 의사소통을 위해서 부모는 허리를 구부리거나 한 다리를 구부려 키를 낮추어 자녀와의 눈높이를 같게 하여 의사소통을 하는 것이 매우 효과적이다. 자녀가 부모와 이야기할 때 "엄마, 아빠 키가 너무 커요. 그래서 제가 이야기하기가 힘들어요"라고 마음속으로 외치고 있을 때는 효과적인 의사소통이 이루어질 수 없다.
- 자녀가 성장해 감에 따라 자신의 행동에 대하여 책임감을 가지도록 양육해야 한다. 즉, 일상생활에서 자녀들에게 가능한 책임을 다할 수 있는 선택기회를 주어 책임지는 것을 배울 수 있게 한다. 예를 들어, "오늘은 무슨 옷을 입을래?"라고 묻는 대신 "파란색 바지를 입을래, 아니면 회색 바지를 입을래?"라고 질문하여 자신이 선택한 것에 책임감을 느끼게 할 수 있다.
- 자녀를 훈육할 때 체벌보다는 간결하고 분명한 언어로 표현하고 자녀의 자존심을 상하게 하는 말이나 행동은 사용하지 않는다. 즉, 자녀의 잘못된 행동과 갈등은 그 문제에 대해 토의를 하는 것이 바람직하다. 체벌은 힘 있는 사람들이 힘 없는 사람들을 마음대로 때릴 수 있다는 생각을 갖게 한다.

이상과 같이 인본주의 부모교육이론은 부모 - 자녀의 관계를 부모 중심이 아니라 아동 중심에 놓고 문제가 발생했을 때 그 해결책으로 부모가 자녀의 치료적인 상담자로서 역할을 해야 한다고 말하고 있다. 기노트의 이러한 이론은 부모로 하여금 자녀의 상담가로서 그리고 자녀를 이해하는 능력과 기술을 습득하게 한 점에서 공헌점을 찾을 수 있지만 지나치게 부모 - 자녀관계에서 부모만이 자녀에게 영향력을 일방적으로 주고 있다는 문제점도 지적되고 있다. 왜냐하면 부모 - 자녀관계는 어느 한쪽에서만 일방적으로 영향력을 미치는 것이 아니라 서로 상호작용 속에서 관계를 유지하는 것이기 때문이다. 또한 그는 아동 자신을 이해하고, 행동을 조정하며 적절히 통제할 수 있는 능력을 지닌 존재로서 부모가 양육하는 방법만 습득하여 그것을 활용하면 교육이 자동적으로 이루어진다고 보는 지나친 아동낙관론을 보이고 있다.

그러나 부모 - 자녀의 관계가 단순히 부모가 어떤 기술을 습득했다고 해서 교육이 이루어지지는 않으며 자녀가 스스로 행동을 조정하며 통제할 수 있는 능력이 있는 것보다는 부모에게서 보여지는 행위들에 영향을 받으며 학습된다고 본다.

또한 기노트의 인본주의 부모교육이론은 부모가 자녀의 이야기를 잘 경청할 수 있도록 함으로써 부모 - 자녀관계에서 일어나는 갈등을 피하도록 하며, 부모로 하여금 자녀들의 치료적인 상담자 역할을 할 수 있게 한다. 따라서 부모는 자녀의 문제에 대하여 아동 중심적 사고, 즉 자녀의 입장에서 생각하려고 노력해야 하며 객관적 태도를 가져야 한다.

2. 인본주의 부모교육의 목표

인본주의 부모교육에서는 자녀를 충분히 기능하는 사람으로 키우는 것이 궁극적인 목표이다. 이와 같은 궁극적인 목표를 달성하기 위해 다음과 같은 하위목표를 설정하고 있다.

첫째, 인본주의 부모교육은 로저스 등의 인간 중심적 철학을 기본으로 한다. 인간 존중을 기본철학으로 하는 인본주의 심리학은 자녀에 대한 수용을 강조한다. 자녀에 대한 수용은 소유론적인 관계가 아닌 하나의 독립된 인격체로서 자녀를 있는 그대로 받아들이는 것이다. 자녀의 행동은 무조건적인 수용이 불가능하며 한계를 설정하는 것이 필요하다. 수용은 자녀의 감정이나 생각을 포함하는 자녀의 존재에 대한 무조건적인 수용을 의미한다.

둘째, 인본주의 심리학을 부모교육에 적용시킨 인본주의 부모교육은 아동의 입장에서 생각하도록 노력함으로써 자녀의 문제를 더 잘 이해할 수 있으며, 부모-자녀관계가 보다 원만하게 이루어질 수 있다고 본다. 역지사지의 자세로 아동과 정서적으로 함께하는 감정이입적 이해를 통해 부모는 아동의 행동을 보다 잘 이해할 수 있을 뿐만 아니라 아동 자신도 편안한 자기탐색이 가능해진다. 아동은 자기 자신의 행동을 적절하게 조절하고 통제할 수 있는 능력의 소유자임을 가정하고 있으므로 인본주의 부모교육의 목표는 감정이입적 이해를 통해 자녀 스스로 자신의 행동을 판단하고 결정할 수 있도록 돕는 데 그 목표가 있다.

3. 인본주의 부모교육의 원리

인본주의 부모교육의 목표는 부모가 자녀를 있는 그대로 수용하고 하나의 독립된 인격체로 바라볼 수 있도록 돕는 것을 목표로 한다. 특히, 부모와 자녀 간의 효과적인 상호작용기술을 습득하는 데 초점을 두고 있다.

1) 아이와의 의사소통을 통한 감정의 교류

인본주의 부모교육에서는 자녀와의 대화에서 자녀의 인격을 최대한 존중하고 상호신뢰에 바탕을 둔 의사소통이 필요하다고 강조한다. 그리고 부모가 자녀의 잘못된 행동과 행동에 숨겨 있는 내면적인 목적을 파악하여 부모와 자녀 간의 관계에 미치는 영향을 이해하도록 한다. 또한 상이나 벌을 주는 행동주의적 원리보다는 자녀 스스로 느끼고 통찰하며 경험하도록 하는 자발적 경험을 중요시한다.

부모와 자녀와의 대화의 기본원리로는 첫째, 자녀의 감정을 생각해주고 반응해 주어야 하며, 둘째, 자녀의 감정을 미리 판단하지 말고 이해하려는 방법을 찾으려고 노력해야 하며, 셋째, 자녀가 실수를 하면 거친 말투나 형용사를 쓰지 않고 분노를 가라앉히는 부모의 지혜가 필요하며, 마지막으로 자녀에게 발언권 등을 주어 자신의 말과 행동에 책임감을 갖도록 하는 노력을 강조한다.

그리고 인본주의 부모교육에서 대화 시 금기사항으로는 첫째, 칭찬과 긍정적 강화를 남용하지 말 것, 둘째, 인신공격과 비난하는 표현을 삼갈 것, 셋째, 화를 억제하고, 위협, 빈정대는 말을 삼갈 것, 마지막으로 체벌을 삼가라고 충고하고 있다.

지금까지의 인본주의 부모교육에서 주장하고 있는 대화의 기본원리와 대화 시 금기사항을 종합해서 제시하고 있는 대화법은 <표 8-3>과 같다.

〈표 8-3〉 인본주의 부모교육에서 제시하는 대화법

- 자녀가 잘못된 행동을 했을 시 자신의 행동이 잘못된 이유, 자신의 감정상태를 언어로 표현하도록 격려하고 지지한다.
- 자녀의 노력에 알맞은 칭찬을 하도록 한다. 주의해야 할 점은 노력 이상의 과분한 칭찬은 하지 않는 것이 좋다.
- 자녀에게 화가 났을 때는 부모가 느낀 감정상태를 언어로 표현하여 자녀에게 본보기가 되도록 한다. 이때 나-전달법을 사용하여 아이에게 자신의 감정을 표현하는 것이 효과적이다. 예를 들어, 자신의 방을 청소한다고 한 자녀가 약속을 지키지 않았을 때, "네가 엄마와 한 약속을 지키지 않아서 나를 무시하는 것 같아 너무 속상해"라고 표현한다.
- 체벌은 자녀에게 부정적인 감정을 가지게 하고 신체적인 해를 입히므로 사용하지 말고 문제는 대화로 해결한다. 대화를 할 때에는 아동이 이해할 수 있는 수준에서 진지하게 눈을 맞추면서 이야기한다.

2) 부모의 잘못된 태도

부모들이 자녀와의 관계에서 패배감을 느끼는 경우, 자녀를 위협하고 빈정대거나 훈계하고 억압하고 뇌물을 주면서 자녀들을 부모에게 복종시키고자 하는 경우에는 자녀를 순종시키기보다는 오히려 자녀의 반항을 야기시킨다.

아동은 자신이 부족한 것을 채우기 위해 거짓말을 하게 되고, 대부분의 부모는 자녀들에게 책임감을 길러 주기 위해 많은 집안일을 강제로 시킨다. 긍정적인 가치가 부여되지 않은 책임감은 반사회적이며 파괴적이다. 따라서 자녀의 거짓말하기와 책임감 향상을 위해 부모가 고려해야 할 점을 살펴보면 <표 8-4>와 같다(고정곤 외, 2014).

〈표 8-4〉 거짓말과 책임감 향상을 위한 부모의 고려사항

구분	부모의 고려사항
거짓말하기	• 부모는 자녀가 거짓말할 때 무조건 화를 내기보다 자녀가 거짓말하는 이유를 주의 깊게 생각해보고 자녀가 거짓말하게 된 상황을 이해하고자 노력해야 한다. • 부모는 자녀가 거짓말하고 있다는 사실을 알게 되면 자녀를 나쁜 아이라고 규정짓기보다 거짓말이 의미하는 바를 이해하도록 노력해야 한다. • 부모는 자녀가 거짓말하는 원인이 무엇인지 알기 위한 어떤 질문도 하지 않는다. • 자녀가 거짓말할 때 부모는 일방적으로 판단하거나 대답을 강요하거나 타일러서 항복을 받으려고 해서는 안 된다. 현상을 그대로 말해서 자녀가 거짓말할 기회를 주지 않는다.
책임감	• 자녀가 자발적으로 하고 싶은 일을 선택할 수 있도록 기회를 주고 자녀의 감정을 존중하는 것이 중요하다. • 자녀가 책임감을 갖게 하기 위하여 스스로 그것에 가치를 부여할 수 있는 환경을 조성해야 한다. • 부모는 자신의 감정을 자녀들에게 솔직한 태도로 보여 주어야 하며 자녀의 모든 감정표현과 행동을 받아들일 수 있는 아량을 갖고 행동해야 한다.

3) 부모의 역할과 훈육원리

기노트의 기본 철학은 자녀는 부모를 닮으면서 성장한다는 것이다. 따라서 부모-자녀관계에서 부모의 역할과 훈육원칙은 매우 중요하다. 그리고 그는 어머니의 역할(가정환경의 조성, 건강과 일상생활 지원, 온정적인 양육, 안전과 보살핌의 역할)과 아버지의 역할(모험심과 독립심을 배양, 양심과 도덕의 인격적 훈련, 사회적인 경험과 양육, 성정체성을 통한 남성의 역할)을 구분하여 제시하였다. 효과적인 훈육의 단계는 <표 8-5>와 같다.

〈표 8-5〉 효과적인 훈육의 단계

단계	내용	예시
1단계	자녀가 원하는 바를 인정하고 간단한 말로 다시 반복해서 말해준다.	친구가 유치원에 가져온 장난감을 너도 갖고 싶었구나, 이 장난감을 갖고 싶었니?
2단계	잘못된 행동에 대해 분명하게 통제하는 말을 해 준다.	그래도 친구의 물건을 가져오는 건 잘못된 행동이란다. 너의 물건을 친구가 가져가면 속상하겠지?
3단계	자녀가 원하는 바를 최소한 수용할 수 있는 다른 방법을 제시한다.	네가 갖고 싶은 장난감이 있을 때는 언제든지 엄마에게 말하렴, 엄마는 모든 장난감을 사줄 수는 없지만 네가 갖고 싶은 장난감들을 말하면 그중에 한 가지를 함께 골라보도록 하자.
4단계	자녀의 행동을 부모가 통제할 때 발생하는 분노의 감정을 표현할 수 있도록 허용하고 도와준다.	네가 장난감을 많이 갖고 싶었구나. 하지만 남의 물건을 훔치는 것은 안돼요. 네가 많이 속상하니 엄마가 안아줄게.

4) 인본주의 부모교육의 전개

인본주의 부모교육은 모임을 통해 이루어지며, 자녀의 연령(보통 취학 전, 학령기 아동, 청소년기)에 따라 구성원은 보통 10～12명으로 구성하는 것이 일반적이다. 부모교육의 진행은 일반적으로 <표 8-6>과 같이 4단계로 이루어진다.

〈표 8-6〉 인본주의 부모교육의 진행단계

단계	내용
불평 늘어놓기 단계	• 부모가 경험하고 있는 문제를 털어놓음으로써 부모들 간에 공감대를 형성하고 위안을 받는다. • 자녀에 대한 불만, 죄책감, 분노 등의 감정을 나타내는데, 이때 지도자는 관심과 이해를 통해 부모들의 이야기를 수용한다. • 지도자는 안정된 분위기를 조성하여 서로 더 많은 이야기를 나눌 수 있도록 기회를 준다. • 부모들이 이야기를 모두 털어놓았다고 판단되고 해결하고자 하는 노력이 보일 때 다음 단계를 진행한다.
감수성 형성 단계	• 자녀의 입장에서 감수성을 갖고 깊이 생각해보는 단계로 부모-자녀 간에 감정에 대한 통찰력을 갖는 데 도움을 준다. • 지도자는 아동 중심으로 문제를 다시 생각하고 감정이입을 할 수 있도록 유도한다. • 주로 역할극으로 진행되는데, 이는 부모-자녀 간의 문제를 자녀의 입장에서 경험해보도록 하고 그 외의 다른 관계에서의 문제는 일상적인 상황에서 타인과 겪게 되는 감정적인 경험을 하게 된다. • 지도자는 부모들에게 역할극을 하는 그때그때의 상황에서 어떤 느낌이 드는지 말함으로써 부모-자녀 간에 교류되는 감정이 더 나은 방법으로 이어질 수 있도록 돕는다. • 다른 사람의 감정에 대한 감수성을 향상시키면 부모 자신의 잘못된 행동을 인식하게 되고 변화하려는 의욕을 갖게 된다.

단계	내용
개념형성 단계	• 자녀의 감정이나 부모 - 자녀 간의 감정 교류에 대한 통찰력을 기반으로 과거의 양육이 왜 실패했는지 평가하고 보다 나은 양육행동을 형성하는 것에 주안점을 둔다. • 부모로서 자녀양육에 대한 자신의 행동을 분석하는 시간을 갖고 새로운 지식과 개념을 습득한다. • 자녀의 감정과 행동을 무조건 수용하는 것이 아니라, 인간은 나쁜 감정과 좋은 감정이 공존한다는 것을 이해하고 자녀의 수준에 맞는 기대를 갖음으로써 자녀가 느끼는 분노, 좌절 등이 좀 더 건설적으로 표현되도록 도와주어야 함을 인식한다. • 부모로서의 행동이 긍정적으로 향상될 수 있는 개념을 형성한다.
기술 익히기 단계	• 이론적으로 개념을 정리하는 것과 문제해결에 적합한 양육기술을 발견하여 적용하는 시간을 갖는다. • 문제에 대처할 수 있는 방법을 제안하고 적용하도록 격려하면서 교육받았던 기술을 실습해 본다. • 지도자는 참여 부모들 개개인이 겪는 문제들에 도움이 될 만한 기술을 제시하여 부모가 문제에 적절하게 대처할 수 있도록 격려한다.

<표 8-6>에서 보는 것과 같이 1단계는 불평 늘어놓기 단계(recitation phase)이다. 이 단계는 부모들이 경험했던 자녀양육의 문제와 자녀에 대한 불만, 죄책감, 분노 등을 표현하는 단계이다. 2단계는 감수성 형성단계(sensitization phase)로 부모가 문제를 자녀 중심적으로 생각하고 자녀 입장에서 문제를 해결하도록 자녀행동에 내재되어 있는 의미를 발견할 수 있는 태도를 형성시키기 위한 감수성 훈련을 하는 단계이다. 감수성 훈련은 부모가 자녀의 행동에 내재되어 있는 의미와 정확한 감정을 포착하게 하며 부모 - 자녀가 서로의 감정을 공유하는 공감능력을 향상시키는 데 주력한다. 감수성 훈련은 부모교육의 기본이 되는 훈련으로 부모가 자녀에 대한 역할을 잘못하는 것은 자녀의 감정을 수용하지 않고 반응을 잘못하기 때문이라는 것을 전제로 한다. 3단계는 개념형성단계(concept formation phase)로 전 단계를 통해 감수성이 형성되었으므로 왜 부모로서 자녀문제를 다루는 데 실패하였는지 그 원인을 파악하고 평가・분석하여 부모 - 자녀관계를 개선하고 자녀문제를 해결하기 위한 새로운 지식과 개념을 갖게 하는 단계이다. 마지막으로 기술 익히기 단계(skill learning phase)는 교육받은 기술을 시험해 보는 단계이다. 부모들이 실제 가정에서 자녀와의 관계에서 부딪치는 문제 상황에 지금까지 배운 기술들을 적용해 보면서 토론을 통하여 다른 부모들과

그 경험을 나누고 함께 더 나은 해결방안을 모색하여 실제로 문제를 해결해 보는 단계이다(고정곤 외, 2014).

CHAPTER 09

상호교류분석이론

▫ 배울 내용 ▫

1. 상호교류분석이론의 발전과정
2. 상호교류분석 부모교육의 목표
3. 상호교류분석 부모교육의 기본원리
4. 상호교류분석 부모교육 프로그램

▫ 학습목표 ▫

1. 상호교류분석이론의 발전과정을 이해한다.
2. 상호교류분석 부모교육의 목표를 설명할 수 있다.
3. 상호교류분석 부모교육의 기본원리를 이해하고 부모교육에 적용할 수 있는 방안을 모색해본다.
4. 상호교류분석 부모교육 프로그램의 진행에 대해 이해한다.

번

- 1935년 맥길대학교에서 의학을 전공하고 이후 예일대학교에서 정신분석을 본격적으로 공부하기 시작하였음
- 샌프란시스코 정신분석연구소에서 에릭슨(Erik Erikson)의 지도를 받았으며 1940년대 말 정신분석에 환멸을 느껴 홀로 자아상태연구에 집중함
- 10년간의 연구 끝에 '교류분석이론'이 완성되었고 또한 국제교류분석협회를 설립하였음
- 인간은 다른 사람과의 상호교류를 통해 욕구를 충족시키고 성장하기 때문에 사회적 상호작용을 원하며 따라서 끊임없는 심리적 게임을 이어가게 된다는 상호교류분석이론을 주장함

상호교류분석(Transactional Analysis: TA)은 미국의 정신과 의사인 번(Berne, 1964)에 의해 창안된 인간행동에 관한 하나의 이론이며 상담 및 심리이론이다. 번은 인간이 생존을 영위해 나가기 위해서는 사회적 상호 교제가 필요한데, 이때 서로 교환되는 기본 요소를 교류라고 하였다. 의사소통의 원만함을 추구하는 데에는 대인관계에 있어서 질적인 교류가 중요하며, 이 교류는 개인의 심리적 자세를 형성하는 데 결정적인 영향을 미친다. 상호교류분석은 정신세계의 틀을 기호나 도식을 사용하여 간단명료하게 설명하고 있기 때문에 정신분석의 구어 판이라고 불리고 있다. 본래 집단치료의 한 방법으로 학계에 알려졌다. 번은 이와 같이 인간의 적응문제를 대인 간 의사소통의 과정에서 발생하는 것으로 분석하면서, 우리들이 인생 초기에 부모나 그 밖의 연장자들과의 관계에서 이루어졌던 언어적 혹은 비언어적 의사소통의 질은 개인의 성격형성에 매우 중요한 영향을 미치며, 그렇게 형성된 성격은 현재의 대인관계에서 이루어지고 있는 의사소통의 질을, 다시 말해 대인관계의 성질을 좌우한다고 주장한다. 이처럼 상호교류분석은 근원적으로 대인 간 의사소통의 분석으로부터 출발한 것으로서 기존 다른 이론들보다 대인관계능력과 이해의 기초를 보다 구체적이고도 명료하게 보여 주고 있다(김유경, 1992).

사람들은 언어적 요소와 비언어적 자극에 대하여 다양하게 반응하는데, 이것이 교류반응이다(Berne, 1964). 상호교류분석은 타인 교류에 대하여 자신의 성격 경향에서 오는 행동심리의 패턴을 이해하고, 상대방과 자신의 자아개념을 판단하며, 상대방이나 상황에 맞는 메시지 교환을 훈련함으로써 대인관계능력을 개선하고 신뢰관계를 수립하는 자기통제법이다. 이를 통하여 상호교류에 문제가 된 상황에서 기능적인 의사소통을 가능하게 한다.

번이 정립한 상호교류분석이론은 사람과 사회적 환경 안에서의 인성발달과 관련된 사회적 관계를 중요시하는 개인 상호이론으로서 상호교류분석의 심리학을 부모들에게 적용하여 어머니와 대상자가 모두 긍정적인 자아개념과 대인관계를 선택하여 활용할 수 있는 능력을 발달시켜서 보다 긍정적인 생활태도를 가질 수 있도록 하는 것이다.

1. 상호교류분석이론의 발전과정

정신과 의사인 번은 프로이트의 정신분석이론과 신경외과 의사인 펜필드(Penfield)의 뇌연구에 많은 영향을 받았다. 즉, 번은 정신분석적 배경을 기초로 하면서 관찰이 가능한 생리학적 연구의 장점을 가미하여 일반인들이 쉽게 접근할 수 있는 상호교류분석이론을 발전시켰다. 번의 상호교류분석에 영향을 미친 프로이트와 펜필드의 주장을 살펴보면 다음과 같다.

1) 프로이트의 정신분석이론

프로이트

- 프로이트(Sigmund Freud, 1856~1939)는 오스트리아 정신과 의사이며, 모라비아주 프라이베르크(지금의 체코 프로시보르) 출생으로 정신분석학 창시자임
- 빈대학 의학부를 졸업한 뒤 1882년 빈종합병원에서 신경임상의로 근무하였고, 1885년 파리 사르베토리에르 정신병원 샤르코 교수 밑에서 최면술로 히스테리환자의 마비 · 경련 등을 조절할 수 있음을 알게 되었음
- 1886년 빈에서 신경병원을 개업하고 많은 임상관찰을 통해 인간의 마음에 본인이 의식하지 못하는 무의식 존재를 설정하였고, 최면술 대신 자유연상법을 임상에 적용하여 1896년 이 치료법을 "정신분석"이라고 명명하였음

상상력과 예민한 관찰력을 가진 프로이트에 의해 창조된 정신분석이론은 심리학 역사에 중요한 부분을 차지했다. 정신분석은 인간행동을 결정하는 요소로서 무의식에서의 동기와 갈등 및 유아 초기의 경험을 강조하는 학파이다. 프로이트의 이론은 다른 어느 이론보다도 더 많이 대중문화에 흡수되었으며, 우리는 그 개념들에 이미 친숙해 있는 경우가 많다. 프로이트는 정신분석이라고 하는 심리치료법을 개발하였는데, 정신분석은 환자들로 하여금 스스로 마음속 깊은 곳에 있는 갈등에 대한 통찰을 하도록 하고 사회적으로 허용되는 방식으로 원망의 표현 및 욕구의 충족이 이루어지도록 도와준다.

프로이트가 개발한 정신분석이론은 발표된 당시부터 현재에 이르기까지 정신의학이나 심리학에서 뿐 아니라 다양한 인문, 사회과학 분야에 큰 영향력을 행사해 왔고 많은 논쟁을 일으켜 왔다. 프로이트는 이 이론을 내놓은 후부터 계속해서 자신의 이론을 발전시켰고, 무수한 학자들에 의해 이론이 여러 분파로 갈라져 정신분석적 성격이론의 범위는 엄청나게 방대하다. 프로이트는 인간의 자유를 인정하지 않았으며 인간의 모든 행동, 사고, 감정은 신체적 긴장상태에 의해 유발되는 무의식적인 성적 본능과 공격적 본능에 의하여 결정되고 인간을 이런 힘의 지배를 받는 수동적 인간으로 보았다. 또한 인간의 성격구조가 초기유아기, 특히 만 5~6세 이전에 어떤 경험을 했느냐에 따라 결정된다고 보고 있어 과거를 중요시한다.

정신분석학에서는 성격구조가 세 가지 체계로 나누어져 있다고 본다. 즉, 원초아(id), 자아(ego), 초자아(superego)이다. 원초아(id)는 생물학적 구성요소이며, 자아(ego)는 심리적 구성요소로 현실 지향적이고 합리적인 체계를 지닌다. 그리고 초자아(superego)는 자아로부터 발달하는 사회적 구성요소이다. 이들은 서로 상이한 역할과 기능을 가지며 때로는 협조하고 때로는 갈등을 경험하기도 한다. 이러한 성격의 세 부분은 각기 다른 독특한 기능과 속성을 지니고 있지만, 이들 부분이 상호작용하여 전체의 성격체계를 구성하고 각각의 하위체계는 개인의 행동에 각기 다른 영향을 미친다.

프로이트는 건강한 사람의 성격은 이 세 가지의 성격구성요소가 균형을 유지하고 있는 상태라고 가정하였다. 왜냐하면 건강하게 적응하려면 원초아(id)의 충동에 대해 초자아(superego)가 이를 제지하려는 힘을 발휘하는 가운데서 자아(ego)가 현실적인 조건을 고려하여 이들을 모두 만족시킬 수 있어야 하기 때문이다. 그러나 이러한 과정은 필연적으로 세 요소 간의 갈등상황을 만들게 되는데, 어느 한 요소의 충동이 너무 강하게 되면 자아가 그 충동에 대해 위협을 느끼게 되며 불안을 경험한다고 보았다.

불안은 정신분석학의 필수적인 개념으로 무엇을 하기 위해 동기를 유발하게 하는 긴장상태로 정의된다. 즉, 유용한 심적 에너지를 통제할 수 없을 때 발달하는 것으로 원초아와 자아 그리고 초자아 간의 갈등이 불안이며, 불안에는 세 가지 종류가 있다고 보았다. 첫째, 현실적 불안(reality anxiety)으로 외부세계로부터 오는 위협에 대한 두려움이다. 그 불안의 정도는 외부세계가 주는 실제 위협의 정도에 비례하며, 이 불안은 자아와 관련되어 있다. 둘째, 신경증적 불안(neurotic anxiety)으로 원초아가 통제되지 않아서 그로 인해 개인이 어떤 행동을 하게 됨으로써 처벌받지 않을까에 대한 두려움이다. 셋째, 도덕적 불안(moral anxiety)으로 자신의 양심에 대한 불안이다. 양심이 잘 발달된 사람은 자신의 도덕률에 위배되는 일을 할 때 죄의식을 느끼게 되는 것이다. 불안은 고통스러운 긴장상태로 유기체는 이 불안을 감소시키려고 노력하게 된다. 그러나 불안이 현실적인 방법으로 효과적으로 대처될 수 없을 때, 유기체는 비현실적인 방어를 하게 되는데, 이때 사용하는 것이 방어기제(defense mechanism)이다. 방어기제들은 개인의 본능적 동기나 갈등을 숨기거나 위장하는 역할을 하게 되는 것이다.

프로이트는 성격의 구조를 원초아, 자아, 초자아로 보았으며, 의식수준을 의식, 전의식, 무의식으로 구분하였다. 무의식은 인간행동을 개념화하는 데 가장 중요한 요소 중 하나로서, 개인의 의식수준 혹은 사고 가능한 수준이 아닌 무의식 수준의 정신 에너지가 행동에 영향을 미친다고 보았다. 전의식이라는 정신과정은 즉시 인식되지는 않지만, 조금만 노력하면 접근할 수 있는 영역이다. 소원이나 욕구를 통제하며 외부 현실적 요구, 도덕기준, 가치관에 맞추어서 불쾌한 것을 피하고 본능적 욕구의 방출을 지연시킨다. 의식은 한 개인이 어느 순간에 인식하고 있는 감각, 지각, 경험 등 모든 것을 대표한다. 하지만 개인이 인식할 수 있는 것은 빙산의 일각에 불과하다고 프로이트는 주장하였다. 개인은 감각기관, 주의력을 통해서만 외부세계를 의식할 수 있다.

프로이트에 의하면 개인은 생후 첫 5~6년 동안에 자신의 성격형성에 결정적인 영향을 주는 연속적인 5단계를 거치게 된다고 가정한다. 특히, 각 단계에서 경험하게 되는 성적 또는 육체적 쾌락이 지나치게 충족되거나 좌절되는 경우, 이 경험은 개인의 성격발달에 매우 중요한 영향을 미친다고 보고 있다. 각 단계에서 개인은 갈등과 왜곡을 경험할 수 있으며, 만약 이를 원만하게 해결하지 못하면 특정 단계에 많은 부분이 정지되는 고착화(fixation) 현상이 나타난다. 개인이 최적의 정신건강을 유지하기 위해서는 각 단계의 위기를 원만하게 해결해야 한다. 성격발달은 구강기(출생에서 약 1.5세), 항문기(1.5~3세), 남근기(3~5세), 잠복기(6~11세까지), 생식기(12세 이후) 순으로 발달하는 것으로 보았다.

프로이트의 정신분석이론은 그의 동료 및 제자들에 의해 계승, 발전되었다. 후기 프로이트주의 정신분석이라고 불리는 이들의 이론은 프로이트이론과 상당 부분을 공유하면서도 동시에 그것과 구별되는 특성들을 제시하고 있다. 예를 들어, 이들은 사회적 요구, 자기존중감, 심리적 전체성 등의 중요성을 강조한다.

2) 펜필드의 뇌연구

펜필드

- 펜필드(Wilder Penfield)는 맥길대학 출신의 신경외과 의사로 간질병 환자의 치료과정에서 간질발작이 일어나기 전에 이들에게 전조현상이 있다는 것을 발견하였고, 전조증상이 일어나는 부위에 자극을 가함으로써 미리 간질발작을 차단할 수 있을 것으로 생각함
- 의식이 없는 간질환자도 대뇌피질부를 자극하면 여러 가지 반응을 보였으며, 이런 실험들을 통해 무의식적 기억이 신체적인 근원이라는 것을 주장함

펜필드(Penfield)에 의하면 뇌는 고도의 정확성을 가지고 있는 테이프 레코드와 같이 의식이 없는 상황에서도 우리가 경험한 모든 내용을 자세하게 기록, 저장하였다가 다시 재연할 수 있다고 주장한다. 즉, 간질발작상태와 같이 의식적으로 기억할 수 있는 능력이 없어져도 기억의 내용은 그대로 보존된다는 것이다. 또한 뇌에는 과거의 사건만이 기록되는 것이 아니라 과거의 경험들과 연합되었던 감정들도 기록되고, 감정과 경험은 서로 풀 수 없게 얽혀진다는 것이다. 특정한 사건과 그러한 사건으로 인해 유발된 감정은 뇌 속에 함께 얽혀져 있기 때문에 감정을 배제하고 특정한 사건만을 회상하는 것은 불가능하다고 주장한다. 그리고 사람들은 과거의 사실 자체를 정확하게 회상해내는 것이 아니라 자신이 보고 듣고 느끼고 이해한 것을 회상해낸다고 하였다.

임상적으로 꺼낼 수 없는 기억의 신체적 근원을 발견한 펜필드의 연구는 그 개념이 모호하면서 관찰이 불가능한 정신분석이론의 관점을 신경뇌과학의 연구방법을 통해 보다 과학적으로 증명해주었다고 볼 수 있다. 즉, 펜필드의 연구는 무의식적 기억을 관장하는 신체적 기관이 존재한다는 것을 보여 주었으며, 이러한 생리학적 연구결과는 정신분석적 개념을 보다 관찰 가능한 개념으로 설명하고자 했던 번의 생각에 많은 영향을 주었다(정옥분, 정순화, 2016).

2. 상호교류분석 부모교육의 목표

상호교류분석에서는 인간은 긍정적인 존재임을 강조하고 있다. 인간이 부정적인 행동을 하고 있다면 이는 어린 시절의 잘못된 결정에서 기인하는 것이므로 이러한 잘못된 생각에 대한 재결정을 통해 자신이 가진 잠재력을 충분히 실현할 수 있는 자율성을 갖게 하는 것이 교류분석의 목표이다. 이러한 목표를 달성하기 위해 상호교류분석에서는 다음과 같은 하위목표를 설정하고 있다(정옥분, 정순화, 2016).

첫째, 상호교류분석에서는 각 개인의 성격의 기본이 되는 자아상태를 파악함으로써 한 개인을 변화시키는 것이 가능하다고 본다. 자아상태에는 부모자아, 성인자아, 아동자아의 세 가지 형태가 존재하며, 이들 세 가지 자아상태가 균형을 이루고 있을 때 가장 적응적인 행동을 보이게 된다는 것이다. 그러므로 자신의 자아상태의 구조를 파악하고 세 가지 자아상태가 균형을 이루도록 하는 것이 상호교류분석의 일차적인 목표이다.

둘째, 상호교류분석에서는 자아상태의 구조뿐만 아니라 자아상태 간의 교류가 원만하게 이루어질 때 개인은 가장 적응적인 행동을 보이며, 상호 간의 갈등이 감소한다고 보았다. 의사소통과정에서 인간은 스트로크를 최대한으로 얻기 위하여 시간을 구조화하려는 욕구를 가지고 있으므로 의사소통 유형을 분석하여 원만한 교류가 이루어지도록 하는 것이 상호교류분석의 목표이다.

셋째, 상호교류분석에서는 상호 간의 교류를 통해 형성된 기본적 인생태도와 이를 근거로 형성된 인생각본을 분석하고, 이를 재결정하는 것이 가능하다고 보았다. 인간은 어린 시절부터 부모의 언어적 · 비언어적 메시지를 통해 자신이 어떻게 살아야 할 것인가에 대한 각본을 형성하며, 일단 각본이 만들어지면 성장과정에서 직면하는 모든 일들을 이러한 각본에 맞추고 자신의 각본을 정당화하려는 시도를 하게 된다. 그러므로 잘못된 각본의 경우 재결정을 통해 성공적인 각본을 형성함으로써 충분히 자신이 가진 잠재력을 발휘할 수 있는 자율적인 인간으로 살아갈 수 있도록 도와주는 것이 상호교류분석의 궁극적인 목표이다.

3. 상호교류분석 부모교육의 기본원리

상호교류분석의 기본원리는 개인의 자아상태의 구조를 분석하는 것에서 출발한다. 이를 근거로 상호 간의 의사소통 교류방식과 각본을 분석하는 것이 교류분석의 핵심이다.

1) 구조분석

상호교류분석의 공통적인 특징 중 하나는 상호교류분석 상담자들이 공유하고 있는 개념을 설명하기 위해 일련의 개념과 어휘들을 사용하고 있다는 것이다. 이러한 용어에는 부모, 성인, 아동, 각본, 게임, 스트로크, 계약 및 재결정들이 포함된다(김해연, 2002). 프로이트의 무의식에 대한 관심과는 반대로 상호교류분석은 관찰 가능한 의식적 행동에 관심을 둔다. 번(Berne)은 인간의 언어와 행동이 다양하며 여러 개체들이 모여 하나의 결합체로 표면화된다고 하였다. 번이 성격이론을 구성하면서 사용한 기본 단위는 세 가지 자아상태인데, 이는 일관된 생각과 감정, 행동의 체계이며 행동양식의 원천으로 보았다(Berne, 1964).

(1) 자아상태의 구조

번이 정립한 상호교류분석이론은 사람과 사회적 환경 안에서의 인성발달과 관련된 사회적 관계를 중요시하는 개인 상호이론이다. 번에 의하면 인간은 환경과의 상호작용을 통하여 가치와 신념들을 이해하고, 개인의 인성형성에 영향을 받게 되지만 스스로 자신의 행동 유형과 삶의 방향을 결정하는 자율적 존재라고 하였다. 또한 인간은 자극을 받고자 하는 기본 욕구를 가지고 있다고 보았다. 자극의 욕구는 인간을 인식하는 기본 단위로서 상호교류분석이론에서는 쓰다듬기를 통해서 이루어진다. 교류분석에서는 인간에게는 세 가지 자아상태(ego states)가 있다고 본다. 세 가지 자아상태란 부모자아, 성인자아, 아동자아로 구분된다<그림 9-1>.

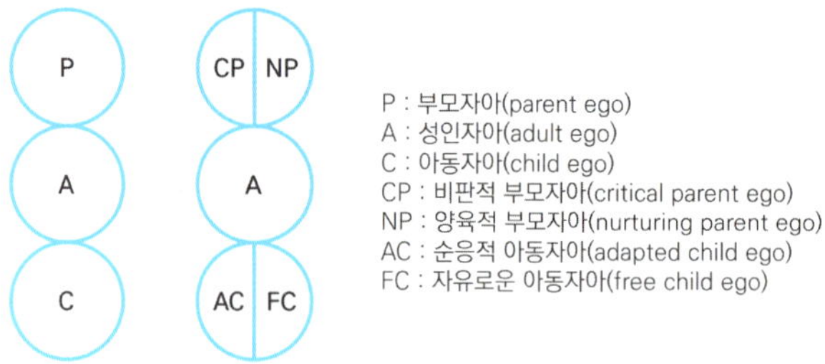

〈그림 9-1〉 세 가지 자아상태 도식

① 부모자아

부모자아는 프로이트의 초자아(superego)에 대응적인 개념이다. 즉, 주로 부모나 형제 등 중요한 주변 인물로부터 받아들인 정보가 내면화되어 형성된 자아이다. 부모자아는 학습된 생활개념이라고 할 수 있는 것으로 어린 시절부터 듣고 보아온 부모의 자신이나 태도, 행동, 규칙, 예절 등에 의해 형성된다. 부모자아는 다시 양육적 부모자아와 비판적 부모자아의 두 가지로 나뉜다. 양육적 부모자아(Nurturing Parent: NP)는 돌보거나 봉사하는 등의 이타적인 행동으로 나타난다. 양육적 부모자아는 애정을 베풀고, 헌신적으로 보살펴주는 모습을 보여 준다. 그러므로 양육적 부모자아는 원만한 대인관계의 초석이 된다. 다음으로 비판적 부모자아(Critical or Controlling Parent: CP)는 주로 비난이나 제지와 관련된 것으로 아동이 이 세상을 살아가는 데 있어 해야 하는 것과 해서는 안 되는 것 등의 여러 가지 규칙을 가르쳐 주고, 명령하고 지시하는 것과 같은 지배적인 태도와 관련이 있다. 즉, 비난, 통제, 처벌 등의 태도로 표현된다. 부모자아상태의 특성은 <표 9-1>와 같다.

〈표 9-1〉 부모자아상태 NP와 CP의 특징

구분	특성	언어	소리, 말투	자세, 동작, 표정, 몸짓
양육적 부모자아 상태(NP)	• 구원적 • 응석을 받다. • 보호적 • 위안 • 배려 • 동정	• 해드리지요. • 알겠어요. • 잘 되었어요. • 염려 마세요. • 할 수 있어요. • 참 잘 됐군요. • 좋은 아이야. • 걱정 마세요.	• 온화하다. • 안심하게 한다. • 애정적 • 따뜻한 • 부드러운	• 손을 내민다. • 미소를 띤다. • 수용적 • 어깨에 손을 얹는다. • 배려가 가득하다. • 돌보는 데 열정적이다. • 천천히 귀를 기울이다.
비판적 부모자아 상태(CP)	• 편견적 • 징벌적 • 비판적 • 배타적	• 당연하지. • 이론을 내세운다. • 말 한 대로 해라. • 못 쓰겠군. • 멍청하군. • 하지 않으면 안 된다.	• 단정적 • 조소적 • 강압적인 말투 • 교훈적 • 설교적 • 비난을 한다.	• 전능자적(자기과잉) • 직접 가르친다. • 지배적이다. • 도전적이다. • 타인을 이용한다. • 주먹으로 책상을 친다. • 깔본다.

출처: 김현수 역(2000). 교류분석. 민지사.

<표 9-1>에 의하면 부모자아상태 중 비판적 부모자아상태는 자신의 가치관이나 생각만을 옳은 것으로 여기고 상대방에게 전혀 양보하지 않는 자아상태이다. 비판적 부모자아상태는 양심과 깊이 관련되어 있어서 인간의 생활에 필요한 여러 가지 규칙이나 규범 등을 가르치는 데 유효하지만 정도가 지나치면 타인을 비판하거나 비난을 하게 된다.

② 성인자아

성인자아(adult ego)는 아동자아의 감정적 생활개념과 부모자아의 학습된 생활개념에서 얻은 정보를 근거로 하여 어떤 일을 혼자 해낼 수 있는 능력을 갖게 됨으로써 형성된 것이다. 다시 말해, 성인자아는 논리적·비정서적인 표현으로 나타나며, 현실을 검증하여 객관적인 자료를 제시하여 삶을 컴퓨터처럼 다룬다. 즉, 감정이 배제된 채, 컴퓨터처럼 상황들을 다루는 것이다. 현실에 기초하여 객관적, 논리적, 합리적으로 성숙된 태도를 보여 준다. 성인자아상태의 특징은 <표 9-2>와 같다.

〈표 9-2〉 성인자아상태의 특징

구분	특성	언어	소리, 말투	자세, 동작, 표정, 몸짓
성인자아상태	• 사실적 • 평가적 • 객관적 • 합리적 • 분석적	• 누가? • 왜 • 언제 • 어디에서 • ~라고 생각한다. • 구체적으로 말한다. • 생각해봅시다.	• 차분한 소리 • 단조로움 • 일정한 음조 • 냉정 • 명료	• 주의 깊게 듣는다. • 관찰적 • 안정된 자세 • 상대편의 눈과 마주친다. • 때로는 타산적 • 생각을 종합한다.

출처: 김현수 역(2000). 교류분석. 민지사.

<표 9-2>에서 보는 것과 같이 성인자아는 부모자아와 아동자아를 중재하는 역할을 하며, 수집된 정보를 정리하고 결정하는 역할을 한다. 그러므로 성인자아는 사실에 근거하여 정보를 분석하고 이에 근거하여 적절한 해결방법을 탐색하는 능력의 근간이 된다. 그러나 성인자아가 한 개인의 자아상태를 지나치게 지배할 경우에는 감정을 배제한 냉정하고 타산적인 사람으로 비쳐지는 문제를 가지고 있다.

③ **아동자아**

아동자아는 연령과 관계없이 어린아이와 같은 충동적인 면을 보이는 것을 말한다. 즉, 아동자아는 어린 시절 실제로 느끼고 행동했던 것과 같은 감정이나 행동이 내면화된 것으로 일종의 '느껴진 생활개념(felt concept of life)'이다. 흔히 본능적인 욕구를 느끼고 그것을 표현하는 것을 아동자아상태라고 한다. 아동자아는 생활의 기쁨, 창조성, 자발성, 직관, 즐거움, 흥미를 부여하기 때문에 인성발달에 중요한 역할을 담당한다. 아동자아는 그 기능에 따라 누구에게나 구속받지 않고 자연스럽게 행동하는 자유로운 아동자아(Free Child Ego: FC)와 자신을 예의 바르게 교육시키려는 부모에게 순종하는 순응적 아동자아(Adapted Child Ego: AC)로 구분할 수 있다. 아동 자아 상태의 주요 특징은 <표 9-3>과 같다.

〈표 9-3〉 아동자아 상태의 특징

구분	특성	언어	소리, 말투	자세, 동작, 표정, 몸짓
자유로운 아동자아상태 (FC)	• 본능적 • 창조적 • 감정적 • 호기심 • 행동적	• 감탄사 • 좋아요. 싫어요. • 갖고 싶다. • 해줘요. • 못해요. • 도와줘요.	• 개방적 • 느긋한 • 자유로운 • 감정적 • 흥분적	• 자유로운 감정표현 • 자발적 • 잘 웃는다. • 장난꾸러기 • 유머가 풍부하다.
순응적인 아동자아상태 (AC)	• 순응적 • 억제 • 반항적 • 의존적	• 곤란한데요. • 해도 좋을까요. • 잘 모르겠습니다. • 슬프다.	• 소근대다. • 자신이 없다. • 끈덕지다. • 조심스럽다.	• 정면으로 안본다. • 마음을 쓴다. • 탄식 • 동정을 구한다. • 침울하다.

출처: 김현수 역(2000). 교류분석. 민지사.

<표 9-3>에서 보는 것과 같이 자유로운 아동자아는 아동이 일상생활에서 보고 들은 것에 대한 느낌을 반영하는 호기심으로 창조적인 힘의 원천이 된다. 그러나 지나칠 경우에는 현실을 고려하지 않고 즉흥적으로 행동하거나 자신의 행동을 제어하지 못하고 경솔한 행동을 하게 된다. 반면, 순응적 아동자아는 순종적이고 참을성이 있으므로 사회생활에 적응하는 데 용이하다. 그러나 양육자의 애정을 상실하지 않기 위하여 자신을 억제하게 되므로 지나친 경우에는 심리적 문제를 초래하는 경우가 많다(정옥분, 정순화, 2016).

(2) 자아상태의 경계

사람들은 모두 부모자아, 성인자아, 아동자아를 가지고 있으며, 건강한 사람들은 이러한 세 가지 자아상태를 자유롭게 선택할 수 있다. 그러나 자아상태의 기능적인 장애로 인하여 경계가 파손되거나 경직된 경우에는 이러한 선택에 문제가 생기게 된다. 건강한 사람의 경우에는 이러한 세 영역은 균형을 이루고 있으며 그 경계도 융통성이 있으나 특정한 자아상태가 지배적이거나 그 경계가 경직되거나 이완된 경우에는 여러 가지 문제가 대두된다. 자아상태의 경계에서 문제가 생기는 대표적인 형태는 오염(contamination)과 배제(exclusion)이다<표 9-4>.

〈표 9-4〉 자아상태 경계의 오염과 배제

구분	내용
오염	이상적인 자아상태는 부모자아, 아동자아, 성인자아가 적절하게 분리되어 균형을 맞추는 것이다. 그러나 자아상태의 경계가 지나치게 이완되어 있어서 하나의 자아상태가 다른 자아상태를 침범하여 경계가 파손된 것을 오염이라고 한다. 예를 들어, 부모자아가 성인자아를 침범한 경우에는 부모의 지시가 자녀의 논리적 판단기능을 저해함으로써 편견을 형성하게 되고, 아동자아가 성인자아를 침범한 경우에는 아동자아가 성인자아의 논리적 기능을 저해하여 지나치게 감정에 충실하거나 망상이나 환상에 사로잡히게 되며, 부모자아와 아동자아 모두가 성인자아를 침범한 경우에는 정신병리적인 성격을 보이게 된다.
배제	자아상태의 경계가 두꺼운 벽처럼 지나치게 경직되어 자아상태 간의 교류가 차단된 것을 배제라고 한다. 예를 들어, 아동자아와 성인자아의 영향을 배제하고 부모자아에 고착된 사람은 비판적이고, 지시적이며, 권위주의적 태도를 보이게 되고, 반면 부모자아와 성인자아의 영향이 배제되어 아동자아에 고착된 사람은 놀기를 좋아하고 자기가 하고 싶은 대로 행동하는 경향을 보이고, 아동자아와 부모자아의 영향이 배제되어 성인자아상태에 고착된 사람들은 지나치게 논리적이고, 객관적이며, 감정표현이 없는 컴퓨터와 같은 성격특성을 보이게 된다.

출처: 정옥분, 정순화(2016). 부모교육. 학지사. pp.299-300.

2) 교류분석

상호교류분석에서는 사회적 의사소통의 기본단위를 교류라고 하며, 자아상태의 교류가 원만하게 이루어지도록 함으로써 개인의 적응능력을 향상시키고 상호 간의 갈등을 감소시킬 수 있다고 주장한다. 또한 인간은 상호교류를 통해 자극을 추구하고자 하는 욕구를 가지고 있다. 이처럼 자극의 욕구를 만족시켜주는 기본 단위를 '스트로크(stroke)'라고 하며, 인간은 스트로크를 극대화하기 위해 시간을 구조화하려는 욕구를 가지고 있다고 주장하였다.

(1) 의사소통의 유형

상호교류분석이론의 주요 개념에서 자아상태에 따른 교류 유형을 살펴볼 필요가 있다. 즉, 상호교류분석에서는 의사소통 유형을 상보적 상호교류(complementary transaction), 교차적 상호교류(crossed transaction), 암시적 상호교류(ulterior transaction) 3가지로 나누어진다고 주장하고 있다(김현주 외, 2013).

① 상보적 상호교류

상보적 상호교류(complementary transaction)란 자극과 반응이 같은 자아상태를 향하는 것을 말한다. 번은 상보적 상호교류를 자연스럽고 건강한 사람이 보이는 의사소통이라고 하였다. 즉, 상보적 상호교류는 두 가지 자아상태만 교류에 관계함으로써 원만한 의사소통이 이루어지는 형태이다. 양자 간 심리적 갈등이 없고 교류가 상호보완적이며 사회적 자극에 대한 요구가 서로 바라는 방향으로 충족되기 때문에 의사소통이 무한히 연속될 수 있다. 상보적 상호교류의 특성은 의사소통의 통로가 평행을 이루며 서로 원하는 요구와 방향이 다르더라도 계속적인 의사소통과 교류를 통해 해결이 가능하다는 점이다.

한 개인이 타인과 교류할 때는 개인이 지니고 있는 세 가지 자아상태와 다른 사람이 지니고 있는 또 다른 세 가지 자아상태가 교류할 수 있기 때문에 여섯 가지의 자아상태가 교합된다. 즉, 자신이 지니고 있는 부모자아, 성인자아, 아동자아 그리고 다른 사람의 부모자아, 성인자아, 아동자아 간의 조합이 가능하기 때문에 어떻게 조합이 이루어지느냐에 따라 원만한 교류가 될 수 있고 원만하지 않은 교류가 되기도 한다 <그림 9-2>.

〈그림 9-2〉 상보적 상호교류의 형태

<그림 9-2>에서 보는 것과 같이 개인의 자극과 반응이 평행이거나 상호보완적인 경우에만 의사소통이 원활하기 때문에 자녀-부모 간의 바람직한 의사소통방식이라고 볼 수 있다. 예를 들어, 자녀가 "아빠, 저는 아빠가 좋아요" 하면 아빠도 "그래, 나도 네가 좋고 사랑스럽단다"라고 대답하는 경우 부모자아와 아동자아 간의 상호교류인 것이다.

② 교차적 상호교류

교차적 상호교류(crossed transaction)는 상보적 상호교류와 달리 서로 다른 자아상태로 자극과 반응의 화살표는 교차된 의사소통을 주고받는 것으로 갈등을 유발한다. 즉, 성인자아상태로 원만하게 문제를 해결하려고 하지만 부모자아 대 아동자아로 반응하기 때문에 교차적 상호교류가 나타난다<그림 9-3>.

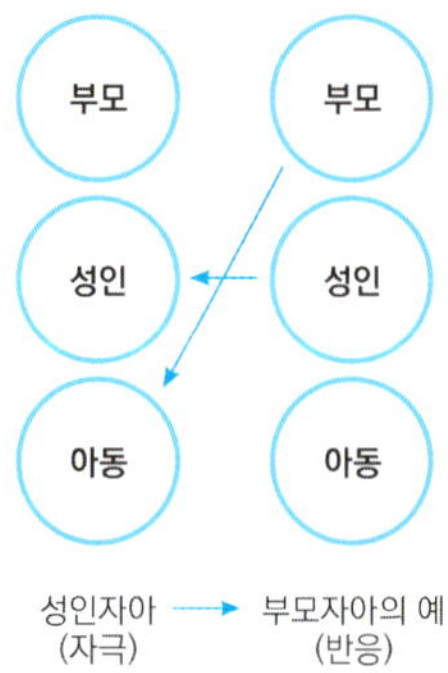

〈그림 9-3〉 교차적 상호교류 형태

예를 들어, 아내가 "여보, 리모콘 어디에 있어요?"라고 물었을 때 남편이 "소파 위에 있어요"라고 대답하지 않고 "왜 그런 것을 나한테 물어보고 그래, 정신을 어디 두고 다니는 거야"라고 한다면 성인자아상태로 상호작용하기를 원하는 아내에게 통제적 부모자아상태에서 아동자아상태를 향해 꾸짖는 방식의 반응을 하는 것이다. 이런 경우 갈등을 경험하게 된다.

③ 암시적 상호교류

암시적 상호교류(ulterior transaction)는 이면적 교류라고도 하는데, 겉으로 보기에는 상보적 교류나 교차적 교류처럼 보이지만 속마음을 감추고 겉으로 드러난 메시지와 심리적 메시지가 서로 다른 의사소통을 말한다. 암시적 상호교류는 각이 진 상호교류(angular ulterior transaction)와 이중적 상호교류(duplex ulterior transaction)로 구분된다 <그림 9-4>. 전자는 주로 성인들이 사용하는 심리적 방법으로 두 사람 간의 교류하는 자아상태에서 세 가지 다른 자아상태가 참여하는 형태이다. 예를 들어, "이 옷은 저 옷보다 좋지만, 손님의 사정으로는 좀 어려울 것 같네요"라고 했을 때 "이 옷을 사겠어요"라고 하는 경우이다. 후자는 두 사람 사이에 네 가지의 자아상태가 관여하여 발생하는 것이다. 예를 들어, "저 옷 좀 보세요. 참 예쁘지요?"라고 하면서 손님에게 주인이 아기 옷을 보여 줄 때 "어렸을 때 저도 저런 옷을 가지고 싶었어요"라고 말하는 경우이다. 이는 아동 옷에 대한 객관적인 정보를 나누고 있지만 심리적으로는 아동자아 대 아동자아로 교류하고 있는 것으로서 외현적인 것과 내면적인 느낌과 요구는 달라 상호작용이 단절될 수 있다. 따라서 이러한 심리적 교차에서 나온 단절 예방을 위해 외현적인 언어나 태도보다 내면적 메시지를 이해하고 반응해야 한다.

〈그림 9-4〉 암시적 상호교류의 형태

(2) 스트로크

상호교류분석이론에서 인간은 누구나 인정을 받고자 하는 욕구를 가지고 있으며, 이러한 욕구를 충족시키기 위해 스트로크를 주고받는다고 주장한다. '스트로크'란 쓰다듬기라는 뜻으로 교류분석에서는 자극을 주고받는 교류의 기본 단위로 보았다. 인간은 다른 사람의 존재를 인식하게 되면 스트로크를 보낸다. 쓰다듬기는 긍정적 쓰다듬기와 부정적 쓰다듬기로 나눌 수 있다. 긍정적 쓰다듬기를 받은 사람은 유쾌하고 활기차며 자신이 중요하다는 느낌을 갖는다. 안정감이 증진되고 활동이 촉진되며 기뻐할 때가 많다. 내면의 느낌은 선의의 감정이고 "나는 OK이고 당신도 OK이다"라는 느낌을 전달한다. 만일 그 쓰다듬기가 진솔하고 정직하며 사실에 근거해서 이루어진다면, 또 지나치지 않는다면 이는 한 개인에게 영향을 주어 인생에서 성공할 가능성을 증진시킨다. 부정적 쓰다듬기란 "너는 안 좋아(You are not OK)"라는 메시지를 보내는 것으로, 무시하고 조롱하며 차별하거나 웃음거리로 만들고, 비난하며 신체적으로 못살게 군다든가 별명을 부르며 놀리는 등의 행동을 말한다. 즉, 자신의 실제 가치보다 상대방을 '깎아내리는' 것이다. 깎아내리기는 항상 잠재적 비난을 수반한다. 상호교류분석이론에서는 긍정적 쓰다듬기를 통하여 삶의 자세를 변화시키는 것이다. 쓰다듬기는 각본이론에서 진행될 수 있다.

(3) 시간의 구조화

인간의 행동은 타인으로부터 자극과 인정을 받고 싶은 의도에서 비롯된다. 인간은 타인과의 상호작용에서 받은 스트로크를 극대화하기 위해 시간을 구조화하려는 욕구를 가지고 있으며, 시간을 구조화하는 데에는 <표 9-5>와 같이 여섯 가지 방법이 있다.

〈표 9-5〉 시간의 구조화 방법

구분	내용	스트로크의 양
철회	철회(withdrawal)는 스트로크를 교환하는 것에 대해 불안감을 가지고 있는 경우 상대방과의 상호교류를 중단하고 자신만의 생각에 잠기는 방법이다. 이는 대부분의 시간을 공상이나 상상으로 지내며 자기 스스로 스트로크를 주려고 하는 자기애적인 특성이 강하다.	↓
관습	관습(ritual)은 타인을 만나면 의례적인 이야기를 하는 것과 같이 누구에게나 통용되는 안전한 시간구조화 방법이다. 철회와의 차이점은 외부 대상이나 관습적 행동을 통해 스트로크를 한다는 점이다. 전통이나 관습에 따르기 때문에 비교적 안전한 시간의 구조화 방법이다.	
활동	활동(activity)은 자기 스스로 외부의 대상에 접근하여 구체적인 형태로 스트로크를 교환하는 생산적이고 창조적인 시간구조화 방법이다. 활동을 통해 얻을 수 있는 자극의 수준은 중간수준으로서 비교적 안전한 시간의 구조화방법이라고 할 수 있다.	
잡담	잡담(pastime)은 큰 부담이 없는 주제에 대한 정보를 상호교환하며 스트로크를 추구하는 시간구조화 방법이다. 이는 취미생활이나 스포츠 등과 같이 일상적인 주제를 중심으로 스트로크를 추구하기 때문에 상당히 안정적인 형태의 스트로크를 구하게 된다.	
게임	게임(game)은 타인이 자신의 욕구를 알아차리지 못하도록 이중적인 교류로 시간을 구조화하는 방법이다. 이는 일상생활에서 잡담 이상의 스트로크를 추구하기 원할 때 사용하는 것으로 일종의 필요악이라고 볼 수 있다.	
친교	친교(intimacy)는 상호 간에 신뢰하며 배려하는 관계에서 이루어지는 스트로크를 극대화시킬 수 있는 방법이다. 이는 상호교류분석에서 추구하는 가장 이상적인 방법으로 상호 간의 감정교환이 자유롭게 이루어지며 상호 간에 방어적 자세가 아니라 수용적 자세를 가지게 된다.	

출처: 정옥분, 정순화(2016). 부모교육. 학지사. pp.312-314.

이상과 같은 시간구조화 방법 가운데 철회는 스트로크를 가장 적게 얻는 반면 친교로 갈수록 스트로크를 많이 얻게 된다.

3) 각본 분석

인간은 스트로크를 극대화하기 위해 시간을 구조화하고자 하는 욕구를 가지고 있으며, 부모로부터 어떠한 스트로크를 받았는가에 따라 특정한 인생 태도를 형성하게 되고 여러 다양한 인생각본을 형성하게 된다.

상호교류분석에서 말하는 각본이론이란 인간의 삶을 진행시키는 프로그램이라고 말할 수 있다. 인간의 성격은 각본을 분석함으로써 가능해진다. 인간은 의식적으로든 아니면 무의식적으로든 각본된 프로그램 대로 행동하게 되어 있다. 번(1970)은 <그림 9-5>와 같이 각본 법칙을 소개하고 있다.

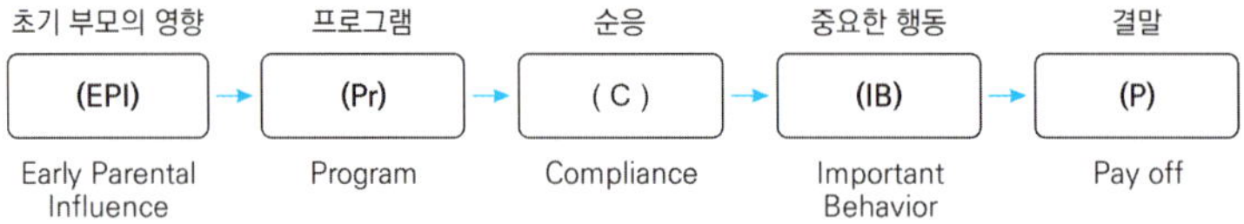

〈그림 9-5〉 **각본 법칙**

어린 시절 부모의 부재 혹은 사랑을 받지 못하고 성장하여 결국 고독한 최후를 맞이하게 된 사람의 각본 법칙을 살펴보면 다음과 같다. 첫째, 초기 부모 영향(EPI)으로 부모가 일찍 돌아가시거나 양육자로부터 차가운 대우를 받아 애정 결핍 등 외상체험을 한다. 둘째, 프로그램(Pr)으로 쓸 데 없는 역할을 연출하거나 돈을 몽땅 잃고 마는 등 패자 각본의 연출을 한다. 셋째, 순응(C)으로 주어진 각본 줄거리를 연출할 것을 승인하는 것을 말한다. 아무리 부모의 영향하에 인생 프로그램이 작성되어도 그것에 따르겠다는 결심이 서지 않으면 각본으로 되지 않는다. 넷째, 중요한 행동(IB)으로 인생의 중요한 상황에서 행하는 행동의 중재방식을 말한다. 구체적으로 결혼, 직업, 육아, 죽는 방식 등에서 곧 잘 나타난다. 다섯째, 결말(P)로 결과적으로 빈 털털이가 되어 자기 멸시를 하면서 재기 불능상태에 빠지고 건강까지 해쳐 복지시설에서 고독한 최후를 맞게 되는 것과 같다. 교류분석에서 인간은 모두 어린 시절에 자기 자신의 인생 이야기를 쓴다고 가정한다. 이에 번은 상호교류와 생애 각본을 바탕으로 <표 9-6>과 같이 네 가지의 삶의 자세를 발달시킨다고 보았다.

〈표 9-6〉 기본적 인생태도

구분	내용
자기긍정 - 타인긍정 (I`m OK-You`re OK)	이 형태는 아동에게 있어 쉽게 볼 수 있는 삶의 자세이다. 자신과 타인에 대해 만족하며 평안감을 느끼는 건전한 상태를 말한다. 아무런 거리낌 없이 느끼고 표현하며 수용하기 때문에 건강하게 성장할 수 있으며 활동 동기 또한 높다.
자기부정 - 타인긍정 (I`m not OK-You`re OK)	이 형태의 삶의 자세는 부모에게 애정적인 양육을 충분히 받지 못한 아동들에게 주로 나타난다. 이 형태는 자신 스스로를 타인에 비해 열등하다고 느끼거나 부적절하다고 느낀다. 이러한 사람의 자신에 대한 느낌은 타인이 OK 해줄 때에만 긍정적이어서 좌절감과 함께 무가치감을 느끼게 된다.
자기긍정 - 타인부정 (I`m ok-You`renotok)	이 형태는 인간관계에 대해 근본적으로 부정적이며 자신을 포함하여 어느 누구도 믿지 않는다. 이 자세를 가진 성인은 자신을 희생자라고 생각한다. 흔히 잔인하고 호전적이며, 독선적인 태도를 보이기 때문에 문제행동을 보이는 경우가 많다. 자기주장만을 내세우기 때문에 원만한 사회적 관계를 형성하기 힘들며, 심각한 경우에는 범죄를 저지르거나, 정신병리적 성격을 갖기도 한다.
자기부정 - 타인부정 (I`m not OK-You`re not OK)	부모에게서 자신의 가치에 대해 부정적인 자극을 받았기 때문에, 자신도 부모의 가치에 대해 부정적인 반응을 보이는 것이다. 이 형태는 자신에 비해 타인을 부적절하고 가치없는 사람으로 본다. 이러한 사람은 스스로 두려움을 느껴 불안정하며 타인을 신뢰하지 못하면서도 타인 위에 군림하려고 한다. 이러한 형태의 사람은 분노를 쉽게 나타내며, 타인을 무시하는 태도를 보인다.

위의 네 가지 삶의 자세를 살펴보면 건강한 사람들이 갖는 삶의 자세로 자신의 가치와 타인의 가치를 모두 인정하는 것이 바람직한 태도이다. 이는 '승리자'의 자세(자기긍정 - 타인긍정)로, 현실적인 기대를 갖고, 타인과 좋은 유대관계를 맺으며, 문제가 생기면 건설적으로 해결책을 모색한다. 삶의 태도는 어린 시절의 부모 태도에 크게 영향을 받는다. 즉, 어린 시절 부모가 아동이 보이는 자율성, 자발성, 호기심, 탐색 등에 긍정적인 태도로 신뢰와 사랑을 보여 주면 자아가치를 높게 갖게 된다. 또한 승자적 자세는 개인적으로 그리고 사회의 구성원으로 믿을 만하고 신의가 있으며 쉽게 적응하고 성실한 사람이 가지는 자세이다. 즉, 승자적 자세란 자율적이며 기본적으로 자신감을 지니고 있어 자신의 인생에 대한 책임감을 확신하며 살아가는 사람의 자세이다. 이것이 어머니의 자아개념과 대인관계능력에도 긍정적 영향을 미치게 되는 것이다.

4. 상호교류분석이론 부모교육 프로그램

상호교류분석이론에 기초한 부모교육의 목적은 번(1964)의 상호교류분석 심리학을 부모들에게 적용하여 부모와 대상자가 모두 긍정적인 자아개념과 대인관계능력에 있어서 보다 긍정적인 생활태도를 가질 수 있도록 하는 것이다. 상호교류분석이론에 기초한 부모교육은 훈련을 받은 진행자가 부모들을 집단화하고 이들을 대상으로 알맞은 부모교육을 계획, 설계하고 진행하게 된다. 진행자는 상호교류분석이론에 따라서 체계적인 절차를 활용하여 각 부모들의 인성구조에 대한 분석과 인간관계의 교류분석, 자아상태와 생활자세를 분석하게 된다. 부모들은 상호교류분석이론에 기초한 부모교육을 통해 행동이 변화될 것이고 상대방을 이해하는 능력이 향상됨에 따라 자신의 인간적 성장에 대하여 지속적인 통찰력을 지니게 될 뿐 아니라 문제의 해결 방안을 찾는 데 적극적인 자세를 보이게 된다. 교류분석에 의한 부모교육의 구체적 방법에는 첫째, 훈련받은 지도자가 부모들을 집단화하고 이들을 대상으로 알맞은 프로그램을 구안·계획하여 지도한다. 둘째, 부모교육에서 사용되는 어휘들을 창의적이고 매력적인 어휘로 사용한다. 또한 구체적인 단어를 쉽게 사용할 수 있도록 부모, 성인, 아동, 스트로크, 각본, 게임, 계약, 결정 등의 일상용어로 표현하도록 한다. 셋째, 모든 부모는 승자의 성공적인 삶을 살 수 있는 능력을 가지고 태어났으므로 어머니의 양육태도를 승자적인 삶의 태도로 이끌어 낸다. 넷째, 부모역할의 성공적인 수행을 위하여 어머니의 심리적인 자세가 긍정적인가를 먼저 진단해보아야 한다. 다섯째, 긍정적이고 수용적인 자세로 타인이 아닌 자신을 먼저 바꾸려는 시도를 일상생활 속에서 구체적으로 적용하는 것 등이 있다. 상호교류분석이론에 근거하는 부모교육의 기본 모형은 <그림 9-6>과 같다.

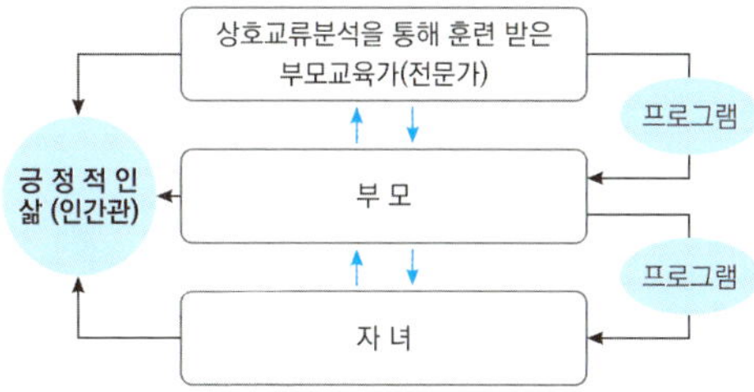

〈그림 9-6〉 상호교류분석이론에 기초한 부모교육모델

결국 상호교류분석이론에 기초한 부모교육의 목적은 부모의 삶의 태도를 승자로 변화시켜 건강한 자아개념을 형성하고 자녀와의 관계 및 의사소통에 긍정적 변화를 갖도록 하는 데 있다. 상호교류분석이론에 기초한 부모교육 프로그램의 구성 체계는 <표 9-7>과 같다.

〈표 9-7〉 상호교류분석(TA)이론에 기초한 부모교육 프로그램의 구성체계

구분	특성
이론적 배경	• 대인관계 의사소통을 분석함 • 부모 - 자녀관계를 교류적 측면이라고 강조함 • 환자를 변화시킴으로써 갈등을 해소해야 한다고 보는 관점에서 사회적 인간관계를 중심으로 한 상호교류분석이론을 발전시킴
기본가정	• 모든 사람은 'OK'로 태어나서 'Not OK'를 느끼도록 학습됨 • 인간의 인성은 부모자아, 성인자아, 아동자아로 구성됨 • 인간발달과정은 건전한 인성조직 혹은 불건전한 인성조직의 결과로 봄 • 긍정적인 쓰다듬기
양육원리	• 자아상태의 발달: 부모자아, 성인자아, 아동자아 • 상호교류분석: 상보적 교류, 교차적 교류, 암시적 교류 • 자기긍정 쓰다듬기, 부정적 쓰다듬기
주요기술	• 사회적 메시지, 심리적 메시지, 긍정적 쓰다듬기, 부정적 쓰다듬기
부모교육 실시형태	• 집단 중심으로 부모교육 실시 • 부모들을 대상으로 워크숍이나 토의를 하여 사전지도를 받게 함 • 집단교육에서 건전한 가족관계의 중요성을 강조함 • 부모 - 자녀의 의사소통 채널을 원만히 사용하도록 권장함 • 부모들에게 긍정적인 자아상태를 갖도록 교육함

출처: 김정옥, 배나래(2003). 부모교육 프로그램에 대한 비교 연구. 사회복지연구, 25, 69-90.

MEMO

CHAPTER 10

부모효율성훈련

□ 배울 내용 □

1. 부모효율성훈련의 목표
2. 부모효율성훈련 프로그램의 특성
3. 부모효율성훈련의 기본원리
4. 문제해결을 돕는 의사소통기법 사용하기

□ 학습목표 □

1. 부모효율성훈련의 목표를 설명할 수 있다.
2. 부모효율성훈련 프로그램의 특성을 설명할 수 있다.
3. 부모효율성훈련의 기본원리를 이해하고 부모교육에 적용할 수 있는 방안을 모색해본다.
4. 문제해결을 돕는 의사소통기법을 익히고 실습해본다.

고든

- 고든(Gordon)은 시카고대학에서 심리학으로 박사학위를 수여받고 5년간 시카고대학에서 근무하였으며, 이후 상담현장에서 많은 경험을 쌓았음
- 그는 정서적 · 지적 문제를 가지고 있는 아동에 대한 상담경험을 토대로 실제로 도움이 필요한 사람은 아동보다 부모라고 생각하였고, 부모에게 자녀와 대화하는 방법을 가르치는 것이 부모 - 자녀관계를 개선하는 데 가장 중요하다고 주장하였음
- 부모효율성훈련협회(Parent Effectiveness Training Associates)를 창설하였음

부모효율성훈련(Parent Effectiveness Training: PET) 프로그램은 미국의 임상심리학자인 고든(Tomas Gordon)이 로저스(Carl Rogers)이론에 입각하여 만든 부모교육 프로그램이다. 고든은 시카고 대학교에서 정서적 · 지적으로 문제가 있는 어린이들을 치료해 오는 동안 자신이 배운 정신의학적인 지식이 맞지 않음을 발견하였다. 이런 임상적 경험에 따라 고든은 어린이의 정서적인 문제는 정신의학적인 문제로 다루어질 것이 아니라 부모 - 자녀 간의 인간관계에서 생긴 문제로 보아야 하며 자녀와의 관계를 개선시킬 수 있는 방법을 부모들에게 교육해야 효과적이라는 생각에 부모 - 자녀 관계 향상에 초점을 두게 되었다. 그리하여 일부 심리치료가에게만 통용되어 오던 인간관계에 관한 지식이나 기술을 자녀와의 관계에서 어려움을 겪고 있는 부모에게 실생활에서 적용하게 하려는 의도에서 1962년 California주 Pasadena에서 17명의 부모집단을 대상으로 부모효율성훈련 프로그램을 최초로 시작하여(Cedar, 1985), 1994년에는 42개국에서 수백만 명의 부모가 부모효율성훈련 프로그램에 참여하고 있는 것으로 보고되었다.

1. 부모효율성훈련의 목표

고든(1970)의 부모효율성훈련(PET) 프로그램은 인본주의적 가치, 효과적인 의사소통전략의 명확한 제시, 상호 만족스러운 인간관계의 증진을 목적으로 하고 있다. 즉, 고든(Gordon)은 만족스러운 인간관계를 발전시키는 데 있어 필수적인 3가지 요인을 제시하고 있다. 첫째, 강력한 치료적인 힘이 되는 수용, 둘째, 내면적인 감정의 일치된 표현, 셋째, 인간관계에서 생기는 필연적인 갈등을 해결하는 방법들을 부모들이 습득할 수 있도록 하여 자녀를 도울 수 있는 준전문가의 역할을 부모들이 담당하도록 기대하고 있다.

따라서 부모효율성훈련의 목적은 신뢰와 애정을 바탕으로 한 바람직한 부모-자녀관계의 형성을 도움으로써 부모로 하여금 부모역할을 보다 효과적으로 수행하도록 하는 것이다. 이에 따른 구체적인 목표는 첫째, 부모-자녀관계에서 자녀의 행동을 제대로 이해할 수 있는 수용능력을 키우고 자녀에게 자신의 감정을 솔직하게 표현할 수 있는 기법을 습득하게 하며, 둘째, 부모-자녀 간에 문제가 발생할 경우 문제의 소지자가 누구인가를 파악하게 하고, 마지막으로 이에 적절한 문제해결을 위해 효율적인 의사소통기술을 익혀 활용하도록 하는 데 목적이 있다.

2. 부모효율성훈련 프로그램의 특성

부모효율성훈련 프로그램은 부모-자녀관계가 치료적 변화를 위한 필수적 조건인 감정이입, 순수성, 긍정적 관심으로 특정지워지는 관계에 초점을 맞추고 있다. 현대 교육자 및 정신의학자들이 주장하듯이 고든 역시 부모와 자녀의 관계는 애정과 존경에 바탕을 둔 따뜻하고 친절한 관계여야 한다는 데 동의하고 있다. 즉, 부모-자녀관계가 개선되면 유아의 문제행동이나 10대의 반항, 그리고 분노의 수준 등을 감소시키거나 전혀 일어나지 않게 할 수도 있다는 것이다(이원영, 1995).

부모효율성훈련 프로그램의 특성으로는 부모역할에 대한 지적인 이해에 그치는 것이 아니라 부모들이 실제로 체험학습을 통하여 부모역할을 담당하는 능력을 습득하도록 하는 데 중점을 두고 있다는 것이다. 즉, 이 프로그램은 전 과정에서 전체적으로 부모-자녀관계의 상호작용을 중시하여 부모와 자녀 사이의 효과적인 의사소통과 문제해결방법을 제안함으로써 부모들로 하여금 체험하게 한다. 그리고 회기별 활동 내용을 다음 회기까지의 시간 동안에 가정에서 실제 자녀와의 관계에서 적용할 수 있도록 하고, 매 회기의 시작단계에서 경험을 나누고 피드백을 하는 시간을 가지게 하여 프로그램이 일상생활에서의 경험과 의미 있게 연관될 수 있도록 한다는 특징을 가진다. 즉, 참가자들이 자녀양육의 기술능력을 개발하고, 부모의 의사소통능력을 향상시키는 것을 강조한다. 특히, 부모가 자신의 역할을 효율적으로 수행하기 위해 부모 각자가 자신이 사용하는 방법의 장·단점을 파악하고 개선하여 나가기 때문에 개인의 노력과 특성에 따라 그 효과가 다르며, 부모효율성훈련 프로그램의 이론을 강의로만 듣는 참가자와 부모효율성훈련 프로그램 전문 강사의 지도를 받은 참가자는 각각 다른 효과를 나타내게 된다(김인자, 1989). 즉, 부모교육 프로그램에 참여하는 부모들은 강사의 강의를 듣고 의사소통에 관한 여러 가지 원리를 배우며 토론한다. 그리고 강사의 시범과 모델링을 통해 구체적인 기능수행방법을 배우고, 역할놀이를 하면서 지도를 받고 실습을 한다. 또한 참여자들은 교육받은 기술을 가정에서 가족과 자녀에게 직접 적용하여 보고, 참고 도서인 '부모역할 배워지는 것인가'를 읽어 보고 워크북을 과제로 한다. 그리고 자신이 경험한 것을 다음 모임에서 발표하며 다른 사람의 경험을 경청하면서 실제 상황에서 기술을 활용하는 방법을 수정하고 재학습하면서 이해하게 된다.

3. 부모효율성훈련의 기본원리

1) 수용성 수준 파악하기

많은 부모들은 완벽한 부모역할에 대한 환상을 가지고 자녀에게 무조건 관대하고 언제나 수용적이어야 한다고 생각한다. 그러나 부모도 인간이기 때문에 어떤 상황에서도 자녀의 모든 행동에 대해 한결같이 수용적이고 관대할 수는 없다. 더욱이 부모마다 자녀의 행동에 대한 수용능력이 다르기 때문에 <그림 10-1>에서 보는 것과 같이 똑같은 행동에 대해서도 수용 가능한 행동의 범위가 넓은 수용적인 부모는 정상적인 행동으로 여길 수 있지만 상대적으로 수용 가능한 행동의 범위가 좁은 비수용적인 부모는 문제행동으로 간주할 수 있다. 따라서 부모효율성훈련 프로그램에서는 부모로 하여금 자녀행동에 대한 수용능력의 정도를 파악하여 자녀의 행동을 제대로 이해하도록 도움으로써 궁극적으로 바람직한 부모 - 자녀관계의 형성을 도모한다. 한편 부모의 수용 정도는 부모의 기분이나 상황, 자녀의 출생순위에 따라서도 달라질 수 있다. 이 경우 부모의 수용태도는 일관적이어야 한다는 고정관념에 사로잡혀 부모의 솔직한 감정을 숨기는 것은 자칫 부모를 융통성 없는 사람으로 생각해 부모 - 자녀관계에 오히려 부정적인 영향을 미칠 수 있으므로 자녀에게 자신의 솔직한 감정을 표현하는 것이 바람직하다.

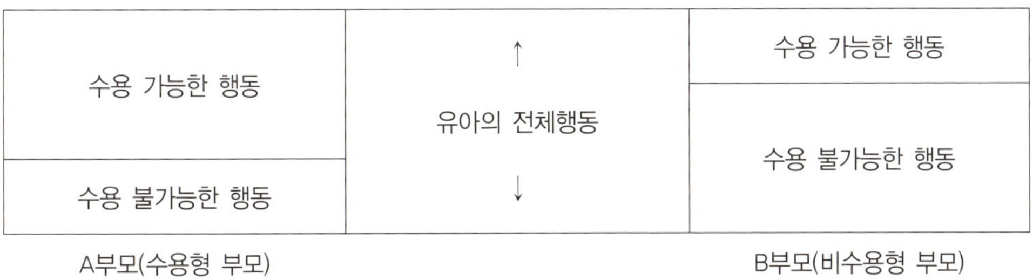

〈그림 10-1〉 유아의 행동에 대한 부모의 수용성 수준

2) 문제 소유자 가려내기

부모의 수용성 정도를 파악했다면 그 다음은 문제의 소유자를 파악하는 것이다. 문제 소유자는 누구에게 문제의 원인이 있는지에 따라 세 가지로 분류할 수 있다<표 10-1>.

〈표 10-1〉 문제 소유자 가려내기

부모의 수용 정도	문제 소유자	특성	부모역할
수용 가능	자녀	자녀의 특정행동이 자녀에게만 스트레스가 됨	자녀 스스로 문제를 해결할 수 있도록 돕는 조력자 역할
	누구도 아님	자녀의 특정행동이 부모 및 자녀 누구에게도 스트레스가 되지 않음	부모-자녀관계를 더 좋게 증진시키는 촉진자 역할
수용 불가능	부모	자녀의 특정행동이 부모에게만 스트레스가 됨	부모 스스로 자신의 문제를 해결하기 위한 적극적 역할

<표 10-1>에서 보는 것과 같이 첫째는 자녀가 문제를 소유한 경우이다. 즉, 어떤 문제로 인해 자녀가 화를 내거나 좌절 혹은 실망을 하는 경우로 부모에게는 아무런 문제도 되지 않는 경우이다. 이 경우 부모는 자녀가 스스로 문제를 해결할 수 있도록 돕는 조력기술 등을 통해 문제를 해결할 수 있다. 둘째, 부모와 자녀 모두에게 문제가 되지 않는 경우이다. 이 경우 예방적인 차원에서 관계를 증진시킬 수 있는 말과 기술을 사용하는 것이 효과적이다. 셋째, 부모가 문제를 소유한 경우이다. 이 경우는 자녀의 행동이 부모에게 불쾌감 혹은 스트레스로 작용하여 자녀의 행동을 수용할 수 없게 되는데, 이 경우 부모는 자신의 생각과 감정을 자녀에게 솔직하고 객관적으로 전달하는 기술 등을 통해 문제를 해결하려는 노력이 필요하다.

3) 적극적 경청

적극적 경청은 자녀가 문제를 소유했을 경우 부모가 자녀를 돕기 위해 사용하는 기술이다. 즉, 자녀의 이야기를 비판이나 판단 없이 있는 그대로 수용하고 자녀의 감정을 진심으로 이해하고자 노력하는 태도로 경청한 후 자신이 이해한 바를 다시 자녀에게 전달하여 적극적이고 진지하게 의사소통에 참여하는 것을 말한다.

아이와 대화를 할 때에는 부드럽게 눈을 맞추고 편안한 자세로 해야 원활한 대화가 이루어진다. 효과적인 대화를 하기 위해서는 아이의 말을 잘 경청해 주는 것이 가장 중요하다. 경청한다는 것은 단순히 듣는 것이 아니고 주의를 집중해서 듣는 것이므로 이럴 때 아이는 자신이 존중받는다는 느낌을 가지게 된다. 즉, 부모는 적극적 경청 방법을 통해 가치판단 없이 열심히 들어줌으로써 아이가 말한 것은 물론 말하지 않은 그 이면의 의미를 파악하고 있다는 것을 아이에게 알려주고, 숨은 의미를 끄집어 내어 아이에게 확인시켜 주어야 한다<그림 10-2>. 그리고 아이가 말할 때는 중간에 끼어들지 말아야 하는데, 부모가 중간에 말을 가로막으면 아이는 자신이 무시당했다는 기분이 들 수도 있다. 부모가 아이의 말을 열심히 들어주는 만큼 아이도 부모의 말을 잘 듣게 된다. 아이와 대화할 때 무엇보다 중요한 것은 아이의 입장에서 이해하고 공감해 주어야 한다는 것이다. 아이의 말이 부모는 문제가 없을지라도 아이에게는 상당히 중요한 문제가 될 수 있으므로 아이의 입장을 먼저 고려하여야 한다. 말을 할 때에는 항상 차분하고 부드럽게 말하도록 노력해야 한다. 아이와 대화하는 데에는 인내심과 노력이 필요하다.

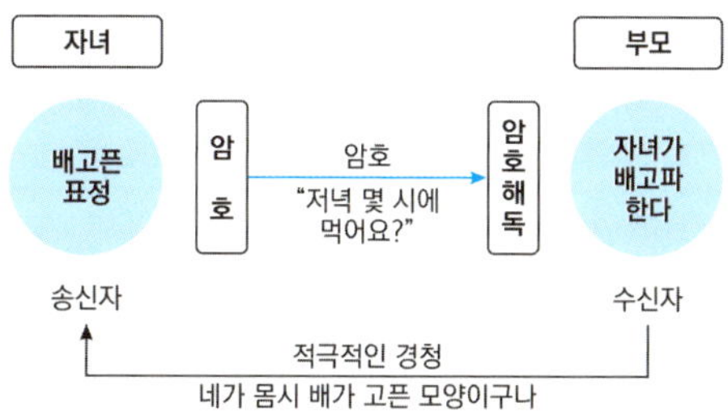

〈그림 10-2〉 적극적 경청과정

출처: 김현주 외(2013). 부모교육. 공동체. p.132.

고든(Gordon)에 의하면 부모가 적극적으로 경청하고 성급한 판단을 하지 않으며, 아이가 말한 이면의 숨은 의미를 확인시켜 줄 때, 아이는 자신의 감정이 수용되고 있다는 것을 느끼고 자신의 문제를 좀 더 분명하게 볼 수 있게 되며, 자기 스스로 문제를 해결할 수 있다는 믿음을 가지게 된다.

적극적 경청에서 유의해야 할 점은 아이의 감정을 부인하지 말고 있는 그대로 들어주는 것이며, 성급한 판단이나 해결책을 주는 대신 주의 깊게 들어주며, 메시지가 의미하는 바를 이해하려고 노력하는 것이다. 상호성장을 돕는 경청기술들을 살펴보면 <표 10-2>와 같다.

〈표 10-2〉 상호성장을 돕는 경청기술들

구분	내용
침묵·소극적인 경청	부모가 말을 많이 하면 자녀들은 그들이 가지고 있는 이야기를 할 수 없다. 침묵 속에 조용히 이루어지는 내적인 대화는 자녀의 느낌을 듣고, 느낌을 받아줄 수 있고, 자녀가 결정할 수 있도록 하는 것이다. 침묵이 항상 자녀들의 문제를 해결하는 방법은 아니다. 침묵은 부모가 진정으로 자녀의 말에 주목하고 있다는 것을 증명하고, 듣고 있다는 것을 알리는 비언어적 신호이다.
인식 또는 인정하는 경청	자녀가 이야기를 할 때 고개를 끄덕이거나 미소짓기, "음", "그랬구나" 등의 언어적 신호를 보내는 것이다.
말문 열기 또는 격려	자녀들과 대화할 때 그들의 감정과 문제에 대하여 부모에게 말하고자 할 때 격려가 필요하다. 자녀들이 충분히 마음의 문을 열고 표현할 수 있도록 이끌어 주어야 한다. 예를 들어, "그것에 대해 말하고 싶니?", "부모가 들어주길 원하구나", "좀 더 이야기를 해 주겠니?", "~에 대해서 느끼는 것이 있는 것 같구나" 등과 같은 언어는 자녀들이 계속 이야기를 할 수 있도록 격려하는 것이다.
반영적 경청	반영적 경청은 부모의 의견이나 메시지를 포함하지 않고 자녀 중심의 메시지를 반영해 주거나 확인해 주는 언어적 반응이다. 부모는 자녀가 이야기한 것과 이야기하지 않은 이면의 숨은 감정을 다 안다는 것을 주지시키는 것이다. 이는 자녀가 느끼고 의미하는 것을 파악하는 것이며, 부모가 자녀의 숨은 의미를 끄집어 내어 확인함으로써 부모가 자신을 이해하며 수용하고 있다는 것을 느끼게 하는 것이다.

4) 나 - 전달법

나 - 전달법(I-Message)은 아동의 행동으로 인한 부모의 생각과 감정을 객관적으로 전달하는 기법이다. 아동이 부모의 욕구충족을 방해해서 부모에게 문제가 생겼을 때 부모의 경험이나 감정을 자녀에게 표현하는 방법이다. 부모는 자녀를 비난하지 않고 자신의 감정을 솔직하게 표현하게 되므로 자녀는 방어적이 되지 않고 부모를 도와야겠다는 책임감을 갖게 된다. 나 - 전달법의 사용은 부모 자신의 이해를 돕거나 자신의 감정을 솔직하게 표현하는 데 도움이 된다. 나 - 전달법은 부모의 현재 느낌, 생각, 바람을 솔직하고 진지하게 전달하는 것이다. 보통 부모는 아이에게 명령, 지시, 경고, 훈계 등의 말을 많이 하게 되는데 이를 너 - 전달법(You-Message)이라고 한다. 엄마가 이야기를 하고 있는데, 아이가 시끄럽게 떠들고 있을 때, 나 - 전달법과 너 - 전달법의 예를 살펴보면 다음과 같다.

너 - 전달법 : "엄마가 이야기하는데 조용히 안하면 혼날 줄 알어"
나 - 전달법 : "엄마가 이야기할 때 네가 큰소리로 말하면 상대방의 소리가 잘 안들려서 엄마는 답답하단다."

나 - 전달법은 자녀행동에 대한 부모의 느낌을 설명하기 때문에 자녀를 탓하지 않는다. 따라서 고든은 너 - 전달법보다는 나 - 전달법으로 의사소통을 할 것을 강조하였다. 나 - 전달법의 원칙은 <표 10-3>, 나 - 전달법과 너 - 전달법의 전달과정은 <그림 10-3>과 같다.

〈표 10-3〉 나 - 전달법의 원칙

1) 행동: 타인의 어떤 행동에 대해 서술한다.
2) 영향: 그 행동이 당신에게 미치는 구체적인 영향에 대해 서술한다.
3) 감정: 타인의 행동이나 또는 구체적인 영향에 대한 당신의 감정과 느낌을 서술한다.

예: "내가 저녁뉴스를 보고 있는데 네가 떠들면(행동), 나는 뉴스에서 무슨 소리를 하는지 들을 수 없어서(영향), 짜증이 난다(감정)"
예: "네가 방 청소를 하지 않으면(행동), 내가 치워야 하고 힘들기 때문에(영향), 화가 난다(감정)"
예: "네가 쓰레기를 치워주니(행동), 나의 일이 줄어들어(영향), 기분이 좋구나(감정)"

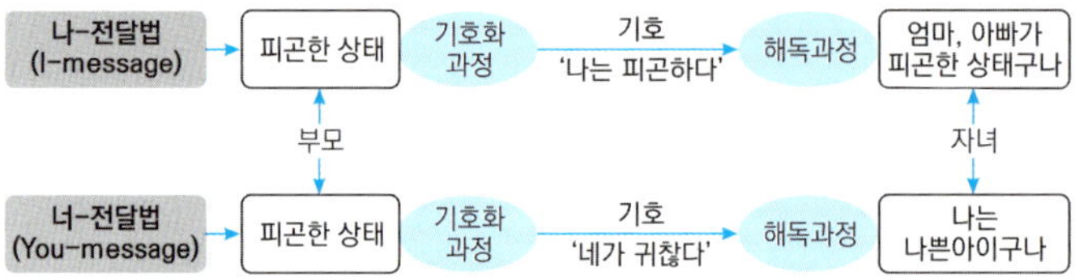

〈그림 10-3〉 나-전달법과 너-전달법의 과정 비교

출처: 김현주 외(2013). 부모교육. 공동체. p.134.

5) 무승부법(비권위적 방법)

무승부법은 부모와 자녀 간에 갈등이 생겼을 때 부모나 자녀 중 어느 한쪽이 지거나 이기는 승부적 방법이 아니라 어느 쪽도 지는 사람 없이 부모-자녀 모두의 욕구를 만족시킬 수 있는 민주적인 갈등해결방법이다. 일반적으로 적극적 경청이나 나-전달법으로 문제가 해결되지 않을 경우 무승부법을 사용하게 되는데, 갈등해결의 3가지 방법은 <그림 10-4>, 무승부법을 위한 6단계는 <표 10-4>와 같다.

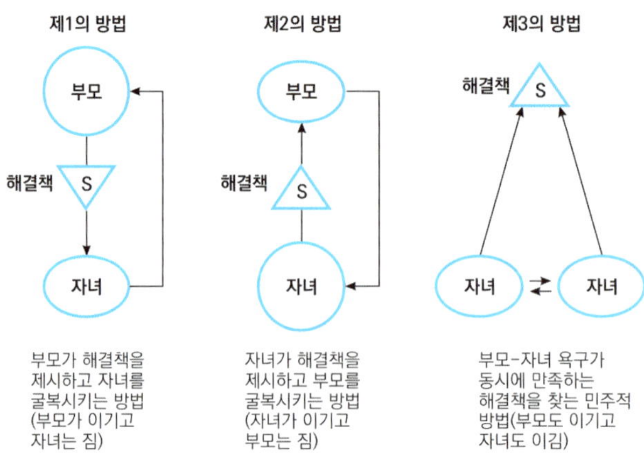

〈그림 10-4〉 갈등해결을 위한 3가지 방법

출처: 김현주 외(2013). 부모교육. 공동체. p.136.

〈표 10-4〉 무승부법의 6단계

단계	구분	내용
1단계	갈등 확인 및 정의	갈등이 어떤 것인지에 대해 정의를 내린다. 부모는 자녀에게 자신이 원하는 것을 나 - 전달법으로 표현하고 자녀의 욕구를 적극적으로 경청함으로써 무엇이 문제인지를 이해하게 된다. 이때 나 - 전달법에서 강조하였듯이 서로에게 비난을 하는 대신 문제를 서로 충분히 인식하는 것이 중요하다.
2단계	가능한 해결책 탐색	가능한 해결책을 탐색한다. 부모가 먼저 해결책을 제시하지 말고 자녀가 먼저 말하게 하며, 해결책에 대한 비판이나 평가를 하지 말고 우선 부모, 자녀 모두가 생각할 수 있는 모든 해결책을 수집하는 것이 중요하다.
3단계	해결책 평가	수집한 해결책을 하나하나 검토한다. 여러 가지 해결방안들에 대한 검토를 통해 각각의 해결방안이 합리적이고 적절한지를 평가한다. 즉, 그 해결책이 모든 사람에게 공평한지, 실행이 가능한 것인지, 또는 다른 어떤 문제가 없는지를 서로 정직하게 평가하고 논의하여 가장 좋은 몇 가지 방법을 선택한다.
4단계	최선의 해결책 결정	최선의 해결방안을 결정한다. 선정된 몇 가지 방법 중 부모가 강요나 설득을 하지 않는 분위기에서 최선의 방법을 결정하는 데 합의한다. 이때 명심할 것은 서로 참여하여 결정한 방법이기 때문에 지켜야 할 책임이 있음을 주지시켜야 하며 나중에 동의했던 결정에 반대하거나 오해의 방지를 위해 그 해결책을 적어 놓는다.
5단계	결정된 해결책 시행	해결책을 수행하는 방법을 결정하고 실행한다. 결정된 해결방안을 누가, 무엇을, 언제부터 시도할 것인지 그 구체적인 절차를 정하고 실행해 본다. 만일 나중에 자녀가 합의된 것을 이행하지 못하면 나 - 전달법을 사용한다.
6단계	실행과정 평가	실행한 결과를 평가한다. 무승부법으로 결정된 해결책들이 언제나 최선은 아닐 수 있으므로 일정기간 시행 후 그 방법으로 문제가 잘 해결되었는지, 모든 사람들이 다 만족하는지에 대해 평가를 해본다. 문제점이 발견되면 다시 합의하여 결정하는 과정을 반복한다.

갈등해결을 위한 방법에는 3가지 방법이 있다. 제1의 방법은 부모 - 자녀 간에 갈등이 있을 때 부모가 해결책을 결정하여 자녀에게 따르도록 하는 방법이다. 즉, 부모가 이기고 자녀가 지는 방법을 의미한다. 제2의 방법은 자녀가 부모의 말을 듣지 않아 자녀가 하고 싶은 대로 허용하거나 포기하여 자녀가 이기고 부모는 지는 방법을 말한다. 이 두 방법은 모두 어느 한쪽이 패배감을 느껴 화가 나므로 바람직하지 않다. 제3의 방법은 무승부법이라고 불린다. 이 방법은 부모 - 자녀가 서로의 욕구를 만족시킬 수 있으며, 어느 쪽도 지는 사람이 없이 부모, 자녀 양쪽 모두를 이기게 하는 무승부법이다. 여기에서는 부모 - 자녀 사이의 힘과 갈등을 줄여 양쪽이 함께 문제를 수용하는 방안을 제시하게 된다.

4. 문제해결을 돕는 의사소통기법 사용하기

사람들은 상대방과 문제가 생겼을 때 대화를 통해 문제를 해결하려고 노력한다. 따라서 문제의 소유자가 누구인지를 파악한 후에는 이에 맞는 적절한 의사소통기법을 적용하는 것이 중요하다. 예를 들어, 부모가 문제를 소유한 경우는 나 - 전달법을, 자녀가 문제를 소유한 경우에는 적극적 경청의 사용이 효과적이다. 그리고 <표 10-5>에서와 같이 자녀와의 의사소통에 장애가 될 수 있는 12가지 언어표현은 금지하는 것이 좋다.

〈표 10-5〉 의사소통에 걸림돌이 되는 12가지 금지언어표현

구분	정의	내용	예
명령 · 지시 · 요구	자녀에게 어떻게 하라고 혹은 하지 말라고 명령, 지시하는 것	부모가 자녀들에게 명령하기 때문에 대화 속에서 자녀는 저지당하여 공포감, 반항적인 행동, 말대꾸를 유발시킬 수 있다.	"네 방으로 가거라" "그만 좀 시끄럽게 해라"
경고 · 주의 · 위협	자녀에게 어떤 행동을 하면 어떤 결가가 될 것이라고 말하는 것	자녀가 두려움으로 인하여 겉으로는 순종하는 것처럼 행동하지만 내적으로 저항, 거부, 분노 등을 유발할 수 있다.	"그 짓을 그만 두지 않으면 넌 매를 맞을 거야" "엄마를 방해하면 화를 낼 테다"
훈계 · 설교 · 설득	해야 할 일과 해서는 안 되는 일을 알려주는 것	자녀는 의무감이나 죄책감을 갖게 되며, 자신을 방어하거나 고집을 부리게 된다.	"사람이 이야기하고 있을 때 방해해선 안돼!" "항상 고맙다는 말을 하거라"
충고 · 제안	어떻게 하면 문제가 해결되는지 조언하고 제안하는 것	문제를 해결할 수 없고 암시하는 것이 되며, 스스로 문제를 해결할 수 있는 노력을 포기하여 반항심, 의존성을 조장한다.	"친구네 집에 가서 노는게 어떻겠니?" "네 옷을 좀 치울 수 없겠니?"
강의 · 교수 · 논리적 논쟁	사실, 정보, 논리, 부모 자신의 의견 등으로 자녀의 판단에 영향을 주는 것	자녀들이 부모의 말을 무시하거나 듣기를 거부하며, 방어적이며, 반론, 열등감, 무력감을 유발한다.	"칼을 그런 식으로 사용하는 것은 예절에 어긋나는 거야" "책은 집어던지라고 있는 게 아니라 읽으라고 있는 거다"
판단 · 비판 · 비난	자녀에 대해 부정적 판단이나 평가를 내리는 것	자녀가 신중하지 못하고 게으르고, 어리석고, 부모와 대화가 단절된다. 이러한 결과로 반항적인 말대꾸를 하게 되고 자신을 스스로 낮게 평가하게 된다.	"너는 몹시 조심성이 없구나" "너는 나쁜 아이야"

구분	정의	내용	예
칭찬 · 동의 · 부추김	긍정적 평가 및 판단을 보이는 것	부모의 기대를 암시하게 되고, 바라는 행동을 조장하는 것처럼 보이며, 자녀가 칭찬받지 못할 때 불안을 느끼게 된다.	"너는 언제나 친구들에게는 매우 친절하더구나" "그렇게 사려 깊지 않은 것은 너 답지 않다"
욕설 · 조롱 · 수치감	자녀에게 욕하거나 조소하거나 수치심을 주는 것	자녀 스스로가 바보로 느끼고 수치심을 갖도록 한다. 또한 자녀는 자신을 쓸모없고 사랑받지 못하는 존재로 느끼면서 부정적인 자아개념을 형성하게 된다.	"너는 남의 일에 참견이나 하는 놈이로구나" "그렇게 유치한 짓을 하다니 창피한 줄 알아라"
해석 · 분석 · 진단	자녀의 동기가 무엇인지, 자녀가 왜 그런 말을 하는지 분석하고 진단하는 것	자녀가 궁지에 몰리거나 자신의 모든 것이 노출되었고, 불신당했다고 느껴 대화를 꺼려하게 된다.	"형에게 질투심을 느끼는가 보구나" "내가 피곤할 때면 항상 넌 날 괴롭히는구나"
격려 · 동정 · 위로	자녀의 지금 당장의 기분을 풀어 주기 위해 기분을 맞추려고 하는 것	자녀가 이해받지 못했다고 느낄 수 있으며, 반발심을 유발한다.	"내 감정에 대해선 걱정하지 말아라" "난 시끄러운 소리에 별로 불편을 느끼지 않는단다" "네가 왜 아기를 때렸는지 이해할 수 있단다" "오 괜찮다"
캐묻기 · 질문 · 탐문	부모 자신이 문제를 해결하는 데 필요한 정보를 자녀로부터 얻으려고 하는 것	질문에 답하면 부모가 비판을 하기 때문에 자녀는 대답을 안 하거나 대충 말하거나 거짓말을 하게 된다.	"왜 그런 짓을 했지?" "네가 무슨 짓을 했는지 아니?" "왜 라디오를 그렇게 크게 켜놓아야 하는 거지?" "누가 너에게 그런 짓을 가르쳐 주었니?"
철회 · 주의 돌림	자신의 관심을 다른 곳으로 돌리려 하거나 부모 자신이 문제를 회피하려고 하는 것	자녀들이 어려운 문제에 부딪쳤을 때 극복하기보다는 회피하도록 하며 자녀의 문제는 하나도 중요하지 않고 쓸데없는 것으로 생각하게 된다.	"텔레비전에서 그런 쓸데없는 것을 보는 것보다 책을 읽을 수는 없겠니?" "밖에 나가서 노니까 얼마나 좋은지 한번 봐라" "이렇게 말 잘 듣고 조용한 아이들을 가지게 되어 정말 기쁘구나" "고막이 터질까봐 겁나지 않니?"

자녀와의 대화법[7](Tip 1)

아이의 말을 들을 때 아이가 말한 것뿐만 아니라 그들이 느끼는 것까지도 받아들인다는 것을 보여 줌으로써 아이의 느낌을 인정하는 것이 개방적 반응이다. 반면, 이와 반대로 반응하는 것을 폐쇄적 반응이라고 하는데, 이것은 듣는 사람이 아이가 말한 것을 이해하거나 수용할 뜻이 없다는 것을 보여 줌으로써 아이의 느낌을 무시하는 것이다. 아래의 예문은 아이가 하는 말에 대한 부모의 개방적 반응과 폐쇄적 반응을 표현한 것이다.

〈표 10-6〉 폐쇄적 반응과 개방적 반응의 예

아이가 하는 말	표현법	엄마의 반응
나는 다시는 그 애와 친구 안 할 거야	폐쇄적 반응	그런 말 하지 마라. 그 애는 그런 뜻이 아니었을거야.
	개방적 반응	너는 그 아이에게 정말 화가 나 있구나.
난 이제 못하겠어요.	폐쇄적 반응	그런 말하면 못 써. 넌 금방 그걸 시작했잖아.
	개방적 반응	그것이 정말 어려운가 보구나.
철수는 가는데 나는 왜 못가게 해요?	폐쇄적 반응	전에도 이야기했잖아, 그러니까 이젠 그만해라.
	개방적 반응	그것이 너에겐 불공평하게 느껴지는 구나
엄마는 이 세상에서 제일 나쁜 엄마예요.	폐쇄적 반응	엄마한테 그게 무슨 소리니!
	개방적 반응	네가 나 때문에 화가 많이 났구나(속이 많이 상했구나).

다음의 대화는 친구와 싸우고 눈에 멍이 들어 온 아이와 엄마의 대화를 인용한 것이다. 위에서 설명한 효과적인 대화 원칙과 기술을 잘 사용하고 있는 예시가 된다.

아이: 철수하고 싸웠어.
엄마: 그랬니? 눈에 멍이 들어서 아프겠구나. 다른데 다친 데는 없니? **(먼저 아이의 고통에 공감하는 반응)**
아이: 응. 괜찮아. 철수는 코피가 터져서 울면서 갔어.
엄마: 저런, 철수가 많이 다쳤나 보구나. 어쩌다가 싸우게 됐니? **(문제 확인)**
아이: 같이 축구를 하다가 철수가 나를 밀어서 넘어졌어.
엄마: 넘어져서 아프기도 하고 화가 났구나 **(아이의 감정상태를 확인하고 공감)**
아이: 응 그래서 내가 때렸어.

7) 지금부터 제시되는 자녀와의 대화법, 가족이 조심해야 할 대화방식, 일반적인 좋은 대화의 원칙은 부모효율성훈련에서 주장하는 대화법을 바탕으로 부모 - 자녀 간의 대화에서 일반적으로 사용하면 좋은 대화기술의 예시를 제시한 것임

엄마: 그러고 나서 어떻게 됐니? **(문제상황을 명확히 함)**
아이: 철수도 나를 때려서 서로 싸웠어요.
엄마: 그랬구나. 지금 생각하니까 그렇게 싸운게 어떤 것 같니? **(문제해결방법 탐색)**
아이: 철수는 일부러 그런게 아닐지도 몰라.
엄마: 철수가 실수로 그런 것을 네가 예민하게 받아들였다고 생각하는구나. **(아이의 생각 정리)**
아이: 그래도 아까는 화가 났었어.
엄마: 화가 나면 사람들은 앞뒤 생각을 못하기도 하지, 그럴 때는 어떻게 하면 좋을까? **(아이의 문제해결 방법을 배우도록 유도)**
아이: 화가 나면 내가 화가 났다고 말하고 사과를 받아내는 게 좋을 것 같아.
엄마: 그 방법이 참 좋겠구나. 그렇다면 친구와 싸우지 않고 친하게 지낼 수 있을 거야. **(칭찬)**

가족이 조심해야 할 대화방식(Tip 2)

일반적으로 부모들은 자식을 키우면서 자신도 모르게 실수를 저지른다. 즉, 당연히 부모들은 자식에 대해 명령하고 판단하며 잘못된 행동에 대해서는 훈계하는 것이 잘 가르치는 방법이라고 생각하고 있다. 예를 들어, 부모가 하는 말 속에 "그런 말하면 안 돼", "그런 짓을 하면 못 써", "이것을 해야지", "그것을 하는 것이 좋을 거야" 라는 내용의 말이 너무나 예사롭게 자주 쓰인다. 그러나 이러한 말들은 부모들의 입장에서는 훈계의 목적으로 하지만 무언가 잘못하고 있다는 뜻이 전제되기 때문에 듣는 아이의 마음에는 자존심이 상하여 방어하고 노여움을 갖게 하기 쉬운 말들이다. 부모들은 이러한 부정적 영향을 모르기 때문에 이렇게 하는 것이 부모역할을 잘 하는 것이라고 생각하고 있는 것이다.

• 무성의한 대화

자녀들의 말에 귀를 귀울이지 않으며, 진지하게 대화할 자세가 부족한 채로 대화를 하는 것이다. 이러한 대화는 "나는 너한테 관심이 없다"는 뜻을 전달하게 된다. 따라서 아이들은 가족과의 단절감을 느끼고 외로움을 갖게 된다.

〈표 10-7〉 무성의한 대화의 예

구분	내용
자녀와 말할 때 건성으로 질문하거나 대답한다	별 관심 없이 습관적으로 "요즈음 어때?" 라고 묻는 것, 자녀가 무엇을 물어볼 때 신문을 뒤적이며 "글쎄, 잘 모르겠는데" 라고 답하는 것, 자녀가 걱정거리를 이야기할 때 진지하게 생각해보지 않고, "뭐, 잘되겠지" 라고 대충 얼버무리는 것 등이다.
자녀의 말을 중단시켜 버린다	자녀가 걱정거리를 이야기할 때, "쓸데없는 소리하지 마라" 라고 하면서 자녀가 하고 싶은 말을 애초에 들어보지도 않는다. 또는 무엇을 요구할 때, 그것이 왜 필요한지도 알아보지 않고 무조건 거절한다. 이런 경우 자녀는 가족이 자기 마음을 알아주려고 노력하지 않으며 자기에게 관심을 가지고 있지 않다고 느낀다.

• 자녀를 혼란스럽게 만드는 말

가족은 때때로 자녀를 어리둥절하고 혼란스럽게 만드는 방식으로 말을 한다. 이런 경우 자녀는 가족이 말하고자 하는 요점을 파악하지 못한다. 특히, 가족들이 자녀에게 화가 나서 나무랄 때, 가족 감정에 휘말려 말하거나 반대로 감정을 숨기고 말하려 할 때 잘 나타난다.

〈표 10-8〉 자녀를 혼란스럽게 만드는 대화의 예

구분	내용
구체적인 행동을 지적하지 않고 막연하게 표현한다	아무런 사전 설명 없이 불쑥 "너 요즈음 왜 그 모양이냐?" 라고 나무라는 것, 또는 "요즈음 네가 전에 보다 많이 나아졌구나" 라고 밑도 끝도 없이 칭찬하는 것 등이다. 그러나 구체적이지 못한 막연한 지적은 무엇을 잘못했고 무엇이 잘 한 것인지 이유를 알 수가 없어 알아듣기 힘들고 따라서 반발심을 불러일으킬 수 있다.
여러 가지 내용을 한꺼번에 말한다	한꺼번에 이것저것 이야기함으로써 무슨 말을 하려는지 자녀가 이해할 수 없게 만든다. 과거의 이야기와 현재의 이야기, 그리고 칭찬하는 말과 꾸중하는 말, 자녀에 관한 말과 다른 사람에 대한 말을 혼합해서 사용한다. 특히, 과거의 잘못을 지적할 때 흔히 과거에 자녀가 잘못했던 일들까지 모두 들추어내어서 나무라기도 한다. 이때 자녀는 상대방 말의 흐름을 따라가다가 혼란에 빠진다.
장시간 대화하거나 토론을 한다	자녀는 장시간 대화를 나누게 되면 쉽게 지치고 혼란을 경험하게 된다. 더욱이 대화의 주제가 추상적인 것(철학이나 종교, 정치적인 문제), 내용이 지엽적이고 세부적인 사항까지 자세한 것을 다루는 것은 자녀의 혼란을 증가시킨다. 특히, 강한 감정을 동반시키는 토론은 더욱 혼란스럽게 한다.

• 자녀를 화나게 하는 말

가족들은 대화할 때 자녀를 무시하는 경우가 있다. 따라서 남을 무시하는 말에 상처를 받게 되고 더 나아가 자존감이 떨어지게 된다.

〈표 10-9〉 자녀를 화나게 하는 대화의 예

구분	내용
한 가지 행동을 언제나 그렇게 한다고 한다	대체로 가족이 분노, 실망, 원망 등을 표현할 때 나타나며, "항상" "언제나", "역시" 등의 표현이 사용된다. 예를 들어, "오늘도 이불을 정리하지 않았구나", "너만 부엌에 들어갔다 오면 부엌이 항상 엉망이 된다"는 식으로 표현하는 것이다. 이러한 표현은 자존심을 손상시키고 분노하게 만든다.
직접적으로 자녀를 무시하는 말을 한다	"설거지를 해 놓은 게 어째 그 모양이냐", "도대체 네가 잘 하는 것이 뭐가 있냐", "도와주려고 애쓰지 마라. 차라리 방에 가만히 앉아 있는 게 도와주는 일이다" 라고 말하며 자녀를 비난할 수가 있다.

구분	내용
칭찬은 하지 않고, 나무라기만 한다	자녀와 대화를 나누는 것이 아니라 항상 나무라고 잘못된 점을 지적하고 충고하는 말만 한다. 가족들은 이러한 방식으로 자녀의 행동을 변화시킬 수 있다고 기대하고 반복하지만 자녀의 열등감은 더욱 깊어지고, 그와 함께 자신에 대해 그리고 가족에 대해 분노하게 된다. 행동변화를 위한 가장 좋은 방법은 꾸중이 아니라 칭찬이다.

• **부적절한 표정, 몸짓, 눈길 및 말투**

우리는 언어적인 말의 내용뿐만 아니라 말할 때의 자세나 표정, 말투를 함께 사용하여 의사전달을 한다. 그리고 인간의 감정과 바람은 말보다는 표현하는 모습과 태도를 통하여 더 강력하게 전달된다. 예를 들어, "사랑해" 라는 말이 얼마나 무수히 다른 방식으로 표현되고 느껴질 수 있는지를 생각해 볼 때 이것의 중요성을 잘 알 수 있다. 따라서 우리가 진실하게 말하려고 하면 말 내용과 함께 그 내용에 적합한 표정과 태도를 보여야 한다. 표정과 태도가 잘못된 경우는 다음과 같다.

〈표 10-10〉 부적절한 표정, 몸짓, 눈길 및 말투의 예

구분	내용
눈길, 말투, 표정, 몸짓이 말의 내용과 다르다	대화를 하면서 언어적인 내용과 표현된 모습 간에 미묘한 차이가 있을 때 이를 쉽게 눈치채게 되며, 이런 경우 대개 말보다는 표정과 태도를 더 믿게 된다. 따라서 우리는 사기꾼을 식별해 낼 수 있으며 비꼬는 말을 알아차릴 수 있다. 예를 들어, 화가 난 목소리로 "잘했다, 잘했어" 라고 비꼬는 것, 화를 꾹 참는 표정으로 "괜찮다. 그럴 수도 있지 뭐" 라고 위로하는 것, 싫으면서도 "난 너를 사랑한단다" 라고 말하는 경우에 자녀는 무언가 진실이 느껴지지 않고 혼란스러워 분노하게 된다.
대화에 좋지 못한 모습을 취한다	말의 내용보다도 우리의 몸이 진실을 말해준다. 따라서 아래와 같은 모습은 대화에서 하지 말아야 할 것들이다. 자세: 마주보기를 피하고 거리를 두고 대화한다. 자녀의 말이 중요하게 여겨지지 않아 귀를 기울이지 않는다. 눈길: 상대방을 쳐다보지 않고 말하는 것. 눈을 내리 깔고 말하는 것. 째려보거나 훔쳐보는 것. 표정: 무표정한 것, 지친 표정. 얼굴을 찌푸리고 이야기하는 것. 말투: 목소리가 단조로운 것. 너무 큰 소리로 말하는 것. 어린애 다루듯이 말하는 것. 몸짓: 몸짓이 너무 부산스러운 것. 비딱한 자세로 이야기하는 것.

일반적인 좋은 대화의 원칙(Tip 3)

앞에서 가족이 조심해야 할 대화방식에 대해 설명하였다. 따라서 좋은 대화방식은 가족이 피해야 할 방식을 거꾸로 생각하면 쉽게 드러난다. 먼저 반대로 무엇을 해야 하는지를 대화의 원칙으로 삼아 열거하면 다음과 같다.

- 애정과 관심을 지닌 채, 차분하고 성실한 태도를 유지한다.
- 정면으로 보기보다 10~15도 각도가 좋으며, 자녀가 싫어하지 않는 한 가까이에서 쳐다보면서 대화하는 것이 좋다.
- 낮고 차분한 목소리로 천천히 발음을 정확하게 말하도록 한다.
- 가능한 간단하고 명료하고 구체적인 말을 한다.
- 대화를 할 때는 자신의 생각과 감정을 배제하고 자녀에게만 주의를 기울인다. 나를 떠나야 상대가 있는 그대로 보인다. 복잡하고 화나고 짜증난 마음 상태로는 차라리 대화를 하지 않는 것이 낫다.
- 자녀의 말에 고개를 끄덕이거나 "음 그래", "정말 그렇군", "좀 더 자세히 이야기 해봐" 하는 등의 적극적인 반응을 보여 준다. 이러한 태도들은 자녀로 하여금 마음의 문을 열게 하고, 더 많은 말을 하도록 유도한다. 이러한 태도는 자녀로 하여금 자신의 생각이 들을 만한 가치가 있고 한 인간으로서 존중받는다고 느끼게 한다.
- 자녀와 대화를 할 때는 눈길, 표정, 몸짓과 말의 내용을 확실하게 일치시켜 주어야 한다. 즉, 즐거운 말이면 즐거운 몸짓과 표정으로, 슬픈 말이면 슬픈 표정과 말투, 몸짓으로 표현한다.
- 장황한 설명, 토론, 충고, 비난, 꾸중 등은 피한다.
- 가능한 칭찬을 자주 한다.
- 자녀의 말을 분명히 이해하지 못할 때는 질문을 한다. 알아듣지 못한 말을 알아들은 척 해서는 안 되며, 그리고 눈치로 짐작해서도 안 된다. 자신이 알아들은 내용이 맞는지를 확인하는 것이 좋다. 즉, "나는 ~라는 말로 알아들었는데 내 말이 맞니?" 라고 자녀가 한 말을 반복하는 것이 좋다. 이때 요점을 정리하여 확인해 본다.
- 자녀의 말의 표현이 부족하거나 비정상적일 때는 정상적인 방식으로 표현하도록 요구한다. 말이 요점이 없거나 횡설수설하거나 산만한 경우에는 요점만 간단히 이야기하도록 요구한다.

PARENT EDUCATION

CHAPTER 11

행동수정이론

ㅁ 배울 내용 ㅁ

1. 행동수정이론의 발전과정
2. 행동수정이론의 가정과 특징
3. 행동수정이론의 기본원리
4. 행동수정의 절차와 측정

ㅁ 학습목표 ㅁ

1. 행동수정이론의 발전과정을 이해한다.
2. 행동수정이론의 가정과 특징을 설명할 수 있다.
3. 행동수정이론의 기본원리를 이해하고 부모교육에 적용할 수 있는 방안을 모색해본다.
4. 행동수정의 절차와 측정을 이해하고, 실제 행동수정에 적용해본다.

행동수정이론은 학습이론에 그 근거를 두고 있다. 따라서 인간의 정상행동이든 부적응행동이든 학습에 의해 형성된 것이며, 학습된 것을 소거시키거나 재학습시킴으로써 행동의 변화가 일어날 수 있다고 가정하고 있다. 즉, 행동수정이론은 가정이나 학교에서 정상적인 아동들이 보이는 부적응행동의 수정에도 효과적이지만 여러 가지 긍정적이고 적극적인 행동을 학습시키고 증강시키는 효율적인 방법이라고 주장하고 있다.

1. 행동수정이론의 발전과정

1) 파블로프의 고전적 조건형성

파블로프

- 파블로프(Pavlov)는 조건반사에 대한 개념을 발전시킨 것으로 유명하며 인간의 행동을 신경계와 관련시킨 선구적 연구를 수행한 인물임
- 마취되지 않은 정상적인 동물에서 분비액의 분비가 불규칙하게 일어나는 것을 관찰함으로써 조건반사에 대한 법칙을 공식화하였음
- 1904년 소화액 분비에 관한 연구로 노벨 생리학·의학상을 수상하였음

고전적 조건형성 또는 고전적 조건반사설은 러시아의 생리학자인 파블로프(Pavlov)가 처음으로 주장한 이론이다. 처음에는 조건반사이론으로 명명하였으나 후에 스키너가 조작적 조건형성을 제시함으로써 둘을 구별하기 위해 고전적 조건형성(classical conditioning)이론이라고 명명하게 되었다.

러시아의 성 페텔브르크 군의학교 생리학 교수이자 노벨 생물학상 수상자인 파블로프는 원래 개의 소화기능에 관심을 가지고 소화액 분비에 관한 실험을 시작하였다. 그러던 중, 개에게 음식을 주는 시간을 알리기 위하여 종을 쳤는데, 나중에는 개가 종소리만 듣고도 침을 흘리는 현상을 발견하고 연구의 방향을 바꾸어 이에 관한 체계적인 연구를 실시하게 되었다. 고전적 조건형성 원리를 밝혀낸 실험장치는 <그림 11-1>과 같다.

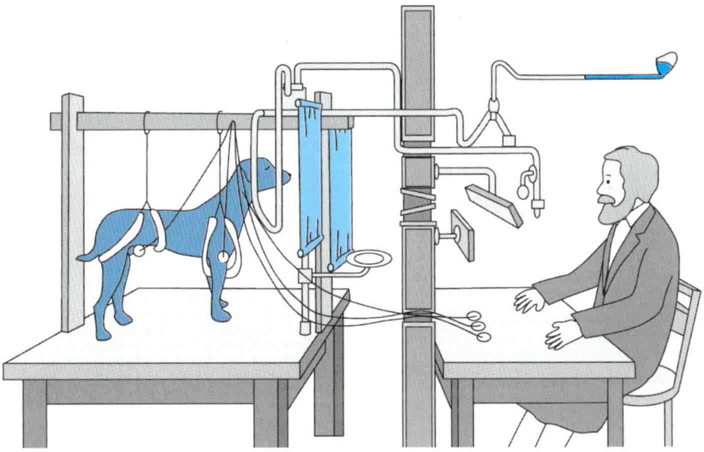

〈그림 11-1〉 파블로브가 고안하여 사용한 고전적 조건형성 실험장치

실험을 위해 온도와 조명이 일정한 방음실 안에 미리 설치한 고정된 장치를 개의 목에 맨다. 이는 개의 움직임이나 방안의 온도 또는 소음이 개의 행동에 영향을 미치지 못하게 하고자 설계된 것이다. 실험에 앞서 개의 턱 밑에 간단한 수술을 하여, 귀밑 침샘관이 밖으로 나올 수 있도록 구멍을 뚫어 침이 나올 때 이를 모아 침의 양을 측정할 수 있도록 장치하였다. 실험자는 밖에서 창문을 통해 개의 행동을 관찰할 수 있게 하였다.

이와 같은 실험상황에 개가 익숙해졌을 때부터 본격적인 실험을 시작하였다. 먼저 종소리를 울리고 몇 초 뒤에 소량의 고기를 개에게 제공해 준다. 공복의 개에게 하루 5~10회씩 계속하여 3~30초씩 종소리를 들려주면서 이와 짝지어 고기를 주었더니,

나중에는 종소리만 듣고도 고기를 주었을 때와 똑같은 타액분비반응이 나타났다. 원래는 고기에 대해서만 침을 흘리던 개가 이 실험이 반복되면서 종소리만 듣고서도 침을 흘리게 된 것이다.

파블로프는 이 실험에서 침을 흘리게 하는 고기를 무조건자극이라 부르고, 개가 고기를 보고 침을 흘리는 행동을 무조건반응이라고 불렀다. 즉, 무조건반응이란 무조건자극 때문에 유발된 반응을 말한다. 그리고 개에게 음식을 줄 때마다 종을 울리면 일정기간이 지난 후 개는 종소리만 듣고 음식을 보지 않고서도 침을 흘리게 되었는데, 이런 현상을 조건화라 하고 종소리만 듣고도 침을 흘리는 행동을 조건반응이라고 불렀다. 즉, 처음에는 중립자극이었던 종소리가 무조건자극과 결합하여 제공했을 때 결국 타액을 분비시키는 조건자극으로 바뀌게 된 것이다. 이와 같은 일련의 조건형성과정을 고전적 조건형성이라고 불렀다.

2) 스키너의 조작적 조건형성

스키너

- 스키너(B. F. Skinner, 1904-1990)는 행동주의의 대표적 인물로, 행동주의는 환경에 대한 생리적 반응이라는 관점에서 인간행동을 바라보는 심리학의 중요한 주류 중의 하나임
- 1936년 미니애폴리스의 미네소타대학교 교수가 되었고 이곳에서 "유기체의 행동(1938)"을 집필하였으며, 아기보육기로 사용할 수 있도록 고안된 '공기침대'를 발명하여 대중의 관심을 끌었음
- 1948년 커다란 논쟁을 불러일으켰던 저작의 하나인 『월든 투』를 출간했으며, 그의 유명한 발명품 중의 하나인 스키너 상자는 약물이 동물의 행동을 어떻게 변화시키는지를 관찰하는 제약연구에 사용되었음

고전적 조건반응이 외부 자극에 의해 나타난 반응이라면, 의식적으로 어떤 결과를 일으키게 조작하는 행동을 조작적 행동이라고 부르고 이러한 행동을 통해 조건화된

것을 조작적 조건형성이라고 한다. 즉, 강화에 의해 어떤 행동의 강도가 증가되어 학습이 이루어졌을 때 그 과정을 조작적 조건형성 또는 도구적 조건형성이라고 한다.

스키너는 스키너 상자(Skinner box)라는 조그마한 실험 상자를 만들어서 실험하였다. 스키너 상자에는 철망 마루, 빛(전구), 지렛대 및 먹이통이 설치되어 있다. 이 안에서 동물이 지렛대(레버)를 누르면 배식기계가 작동하여 먹이가 먹이통에 나오도록 되어 있고, 실험자에 의하여 조작이 가능한 전구가 지렛대에 부착되어 있다<그림 11-2>.

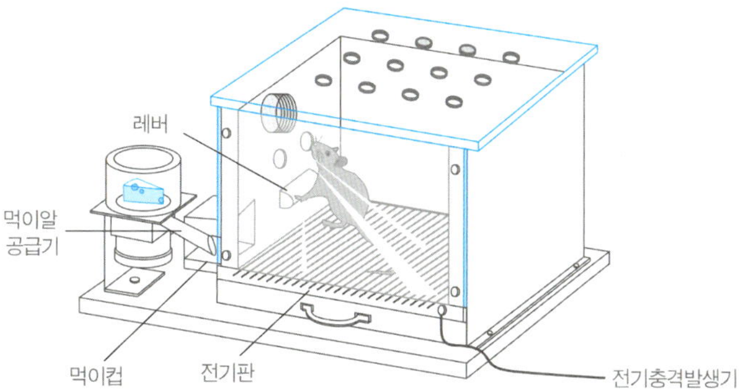

〈그림 11-2〉 스키너 상자

스키너는 흰쥐(때로는 비둘기)를 박탈 스케줄에 따라 훈련하였다. 박탈 스케줄은 흰쥐에게 먹이를 강화인으로 사용하기 위해 23시간 동안 먹이를 박탈하고 1일 1회만 먹도록 순응시키는 것을 실험 전 며칠 동안 반복하는 스케줄이다. 체중의 80%를 유지할 만큼으로 먹이 양을 조절한다. 이렇게 며칠 동안 박탈 스케줄을 실시한 후 흰쥐를 스키너 상자에 넣는다. 흰쥐는 상자 안에서 쉬지 않고 계속 움직이면서 새로운 환경을 탐색하다가 우연히 지렛대(레버)를 눌러 먹이가 먹이통에 떨어지는 것을 보고 먹은 후 지렛대를 누르는 행동을 계속하게 되었다. 이때 먹이는 지렛대를 누르는 행동을 강화시켜 주어 지렛대 누르는 행동이 증가되었다. 즉, 지렛대 누르는 반응은 먹이라는 강화를 받았기 때문에 반복된 것이며, 다시 누르면 또다시 강화를 받았기 때문에 지렛대 누르는 반응은 증가하게 되었다. 이러한 절차가 반복됨에 따라 흰쥐는 지렛대 누르는 반응을 학습하게 된다. 스키너는 흰쥐가 이러한 행동을 통하여 환경에 스스로 작용함으로써 어떤 결과를 생성해 내는 것을 조작이라고 하고, 이와 같은 절차가 학습되는 과정을 조작적 조건형성이라고 불렀다.

3) 반두라(Bandura)의 사회학습이론

반두라

- 앨버트 반두라(A. Bandura, 1904-1990)는 사회학습이론으로 가장 유명한 캐나다의 심리학자로 보보인형 실험으로 유명함
- 반두라는 스탠퍼드 대학교에서 교수로 지내면서 그의 전공을 발휘하였고, 나중에는 미국심리학회의 대표로 선출되었음

반두라(Bandura)는 인간의 모든 행동은 모델 없이 개인 각자의 강화만을 통해서 형성될 수 없다고 주장한다. 대부분의 사회적 행동들은 자연스러운 학습조건 아래서 관찰을 통해서 학습되며, 사람은 모델이 행한 행동을 관찰한 뒤 그것을 모방하고 보상을 받는다고 보았으며 이를 모델링(modeling)이라고 하였다. 모델링을 통하여 일단 행동이 학습되면 그 행동은 외적 강화 없이도 유지될 수 있다고 보았다.

반두라는 인간이 사회적 상황에서 많은 것을 학습하는 데 가장 중요하다고 생각한 개념이 모델링이다. 모델링에는 3가지 유형의 학습이 있는데, 첫째는 모방이다. 모방은 주로 언어학습에서 볼 수 있는데, 사회화 과정에서 어린이들이 어른을 흉내 냄으로써 얻어지는 것으로서 거의 인식 없이 자동적으로 이루어진다고 하였다. 둘째는 관찰학습이다. 관찰학습은 사회적 상황 속에서 단순히 사람들의 행동을 관찰하면서 행동을 획득하는 과정이다. 이 과정에서 모델에 관심을 기울이는 주의과정, 자기가 본 것을 상징적인 형태로 저장하는 저장과정, 인지적 구조를 운동기술로 전환시키는 운동재생과정이 이루어진다고 보았다. 셋째는 대리학습이다. 대리학습이란 다른 사람들이 새로운 행동을 시작할 때 어떤 결과가 나타나는지를 봄으로써 자기 자신의 행동결과를 예상하는 학습방법이다. 반두라는 인간이 환경과의 접촉을 통해서 어떻게 행동을 발달시켜 나가는가를 그의 사회학습이론을 통해 보여 주었다.

인간은 사회적 존재이고 학습을 비롯한 인간의 모든 활동은 일정한 사회적 환경 속에서 전개되며, 인간 상호 간에 영향을 미치고 영향을 받는다. 인간이 타인의 행동을 관찰함으로써 학습하는 것을 관찰학습이라고 한다. 관찰학습은 사회적 학습이라고도 한다.

반두라는 관찰학습에 대한 연구에서 타인에게 새로운 행동이 전이될 때 모방효과의 작용이 상상보다 크다는 것을 보여 주고 있다. 반두라의 보보인형 실험에서도 알 수 있는데<그림 11-3>, 유치원 아동들로 하여금 모니터를 통해 인형을 공격적으로 다루는 모델과 비공격적으로 다루는 모델을 각각 따로 관찰하게 한 뒤 두 집단의 아동들의 행동을 관찰한 결과, 공격적인 모델을 관찰한 아동들이 비공격적인 모델을 관찰한 아동보다 훨씬 더 공격적으로 인형을 다루는 행동을 나타냈다. 영화를 보았을 때에도 이와 비슷한 결과를 얻었다. 그뿐만 아니라 모델 자신의 행동이 보상을 받았을 때와 벌을 받았을 때, 그것을 관찰한 아동들의 행동도 다르게 나타났다.

〈그림 11-3〉 어른 모델의 공격성을 관찰한 후의 아이들의 공격성 모방

출처: 박권생 외(2004). 심리학과 삶. 시그마프레스. p.181.

반두라의 연구의 중요한 의의는 관찰자가 모델의 행동이 일어나는 그 즉시에 예행 또는 시연해 보지 않아도 모델의 행동을 학습하며, 모방한 행동은 반드시 강화받지 않아도 학습된다는 데에 있다(이성진, 2005).

2. 행동수정이론의 가정과 특징

1) 행동수정의 이론적 가정

행동수정이론의 가장 큰 장점 중의 하나는 전문적인 훈련을 받지 않은 일반인들도 쉽게 행동수정기법들을 이용할 수 있다는 점이다. 이런 장점은 행동수정이론이 지닌 가정에서 찾아볼 수 있는데, 행동수정이론의 가정을 살펴보면 다음과 같다(이성진, 2005; 전남련 외, 2010).

첫째, 대부분의 인간의 문제행동은 개별적으로 학습된 것이며, 문제행동은 행동수정절차를 통해 교정될 수 있는 것으로 가정한다. 행동수정전문가들은 명백한 생물학적 원인에 의한 것이 아니라면 대부분의 행동은 학습된 것으로 본다. 예를 들어, 유아의 공격성, 식습관, 고립, 위축된 행동 및 공포 등과 같은 부적응적인 행동은 모두 학습된 것으로 본다. 또한 이들의 문제행동은 개별적으로 학습되어 독립적으로 유지되고 있다고 가정한다. 따라서 학습에 의해 발생되는 문제행동이기 때문에 행동수정을 통해 행동의 변화를 유발할 수 있는 것으로 본다. 최근 많은 연구에서 아동의 부적응 행동을 변화시키는 데 행동수정절차가 효과적으로 사용될 수 있음을 보여 주고 있으며, 최근의 연구들은 명백한 기질적 결함에 의한 문제행동들도 행동수정에 의해 교정될 수 있음을 보여 주고 있다.

둘째, 행동에 관심을 가지며 특히 현재 행동을 중요시한다. 행동수정이론은 행동을 중요시하여 한 개인이 환경과의 상호관계에서 어떤 행동을 하느냐에 초점을 맞추고 있으며, 행동 그 자체를 변화시키려고 하는 것이다. 또한 행동수정이론은 아동의 행동에 미치고 있는 현재의 영향과 그것을 변화시키기 위해 현재 할 수 있는 일에 초점을 둔다. 즉, 문제행동의 치료에 있어서 과거보다는 현재를 중요시한다.

셋째, 특정한 상황에서 보이는 아동의 문제행동은 단지 그 상황에서 아동이 어떻게 독특하게 행동하느냐 하는 것만을 의미하는 것으로 본다. 아동은 여러 가지 상황에서 서로 다르게 행동한다. 집에서는 순한 아이가 유아교육기관에서는 공격적인 아이가 될 수 있다. 이런 이유로 행동수정전문가는 아동의 특정한 문제행동은 그것이 학습된 조건이나 상황에만 한정되는 것이며, 다른 상황에까지 일반화되지 않는다고 가정한다. 따라서 아동의 문제행동을 발생되는 상황을 참고하여 왜 그 상황에서 그런 문제행동을 보이는지에 대한 원인을 찾으려고 노력한다.

넷째, 행동은 환경변인에 의해 결정되며, 모든 행동은 동일한 원리로 설명이 가능한 것으로 간주한다. 새로운 행동의 형성・유지・제거는 환경자극에 의해 결정된다. 환경자극의 변화는 행동의 변화를 가져온다. 행동의 변화에 영향을 미치는 환경자극이란 행동의 발생 직전에 주어지는 선행자극과 행동 후 즉시 뒤따르는 후속자극(강화 혹은 벌)을 말한다. 모든 행동은 고유한 환경자극의 배열에 따라 독특하게 학습된다. 또한 환경변인에 의해 결정된 행동은 동일한 심리학적 원리로 설명이 가능하다고 가정한다. 즉, 행동수정이론은 정상행동과 이상행동을 포함하는 대부분의 행동을 동일한 심리학적 원리로 설명하려고 한다. 어떤 특수한 행동, 정서적 자극에 대한 반응, 자기 자신의 행동평가, 기능 학습 등의 양식과 강도는 모두 동일한 원리에 의해 설명되며, 이러한 원리들은 생물학적 및 사회학적 조건과 상호작용하면서 거의 대부분의 행동들이 점차적으로 형성되는 것으로 본다.

다섯째, 행동수정의 목표는 매우 구체적이다. 행동수정의 목표는 아동의 특정한 행동을 변화시키는 것이기 때문에 치료의 목표가 구체적이어야 한다. 그러므로 아동을 좀 더 좋아지게 한다거나 아동으로 하여금 최상의 적응수준에 도달하도록 도와준다와 같이 추상적인 목표가 아니라 매우 구체적인 목표를 설정한다.

2) 행동수정이론의 특징

구체적인 행동과 의미 있는 변화에 초점을 두고 있는 행동수정은 1960년대부터 발전하기 시작하여 지난 60여 년 동안 발전을 거듭해 왔다. 이처럼 행동수정이론이 발전할 수 있었던 이유는 행동수정이론이 가진 특징 때문인데, 그 특징을 살펴보면 다음과 같다(이성진, 2005; 전남련 외, 2010).

행동수정이론의 특징으로는 첫째, 행동변화의 방법에 대해 관심을 가지고 있다. 행동수정이론은 행동변화의 내용도 중요하지만 행동변화의 방법에 특별히 관심을 가지고 있는 것이 특징이다. 어떠한 행동을 강화·학습시킬 것이며 그 반면 어떤 행동을 약화·제거시킬 것인가에 관심을 갖는다. 따라서 행동수정은 어떤 내용의 학교학습이든, 어떤 내용의 적응행동이든, 그 학습행동을 수정(강화 혹은 약화)함으로써 그 특수한 사회체제의 목표를 달성하도록 하는 데 관심을 가지고 있다.

둘째, 개인에게 적합한 수정방법을 모색한다. 행동수정이론은 행동수정과정에서 행동의 개인차를 인정하고 그 개인차에 적합한 수정방법을 모색하기 때문에 치료전략은 개인마다 그들이 가진 각각 다른 문제에 알맞게 계획한다. 행동수정이론에서는 행동의 세분화 및 단일개체 실험설계와 일관성 있게 개인의 행동의 특수성에 맞는 수정방안을 사전에 확립하고, 수정과정에서 치료의 효과가 없는 것이 확인되면 지체 없이 그 방법 대신 사용할 수 있는 다른 방법을 찾아야 한다.

셋째, 행동수정기법과 절차를 구체적으로 진술한다. 행동수정이론은 그 방법 상의 원리를 행동의 실험적 연구에 근거를 두고 있기 때문에 이에 맞게 치료의 기법과 절차를 구체적으로 진술하고 측정의 객관성을 분명하게 기술하는 등 응용과학적 접근방법을 따른다. 비록 응용행동분석에 있어서 종래와 같은 실험적 통제는 받지 않을지라도 단일개체 실험방안을 자체통제, 즉 자신의 기초선 행동(출발점 행동)과 목표행동의 비교에 의해서 수정방법의 변인이 얼마만큼 효과를 보였느냐를 구체적으로 측정한다. 따라서 실험연구결과에 그 방법의 원천을 찾는 행동수정이론은 행동수정의 원리와 방법이 매우 과학적이라고 할 수 있다.

3. 행동수정의 기본원리

고전적 조건형성이론이나 조작적 조건형성이론, 사회학습이론 등에 근거하여 다수의 행동수정기법들이 개발되었다. 이러한 행동수정기법은 크게 바람직한 행동을 증가시키는 방법과 바람직하지 못한 행동을 감소시키는 방법으로 구분할 수 있다(김이영 외, 2019).

1) 바람직한 행동을 가르치거나 증가시키는 방법

(1) 강화

강화란 특정한 자극이나 반응 뒤에 어떤 바람직하거나 좋은 것이 제공되는 것을 말한다. 강화 절차에는 정적 강화(positive reinforcement)와 부적 강화(negative reinforcement)가 있다. 정적 강화는 먹이와 같이 보통 동물이 좋아하는 것으로 반응 뒤에 이것이 주어지면 반응의 빈도가 증가되는 것이다. 예로 동물들은 음식이나 물(정적 강화물)을 얻기 위하여 지렛대를 누르고, 문을 여는 것을 학습하는 것으로, 이 과정에서 음식이나 물은 동물들이 생득적으로 좋아하는 성질을 가지고 있다. 이에 비해 부적 강화는 전기쇼크나 고통같이 동물이 피하려고 하는 자극이 반응 뒤에 제거되거나 감소됨으로써 반응빈도를 증가시키는 절차이다. 즉, 어떤 것이 감소되거나 종결될 때 진행 중인 행동이 재현될 가능성이 증가하는 것으로 전기충격이나 시끄러운 소리(부적 강화물)를 회피하기 위하여 도망가는 것을 학습하는 것이다. 예로 아동들은 칭찬(정적 강화물)을 받기 위하여 피아노 연습을 하거나, 싫증나는 숙제를 하지 않기(부적 강화물) 위하여 피아노 연습을 할 수 있다. 동물의 경우 음식이나 물(정적 강화물)을 얻기 위해서 지렛대를 누르고 문을 여는 것을 학습할 뿐만 아니라 전기충격이나 시끄러운 소리로부터 도망(부적 강화물)가기 위하여 행동하는 것을 학습할 수도 있다. 정적 강화물과 부적강화물은 모두 새로운 행동의 학습을 가져오고 현존하는 행동을 강화하는 역할을 한다.

(2) 토큰강화

토큰강화(token reinforcement)란 아동이 바람직한 행동을 했을 때 원하는 다른 물건으로 교환이 가능한 토큰을 주어 강화하는 기법이다. 즉, 아동이 바람직한 행동을 했을 때 물질적 또는 사회적 보상을 직접 제공하는 대신 구매력을 가진 표나 점수 등을 주는 강화방법이다. 토큰강화는 우리의 일상생활에서 화폐제도 및 커피전문점, 중국음식점 및 미용실에서 발행하는 쿠폰과 유사하다. 예를 들어, 한 달 동안 열심히 일을 하면 월급을 받게 되고 그 월급으로 필요한 물건으로 교환하거나 혹은 커피전문점에서 발행하는 쿠폰에서 10개의 도장을 찍으면 커피 한 잔을 공짜로 주는 것과 같이 아동이 바람직한 행동을 한 후에 좋아하는 것과 바꿀 수 있는 토큰을 받게 됨으로써 바람직한 행동의 빈도를 높이고자 하는 것이다.

토큰강화는 여러 가지 장점을 지니고 있기 때문에 우리의 일상생활에서 자주 사용되고 있다. 토큰강화의 장점으로는 첫째, 포화현상을 방지할 수 있다. 포화현상은 흔히 질렸다라고 말하는 현상으로 한 가지 보상만을 지속적으로 사용하면 아동은 금방 싫증을 느끼게 되는데, 토큰강화는 그것과 교환할 수 있는 보상물이 다양하기 때문에 싫증이라는 포화현상을 방지할 수 있다. 둘째, 토큰은 사용하기가 편리하다. 예로 음식이나 학용품을 강화물로 사용할 경우 현장체험을 가면 강화물을 가지고 가야 하는 불편감이 따른다. 이런 경우 토큰강화를 사용하면 휴대하기가 매우 쉽고, 강화가 필요한 경우 손쉽게 제공할 수 있다. 셋째, 강화의 지연을 예방해준다. 강화는 즉시 제공되지 않으면 효과가 감소되는데, 토큰은 아동이 바람직한 행동을 한 뒤에 즉시 제공할 수 있기 때문에 실질적인 보상을 받기까지 많은 시간이 지나도 토큰을 가지고 있는 한 강화력이 계속 유지될 수 있다. 넷째, 강화의 양과 종류를 개인별로 미리 결정할 필요가 없다는 것이다. 토큰강화에 있어서 대체적인 보상의 종류를 미리 정해 놓는 경우도 있지만 결국 아동 스스로 결정한 보상물과 교환할 수 있으며, 그 양도 자신의 노력 여하에 따라 달라질 수 있기 때문에 강화에 대해 미리 결정하지 않아도 된다.

그러나 토큰강화의 다양한 장점에도 불구하고 사용 시 유의할 점이 있다. 유의할 점으로는 첫째, 목표행동을 구체적으로 정의해야 한다. 목표행동은 개인이 달성하고자 하는 행동을 구체적으로 정하고, 목표달성의 방해요인이 무엇인지를 고려하여 결정하여야 한다. 둘째, 다른 행동수정기법을 사용할 때와 마찬가지로 토큰강화기법을 사용할 때도 사전에 목표행동에 대한 기초적인 자료를 수집해야 한다. 이것은 행동변화를 위해서도 필요하며, 추후 행동변화 정도를 평가하는 데도 유익하다. 셋째, 강화물의 선정에 효과의 법칙을 이용하는 것이 좋다. 효과의 법칙이란 강화물의 선정에 있어 피학습자가 원하는 것을 강화물로 선정했을 때 행동의 변화가 가장 잘 일어난다는 것을 의미한다. 따라서 토큰과 교환 가능한 지원강화자로 비용이 들지 않는 것을 이용할 수 있지만 상품가치가 있는 것을 지원강화자로 사용하는 것이 일반적이고 바람직하다. 넷째, 사용할 토큰의 선정에 있어서는 일반적으로 토큰을 보기 좋고, 가볍고 휴대하기 편리하며 다루기 쉽고 위조할 수 없는 것이어야 한다. 또한 한 아동에 대해 100개 정도의 토큰을 가지고 있는 것처럼 행동수정을 받는 사람에서 줄 토큰을 충분히 확보하고 있어야 한다. 다섯째, 토큰강화를 실시하기 전에 토큰강화를 운영하는 방법에 대해 자세한 지침서나 시행규칙을 작성해야 한다. 이 지침서에는 어떤 행동을 강화할 것인지, 그런 행동을 토큰과 지원강화물로 어떻게 강화할 것인지, 강화를 줄 수 있는 시간, 강화의 양, 기록방법 그리고 행동수정가의 책임과 임무가 자세하게 나타나 있어야 한다.

(3) 용암법

용암법(fading)이란 아이들이 특정한 행동을 할 수 있지만 행하지 않는 경우에 바람직한 행동형성을 위해 사용하는 기법 중의 하나이다. 즉, 초기학습과정에서는 단서,

조언과 같은 보조수단을 여러 번 자주 제시하고 후기 학습과정에서는 서서히 단서나 조언과 같은 보조수단의 횟수를 줄여 감으로써 나중에는 보조수단 없이도 올바른 행동을 하도록 하는 점진적 접근방법이다. 다시 말해, 용암법은 아동이 점진적으로 좀 더 어려운 순서의 각 영역을 숙달한 후에 점진적으로 보조를 철회하는 것을 말한다. 용암법의 사용은 아동이 정반응을 좀 더 쉽게 하도록 하는 데 효과적이다. 또한 조건을 조절하여 아동이 성공할 수 있도록 할 수 있다.

용암법은 아이들에게 물건의 이름을 가르치거나 동그라미 그리기, 줄긋기, 삼각형 및 영어, 한글 가르치기에 이용될 수 있다. 한글을 가르칠 경우 먼저 자음을 쓰는 순서를 제시하여, 순서대로 아이들이 자음을 써 보도록 한다. 우선 아이에게 연필을 주고 순서대로 자음을 쓰게 하고 동시에 연필을 쥔 손을 같이 붙잡고 아이가 한글 자음을 쓰도록 도와준다. 이렇게 자음을 순서대로 맞게 작성하도록 한 뒤 강화를 준다. 여러 차례 이와 같이 한 뒤 아이가 스스로 한글 자음을 쓸 때 손을 잡아주던 손의 힘을 점차 약하게 하여 마침내는 아이 스스로 한글 자음을 쓸 수 있도록 하는 것이다.

2) 바람직하지 않은 행동의 감소

(1) 소거(extinction)

고전적 조건형성에서 개가 종소리를 들었어도 먹이를 얻지 못하면 개의 타액반응은 점차 감소하게 되고 결국 개는 종소리를 들어도 더 이상 타액을 분비하지 않는다. 이 과정을 소거라 한다. 이러한 현상은 조건자극(종소리)과 음식(무조건자극)을 더이상 짝지워 제시하지 않으면 개는 타액분비(조건반응)반응을 억제하여 더이상 종소리에 대하여 반응을 하지 않는 것을 의미한다. 즉, 이것은 조건자극(종소리)이 너무나 자주 홀로 나타나서 학습자는 더 이상 종소리를 무조건자극(먹이)과 결합시키지 않으므로 이전에 학습된 반응의 빈도 또는 강도가 감소되거나 없어지는 현상이 나타난다는 것이다. 고전적 조건형성과 마찬가지로 조작적 조건형성에서도 소거가 일어난다. 소거란 기대했던 반응(강화)이 일어나지 않으면 그 행동은 사라진다는 것을 의미한다.

처음부터 학습이 강하게 일어날수록 행동을 소거시키기가 어렵고, 학습이 일어나는 상황이 다양할수록 소거시키기가 어려우며, 복잡한 행동은 단순한 행동보다 소거시키기가 더욱 어렵다. 그리고 계속적인 강화를 받은 경우보다 간헐적인 강화를 받은 경우에 그 행동을 소거시키기가 더욱 어렵다. 또한 회피훈련 혹은 강화보다는 처벌에 기초를 두고 학습된 어떤 행동은 소거시키기가 특히 어렵다고 주장한다.

(2) 처벌

아이가 음식을 던지고 동생을 때리거나 울음을 그치지 않는다면 어떻게 할 것인가? 부모들은 나름대로 방법을 찾겠지만 명심해야 할 것은 아이에게 어떤 벌을 주느냐에 따라 아이가 세 살이 되었을 때 악동이 될 것인지 여부가 결정된다는 것이다. 처벌을 할 때에는 부모와 자녀가 서로 합의하여 결정해야 한다. 부당한 처벌이 이루어지지 않도록 미리 특정한 행동에 대해 어떤 종류의 처벌을 받을 것인지 약속을 하는 것이 좋다. 처벌을 약속했으면 일관성 있게 처벌이 이루어져야 한다.

처벌을 할 때 주의해야 할 점은 먼저 가혹한 처벌은 절대 피해야 하는데, 그 이유는 아이가 적개심을 가질 수 있기 때문이다. 다음으로 부모의 감정에 따라 처벌하지 말아야 한다. 기분이 좋을 때에는 봐주던 행동을 기분이 나쁠 때는 가혹하게 처벌한다면 일관성이 없으므로 아동의 행동수정에 전혀 도움이 되지 않는다. 마지막으로 나쁜 행동에 대해 처벌해야지 아이 자체를 처벌해서는 안 된다.

처벌의 목적은 원하지 않는 행동의 발생률을 줄이는 것이다. 하지만 이러한 처벌은 그 목적과는 다르게 부정적인 영향을 미치게 된다. 처벌은 그것을 행하는 사람의 의도와는 다르게 처벌을 받는 사람은 공포감과 불안을 경험하게 되고, 그 행위가 모델링이 되어 이후 공격성을 나타내는 문제를 유발시킨다.

처벌의 부정적인 영향을 최소화시키고 원하는 목적을 달성하기 위해서는 다음과 같은 조건이 충족되어야 한다. 먼저, 처벌의 즉시성이다. 잘못된 행동이 나타나고 시간이 흘러 처벌이 주어지게 되면 그 행동 자체에 처벌의 의미를 부여하기가 어려워지므로 그 행동이 나타날 때 즉시적으로 주어져야 한다. 둘째, 처벌의 충분성이다. 약한 처벌은 잘못된 행동의 발생률을 줄이기 어렵기 때문에, 그 행동을 억제할 수 있을 만큼 충분히 주어져야 한다. 셋째, 처벌의 일관성이다. 처벌의 대상이 되는 행동에 대해서는 시간과 상황이 바뀌어도 일관되게 주어져야 한다.

(3) 타임아웃

타임아웃(time out)은 체벌에 대한 '인도적' 대안으로 고집 센 아이를 다루는 데 효과적인 방법 중의 하나이다. 타임아웃이란 아이에게 정해진 시간 동안 아무것도 하지 못하도록 하며 격리되고 조용한 장소에 일정 시간 동안 있도록 하는 일종의 벌이다. 움직임이 많은 아이들로서는 무거운 벌에 해당한다. 이에 대해서 전문가들은 타임아웃을 남용해서는 안 되며 타임아웃이 끝나면 항상 아이의 잘못된 행동이 왜 나쁜 행동인지를 설명해야 하고 아이가 미워서가 아니라 나쁜 버릇을 고치기 위한 것이라고 꼭 말해주어야 한다고 조언한다. 특히, 이해력이 부족한 영유아에게는 타임아웃을 사용하지 말 것을 권고한다. 이들은 옳고 그름을 판단할 능력이 없기 때문이다. 타임아웃의 시간은 5~10분 정도가 적절하며, 타임아웃의 시간이 너무 길게 되면 아동은 심한 불안이나 좌절감을 느끼게 되어 전반적인 심리적 안정을 해치게 될 우려가 높다.

타임아웃에는 두 가지 형태가 있는데, 첫째는 표적행동을 했을 경우 즉시 아이를 일정시간 동안 강화 자극이 있는 곳에서부터 강화물이 적거나 없는 곳으로 격리시켜 놓은 경우로 이를 격리 타임아웃이라고 한다. 둘째는 아이를 다른 곳으로 격리시키는 것이 아니라 아이가 있는 곳에서 강화가 약한 상태를 만들거나 철회시키는 경우를 비격리 타임아웃이라고 한다. 즉, 타임아웃은 바람직하지 못한 행동을 하는 장소에서 적용할 수 있고(비격리 타임아웃), 아이를 정적 강화가 없는 다른 장소로 이동(격리 타임아웃)시킬 수 있도 있는데, 일반적으로 정적 강화가 없는 별도의 장소에 보내는 것이 더 효과적이라고 보고하고 있다.

타임아웃을 사용할 때 고려해야 할 조건으로는 첫째, 문제행동이 발생하는 상황이나 장소에서 그 문제행동을 강화하고 있는 요소가 있다는 확증이 있어야 한다. 다시 말해, 아동이 그 장소를 떠나기 싫어할 만큼 그 장소가 아동에게 재미있는 곳일 때 타임아웃의 효과가 나타나게 된다.

둘째, 아동이 일시 격리되어 있을 장소에는 정적 강화자극들이 없어야 한다. 즉, 아동이 보내지는 상황이나 장소는 흥미를 끌 만하거나 위험스러운 물건, 주의를 산만하게 하는 물건이 없어야 한다는 것이다. 만일 타임아웃 장소에서 재미있는 만화를 볼 수 있다든가 장난감을 가지고 놀 수 있다면 아동은 그곳으로 격리된 것에 오히려 더 재미를 느끼게 될 것이다. 이런 경우 타임아웃은 아동에게 아무런 효과가 없을 뿐만 아니라 오히려 아동의 그릇된 행동을 강화하는 결과를 낳게 될 수도 있다.

셋째, 타임아웃을 실시하는 교사나 양육자의 태도로서 아동을 타임아웃 장소로 보낼 때나 다시 원래의 장소로 데리고 올 때, 교사나 양육자는 가능한 한 말을 적게 하고 감정적인 교류를 억제하면서 담담한 태도로 임하는 것이 좋다. 그러나 일단 아동이 강화를 주는 상황에 다시 머물게 되면 이전처럼 자연스럽게 대하는 것이 좋고, 그 상황에서 바람직한 행동을 할 때는 평상시와 같이 강화를 주는 것이 효과적이다.

(4) 혐오치료

혐오치료(aversion theraphy)는 제거되어야 할 행동을 혐오스러운 자극 혹은 상태와 연합시킴으로써 이 혐오자극에 대한 회피와 함께 바람직하지 못한 행동도 없어지게 하는 행동수정방법이다. 즉, 혐오치료란 행동이 나타날 때마다 고통스런 혐오자극을 가하여 문제행동을 소거시키는 치료법으로 문제행동을 처벌하면서 그에 대체할 수 있는 다른 행동을 강화해 줄 때 효과적인 기법 중의 하나이다. 이 치료법에 주로 사용되는 자극은 전기와 화학약물이 주로 사용된다. 전기치료에서는 내담자가 바람직하지 않은 행동을 할 때마다 고통스러운 전기충격을 가하게 됨으로써 올바르지 않은 행동의 빈도를 낮추려고 하며, 화학약물치료에서는 바람직하지 않는 행동과 결합될 때, 구토와 같은 불쾌한 효과를 내는 약물을 투여함으로써 행동의 빈도를 낮추려고 하는 것이다. 예를 들어, 알코올 중독을 치료하기 위해서 술잔에 썩은 거미를 넣어두고, 담배를 필 때마다 구역질 나는 주사를 맞도록 하거나, 전기충격을 주어 금연을 하도록 하는 방법이다.

혐오치료법에 의해 많이 이루어진 치료에는 자폐증을 가진 어린이의 문제행동 제거, 알코올 중독이나 약물 중독, 흡연, 강박증, 성도착증, 도박 및 동성애의 치료에 자주 사용되고 있다. 그러나 혐오치료는 행동치료기법으로 널리 알려진 것은 사실이지만 논쟁의 여지도 많다. 왜냐하면 행동치료에서는 기본적으로 처벌이나 부정적 결과보다 보상을 적용한 기법이 선호되기 때문이다.

(5) 홍수법

홍수법(flooding: 범람 혹은 자극 범람이라고도 함)은 행동치료에서 사용되는 자극대면(stimulu confrantation)의 한 형태이다. 즉, 홍수법은 두려움을 유발하는 자극들을 계속적으로 오랫동안 제시한 방법이다. 실제 조건에서 사용되거나 내적 심상의 형태로 사용될 수 있다. 이 기법의 이론적 근거는 내담자가 공포를 일으키는 단서들에 한두 시간의 여러 번에 걸친 기간에 말그대로 홍수를 당하면 내담자의 두려움의 기반이 없어진다는 것에 기초를 두고 있다. 이 기법의 기본적인 가정은 환자는 상세한 정보와 준비를 갖춘 후에 가장 강한 불안자극에 노출되고 자신의 불안이 감소될 때까지 그 상황에 머물러 있도록 한다. 만약 한 사람이 고소공포가 있다면 자극범람은 높은 빌딩에 머물러 있도록 하는 것이다.

4. 행동수정의 절차와 측정

1) 행동수정의 절차

눈으로 직접관찰 가능한 외현적인 문제행동을 해결하기 위해 여러 가지 다양한 행동수정기법이 발전되어 왔다. 이러한 행동수정방법들이 성공적으로 적용되기 위해서는 <표 11-1>과 같은 절차상의 문제를 고려해야 한다.

〈표 11-1〉 행동수정의 절차

구분	내용
목표행동 또는 문제행동의 선정과 정의	변화시키고자 하는 혹은 고무시키고자 하는, 즉 목표가 되는 행동을 명확히 정의해야 한다. 그리고 관찰과 측정이 가능한 구체적 단위 행동으로 정의해야 한다.
행동의 측정	목표행동 선정 후 일정 기간을 정하여 그 행동의 빈도 및 강도를 기록한다. 이는 행동수정 실시 후 자녀의 행동변화 평가와 환경적 요인과의 관련성을 파악하는 데 도움이 된다.
행동분석	관찰된 자녀의 행동을 분석하는 것으로 행동 자체와 행동을 유발하는 선행자극, 행동 뒤에 오는 후속자극을 찾아내는 과정이다. 행동을 유발시키는 선행자극과 행동을 증감시키는 강화의 역할을 하는 후속자극이 무엇인지 알게 되면 행동을 변화시킬 수 있는 행동수정계획이 원활하게 진행된다.
강화물 제시방법 결정	특정한 행동 이후에 특정한 보상이 주어짐으로써 이후의 행동을 증가시키는 것은 강화물이다. 강화물을 제시하는 방법이나 어떤 강화물을 선정하는가는 행동수정의 승패를 좌우하는 중요한 요인이다.
행동의 변화 측정	변화시키고자 한 목표행동에 대해 강화를 제시하고 변화된 행동의 빈도를 측정함으로써 행동수정이 효과적이었는지, 아니면 다른 방법으로 행동의 변화를 유도할 것인지를 결정하게 된다.

2) 행동변화의 측정

행동수정에서 목표행동을 설정하고 표적행동이 어느 정도의 빈도나 비율로 나타나는지를 결정하고 나면 행동수정을 통해 이러한 행동에 변화가 나타났는지를 확인해 보는 것이 필요하다. 관찰한 행동이 실제로 변화하였는지를 살펴보기 위해 일반적으로 사용하는 방법은 그래프를 그리는 방법이다. 행동수정에서 그래프의 구성은 시간은 X축에, 행동수준은 Y축에 표시함으로써 행동수정을 통해 행동이 어떻게 변화했는가를 알 수 있다. 행동수정을 통해 표적행동이 어떻게 변화했는가를 살펴보는 방법에는 반전설계와 복식기초선설계의 방법이 있다.

반전설계는 기초선 기간과 실험기간이 각각 두 번씩 나타나도록 설계된 방법으로 첫 번째 실험기간 후에 다시 기초선 기간으로 되돌아가서 행동수정의 효과를 검증해 본다는 의미에서 반전설계라고 한다. 반전설계는 기초선과 실험기간이 각각 두 번씩 실행되기 때문에 행동수정으로 인한 표적행동의 변화를 정확하게 규명할 수 있다. 여기서 기초선 기간이란 행동수정방법을 실행하기 이전의 일상적인 행동수준을 관찰・기록한 것이며, 실험기간은 행동수정방법을 실행한 이후의 행동수준을 관찰・기록한 것이다.

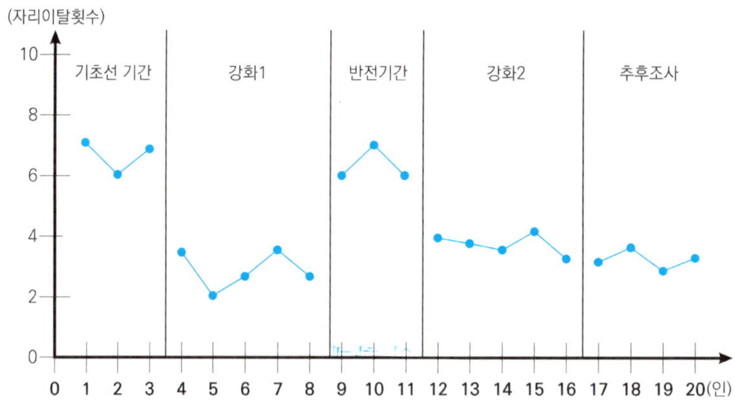

〈그림 11-4〉 반전설계법의 모형

출처: 정옥분, 정순화(2016). 부모교육. 학지사. p.350.

복식기초선설계는 반전설계로는 행동수정의 효과를 확인하기 어려운 경우에 사용하는 방법이다. 즉, 일단 행동이 수정되고 나면 다시 처음 상태로 돌아서기에는 너무 위험한 행동이거나 독서능력 등과 같이 일단 수정된 이후에는 다시 원상태로 돌아갈 수 없는 행동인 경우에 둘 이상의 대상이나 상황, 행동을 대상으로 행동수정의 효과를 확인하는 방법이다.

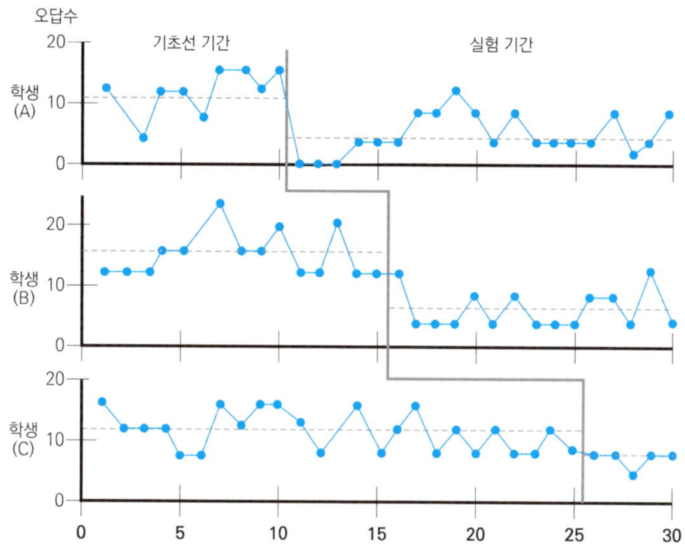

〈그림 11-5〉 복식기초선설계법의 모형

출처: 정옥분, 정순화(2016). 부모교육. 학지사. p.351.

MEMO

PART 04

부모교육의 실제와 운영

PARENT EDUCATION

CHAPTER 12

부모교육 프로그램

ㅁ 배울 내용 ㅁ

1. 효율적 부모역할을 위한 체계적 훈련(STEP)
2. 부모효율성훈련 프로그램(PET)
3. 적극적 부모역할훈련(APN)
4. 자녀의 힘을 북돋우는 부모(EPT)
5. 존중받는 아이 함께 크는 부모
6. 행복한 부모를 위한 마음 프로젝트

ㅁ 학습목표 ㅁ

1. 효율적 부모역할을 위한 체계적 훈련(STEP) 프로그램의 목표와 구성 및 진행방법을 탐색해본다.
2. 부모효율성훈련 프로그램(PET) 프로그램의 목표와 구성 및 진행방법을 탐색해본다.
3. 적극적 부모역할훈련(APN) 프로그램의 목표와 구성 및 진행방법을 탐색해본다.
4. 자녀의 힘을 북돋우는 부모(EPT) 프로그램의 목표와 구성 및 진행방법을 탐색해본다.
5. 존중받는 아이 함께 크는 부모 프로그램의 목표와 구성 및 진행방법을 탐색해본다.
6. 행복한 부모를 위한 마음 프로젝트 부모 프로그램의 목표와 구성 및 진행방법을 탐색해본다.

1. 효율적 부모역할을 위한 체계적 훈련(STEP)

1) 프로그램의 개발 배경

효율적 부모역할을 위한 체계적 훈련(Systematic Training for Effective Parenting: STEP)은 부모역할 수행과 지지를 향상시키고자 하는 부모를 위해 제작된 프로그램으로 민주적인 자녀교육의 이론과 실제를 다루고 있다. 이 부모교육 프로그램은 아들러(Adler)의 개인심리학이론을 기초로 하여 드라이커스(Dreikurs)의 민주적 부모교육이론과 고든(Gordon)의 부모효율성훈련(PET)의 장점을 종합하여 미국의 플로리다 주의 의사소통 및 동기유발 훈련소(Communication and Motivation Training Institute)의 딘크메이어(Dinkmeyer)와 애리조나 대학의 상담가인 맥케이(Mckay)가 체계화한 조직적이고 종합적인 부모교육 프로그램이다(Dinkmeyer & Mckay, 1976). 효율적 부모역할을 위한 체계적 훈련(STEP) 프로그램에 영향을 미친 배경을 구체적으로 살펴보면 다음과 같다.

딘크메이어

맥케이

(1) 아들러의 개인심리학

아들러(Adler, 1927)의 개인 심리학에서 가장 중요한 가설은 인간은 통일된 유기체라는 것이다. 그러므로 삶의 어떠한 것도 분리해서 생각할 수 없으며, 반드시 전체 성격과 관련시켜 파악해야 한다는 견해에 따라 개인을 이해하는 데도 개인의 사고와 감정, 행위, 의식과 무의식을 하나의 통합체(unity)로 보아야 한다는 이론을 정립하고 있다. 특히, 아들러가 체계화시킨 인간의 세 가지 능력, 즉 인간이 자기 운명을 개척하려는 능력, 원시적인 욕구와 통제하기 어려운 환경을 극복하여 보다 완전한 삶을 추구하는 능력, 자기인식을 통해 자신과 주위 환경을 개선하려는 능력은 효율적 부모역할을 위한 체계적 훈련(STEP) 프로그램의 이론적 기초가 되었다(자세한 내용은 7장 참조).

(2) 드라이커스의 민주적 부모교육이론

드라이커스와 솔츠는 인간의 우월에 대한 추구가 유아기 동안 부모에 의해 부적절하게 양육되어 부적응 행동으로 표출될 수 있다는 아들러의 주장을 받아들이면서 어린이의 잘못된 행동목표 4가지를 제시하였다. 이들 행동은 관심 끌기, 힘겨루기, 앙갚음, 무능력함 보이기이다(Dreikurs & Soltz, 1964). 효율적 부모역할을 위한 체계적 훈련(STEP) 프로그램은 이들이 제시한 아이의 4가지 잘못된 행동목표를 도입하여 부모가 어린이를 이해하는 데 필요한 정보로 활용하고 있다. 구체적으로 아이의 행동에 일정한 사회적 목적이 있음을 이론적으로 규명하고, 부모로 하여금 아이의 잘못된 행동을 무조건 거부하기보다는 이해와 수용의 태도로 관심을 보이도록 권고하는 데 초점을 두고 있다(자세한 내용은 7장 참조).

(3) 고든의 부모효율성훈련

고든(Gordon)의 부모효율성훈련의 목적은 신뢰와 애정을 바탕으로 한 바람직한 부모－자녀관계의 형성을 도움으로써 부모로 하여금 부모역할을 보다 효과적으로 수행하도록 하는 것이다. 이를 위해 부모효율성훈련에서는 자녀의 행동을 제대로 이해할 수 있는 수용능력을 키우고 자녀에게 자신의 감정을 솔직하게 표현할 수 있는 기법을 습득하게 하며, 부모－자녀 간에 문제가 발생할 경우 문제의 소지자가 누구인가를 파악하게 하고, 이에 적절한 문제해결을 위해 효율적인 의사소통기술을 익혀 활용하는 것을 강조하고 있다(자세한 내용은 10장 참조). 따라서 효율적 부모역할을 위한 체계적 훈련(STEP) 프로그램에서도 자녀와 부모에 대한 이해 및 의사소통기법들을 강조하고 있다.

2) 부모 - 자녀관계

효율적 부모역할을 위한 체계적 훈련(STEP) 프로그램의 핵심은 민주적인 가정에서 부모와 자녀관계의 질을 향상시키기 위해서는 서로 상호 존중하고 자녀들에게 스스로 결정하고 행동할 수 있는 기회를 적절히 제공해야 한다는 것이다. 그리고 부모와 자녀의 질적인 관계 형성을 위하여 부모가 상호작용방법과 자연적 또는 논리적 귀결 같은 비처벌적인 훈육방법을 배우도록 하는 것이며 책임감, 의사결정능력, 문제해결 능력을 향상하는 기술의 습득을 강조한다. 효율적 부모역할을 위한 체계적 훈련(STEP) 프로그램에서의 부모와 자녀관계는 크게 네 가지 요소에 의해 영향을 받는다고 보았는데, 상호 존중하기, 격려와 용기 주기, 즐거운 시간 보내기, 그리고 사랑 표현하기이다<표 12-1>.

〈표 12-1〉 STEP 프로그램의 부모와 자녀관계

구분	내용
상호 존중하기	• 인간관계에서 상호존중은 필수적인 요소이기 때문에 부모 - 자녀관계에 있어서도 원만한 인간관계를 유지하기 위해 자녀가 부모를 존중하고 부모 역시 자녀를 존중하고 타인을 존중하는 태도를 가르쳐야 한다. • 부모들은 자신을 존중하라고 하면서 자녀들을 존중하지 않는 경우가 있으며, 상호존중을 위해 부모들은 부정적인 말을 삼가고 자녀를 인격적으로 존중해주어야 한다.
격려와 용서하기	• 부모는 자녀를 신뢰하고 자녀 스스로 '나는 능력 있다'고 느낄 수 있도록 계속적인 격려와 용기를 주어야 한다. • 격려는 과정에 대한 부모의 지지이기 때문에 자녀의 긍정적 자아존중감을 향상시킬 수 있다.
즐거운 시간 보내기	• 긍정적인 가족관계를 만들기 위해 질적인 시간의 투자가 필요하다. 가족 모두가 참여하고 서로 즐거운 시간을 보내는 것은 부모 - 자녀관계가 원만하고 성숙한 관계가 되는 중요한 요소이다. • 즐거운 시간을 갖게 되면 가정이 화목해지고 아동의 문제행동도 예방할 수 있으며, 문제를 최소화할 수 있다.
사랑 표현하기	• 부모가 자녀에게 적극적으로 사랑을 표현하는 것은 매우 중요하다. • 자녀들이 안정감을 느끼기 위해서는 자기가 사랑하고, 또 사랑받는 사람이 적어도 한명 정도는 있어야 한다. • 언어적인 표현과 함께 안아주고, 머리를 쓰다듬어 주는 등의 행동도 중요하며, 이러한 사랑은 자녀를 존중하고, 책임감과 독립성을 길러주는 부모의 태도를 통해서도 전달될 수 있다.

3) 프로그램의 목적

효율적 부모역할을 위한 체계적 훈련(STEP) 프로그램의 교육철학은 사랑과 존중을 바탕으로 한 인간가치 구현에 있으며, 목적은 부모가 자녀들을 용기와 격려로 가르치는 방법을 터득하고 민주적인 의사소통을 습득하는 데 있다. 따라서 효율적 부모역할을 위한 체계적 훈련(STEP) 프로그램의 목적은 첫째, 부모에게 아동발달과 문제행동에 대한 기본적 이해를 증진시킬 수 있는 기회를 제공하는 것이다. 둘째, 부모들에게 보다 효율적인 양육기법을 탐색하도록 하는 것이다. 셋째, 부모모임을 통해 양육에 대한 서로의 고민을 나누고 토론하도록 함으로써 부모역할에 자신감을 갖도록 하는 것이다.

4) 프로그램의 구성과 진행

효율적 부모역할을 위한 체계적 훈련(STEP) 프로그램은 크게 부모로서의 능력 향상을 위한 구체적인 내용과 자녀의 행동발달 이해를 돕기 위한 내용으로 구성되어 있으며, 전자는 부모에게 요구되는 양육의 원리와 기술을 의미하며, 후자는 자녀의 긍정적인 행동목표의 초점으로 되어 있다. 프로그램의 진행은 각 단원에서 중요하게 다루는 이론을 설명하고 질문과 교재를 읽고 토론하며, 각 단원 마지막 끝에는 금주 활동에 대한 문항이 기록되어 있어서 배운 내용을 집에서도 연습할 수 있도록 되어 있다(Dinkmeyer & Mckay, 1976). 이를 위해 효율적 부모역할을 위한 체계적 훈련(STEP) 프로그램은 총 9장으로 구성되어 있으며, 그 내용을 구체적으로 살펴보면 다음과 같다.

(1) 자녀행동의 이해

부모의 민주적인 양육태도는 인간의 존엄성과 가치에 있어서 아이도 성인과 동등하다는 것을 강조한다. 부모는 이러한 평등 원리에 입각해서 자녀에게 책임이 따르는 선택과 결정의 기회를 준다. 어린이는 사회적 존재로서 자기를 인정받으려는 욕구가 계속해서 좌절될 경우 부정적인 행동이 나타나므로 좌절된 욕구를 이해하고 자녀와 긍정적인 관계를 형성하는 일이 중요하다. 어린이의 잘못된 행동으로는 관심 끌기, 힘겨루기, 앙갚음, 무능력함 보이기가 있는데, 이러한 행동은 주의 깊은 관찰을 통해 발견할 수 있다. 부모와 자녀 간의 긍정적인 관계를 강조하며 이러한 관계를 형성하는 기본요소는 상호존중, 즐거운 시간 찾기, 격려와 용서하기, 사랑 표현하기 등을 강조하고 있다.

(2) 자녀와 부모 자신의 이해

자녀와 부모 자신에 대한 올바른 이해를 위해서는 자녀의 잘못된 행동목표뿐만 아니라 자녀가 사용하는 정서나 생활방식, 부모 자신이 완벽한 부모인지, 책임 있는 부모인지에 대한 인식도 필요하다. 먼저 부모는 자녀가 잘못된 행동목표를 달성하기 위해 정서를 이용한다는 사실에 주목할 필요성이 있다. 즉, 정서는 인간의 신념과 목적에 바탕을 두며 부모는 아이들이 잘못된 행동목표에 도달하기 위해 그들의 정서를 사용한다는 것에 유의해야 한다. 강압적인 방법으로 자녀를 통제하기보다는 일정한 한계점을 설정해 주어서 자녀들이 행동을 스스로 결정하고 그 결과로부터 배우도록 배려하는 것이 중요하다. 인간의 생활방식은 가족분위기와 가치관, 성역할, 가족 간의 위치, 훈육방법 등에 영향을 받는다. 따라서 완벽한 부모가 되려고 하기보다는 책임감 있는 부모가 되려고 노력해야 한다.

(3) 격려: 자신감과 자아존중감 길러주기

자녀에게 자신감과 가치감을 길러주는 목적은 통제나 벌을 가하지 않고 자녀로 하여금 바람직한 행동을 하도록 하는 것이다. 칭찬은 일종의 보상으로 어린이의 행동을 외적으로 동기화되도록 만들기 때문에 바람직하지 않다. 격려는 자녀가 잘못된 행동을 할 경우에도 실수를 인정해 주고, 긍정적 행동을 제시하여 자아존중감을 갖게 해

준다. 격려란 자녀를 있는 그대로 수용하고 믿어주는 것이며, 이를 통해 자신을 신뢰하게 되고 자존심을 증진시키게 된다. 격려는 부모의 올바른 대화기술을 통해서 이루어진다.

(4) 의사소통: 반영적 경청

부모의 효과적인 의사소통은 효과적인 경청을 통해서 가능하다. 부모의 권위적이고 인습적인 태도는 효과적인 의사소통을 방해하는 주된 요인이다. 효과적인 의사소통기술 중 경청의 기법은 자녀의 생각과 감정을 반영하는 개방적이고 반영적인 경청(reflective Iistening)이 권장된다. 효과적인 의사소통을 하기 위해서는 상호존중, 눈의 접촉, 반영적 경청, 관심 및 개방성을 전달하는 비언어적 행동, 상대방을 받아들이고 허용하기 등의 사항을 실천함으로써 이루어진다.

(5) 의사소통: 대안 찾기와 나 - 전달법

자녀와의 문제에 있어서 자녀가 문제를 지닌 경우에는 반영적 경청이 효과적이며, 부모가 문제를 소유하고 있을 경우에는 부모의 감정을 표현하는 나 - 전달법을 사용하는 것이 효과적이다. 자녀와의 문제를 효과적으로 해결하기 위한 대안 찾기의 단계는 반영적 경청, 브레인스토밍(brainstorming), 여러 대안 중 해결책 찾기, 예상되는 결과 논의, 결정사항 알아보기, 평가시간 계획하기이다. 또한 나 - 전달법으로 부모의 생각과 감정을 정직하게 표현하는 것이 중요하다.

(6) 책임감 훈육방법

자녀를 양육할 때 부모들은 권위를 사용하여 보상과 처벌을 통한 훈육방법을 쓰는 경우가 있는데, 이러한 방법은 부모와 자녀 간의 상호존중의 관계를 방해하며 자녀의 책임감 형성에도 저해요인이 된다. 따라서 자녀 스스로 행동에 책임을 지도록 하는 방법으로는 자연적 귀결과 논리적 귀결을 경험하게 하는 것이 효과적이다.

(7) 자연적 귀결과 논리적 귀결의 활용

자연적 귀결은 자연적인 상황에서 아이 스스로 자신의 행동에 대한 결과를 경험할 수 있도록 하는 방법이다. 부모가 방해하지 않는다면 아이들이 일상생활에서 자신의 행동에 대한 결과를 자연스럽게 경험할 수 있다. 논리적 귀결은 행동에 대한 결과가 아이의 행동으로 인해 자연스럽게 일어나는 것이 아니라, 다른 사람이나 부모에 의해 정해지는 방법이다. 인간의 평등성을 기초로 한 방법으로 논리적 경험을 통해 아이는 자신의 권리를 요구할 있으며, 책임감을 갖게 되고 의사결정에 동등하게 참여할 수 있게 된다.

(8) 가족모임

민주적 가족관계는 가족구성원 모두가 의사결정과정에 참여할 기회를 가질 때 가장 효과적으로 성립한다. 또한 가족모임은 가족구성원이 정규적으로 갖는 모임으로서 부모와 자녀 간의 원활한 관계를 형성하는 데 필수적이다.

(9) 자신감 배양과 잠재력 발휘

민주적 행동의 부모는 자녀를 훌륭하게 양육하며 자신감을 배양하고 잠재력을 신장시키기 위한 노력이 필요하다. 따라서 부모는 자녀를 양육하는 과정에서 자신감을 위축시키고 잠재력을 약화시키는 자기패배적 신념을 경계해야 한다. 부모는 자신이 불완전할 뿐만 아니라 자녀 또한 불완전하다는 사실을 수용할 필요성이 있으며, 부모 자신이 불완전하다는 사실을 수용한다면 자녀의 실수도 쉽게 받아들이게 된다.

지금까지 살펴본 바와 같이 총 9장으로 구성된 STEP 부모교육 프로그램은 부모역할 수행에 있어 필요한 양육 원리와 기술을 습득하고, 부모 자신과 자녀를 이해함으로써 부모의 바람직한 자질을 향상시킨다. 또한 민주적인 가정에서의 평등과 상호존중의 원리를 통해 부모와 자녀관계를 개선하며 긍정적이고 책임감 있는 행동을 하도록 하는 데 중점을 둔 부모교육 프로그램이다.

2. 부모효율성훈련 프로그램(PET)

부모효율성훈련(Parent Effectiveness Training: PET) 프로그램은 미국의 임상심리학자인 고든(Tomas Gordon)이 로저스(Carl Rogers) 이론에 입각하여 만든 부모교육 프로그램이다. 고든은 시카고대학교에서 정서적, 지적으로 문제가 있는 어린이들을 치료해 오는 동안 자신이 배운 정신의학적인 지식이 맞지 않음을 발견하였다. 이런 임상적 경험에 따라 고든은 어린이의 정서적인 문제는 정신의학적인 문제로 다루어질 것이 아니라 부모 - 자녀 간의 인간관계에서 생기는 문제로 보아야 하며 자녀와의 관계를 개선시킬 수 있는 방법을 부모들에게 교육해야 효과적이라는 생각에 부모 - 자녀관계 향상에 초점을 두게 되었다. 그리하여 일부 심리치료가에게만 통용되어 오던 인간관계에 관한 지식이나 기술을 자녀와의 관계에서 어려움을 겪고 있는 부모에게 실생활에서 적용하게 하려는 의도에서 시작된 부모교육 프로그램이다.

1) 프로그램의 목표

부모효율성훈련 프로그램의 목적은 신뢰와 애정을 바탕으로 한 바람직한 부모 - 자녀관계의 형성을 도움으로써 부모로 하여금 부모역할을 보다 효과적으로 수행하도록 하는 것이다. 이에 따른 구체적인 목표는 첫째, 부모 - 자녀관계에서 자녀의 행동을 제대로 이해할 수 있는 수용능력을 키우고 자녀에게 자신의 감정을 솔직하게 표현할 수 있는 기법을 습득하게 하며, 둘째, 부모 - 자녀 간에 문제가 발생할 경우 문제의 소지자가 누구인가를 파악하게 하고, 마지막으로 이에 적절한 문제해결을 위해 효율적인 의사소통기술을 익혀 활용하도록 하는 데 목적이 있다.

이와 같은 목표를 달성하기 위해 부모효율성훈련 프로그램에서는 문제가 되는 사람이 부모인 경우 자신의 감정을 솔직하게 표현하는 나 - 전달법을 사용함으로써 자녀로부터 도움을 받을 수 있을 뿐만 아니라 부모 - 자녀관계도 향상된다고 주장한다. 한편, 문제가 되는 사람이 자녀인 경우에는 자녀의 문제에 귀를 기울이는 반영적 경청을 통해 부모와 자녀가 보다 좋은 관계를 유지하도록 한다. 그리고 반영적 경청과 나 - 전달법을 사용했음에도 불구하고 문제가 해결되지 않을 경우에는 무승부법을 제시하고 있다.

2) 프로그램의 구성과 진행

부모효율성훈련 프로그램은 부모를 가르칠 수 있는 강사교육과 부모를 대상으로 한 일반교육으로 구성되어 있다. 이 프로그램은 주 1회씩 총 8주 동안 24시간의 교육을 받게 된다. 강사들은 본부 소속의 6명의 전문가로부터 교육을 받은 후 자격증을 받게 되며, 강사들이 구성하는 부모효율성훈련 그룹은 10명 정도로 구성된다.

본 프로그램은 부모역할에 대한 지적인 이해에 그치는 것이 아니라 부모들이 실제로 체험학습을 통하여 부모역할을 담당하는 능력을 습득하도록 하는 데 중점을 두고 있다. 즉, 이 프로그램은 전 과정에서 전체적으로 부모 - 자녀관계의 상호작용을 중시하여 부모와 자녀 사이의 효과적인 의사소통과 문제해결방법을 제안함으로써 부모들로 하여금 체험하게 한다. 그리고 회기별 활동내용을 다음 회기까지의 시간 동안에 가정에서 실제 자녀와의 관계에서 적용할 수 있도록 하고, 매 회기의 시작단계에서 경험을 나누고 피드백을 하는 시간을 가지게 하여 프로그램이 일상생활에서의 경험과 의미 있게 연관될 수 있도록 한다는 특징을 가진다. 즉, 참가자들이 자녀양육의 기술능력을 개발하고, 부모의 의사소통능력을 향상시키는 것을 강조한다. 부모효율성훈련 프로그램의 회기별 내용을 살펴보면 <표 12-2>와 같다.

〈표 12-2〉 부모효율성훈련 프로그램의 회기별 교육내용

주	교육내용
1주	프로그램 소개와 정의, 목표 설정하기, 행동의 네모꼴 도식, 문제가 되는 사람 가리기
2주	반영적 경청: 의사소통의 걸림돌과 걸림돌 경험하기
3주	자녀의 의사소통하기, 감정표현 어휘 찾기, 반영적 경청 실습
4주	나-전달법: 나-전달법의 3요소 설명하기, 나-전달법 체험하고 인식하기
5주	나-전달법의 종류, 아이를 위한 나-전달법, 환경을 재구성하기, 가정환경의 재구성
6주	제3의 방법: 갈등 해결하기, 과거의 갈등 해결하기
7주	문제해결의 6단계, 욕구를 언어로 표현하기, 제3의 방법으로 계획하기
8주	가치관 대립에 대처하는 기술, 가치관 대립을 인식하기, 자녀의 가치관에 영향 주기

3. 적극적 부모역할훈련(APN)

적극적 부모역할훈련(Active Parenting Now: APN) 프로그램은 우리의 자녀들이 그들이 살고 있는 사회 안에서 생존하고 번영하기 위해 필요한 자질인 협동심, 용기, 책임감, 자아존중감을 길러주어 독립적인 인간으로 살 수 있도록 보호하고 준비해주는 것을 목적으로 하고 있는 프로그램이다. 이러한 목적을 효율적으로 달성하기 위해서 부모 자신의 자아존중감과 양육태도, 의사소통패턴을 점검해보고, 문제해결, 분노감정 다루기, 가족화목 활동, 기술 가르치기 등 다양한 기술과 기법을 교육 훈련하게 된다. 훈련이라는 개념을 쓰는 것은 효율적인 자녀양육기술과 기법들이 익숙해질 때까지 연습하도록 과제를 부과하고 점검한다는 의미에서 훈련이라는 의미를 쓰고 있다.

1) 프로그램의 개발 배경

포프킨

적극적 부모역할훈련 프로그램은 1983년 포프킨(Popkin)에 의해 계발되었으며, 2007년에 수정보완되었다. 이 프로그램은 개인심리학자 아들러의 가족구도, 드라이커스의 민주적 자녀 양육이론, 로저스의 공감적 이해, 고든(Gorden)의 반영적 경청과 나-전달법, 기노트(Ginott)의 인본주의, 엘리스(Ellis)의 합리적 정서치료(RET) 등의 연구결과를 바탕으로 구성된 가장 최근 부모 교육 프로그램이다.

(1) 아들러(Adler)의 가족구도

아들러(1939)는 가족구도를 성격 형성의 주요한 측면으로 보았고, 가족구도가 성장기 아동의 일차적인 사회환경을 이룬다고 보았다. 가족구도가 중요한 이유는 아동이 처한 위치가 그 가정과 사회에서 장차 아동이 수행해야 할 역할을 결정해주기 때문이다. 그러나 실제적으로 가족 내에서 아동이 처한 위치 자체보다 그 위치를 바라보는 아동의 관점이 중요하다고 보았다. 따라서 부모에게 자녀의 성격을 형성하는데 아동의 관점이 결정적 역할을 한다는 점을 이해시키는 것이 더욱 중요하다고 보았다. 프로그램 내에서 구체적으로 '자녀의 그릇된 행동을 이해하고 교정해주기'를 통하여 가족구도에 대한 이해를 돕고 있다.

(2) 드라이커스의 욕구와 행동분석

드라이커스는 아동기에 나타나는 심리적 욕구와 행동목적을 접촉, 힘, 보호, 물러서기로 구분하며 청소년기에는 도전의 욕구가 추가된다고 보았다. 자녀의 문제행동 이면의 목적 이해하기를 통해 자녀가 자신의 욕구를 긍정적으로 또는 부정적으로 채우는지를 파악함으로써 그들의 욕구를 부정적으로 채우는 방법을 부추기는 부모의 행동을 중단함으로써 긍정적으로 자신의 욕구를 바람직하게 충족할 수 있도록 하여 부모 - 자녀의 관계패턴이 실패회로에서 성공회로로 바뀔 수 있도록 돕는다.

(3) 엘리스의 합리적 정서치료

엘리스(1969)의 합리적 정서치료(Rational Emotional Therapy: RET)에서는 매우 부담되는 정서적 결과가 중요한 선행사건에 뒤따라 일어날 때, 흔히 선행사건이 정서적 결과를 야기한 것처럼 보이지만 실제로는 정서적 결과가 주로 신념체계에 의해 유발된다고 본다. 따라서 부모 - 자녀관계 안에서 발생하는 문제는 생각하기 - 느끼기 - 행동하기 회로를 형성하며, 부모가 자녀의 선행사건의 위치에, 생각하기는 자녀의 신념체계에, 느끼기와 행동하기는 정서적 결과의 위치에 놓인다고 본다. 즉, 부모의 행동이 자녀에게 긍정적인 영향을 미치느냐, 부정적인 영향을 미치느냐에 따라 자녀는 실패회로와 성공회로 안에 머무르게 된다고 보았다(홍경자, 오세덕, 1996).

(4) 로저스의 인간 중심과 공감적 이해

로저스의 인간중심과 공감적 이해는 부모의 태도가 일치성, 긍정적인 존중, 공감적인 이해로 행해진다면 그로 인하여 자녀에게 성장적 변화가 일어날 것이라는 관점이다. 섬세하고 정확한 공감을 하기 위해서는 부모는 존중심을 가지고 자녀를 대해야 하며 능력과 부모의 기대에 상관없이 자녀의 존재에 대하여 있는 그대로 수용하는 것이 필요하다(서신자, 2005).

(5) 고든(Gorden)의 의사소통기법

고든(Gorden)은 의사소통기법으로 반영적 경청, 나 - 전달법 등을 강조하였다. 또한 그는 인간관계의 핵심 조건으로 수용, 일치, 민주적인 이상을 말하였다. 그는 건강하고 만족스런 인간관계를 맺는 데 필수조건으로 상대방에 대한 수용을 느끼기, 상대에 대한 수용을 나타내기, 상대방의 행동을 더 많이 수용하도록 노력하기, 비수용적인 감정을 인식하기, 비수용적인 감정을 의사소통하기, 비수용적인 감정을 무비판적으로 의사소통하기, 갈등해소에 힘의 사용을 거부하기, 상대방이 힘을 사용할 때 항복하는 것을 거부하기, 무승부법으로 갈등을 해소하기 등을 강조하고 있다.

2) 프로그램의 목표

적극적 부모역할훈련(APN) 프로그램은 우리의 자녀들이 민주사회에서 잘 자라기 위하여 필요한 자질인 협동심, 용기, 책임감, 자기존중감을 향상시키기 위한 기술과 지식을 부모에게 제공함으로써 가족구도를 통하여 인간의 무궁한 잠재력을 개발시키고자 하는 데에 그 목적을 두고 있다. 세부 목표를 구체적으로 살펴보면, 첫째, 자녀의 행동에 적절한 한계를 설정함으로써 사회에서의 적응능력을 높인다. 둘째, 자녀의 잘못된 행동목표에 대한 인식을 높인다. 셋째, 격려를 통해 자녀의 용기를 북돋운다. 넷째, 자연적 귀결과 논리적 귀결의 방법을 사용함으로써 책임감을 향상시킨다. 다섯째, 자녀에게 협력을 유도할 수 있도록 돕는다. 여섯째, 민주적인 가족분위기를 형성하도록 돕는다.

3) 프로그램의 구성과 진행

적극적 부모역할훈련 프로그램은 1983년 'Active Parenting Today' 프로그램에서 2007년 'Active Parenting Now'으로 수정 보완되었다. 수정된 적극적 부모역할훈련(APN) 프로그램은 보살핌을 제공하는 자로서 자신을 보살피기를 통해 부모 자신의 자아존중감과 부모가 스스로 자신을 관리하도록 하는 내용이 추가되었다. 또한 자녀와의 대결구도를 다루는 느슨한 대결방법, 자녀의 강점을 구축하는 방법, 가족 인물 콜라주 만들기, 사회문제화되고 있는 위험요소인 마약, 성, 폭력에 대해서 추가되었다. 시대의 변화에 걸맞게 더 다양하게 수정 보완되고 비디오 출연자와 구성 또한 새로워졌다. APN 프로그램은 강의, 비디오시청, 토론과 소감 나누기 활동, 역할놀이, 피드백

등 다양한 교수법을 적용하고 있다. 비디오에는 서양인, 흑인, 동양인과 정상가정, 편부모가정, 혼합가정이 등장하는데, 인종과 문화가 다르더라도 자녀교육에서 부딪치는 문제는 공통점이 많기 때문에 다양한 가족 유형을 보면서 여러 가지 도움을 받을 수 있다. 세계화 추세 속에서 민주시민으로서의 자질을 길러 주기 위해 APN 프로그램에서는 가족화목활동과 생활인의 기술 가르쳐주기 및 민주적인 의사결정능력과 발표력을 길러주는 가족회의방법도 제시하고 있다. 적극적 부모역할 프로그램의 교육내용을 살펴보면 <표 12-3>과 같다.

〈표 12-3〉 **적극적 부모역할훈련 프로그램 구성표**

주제	소주제
적극적인 부모	• 자녀양육방식 • 우리가 키우고자 하는 아이들은? • 한계 내에서의 자유 • 가족을 강화시키기 위한 활동
자녀 이해하기	• 행동의 기본원리 • 잘못된 행동목표 • 부모역할과 분노 • 자아존중감 발전시키기
용기 북돋우기	• 용기를 잃게 하는 행동 피하기 • 격려의 네 가지 방법 • 격려의 활용활동
책임감 개발하기	• 문제가 되는 사람은 누구인가? • 나 - 전달법 • 자연적 귀결과 논리적 귀결 • 상호존중
협력 구하기	• 의사소통의 장애 피하기 • 적극적인 의사소통 • 감정 경청하기 • 애정 표현하기
민주적인 가정	• 가족회의 • 집단에서의 부모역할 논의하기 • 가족단위 강조하기 • 우리의식 함양하기

(1) 주제 1: 적극적인 부모

이 주제에서는 '적극적인 부모란 무엇인가?'에 대한 내용을 주로 다루게 된다. 부모의 양육방식으로는 군주형, 허용형, 민주형으로 구분하여 제시하고 있다<표 12-4>. 또한 기존의 자녀지도방법으로서의 보상과 처벌의 오류를 지적하며 적극적 부모역할 훈련의 첫 단계인 선택의 방법과 선택의 기회를 주는 방법을 제시하고 있다. 가족화목 활동으로는 즐거운 시간 갖기를 제안하고 있다. 이 주제에서는 자녀양육방식, 우리가 키우고자 하는 아이, 한계 내에서의 자유 및 가족을 강화시키기 위한 활동에 대해 다루고 있다.

〈표 12-4〉 부모의 지도 유형

구분	내용
군주형 (autocratic)	군주적 부모는 독재자처럼 전체적으로 움직이려고 한다. 이러한 부모는 자녀들이 무엇을 해야 할지, 언제 해야할 지를 명령한다. 자녀들은 의문을 제기하거나 도전하거나 의견에 반대할 여지가 없다. 일을 잘하면 부모에게서 보상을 받고 일을 못하면 처벌을 받을 따름이다. 이러한 독재적 양육방법은 인간의 불평등이 일반화되었던 시기에는 상당히 설득력이 있었으나 오늘날과 같은 평등의 시대에는 별 효력이 없다.
허용형 (permissive style)	허용적 부모란 거칠고 완고한 독재적 방식에 강력하게 반대하는 이들이다. 허용형의 부모는 자녀들이 제맘대로 지나치게 많은 시간 동안 하고 싶은 일을 하도록 허용한다. 그러한 가정에서는 질서와 규율이라는 것이 없다. 그리고 무제한의 자유가 허용된다. 허용적 부모들은 자녀의 심부름꾼처럼 행동하면서 자녀들이 부모를 유린하도록 방임한다.
민주형 (democratic style	민주형은 군주형과 허용형의 중간쯤 되는 형이라고 말할 수 있으나 그 이상의 의미를 함축하고 있다. 적극적인 부모의 가정에서는 자유가 이상적으로 추구되며 타인의 권리와 개개인의 책임도 똑같이 추구해야 할 이상으로서 부모는 협동심을 길러주고 학습을 자극하는 지도자이다. 민주적 가정에서는 질서가 있고 세심한 관심도 있다. 개개인이 다 중요한 구성원으로서 인정을 받는다.

(2) 주제 2: 자녀 이해하기

자녀 이해하기 주제에서는 아동의 성격형성요인의 탐구와 아동의 발달과정을 다루게 된다. 또한 자녀에게 길러주어야 할 네 가지 행동목적으로 접촉, 힘, 보호, 물러서기를 제시하며 이를 위한 자녀의 긍정적인 접근방법과 부정적인 접근방법을 설명하고 있다. 자녀의 그릇된 행동의 이면에는 자녀의 숨겨진 심리적 욕구가 있다. 이러한 욕구를 이해하려면 자녀가 부정적 접근방식을 취했을 때, 부모가 느끼는 감정과 부모의 지도에 대한 자녀의 반응을 단서로 자녀의 행동목적을 이해할 수 있다. 이 주제에서는 자녀행동의 기본원리, 자녀의 잘못된 행동목표, 부모역할과 분노 및 자아존중감 발전시키기에 대해 다루고 있다.

(3) 주제 3: 용기 북돋우기

자녀의 용기 북돋우기는 실패회로와 성공회로로 설명하고 있다. 즉, 성공회로에 대한 경험이 많을수록 용기와 자기존중감이 높아지게 된다. 성공회로에 머물게 할 수 있는 방법으로 격려하기를 제안하고 있으며, 격려의 구체적인 방법과 기술을 습득하도록 한다. 그리고 어떤 사건을 접했을 때 자녀가 실패를 경험하게 되면 자신을 무능하다고 생각하게 되고, 낙심하며, 소극적이거나 자포자기적인 행동을 하기 쉽다. 이와 반대로 자녀가 성공적인 경험을 하는 어떤 사건이 발생하면 자신을 유능하다고 생각되는 자신감을 느끼며 적극적이고 긍정적인 행동을 하게 된다. 이와 같이 부모로서의 역할은 낙심하고 있는 자녀들을 실패회로에서 빠져 나오도록 돕고 자녀들에게는 계속해서 성공회로 안에서 더욱 잘 활용할 수 있도록 도움을 주는 것이다. 자녀들이 실패회로에서 벗어나 성공회로 안에서 머물게 하려면 그들의 자기존중감을 높이고 용기를 얻을 수 있도록 기를 꺾는 대화 대신 기 살리는 대화로 격려를 아끼지 않아야 한다. 이 주제에서는 용기를 잃게 하는 행동 피하기, 격려의 네 가지 방법, 격려의 활용활동에 대해 다루고 있다.

(4) 주제 4: 책임감 개발하기

책임감이란 행동을 선택하고 그 선택의 결과를 받아들이는 과정이다. 즉, 자신이 선택한 것을 수용하는 것을 의미한다. 책임감을 개발하기 위한 이 주제에서는 문제가 되는 사람은 누구인지를 알아보고, 나 - 전달법, 자연적 귀결과 논리적 귀결 및 상호존중에 대해 다루고 있다.

(5) 주제 5: 협력 구하기

우리 모두가 한 배를 타고 있다는 것을 알고 있는 가족이나 사회에서는 협동심에 매우 중요한 가치를 부여한다. 다시 말해, 협동은 두 사람 이상이 공동목표를 향하여 함께 일하는 것이다. 자녀가 문제를 소유했을 때 자녀 스스로 해결책을 찾을 수 있도록 도와줄 수 있는 좋은 기회이다. 부모와 자녀가 협동해서 문제를 해결하여 더 좋은 해결책을 찾게 되면 자녀는 "두 사람의 지혜를 합하면 한 사람 것보다 낫다"라는 교훈을 얻게 된다. 협동심을 기르는 의사소통의 기법으로서 의사소통의 걸림돌을 피하고 적극적인 의사소통기법을 사용하는 것을 제안하고 있다. 이 주제에서는 의사소통의 장애 피하기, 적극적인 의사소통, 감정 경청하기, 애정 표현하기를 위한 활동에 대해 다루고 있다.

(6) 주제 6: 민주적인 가정

민주사회에서의 적극적 부모라는 주제로 가족모임을 유지하기 위한 네 가지 근거가 제시되어 있다. 이 주제에서는 가족회의<표 12-5>, 집단에서의 부모역할 논의하기, 가족단위 강조하기 및 우리 의식 함양하기를 위한 활동에 대해 다루고 있다.

〈표 12-5〉 가족회의 원리

구성	가족회의 진행순서	가족회의 진행 기본원칙	가족 내에서 문제를 다루는 절차
내용	• 칭찬 주고받기 • 회의록 낭독 • 구 안건 • 새로운 안건 • 실행 또는 가족행동	• 모든 사람은 동등한 목소리를 가진다. • 모든 사람은 각 주제에 대한 생각이나 느낌을 나눌 수 있다. • 결정은 합의에 의한다. • 모든 결정된 사항은 다음 회의 때까지 유효하다. • 어떤 사항은 부모에게 결정권이 있다.	• 문제점을 규명한다. • 잘 경청하여 문제점을 명료화한다. • 브레인스토밍을 하여 가능한 해결책을 끌어낸다. • 결정된 사항은 실행한다.

4. 자녀의 힘을 북돋우는 부모(EPT)

우리나라에서도 부모교육의 중요성이 인식되면서 많은 부모교육 프로그램들이 개발되었으며, 그중 하나가 한국청소년상담원에서는 1993년부터 개발 보급하고 있는 '자녀의 힘을 북돋우는 부모(Empowering Parent Training: EPT)'교육 프로그램이다. 즉, 1993년 '자녀의 힘을 북돋우는 부모'라는 총론이 개발된 이후 1994년에 '자녀의 힘을 북돋우는 대화', '바른 행동의 길 다지기' 프로그램이 개발되었고, 1995년에 '생활의 기틀 세우기', '어울려 사는 지혜 기르기', 2005년에 '자녀와 함께 성장하는 부모' 등의 프로그램들이 개발되었다.

1) 프로그램의 목표

자녀의 힘을 북돋우는 부모(EPT) 프로그램은 전통사회에서부터 실천해오던 자녀교육방식을 구식이라고 하여 소홀하게 다루고 동시에 서구의 자녀교육방식은 문화적인 차이로 이해 토착화되지 못함으로써 현재의 부모들이 느끼는 어려움과 혼란을 해결하고자 하는 취지에서 프로그램을 개발하였다. 또한 프로그램의 개발과정에서 어느 한 학문분야에 치중하기보다는 학제적인 입장을 취하고 있으며, 동・서양의 문화적 차이를 감안하여 우리나라의 현실에 적절한 자녀양육의 지침을 마련하는 데 주력하여 개발된 프로그램들이다. 자녀의 힘을 북돋우는 부모(EPT) 프로그램의 목표를 살펴보면 다음과 같다.

첫째, 자녀교육을 위해 부모의 지속적인 변화와 성장의 필요성에 대한 인식을 강조한다.

둘째, 부모 - 자녀관계에서 필수적인 대화의 원리를 제시한다.

셋째, 자녀의 행동지도의 원리와 방법에 대한 지침을 제시한다.

넷째, 기본생활습관 정립의 방법을 제시한다.

다섯째, 어울려 사는 삶의 모습과 원리를 제시한다.

여섯째, 자녀와 함께 성장하는 부모의 모습을 제시한다.

2) 프로그램 구성 및 운영

위에서 제시한 목표를 달성하기 위해 자녀의 힘을 북돋우는 부모(EPT) 프로그램은 여섯 영역으로 구분되어 있으며, 이를 구체적으로 살펴보면 다음과 같다.

(1) 총론: 자녀의 힘을 북돋우는 부모

'자녀의 힘을 북돋우는 부모(EPT)'라는 총론 프로그램은 1993년에 개발되었으며, 이 프로그램에서는 올바른 부모역할의 기본 방향과 자녀의 발달단계에 필요한 바람직한 양육방법을 제시하고 있는 것이 핵심이다. 자녀의 힘을 북돋우는 부모(총론) 프로그램에서는 <표 12-6>과 같은 내용으로 교육이 이루어지게 된다.

〈표 12-6〉 자녀의 힘을 북돋우는 부모교육의 내용

구분	내용
들어가기	• 현재 나는? • 자녀지도에 관한 일반적 생각
부모양육유형	• 자애로움과 엄격함 • 양육 유형 알아보기 • 부모의 양육 유형에 따른 특징 • 사례 다루기
부모 됨의 단계와 부모의 역할	• 준비하기 • 돌보아 기르기 • 부모의 말 세우기 • 설명하여 깨우쳐주기 • 자녀를 존중해주기 • 독립시켜 내보내기

구분	내용
부모 됨의 길	• 부모로서의 나의 모습 • 자녀에 대한 이해 • 정리: 새롭게 알게 된 것들
자녀의 힘을 북돋우는 부모	• 자녀의 힘을 북돋우는 부모 모습 • 성숙한 부모의 감수성 • 공감적 이해 • 무조건적 존중
마무리	프로그램을 마치며

(2) 자녀의 힘을 북돋우는 대화

'자녀의 힘을 북돋우는 대화' 프로그램은 1994년도에 개발되었으며, 이 프로그램에서는 부모-자녀 간에 효율적인 상호작용이 이루어지도록 대화의 원리를 학습하고 구체적인 사례를 통해 기술을 습득하도록 구성되어 있다. 대화는 말하는 기술보다도 태도가 더 중요하며, 부모의 생각을 자녀에게 주입시키지 않도록 하고, 부모 자신과 자녀의 마음을 충분히 검토하여 상호 간에 타협점을 모색하는 것을 전제로 하고 있다. 자녀와 어떤 방법으로 대화할 것인가에 대해 자녀의 힘을 북돋우는 부모(EPT) 프로그램에서는 <표 12-7>과 같은 내용을 강조하고 있다.

〈표 12-7〉 자녀의 힘을 북돋우는 대화교육의 내용

구분	내용
들어가기	• 프로그램 소개 • 대화에 대한 생각 점검 • 대화란
전개	1. 대화의 원리 가. 원리 1: 진솔한 마음 전하기 나. 원리 2: 자녀의 모습 받아들이기 다. 원리 3: 자녀의 마음에 귀 기울이기 라. 원리 4: 구체적으로 이해하기 2. 대화의 원리 적용 3. 실습

구분	내용
마무리	• 대화에 대한 생각 재점검 • 마무리

(3) 바른 행동의 길 다지기

'바른 행동의 길 다지기' 프로그램은 1994년에 개발되었으며, 이 프로그램에서는 자녀 스스로 자제하며 책임을 질 줄 아는 자녀로 성장시키기 위해 필요한 행동지도의 원리와 방법들을 제시하고 있다. 이를 위해 가르치기, 다지기, 바로잡기의 세 가지 원리를 강조하고 있다. 가르치기는 어떤 행동은 해야 하고 어떤 행동은 하지 말아야 하는지를 알려주는 것이고, 다지기는 자녀의 바른 행동을 숙달시키고 이를 굳혀 나가기 위해 적절한 보상과 격려를 해주는 것을 의미하며, 바로잡기는 자녀의 어긋난 행동을 바로잡아 올바른 행동으로 이끌어 주는 것을 말한다. 바른 행동의 길 다지기 교육내용은 <표 12-8>과 같다.

〈표 12-8〉 바른 행동의 길 다지기 교육의 내용

구분	내용
들어가기	• 프로그램 소개 • 부모 자신 돌아보기 I • 비효과적인 방법 알아보기
바른 행동의 길 다지기	• 바른 행동의 길 다지기란 무엇인가? • 바른 행동 가르치기 • 올곧은 자녀행동 다지기 • 어긋난 행동 바로잡기
어긋난 자녀행동 바로잡기의 실제	• 훔치는 아이 • 욕설하는 아이 • 폭력을 쓰는 아이 • 거짓말을 하는 아이 • 종합실습
마무리	• 부모 자신 돌아보기 II • 프로그램을 마치며

(4) 생활의 기틀 세우기

'생활의 기틀 세우기' 프로그램은 1995년에 개발되었으며, 이 프로그램에서는 자녀가 사회생활에 원만하게 적응하고 인류공동체에 어울려 사는 삶을 준비하기 위해 기본적인 생활습관을 어려서부터 몸에 익혀서 자연스럽게 실천하도록 생활의 기틀을 세우는 방법을 제시한다. 생활의 기틀 세우기 교육내용은 <표 12-9>와 같다.

〈표 12-9〉 생활의 기틀 세우기 교육의 내용

구분	내용
들어가기	1. 프로그램 소개 2. 자녀모습 점검하기 3. 자녀 지도방법 점검하기
전개	1. 생활의 기틀 세우기 가. 의미 나. 선행조건 다. 생활의 기틀을 세워야 하는 영역 2. 생활의 기틀 세우기의 실제 가. 원만한 가정생활을 위해 나. 바람직한 유치원·학교적응을 위해 다. 건전한 놀이생활을 위해 라. 내일을 준비하기 위해 3. 실습
마무리	1. 자녀지도방법 재점검 2. 마무리

(5) 어울려 사는 지혜 기르기

'어울려 사는 지혜 기르기' 프로그램은 1995년에 개발되었으며, 이 프로그램에서는 가족이나 친구, 이웃, 자연환경과 바람직하게 어울려 사는 모습과 방법을 다루고 있다. 어울려 산다는 것은 관계 속에서 질서를 지키며 서로를 존중하고 갈등을 건설적으로 해결하며 서로의 성장을 돕는 것이다. 어울려 사는 지혜 기르기 교육내용은 <표 12-10>과 같다.

〈표 12-10〉 어울려 사는 지혜 기르기 교육의 내용

구분	내용
들어가기	1. 프로그램 소개 2. 부모의 어울려 사는 모습
전개	1. 어울려 살기의 기초 가. 정의와 필요성 나. 어울려 사는 삶의 원리 다. 어울려 살기를 가르치는 방법 2. 어울려 살기의 실제 가. 가족과 어울려 살기 나. 친구와 어울려 살기 다. 웃어른과 어울려 살기 라. 나와 다른 이웃과 어울려 살기 마. 환경/자연과 어울려 살기
마무리	프로그램을 마치며

(6) 자녀와 함께 성장하는 부모

'자녀와 함께 성장하는 부모' 프로그램은 2005년에 개발되었으며, 이 프로그램에서는 청소년 자녀를 둔 부모를 대상으로 하며, 15명 이하의 소규모 집단으로 진행된다. 이 프로그램의 목적은 부모의 자기 성장과 자질 향상을 통해 부모-자녀관계의 발전을 도모하는 것이다. 이 프로그램은 인간 중심 상담이론의 인간관계에 근거하고 있으며, 자녀의 청소년기에 부모가 맡아야 될 가장 중요한 역할이 '상담자' 역할을 하는 것이라는 전제에서 출발한다. 그런 의미에서 이 프로그램은 부모들을 대상으로 한 준상담자 교육 프로그램이라고도 할 수 있다. 즉, 이 프로그램을 통해 부모들은 자녀를 상담자의 시각으로 보고 상담자의 마음으로 대하는 것을 배우게 된다. 자녀와 함께 성장하는 부모의 3대 요소는 <표 12-11>, 회기 구성은 <표 12-12>와 같다.

〈표 12-11〉 자녀와 함께 성장하는 부모의 3대 요소

자신을 이해하는 부모	소신 있는 부모	자녀를 이해하는 부모
• 나의 부모와의 관계 • 배우자와의 관계 • 자녀와의 관계 • 부모신념 탐색	• 부모기대와 가치관 점검 • 부모역할 탐색 • 갈등해결 전략 • 자율성발달	• 다시 보는 청소년기 • 자녀감정 헤아리기 • 공감하기 • 창의적 대화전략

〈표 12-12〉 자녀와 함께 성장하는 부모교육의 회기 구성

- 1회기: 다시 보는 나와 우리 가족
- 2회기: 자녀 이해하기
- 3회기: 자녀의 자율성 키워주기
- 4회기: 자녀와의 갈등 해결하기
- 5회기: 자녀의 힘을 북돋우기
- 6회기: 새로운 시작을 위해

5. 존중받는 아이 함께 크는 부모

"존중받는 아이 함께 크는 부모" 교육 프로그램은 2015년 중앙육아종합지원센터에서 개발하여 현재 각 지역의 육아종합지원센터에서 부모들을 대상으로 실시되고 있는 프로그램이다.

1) 프로그램의 목표

존중받는 아이 함께 크는 부모교육 프로그램은 체계적인 부모교육을 진행함으로써 가정양육을 담당하고 있는 부모들의 바람직한 부모역할 정립 및 양육기능을 강화하여 영유아 부모의 강점과 긍정적 가치를 발견하고 존중받는 아이로 양육할 수 있도록 돕는 데 있다. 즉, 부모들에게 부모로서 자기조절능력을 키우고 영유아를 존중하는 양육방법의 기술을 향상시킴으로써 부모로서의 인성을 함양하고자 하는 데 그 목적이 있다.

2) 프로그램의 구성 및 진행

존중받는 아이 함께 크는 부모교육 프로그램은 자녀를 단순히 보호와 훈육의 대상으로 보는 시각에서 나아가 아무리 어린아이이라도 그 나름의 생각이 있으며, 온몸으로 표현하고, 발달단계에 따라 생존기술이 성장되어 가는 능력 있는 존재로 보는 것이 중요하다는 존중의 관점을 가지고 있다. 즉, 아이는 자신의 주변과 상황에 대하여 이해하고 해석하며, 판단할 수 있는 능력을 가진 독립적인 인격체로 인정한다. 이런 관점으로 아이를 바라보고 아이의 감정, 생각, 요구, 바람을 존중하며, 자녀를 양육하도록 교육시키기 위한 내용들로 구성되어 있다.

존중받는 아이 함께 크는 부모교육 프로그램은 영아 편과 유아 편으로 구성되어 있으며, 그 내용과 교재 및 운영실적은 <표 12-13>, <그림 12-1>, <표 12-14>와 같다.

〈표 12-13〉 존중받는 아이 함께 크는 부모교육

구분	영아 편	유아 편
Ⅰ. 아이를 잘 키울 수 있을까요?	1. 어렵고 힘든 과제, 양육 2. 부모와 아이 모두 행복한 자녀 존중 양육 3. 양육, 세상에서 가장 성스러운 즐거움	1. 어렵고 힘든 과제, 양육 2. 부모와 아이 모두 행복한 자녀 존중 양육 3. 양육, 세상에서 가장 성스러운 즐거움
Ⅱ. 우리 아이 잘 자라고 있나요?	1. 건강하게 태어나기만 바랄 뿐이에요 2. 뱃속에 있을 때가 제일 편했어요 3. 아이의 마음을 알고 싶어요 4. 언제쯤이면 대화가 될까요? 5. 아직 어린데 뭘 알까요?	1. 유아기(만3~5세) 신체운동발달 2. 유아기(만3~5세) 사회정서발달 3. 유아기(만3~5세) 언어발달 4. 유아기(만3~5세) 인지발달
Ⅲ. 알아도 막상 현실에서는 어려워요	1. 영아기(0~12개월) 양육사례, 함께 풀어보아요 2. 영아기(13~36개월) 양육사례, 함께 풀어보아요	1. 유아기(만3~5세) 양육사례, 함께 풀어보아요

구분	영아 편	유아 편
Ⅳ. 어떻게 하면 우리 아이의 웃음을 더 많이 볼 수 있을까요?	1. 삼시 세끼 이상의 놀이밥을 챙겨요 2. 놀이밥 레시피로 놀이밥 영양사가 되어요 3. 아빠놀이는 감칠맛이 있어요	1. 삼시 세끼 이상의 놀이밥을 챙겨요 2. 놀이밥 레시피로 놀이밥 영양사가 되어요 3. 아빠놀이는 감칠맛이 있어요
Ⅴ. 도움을 받는다면 더욱 힘이 날 것 같아요	1. 우리 동네에 뭐가 있을까 찾아봐요 2. 어린이집과 함께 아이를 키워요 3. 인터넷에서 얻는 육아 정보에 신중하세요 4. 부모의 참여는 자녀양육의 디딤돌이 돼요	1. 우리 동네에 뭐가 있을까 찾아봐요 2. 어린이집과 함께 아이를 키워요 3. 인터넷에서 얻는 육아 정보에 신중하세요 4. 부모의 참여는 자녀양육의 디딤돌이 돼요

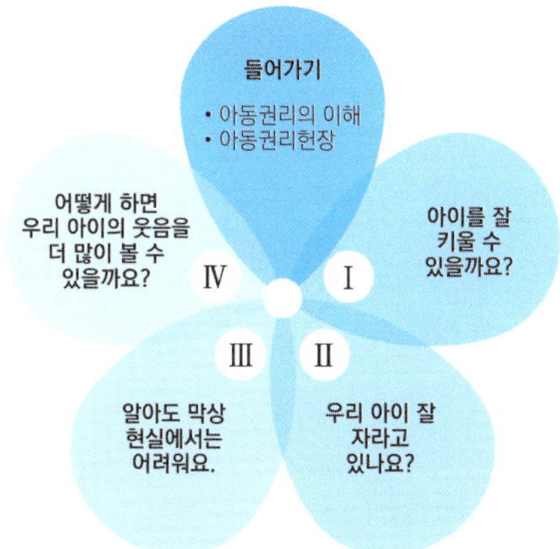

존중받는 아이, 함께 크는 부모
(영아편, 유아편, 영·유아편)
- 아이를 잘 키울 수 있을까요?
- 우리 아이 잘 자라고 있나요?
- 알아도 막상 현실에서는 어려워요.
- 어떻게 하면 우리 아이의 웃음을 더 많이 볼 수 있을까요?

〈그림 12-1〉 존중받는 아이 함께 크는 부모교육의 교재

〈표 12-14〉 존중받는 아이 함께 크는 부모교육의 운영실적 (단위: 회, 명)

구분	2017		2018		2019	
	횟수	인원	횟수	인원	횟수	인원
자녀권리존중 부모교육 (존중받는 아이, 함께 크는 부모)	856	15.231	598	10.285	598	19,973

6. 행복한 부모를 위한 마음 프로젝트

"행복한 부모를 위한 마음 프로젝트" 부모교육 프로그램은 2016년 중앙육아종합지원센터에서 개발하여 현재 각 지역의 육아종합지원센터에서 부모들을 대상으로 실시되고 있는 프로그램이다.

1) 프로그램의 목표

행복한 부모를 위한 마음 프로젝트 부모교육 프로그램은 체계적인 부모교육을 진행함으로서 아이의 건강한 발달을 도모하고자 하는데 목표가 있으며, 특히 본 프로그램의 특성은 아이보다 양육자인 부모 자체에 초점을 맞추어 부모로부터 자녀 양육에 자신감을 가지도록 하는데 그 목적이 있다.

2) 프로그램 구성 및 진행

행복한 부모를 위한 마음 프로젝트 부모교육 프로그램은 크게 세 가지, 즉 '아이와 함께 성장하기', '아이 마음 헤아리기', '내 마음 토닥이기'로 구성되어 있다. 첫째, 클로버 부모교육은 '소중한 나', '멋진 아이', '긍정의 가족', '아름다운 이웃' 주제의 부모대상 교육과 '긍정의 가족', '아름다운 이웃' 주제의 부모와 자녀의 체험활동으로 구성되어 있다. 둘째, 아이 마음 헤아리기는 아동 연령에 따른 발달 특징을 이해하면 아이의 행동을 더 존중할 수 있다는 전제 하에 다양한 사례를 통해 아이를 키우며 겪게 되는 어려움과 솔루션을 소개하고 있다. 마지막으로 내 마음 토닥이기에서는 영유아 부모들이 현재 겪고 있는 현실적인 양육 스트레스를 점검해보고, 집단상담 기법을 활용하여 마음을 다독이며 어려움을 해결하도록 하고 있다. 부모교육의 진행은 시・도 및 시・군・구 육아종합지원센터에서 신청을 받아 년 2회 6회기로 운영되며,

운영방식은 대집단 교육으로 이루어진다.

행복한 부모를 위한 마음 프로젝트 부모교육 프로그램의 세 가지 프로그램의 내용과 교재 및 운영실적은 <그림 12-2>, <그림 12-3>, <표 12-15>와 같다.

프로그램	단계	내용
아이와 함께 성장하기 	입문	클로버 부모교육 (부모대상 부모·자녀 체험활동) • 소중한 나 • 멋진아이 • 긍정의 가족 • 아름다운 이웃
	기본	포괄적 양육정보 안내 부모교육 • 육아정보는 어디? 여기! 가득~
	심화	가정 내 놀이환경 점검 부모교육 • 우리 집 놀이환경은? 부모 양육태도 점검 부모교육 • 자녀 놀이에 어떻게 참여하나요?
아이 마음 헤아리기 	기본	자녀권리존중 부모교육 • 존중받는 아이 함께 크는 부모 아동학대 예방 부모교육 • 아동학대 0%, 가족행복 100%
	심화	영유아 발달 이해 부모교육 • 발견! 아이강점, 키움! 가족놀이
내 마음 토닥이기 	심화	양육 스트레스 관리 부모교육 • 아직은 낯선 이름, 엄마 • 엄마라는 무거운 짐 • 알아야 쉬워지는 육아 • 함께하는 육아의 어려움

〈그림 12-2〉 행복한 부모를 위한 마음 프로젝트 부모교육 프로그램의 내용

부모용 교재

클로버 부모교육

Ⅰ. 부모대상
- 소중한 나
- 멋진 아이
- 긍정의 가족
- 아름다운 이웃

부모 - 자녀 체험활동 활동지

Ⅱ. 부모 - 자녀대상(체험)
- 긍정의 가족 가족행복제작소
- 아름다운이웃 이웃사랑무대

〈그림 12-3〉 행복한 부모를 위한 마음 프로젝트 부모교육 프로그램의 교재

〈표 12-15〉 행복한 부모를 위한 마음 프로젝트 부모교육 프로그램의 운영실적 (단위: 회, 명)

구분	2017		2018		2019	
	횟수	인원	횟수	인원	횟수	인원
총계	5,289	107,249	4,671	84,599	5,217	92,082
부모대상	1,937	28,619	1,467	21,145	1,310	18,289
부모 - 자녀체험활동	3,352	78,630	3,204	63,454	3,907	73,793

PARENT EDUCATION

CHAPTER 13

유아교육기관의 부모교육 유형

▫ 배울 내용 ▫

1. 부모교육 운영 절차
2. 부모교육 운영

▫ 학습목표 ▫

1. 부모교육 운영 절차를 이해한다.
2. 다양한 부모교육 운영방법을 이해하고 부모교육에 적용할 수 있는 방안을 모색해본다.

1. 부모교육 운영 절차

유아교육기관과 가정과의 긴밀한 협조는 교육의 효과 및 영유아의 건강한 성장을 위해서도 필요하다. 즉, 가정과 유아교육기관의 상호협조와 일관성 있는 교육이 영유아의 발달을 촉진시킬 뿐만 아니라 부모로서의 올바른 역할을 정립하는 데 필요한 요소이다. 따라서 유아교육기관에서는 유아들을 대상으로 실시되는 교육과 더불어 부모교육이 필요하다고 할 수 있다.

이런 이유로 유아교육기관에서는 부모교육에 대한 계획을 수립하게 된다. 부모교육계획이란 "부모들에게 성인으로서 혹은 효과적인 교사로서의 부모역할 및 자녀양육과 교육에 대한 올바른 인식수준을 제고시키며, 이에 적절한 지식과 능력을 갖도록 도와서 부모 자신의 발달은 물론 효과적인 교육자 - 교육 동반자로서의 부모가 되도록 하는 사회교육활동의 총체적인 계획"으로 정의할 수 있다.

부모교육의 운영 절차는 <그림 13-1>에서 보는 것과 같이 부모들을 대상으로 부모교육에 대한 요구조사와 전년도 운영의 자체평가를 통해 계획을 수립하고, 수립된 계획에 따라 부모교육에 대한 안내를 하고, 실행 및 평가를 실시하게 된다.

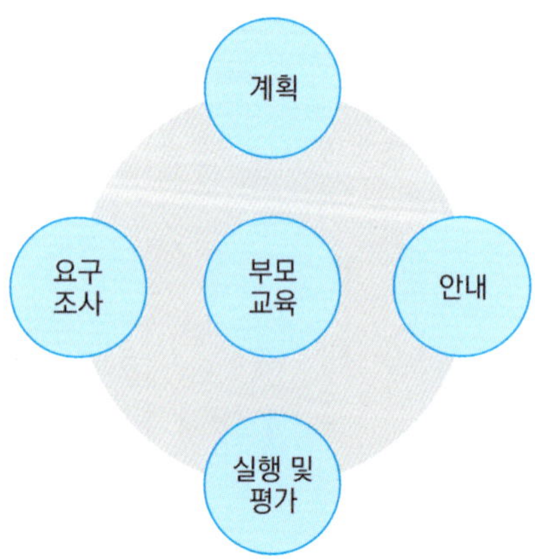

〈그림 13-1〉 부모교육 운영 절차

1) 전년도 자체평가 및 요구조사

전년도에 실시한 부모교육의 성과와 문제점을 찾아내어 당해연도 부모교육에 반영할 수 있다. 이를 위해 부모교육 행사마다 기관의 자체평가를 실시하거나 부모교육 행사마다 학부모들의 만족도 조사 및 평가를 실시하고, 연간 유아교육기관의 전반적인 평가를 통해 부모교육계획에 반영한다. 또한 연간계획을 작성할 때 부모들로부터 부모교육에 대한 요구조사를 실시하여 부모들이 원하는 부모교육의 형식과 내용을 파악하여 계획에 반영할 수 있다. 부모교육에 대한 부모들의 요구조사지는 <표 13-1>과 같다.

〈표 13-1〉 부모교육에 대한 부모들의 요구조사지

부모 나이		원아명		보호자명	

안녕하십니까?

학부모님의 귀한 자녀가 본 유치원에 입학하게 됨을 축하드립니다. 유치원과 가정이 연계되어 알차고 바람직한 교육과정 운영을 위하여 부모님들의 부모교육에 대한 의견을 수렴하고자 합니다. 본 설문지는 일체 공개하지 않고 부모교육을 편성하고 운영하는 자료로만 활용될 것이오니 학부모님의 의견이 반영될 수 있도록 해당되는 항목에 모두 답해 주시고(√표) 예시된 항목 이외에 좋은 의견이 있으면 '기타란'에 기록하여 주시면 감사하겠습니다.

2020. 01.

OOO 유치원(어린이집)원장

1. 부모교육을 실시하면 연중 몇 회가 적당하다고 생각하십니까?
   ① 학기별 1회(　) ② 학기별 2회(　) ③ 월 1회(　) ④ 기타(　　)

2. 부모교육의 방법으로 어떤 형태를 원하십니까?
   ① 교사(원장, 원감 포함)중심의 강의(　) ② 부모면담(　) ③ 부모자원 인사 활용(　)
   ④ 가정통신(　) ⑤ 워크숍(　) ⑥ 기타(　　)

3. 부모교육 시 어떤 내용의 정보를 원하는지 2가지만 (√)해 주세요.
   ① 유아교육이론(　) ② 인성교육(　) ③ 창의성 교육(　) ④ 유아독서활동(　)
   ⑤ 문제행동수정(　) ⑥ 자녀와 함께할 수 있는 놀이 활동(　) ⑦ 기타(　　)

4. 자녀교육을 위해 담임선생님과 어떤 방법으로 의논하고 싶습니까?
   ① 유치원 방문 개별상담(　) ② 전화상담(　) ③ 가정방문(　)
   ④ 가정통신문(　) ⑤ 학부모 모임 시(　)

5. 학부모님께서 자원봉사자 활동에 참여하신다면 어떤 활동에 참여하길 원하십니까?
   ① 체육대회 활동 시 도우미 (　) ② 현장체험활동 시 자원봉사(　)
   ③ 유아 자료제작 및 환경정리(　) ④ 기타(　)

6. 부모님들께서 자녀들의 유치원 생활을 볼 수 있도록 참여수업을 하고 있습니다. 부모참여수업 실시 요일과 시간은 언제 하면 좋겠습니까?
   ① 화요일 (　) ② 수요일 (　) ③ 목요일 (　) ④ 금요일(　)

7. 유치원에 요구사항이나 하실 말씀이 있으시면 적어 주시기 바랍니다.

♥ 끝까지 응답해 주셔서 고맙습니다. ♥

2) 계획 수립

전년도의 부모교육평가 및 학부모들의 요구도 조사를 바탕으로 연간 부모교육에 대한 계획을 세우게 된다. 이때 학부모의 설문조사, 교직원 자체평가 및 연간교육계획에 기초하여 설정하는 것이 좋다. 그리고 이 계획안에는 1년 동안 시행하고자 하는 부모교육의 내용, 방법, 횟수 등을 포함해야 한다. 이러한 계획은 기관의 여건과 환경, 부모들의 특성과 요구 및 유아들의 연령과 요구 등을 반영하여 계획한다. 예를 들어, 맞벌이 부부가 많은 기관이라면 부모들이 기관으로 직접 방문하여 교육에 참여하기가 어려울 수 있기 때문에 주말에 부모교육을 계획하거나 다양한 통신매체를 통한 교육이 더 적절할 수 있다.

부모교육의 방법을 계획함에 있어서는 부모교육의 내용에 적합하고, 또 그 효과가 가장 기대되는 방법으로 계획하도록 한다. 부모들이 직접 참여할 수 있는 기회를 다양하게 계획하고, 가정통신문, 신문, 소책자, 회보, 소식지, 메모, 온라인 카페 등 각종 매체를 통해 교육하고 소통할 수 있는 간접적인 방법도 병행하는 것이 바람직하다. 부모교육계획안 수립의 원리와 내용은 <표 13-2>와 같다.

〈표 13-2〉 계획안 수립의 원리와 내용

- 부모교육계획은 부모와 지역사회의 특성을 고려하여 실질적이고 실천 가능한 프로그램이 되도록 한다.
- 부모교육의 내용과 방법, 시기, 일정 등은 지역사회의 제반 사정을 충분히 고려하여 정하도록 한다. 예를 들어, 농촌의 경우 농한기를 중심으로 계획한다.
- 부모교육계획은 부모들의 직업이나 학력, 생활수준, 시간적 여건 등의 특성을 고려하여 참여 부모들에게 적합한 교육이 되도록 한다. 직업을 가진 부모나 농어촌 지역 부모들을 위해서는 별도의 세부계획이 필요하다. 일반적으로 사회경제적 지위가 높은 부모에게는 정보 제공보다는 신념 변화를 강조하는 것이 효과적이다.
- 부모교육계획을 세울 때에는 부모들을 참여시켜서 그들의 요구와 필요를 충분히 반영하도록 한다. 일반적 원리나 학술적 전문용어보다는 구체적이고 다양한 사례와 실습 위주로 구성하는 것이 효과적이다. 또한 비슷한 연령이나 비슷한 문제를 가진 자녀의 부모들로 세분화할 필요도 있다.
- 가능한 한 부모들에게 경제적 부담을 주지 않도록 한다. 저소득층 부모일수록 경제적 부담을 주지 않는 것이 바람직하다.
- 부모교육은 부모들이 자녀교육에 실제로 적용할 수 있는 내용이 되도록 계획한다.

- 부모교육을 위한 세부목표를 설정하고 그에 따라 체계적이고 일관성 있게 실천할 수 있도록 계획되어야 한다. 실천 가능성이 많은 구체적이고 쉬운 것부터 시작하여 점차적으로 활동의 폭을 확대해가는 것이 바람직하다.
- 효과적인 부모교육이 되기 위해서는 장기적이고 지속적인 교육이 되도록 계획해야 한다. 한 번으로 끝나는 일회성 교육은 효과를 기대하기 어렵다.

출처: 김덕순(1996). 유아교육기관 중심 부모교육의 이론과 실제. 정일. p.210.

3) 안내

연간 부모교육계획에 대한 안내를 하게 된다. 부모 오리엔테이션 때 미리 공지하여 부모들의 연중 지속적인 참여를 유도하도록 한다. 이때 부모교육의 목표달성을 위해 어떤 활동을, 언제, 어떤 방법으로 누가 활동을 시킬 것인지, 어떤 자료가 소요되는지에 대한 구체적인 세부계획이 작성되어야 한다. 부모교육계획의 예는 <표 13-3>과 같다.

〈표 13-3〉 연간 부모교육계획

월	활동 유형	내용	담당자
3	• 입학식 • 부모 개별 면담 • 특강: 유아의 건전한 성격발달 • 운영위원회 • 열린 어린이집	• 원 소개 • 유아의 식습관 • 유치원 생활 안내 및 적응 돕기 • 예방접종과 건강관리 • 예산서 및 운영관리 • 급식 도우미	
4	• 공개수업 참관 • 열린 어린이집	• 또래관계 증진 • 견학 도우미	
5	• 작은 운동회 • 열린 어린이집	• 유아의 자율성 향상시키기(가정통신) • 책 읽어주기	
6	• 부모 참여 수업 • 운영위원회 • 열린 어린이집	• 여름철 건강과 위생관리 • 유아 성교육 • 아빠와 신체놀이 • 2분기 회계 관리 및 운영관리	
7	• 부모 개별 면담 • 열린어린이집	• 유아 창의성 향상시키기 • 가족과 함께 하는 놀이	
8	• 방학 중 생활 안내	• 여름방학 생활 안내	

월	활동 유형	내용	담당자
	• 열린어린이집	• 유아의 문자지도(가정통신) • 유아 매체 중독 예방(가정통신) • 물놀이 안전 보조교사	
9	• 작은 운동회 • 특강: 자녀와의 대화법 • 운영위원회 • 열린어린이집	• 부모 참여하기 • 경청과 공감 실천하기 • 책 읽어주기 보조교사 • 3분기 회계 관리 및 운영관리	
10	• 가족운동회 • 열린어린이집	• 유아 독서지도와 추천도서(가정통신) • 유아 정서지능 향상시키기(가정통신) • 가족과 함께 신나는 게임해요	
11	• 부모 개별 면담 • 열린어린이집	• 바람직한 유아 행동지도 • 놀이감 세척 도우미	
12	• 발표회 • 부모자원봉사활동 • 운영위원회 • 열린어린이집	• 방학생활 안내(가정통신) • 재활용 시장 열기 • 4분기 회계 관리 및 운영관리 • 눈썰매장 안전 도우미	
1	• 겨울방학 • 열린어린이집	• 바람직한 가정환경과 부모역할(가정통신)	
2	• 부모 오리엔테이션 • 운영위원회 • 열린 어린이집	• 원 소개 • 생활습관 길러주기 • 예·결산 및 운영관리 • 초등학교 돌아보기 견학 도우미	

4) 실행 및 평가

부모교육에 대한 계획안에 의거해서 교육을 실시하게 된다. 계획된 부모교육을 실행하기 위해서는 교사회의를 통해 일정과 예산 등 구체적인 행사계획을 세워야 한다. 이때 많은 부모들이 참여할 수 있도록, 또 경제적 부담을 주지 않는 배려를 해야 한다. 그리고 보다 효과적인 부모교육을 위해서는 사전준비, 실행단계, 사후평가 등으로 단계별 세부계획을 세우고 역할분담을 하는 것이 바람직하다.

부모교육을 실행하고 나면 부모교육에 대한 평가를 실시해야 한다. 즉, 부모교육 평가도구를 사용하여 부모교육에 대한 전반적인 평가가 이루어지도록 해야 한다. 평가도구를 구성할 때 유의해야 할 점으로는 첫째, 부모의 입장에서는 평가시간이 짧고 쉽게 반응할 수 있는 평가도구여야 하며, 둘째, 교사의 입장에서는 채점이 용이하고 신속히 처리할 수 있어야 한다. 이와 같은 관점에서 부모교육에서 사용할 수 있는 평가도구는 질문지법, 면담법, 평정척도법이 주로 사용된다.

(1) 질문지법

질문지법(questionaire method)은 일련의 질문에 대한 자신의 생각이나 느낌, 태도 등을 기록하여 자료를 수집하는 방법으로 가장 신속하게 정보를 얻을 수 있는 방법 중의 하나이다. 질문지법은 다른 자료수집방법에 비해 시간과 노력, 비용적인 측면에서 경제적이며, 동시에 많은 정보를 얻을 수 있고, 익명성 보장으로 개인의 특정 정보를 쉽게 얻을 수 있다. 그러나 질문지법은 질문이 대부분 언어로 표현되어 있기 때문에 문맹자나 노인에게 실시하기 어려우며, 각 개인마다 처한 상황이 다르기 때문에 여러 개의 반응범주에서 자신에게 적합한 응답을 찾기가 어려울 수 있고 응답에 대한 진위 여부를 가리기가 어렵다는 단점도 지닌다.

그러나 질문지법은 제작과정이 비교적 용이하고 실시방법이 간편하여 어떠한 상황에도 적용할 수 있기 때문에 교육현장에서 많이 사용되는 방법이다. 질문지를 작성할 때 고려해야 할 사항은 <표 13-4>, 부모교육 특강 만족도 조사 질문지는 <표 13-5>와 같다.

〈표 13-4〉 질문지 작성 시 고려사항

- 질문지를 처음 제작할 때부터 무엇을 진단 · 평가할 것인가에 대한 목적을 분명하게 해야 한다.
- 하나의 문항에 한 개 이상의 질문내용을 포함해서는 안 된다.
- 질문은 가능한 간단명료해야 한다.
- 질문에 어떤 암시를 주거나 영향을 미칠 문구는 넣지 않는다.
- 질문 순서는 평가자의 논리적 순서에 따르지 말고, 피험자의 심리적 순서에 따르도록 고려해야 한다.
- 가능한 한 개인의 신분이 확인되는 문구를 넣지 않는다.
- 질문 내용에 어떤 편견이 들어 있지 않도록 한다.

출처: 고정곤 외(2014). 부모교육. 양서원. p.220.

〈표 13-5〉 부모교육 특강 만족도 조사 질문지

부모교육 프로그램에 끝까지 참여하여 주신 여러분께 감사드립니다. 본 설문은 여러분이 부모교육 프로그램을 통해 느꼈던 여러 의견들을 수렴하여 향후 보다 알찬 내용을 준비하는 자료로 활용하고자 하오니 솔직하고 성실하게 답변을 해주시면 감사하겠습니다.
2018년 월 OO유치원(어린이집)원장

1. 전체 만족도	매우 그렇지 않다	그렇지 않다	그저 그렇다	그렇다	매우 그렇다
전반적으로 부모교육 강의에 만족한다.	①	②	③	④	⑤

2. 오늘 무엇이 좋았습니까?

3. 이와 같은 활동(혹은 강의)을 하는 것에 대해 어떻게 생각하십니까?
   좋　다__________
   나 쁘 다__________
   모르겠다__________

4. 오늘 강의 내용에서 가정에서 실천할 수 있는 활동은 무엇이라고 생각하십니까?

5. 다음에 부모교육을 실시한다면 어떤 영역의 어떤 내용으로 특강을 듣고 싶습니까?

6. 부모교육에 대한 기타 의견이나 바라는 점을 적어주시면 다음 부모교육 프로그램에 반영할 수 있도록 하겠습니다.

(2) 면담법

면담법(interview)은 부모와 직접 만나 의사소통하면서 여러 가지 자료를 수집하는 데 흔히 사용되는 방법이다. 면담법은 부모와의 직접적인 상호작용을 통해 개인으로부터 필요한 정보를 얻는 데 효과적인 방법으로 질문지법보다 정보를 상세하고 구체적으로 파악할 수 있으나 시간과 비용이 많이 들고 면접자와 피면접자의 편견이 개입될 수 있다는 단점이 있다.

면담법에는 구조화된 면담(structural interview)과 비구조화된 면담(unstructural interview)의 두 유형이 있다. 구조화된 면담은 면담 내용과 제시(순서)방식이 미리 치밀하게 준비되고 주의 깊게 준비된 면담계획에 따라 면담이 실시되는 형태이다. 면담 내용은 사전에 면담표를 작성할 때 결정되므로 면담 상황에서는 융통성이 거의 없다. 한편, 비구조화된 면담은 질문의 순서나 내용이 미리 정해져 있지 않고 면담 상황에 따라 적당히 변경할 수 있는 비교적 자유로운 면담 유형이다. 면담자에게 많은 자유재량권이 주어지고, 절차상 융통성이 주어진다. 부모교육 성과 면담 내용 기록지는 <표 13-6>과 같다.

〈표 13-6〉 부모교육 성과 면담 내용

부모명		면담자		면담일시		면담장소	

질문	면담내용
오늘 강의 내용에 대해 어떻게 느꼈습니까?	
오늘 강의 내용 중 무엇이 가장 좋았습니까?	
앞으로도 오늘과 같은 형식으로 강의를 하는 것이 어떻습니까? 좋다, 나쁘다, 모르겠다로 답하고 그 이유를 말씀해 주세요.	
오늘 강의 내용대로 실천해 보시겠습니까? 예, 아니오로 답하고, 그 이유를 말씀해 주세요.	
다음 부모교육에서 듣고 싶은 내용 혹은 추천할 강사가 있으시면 말씀해 주시기 바랍니다.	

(3) 평정척도법

평정척도법(rating scale method)은 교육에서 얻은 인상 또는 지각을 수량화된 점수로 평정척도상의 일정한 위치에 점수를 부과하는 방법이다. 다시 말해, 평정척도는 연속성이 있는 어떤 행동을 차원 또는 영역에 대해서 일정한 위치에 평정하도록, 즉 수량화된 점수를 부과하도록 작성한다. 평정척도법에는 기술평정척도(category rating scale), 숫자평정척도(numberical rating scale), 도식평정척도(graphic rating scale), 표준평정척도(standard rating scale)의 네 종류가 있다. 평정척도법에 의한 부모교육 특강 만족도 조사 질문지의 예는 <표 13-7>과 같다.

〈표 13-7〉 부모교육 특강 만족도 조사 질문지

1. 강의참여 만족도	매우 그렇지 않다	그렇지 않다	그저 그렇다	그렇다	매우 그렇다
1-1. 나는 부모교육에 열정적으로 참여하였다.	①	②	③	④	⑤
1-2. 나는 부모교육 특강이 있다면 다시 참여하겠다.	①	②	③	④	⑤

2. 주제 및 내용 만족도	매우 그렇지 않다	그렇지 않다	그저 그렇다	그렇다	매우 그렇다
2-1. 강의의 주제와 난이도는 적절하였다.	①	②	③	④	⑤
2-2. 강의내용이 흥미로웠다.	①	②	③	④	⑤

3. 강사 만족도	매우 그렇지 않다	그렇지 않다	그저 그렇다	그렇다	매우 그렇다
3-1. 강사가 열성적으로 강의하였다.	①	②	③	④	⑤
3-2. 강사가 강의내용을 명확하게 전달하였다.	①	②	③	④	⑤

4. 진행 만족도	매우 그렇지 않다	그렇지 않다	그저 그렇다	그렇다	매우 그렇다
4-1. 이 강의의 교육시간이 적절하였다.	①	②	③	④	⑤

5. 전체 만족도	매우 그렇지 않다	그렇지 않다	그저 그렇다	그렇다	매우 그렇다
5-1. 전반적으로 강의에 만족한다.	①	②	③	④	⑤

6. 다음에 특강을 실시한다면 어떤 영역의 부모특강을 듣고 싶습니까?

7. 제안 및 건의사항

부모교육 프로그램에 대하여 기타 의견이나 바라는 점을 적어주시면 다음 부모교육 프로그램에 반영할 수 있도록 하겠습니다.

2. 부모교육의 운영

1) 부모교육의 형태

(1) 수준별 형태

부모교육의 형태는 소극적이고 최소한의 부모참여 형태로부터 부모가 완전히 프로그램을 주관하는 적극적인 형태에 이르기까지 크게 네 가지 수준별 형태로 구분된다. 수준별 형태의 단계와 내용은 <표 13-8>과 같다.

〈표 13-8〉 수준별 형태의 단계와 내용

단계	내용
기초적 형태	• 전통적으로 유아교육기관에서 실시해 오던 소극적이며 수동적인 부모참여 형태이다. • 이 형태는 교사가 주도적인 입장에서 아동발달과 해당 교육기관의 교육방향 및 운영에 관한 정보와 지식을 전달하는 형태이다. • 주로 부모회, 참관, 가정통신, 면담, 가정방문이 여기에 속한다.
약간 진보된 형태	• 약간 진보된 형태로 직접적인 교수활동에 부모참여가 이루어지도록 계획한 형태이다. • 부모교육 프로그램과 일치되는 범위 내에서 부모가 도울 수 있는 활동을 교사가 정해주고, 부모들은 이를 조절하여 교육 프로그램을 운영하는 형태이다. • 아동의 언어학습활동과 훈육기술을 위한 과정들이 여기에 속한다.
많이 진보된 형태	• 부모가 학급활동 보조자나 자원자로서 봉사하는 진보된 부모참여 형태이다. • 학급 내의 일상적 과정을 지원하고 교사의 주의 깊은 감독·자문하에 보조교수기능을 수행하며, 부모가 교사의 교수활동 중 일부를 분담하기 때문에 교수기술에 대한 부모훈련이 반드시 필요하다. • 이 형태는 부모가 교구나 교육자료를 제작·마련하는 활동, 환경구성, 각종 행사지도, 간식, 휴식, 신체검사, 안전지도, 귀가지도, 놀이지도와 같은 활동이다.
가장 진보된 형태	• 교사가 부모의 권한을 최대한 인정하여 교육기관의 운영에 직접 참여하려는 부모의 요구를 완전히 존중하는 가장 진보적인 부모교육 형태이다. • 이 형태는 부모가 단순한 봉사하는 사람이 아니고 오히려 부모들이 교육과정의 운영이나 교육목표 설정, 교육기관의 재정 및 설비에 대한 제 문제를 결정하는 주도 세력이 되는 형태이다. • 보조교사, 교육자료 제작, 자원봉사 프로그램, 운영위원회, 전문 지식을 활용한 봉사 등이 여기에 속한다.

출처: 고정곤 외(2014). 부모교육. 양서원. pp.193-194.

(2) 유형별 형태

유아교육기관에서는 기관의 교육철학 및 계획, 부모와 지역사회의 요구 및 특성을 충분히 반영하여 실천 가능한 프로그램이 되도록 매년 부모교육 프로그램을 계획해야 한다. 다양한 부모교육의 유형에 따른 내용과 운영방법은 <표 13-9>와 같다. 가장 비형식적인 브레인스토밍부터 가장 형식적인 강연회에 이르기까지 다양한 부모교육 유형이 있으며, 주제에 따라 적절한 방식을 결정해야 한다.

〈표 13-9〉 부모교육 유형에 따른 내용 및 운영방법

유형	특징	집단구성	좌석배치	제한시간	적절한 주제의 예
브레인스토밍	• 모든 사람이 새롭고 다양한 주제를 산출한다. • 사고의 확장과 문제해결능력을 기른다.	30명 이하	원	4~6분, 10분	• 자녀 생활습관 기르기 • 가정 주변의 문제 • 문제해결방법
원탁모임	• 전 구성원이 원으로 앉아서 적극적으로 참여한다. • 토의를 통하여 문제를 규명하고 결정한다.	소집단	원, 반원		• 부모 간 팀워크 • 문제행동 • TV의 영향
동심원 모임	• 큰 원 안에 작은 원을 만들어 소집단 토의를 하고, 바깥원의 구성원은 이를 경청한다. • 토의 후 전체 집단에 공개한다.	내부원 6~8명, 전체 24~30명	원	5~10분	• 유아에게 바라는 것 • 가치판단력 • 자녀 자아존중감 형성
소집단 토의	• 모든 참여자가 상호작용할 수 있는 소규모로 진행된다. • 6명의 회원이 6분간 토의하므로 6-6회라고도 한다.	최소 2명, 최대 6~8명	원, 반원	6분	• 아동의 정서와 감정 • 훈육 • 도덕적 가치
워크숍과 센터	• 워크숍은 직접 참여하여 교구제작, 그림 그리기 등을 하게 된다. • 센터는 실제로 하지 않고 여러 영역을 다니며 시범을 보고 설명을 듣는다.	소집단	분리된 방이나 큰방	주제에 따라 상이	• 동요, 동시 • 책 만들기 • 유아놀이 • 교구제작
참관과 견학	• 실제로 현장을 견학하고 지역사회 등을 방문한다. • 사전토의나 추후활동을 하면 보다 효과적이다.	소집단			• 박물관, 신문사, 병원, 소방서, 특수학교, 방송국, 우체국, 경찰서 등

유형	특징	집단구성	좌석배치	제한시간	적절한 주제의 예
역할놀이	• 특정한 상황을 극화하여 역할을 수행한다. • 문제상황을 판단하거나 다른 사람의 입장에 대한 이해심을 기른다.	소집단, 대집단	원, 반원, 강당식 배열		• 교사 - 부모회 • 유아의 문제행동 • 집단 내의 역할 • 가정방문 시 가능성 있는 상황 • 경청하기 • 나 - 전달법
극놀이	• 선정된 연극대본을 통하여 토의한다. • 촌극은 집단의 욕구와 직접 관련되므로 유익하다. • 인형극은 부담감이 없어 효과적이다.	소집단, 대집단	원, 반원, 강당식		• 고집 센 아동 다루기 • 가족의 의사소통 • 유아를 위한 어머니 연극
공개 토론회	• 선정된 주제를 공개 토론하는 모임이다. • 주제에 대한 찬반 토의를 한다.	4~6명	반원		• 새로운 교수방법 • 훈육방법
대담	• 비전문가나 전문가에 의한 공개토의이다. • 청중의 질의응답을 받는다. • 단일토의와 이중토의가 있다.	6~12명	반원		• 자녀의 공포심 다루기 • 불안을 해소하는 방법
토론	• 논란이 되는 문제에 대하여 찬반론을 토의한다.	2~6명, 대집단	원, 강당식		• 개방교육 대 전통교육 • 성취장려 대 경쟁촉구
독서회	• 책을 선정하여 읽고 난 후 토의한다.				• 가치명료화 • 의사결정법
시청각 교재	• 시각적 · 청각적 자료는 공개토의를 촉진시킨다. • 집단에 필요한 정보를 제공한다.	소집단, 대집단	부채꼴		• 정서적 성장 • 공포심 다루기
심포지엄	• 한 주제에 대하여 여러 명의 발표자가 의견을 제시한다. • 발표 후 질의응답시간을 갖는다.	대집단	원, 반원, 강당식	5~10분	• 성역할 이해 • 다양한 문화이해 • 소비자 교육
강연회	• 전문가가 한 주제에 대하여 강연한다. • 특정 지식을 많은 사람들에게 전달하는 데 효과적이다.	대집단	강당식		• 유아교육의 중요성 • 양육태도와 아동행동 • 질병문제

출처: 정옥분, 정순화(2016). 부모교육. 학지사. pp.399-400.
김연진, 이상희(2012). 부모교육. 태영출판사. pp.206-207.

2) 부모교육의 운영방법

(1) 가정통신문

가정통신문은 문서를 통해 유아교육기관과 가정 간에 정보를 교환하고 다양한 소통을 하는 방법 중의 하나이다. 가정통신문은 가장 간편하기 때문에 보편적으로 사용되는 소극적인 형태의 부모교육방법이다. 즉, 교육기관에서는 부모에게 전달하고 싶은 내용을 가정통신문으로 작성하여 각 가정에 전달하면 각 가정에서는 가정통신문을 통해 교육기관에서 실시하고 있는 주요 교육내용이나 생활지도 사항 및 행사 등과 관련된 내용을 손쉽게 알 수 있다. 더구나 최근 여성의 사회진출로 인해 가정방문 혹은 부모면담이 어려운 상황에서 가정통신문은 부모와의 의사소통을 쉽게 할 수 있는 매개체로서의 역할을 하고 있다. 가정통신문의 형식은 주제에 따라 상이하지만 전달하고자 하는 내용이 확실하게 부모에게 전달될 수 있도록 간략하면서 그 목적이나 일시, 장소 및 유의사항에 대한 지침을 명확하게 명시해야 한다<표 13-10>.

〈표 13-10〉 가정통신문의 예

안녕하십니까? 아이들이 행복한 OO유치원입니다. 2018년 무술년이 시작되었습니다. 올해도 가정에 항상 웃음과 행복이 가득하시길 기원드립니다. 새해 첫 날 어린이들에게 한 살 더 먹었다는 것을 축하해 주시고 어린이들이 정성껏 드리는 세배를 기쁜 마음으로 받아주시기 바랍니다. 윷놀이와 같은 전통놀이로 가족 간의 정을 느끼는 것도 좋을 것 같습니다. 건강하고 활기찬 새해를 맞이하시길 바랍니다.

좋은 친구를 사귈 수 있도록 이렇게 말해 주세요.

"우리는 널 무척 사랑한단다": 무엇보다 중요한 것은 자녀가 부모에게서 충분한 애정을 받고 있다고 느끼는 것입니다. 부모에게서 충분한 사랑을 받지 못한다고 느끼는 어린이들은 정서불안을 느끼고 또래 속에서 돌발행동을 일으켜, 결국 집단 속에서 친구들과 잘 어울리지 못하게 되는 경우가 많습니다.

"넌 어떻게 생각하니?": 가정에서 자신의 의사나 감정을 잘 표현하지 못하는 어린이는 또래들 사이에서도 주눅 들게 마련입니다. 민주적인 가정 분위기는 자신의 의사를 잘 표현할 수 있는 어린이가 되도록 합니다.

"그래서 그랬구나": 평소 자녀의 감정을 충분히 읽어 주되 공감하고 수용하는 태도로 어린이를 대하면, 자신의 의사를 잘 표현할 뿐만 아니라 친구의 입장과 감정을 잘 이해하는 어린이로 자라날 수 있습니다.

2월 행사 안내
2월 9일(금) : 발표회(본원 강당)
2월 15일(목)~18일(일) 설날
2월 28일(수) : 리더십 발표회

★ 2월의 인사말은 '늘 도전하는 어린이가 되겠습니다'입니다.
★ 2월 9일(금) 오후 6시 30분 정각에 발표회가 본원 강당에서 진행될 예정입니다. 일찍 오셔서 아이들을 격려해 주시기 바랍니다. 발표회 진행 중에는 정숙해 주시고, 사진촬영도 가급적 자제해 주시기 바랍니다. 발표회가 끝나면 20분간 사진촬영시간을 드리겠습니다. 그리고 발표회가 끝난 후에는 차량운행은 하지 않습니다.
★ 2월과 3월은 한글, 숫자, 창의적인 생각을 할 수 있도록 수업을 진행합니다. 아이들이 가급적 결석하지 않도록 해 주세요.

OO유치원(어린이집)원장

(2) 학부모회

학부모회란 교육과 관련된 부모들의 집단모임이다. 즉, 부모교육의 한 방법으로서 대개는 학부모회를 조직한 후 월 1회 월례회를 갖거나 또는 부모의 요청에 의해 특별 연구 모임을 가질 수도 있다. 학부모회는 부모들이 한 자리에 모여 강연회나 워크숍, 역할놀이, 좌담회, 독서회 등의 방법을 통해 자녀양육이나 기타 주제에 대한 내용을 주고받거나 의견을 교환하는 방법이다(고정곤 외, 2014; 정옥분, 정순화, 2016). 학부모회의 종류 및 내용은 <표 13-11>과 같다.

〈표 13-11〉 학부모회 종류와 내용

구분	내용
강연회	강연회는 월 1회 또는 격월 1회 정도로 강사를 초빙하여 강연을 듣게 하는 것으로 부모와 교사 간의 의사전달이 가장 용이하고 큰 준비 없이 행사를 진행할 수 있으므로 교육기관에서 가장 많이 활용하고 보편화되어 있다.
워크숍	워크숍은 강연회에 비해 부모들의 개입수준이 다소 높은 형태로서 부모들이 실제 활동에 참여할 수 있는 교구제작이나 취미생활 등의 활동으로 구성된다. 강연회에 비해 부모들의 참여 정도가 높은 만큼 교육의 효과도 높일 수 있다. 그러나 워크숍의 방법은 계획단계에서부터 부모들의 요구를 수렴하여 주제를 선정하고 부모와 교육기관이 함께 계획을 세우는 것이 그 효과를 극대화할 수 있다.
역할놀이	역할놀이는 상황을 극화하여 구성원들이 특정한 역할을 시행하는 방법이다. 주제를 가진 특정 상황에 참여한 후 자신이 한 역할에 대한 느낌과 반응에 대하여 토의한다. 이때 토의는 자기 자신에 대한 묘사가 아니므로 심리적 부담 없이 구성원들이 쉽게 참여할 수 있다는 장점을 지닌다. 또한 부모들은 역할을 바꾸어 교사나 아동이 되어 봄으로써 다른 사람의 입장에 대한 이해를 높인다.
좌담회	좌담회는 부모와 여러 분야의 전문가를 초청하여 교육에 관한 문제나 교육기관 운영계획에 대한 문제를 다루는 모임이다. 인원수는 3~6명 정도로 보통 4명에 사회자 1명으로 진행한다. 좌담회는 일반적으로 격식을 갖추지 않고 담화식으로 자유롭게 이야기하는 것이 특징이다.
독서회	독서회는 선정된 전문가나 부모가 자녀교육과 부모에게 도움이 되는 책을 선정하여 각자 책을 읽게 한 후 자유롭게 내용을 각각 보고하거나 전체적으로 토의를 하는 방법이다. 진행은 공개토론의 형식을 취한다.

이 외에도 학부모회에서는 집단토의, 분단토의, 학부모오리엔테이션, 브레인스토밍, 원탁토의, 동심원 모임 등의 다양한 방법들을 통해 진행될 수 있다. 학부모회는 유아교육기관에서 주도하기보다는 부모들이 자발적으로 모임을 형성하고 주제를 선

정하고 의견을 교환하는 방법으로 실제로는 보다 자발적인 교육이 이루어지게 된다. 학부모회 운영에 대한 지침은 <표 13-12>와 같다.

〈표 13-12〉 학부모회에 대한 지침

구분	내용
모임 전	• 학부모회를 계획할 때 부모를 참여시킨다. • 학부모회를 할 수 있는 편리한 시간을 설정한다. • 편리하게 만날 수 있는 장소를 정한다. • 학부모회의 주제와 형식을 알린다(부모가 가져올 것을 알린다). • 반송우편을 넣은 부모회 통지문을 보낸다. • 반송우편이 오지 않는 부모에게 연락한다. • 필요하다면 교통편과 보육도우미를 마련한다. • 다과/식사에 대해 부모와 상의한다.
모임 중	• 제 시간에 모임을 시작하고 끝낸다. • 미리 기본 규칙을 세운다(예로 휴식, 비밀보장 등). • 안건을 다루는 데 융통성을 갖는다. • 프로그램 활동을 다양하게 한다(예로 토의, 역할놀이, 독서, 게임 등). • 모든 사람에게 토의에 참가할 수 있는 기회를 준다. • 부모회를 끝낸 후 비공식적인 상호작용을 하는 짧은 시간을 갖는다.
모임 후	• 일어난 일을 간략하게 기록한다. • 다음 활동을 위한 계획을 세운다.

출처: 김연진, 이상희(2012). 부모교육. 태영출판사. p.210.

(3) 부모상담

부모상담은 교사와 부모가 서로 얼굴을 대면하고 자녀의 생활 전반에 대한 정보를 교환하는 방법이다. 부모상담은 등・하원시간을 통해 짧게 비공식적인 방법으로 필요한 정보를 교환하기도 하지만 일반적으로 공식적인 일정을 미리 정하여 자녀의 생활 전반에 걸친 내용을 서로 교환하고 상담하는 시간을 가진다. 부모상담은 부모와 교사 간에 직접적인 대면을 통해 이루어지기 때문에 자녀의 생활 전반에 걸친 내용을 보다 상세하게 알고 상담할 수 있다는 장점을 지닌다. 대부분의 유아교육기관에서는 <표 13-13>과 같이 그 양식은 다소 상이하지만 부모상담을 위한 상담일지를 구비하고 있으며, 그렇게 함으로써 부모상담의 효과도 더욱 높아질 수 있다(정옥분, 정순화, 2016).

〈표 13-13〉 부모면담 및 상담 기록지

<table>
<tr><td colspan="4" rowspan="2">학부모 면담 기록지</td><td>담임</td><td>원장</td></tr>
<tr><td></td><td></td></tr>
<tr><td colspan="2">면담일정</td><td></td><td>담임교사</td><td colspan="2"></td></tr>
<tr><td colspan="2">기관명</td><td></td><td>반</td><td colspan="2"></td></tr>
<tr><td colspan="2">이름</td><td></td><td>연령 / 성별</td><td colspan="2"></td></tr>
<tr><td colspan="2">면담장소</td><td></td><td>면담 유형</td><td colspan="2"></td></tr>
<tr><td></td><td></td><td colspan="2">교사의견 / 목표</td><td colspan="2">부모의견 / 목표</td></tr>
<tr><td rowspan="5">발달사항</td><td>* 신체운동 건강영역:
대근육 그리고 소근육 운동의 발달이 포함된다.</td><td colspan="2"></td><td colspan="2"></td></tr>
<tr><td>* 사회관계영역:
사회성발달과 정서발달이 포함된다.</td><td colspan="2"></td><td colspan="2"></td></tr>
<tr><td>* 자연탐구영역:
문제해결기술, 기억력, 수 분류하기 그리고 연속적 배열능력들이 포함된다.</td><td colspan="2"></td><td colspan="2"></td></tr>
<tr><td>* 예술경험영역:
음악, 미술 극놀이, 블록 쌓기 혹은 언어표현능력에서 보여진 창의적인 능력들의 증거 그리고 창의력을 나타내는 지표들이 포함된다.</td><td colspan="2"></td><td colspan="2"></td></tr>
<tr><td>* 의사소통영역:
일상생활에 필요한 듣기와 말하기. 읽기와 쓰기에 관심가지기, 책과 이야기 즐기기를 통한 상상력을 기르기가 포함된다.</td><td colspan="2"></td><td colspan="2"></td></tr>
<tr><td colspan="2">기본생활습관</td><td colspan="2"></td><td colspan="2"></td></tr>
<tr><td colspan="2">고려해야 할 사항</td><td colspan="2"></td><td colspan="2"></td></tr>
<tr><td colspan="2">기타(검사결과)</td><td colspan="2"></td><td colspan="2"></td></tr>
</table>

① 부모상담의 목적과 중요성

부모상담의 목적은 첫째, 부모상담은 보다 구체적인 문제가 생겼을 때 해결책을 찾는 것이다. 특히, 유아가 문제행동을 보일 때 교사와 부모의 의사소통은 필수적이라고 할 수 있다. 유아의 문제행동을 해결하기 위해서는 부모와 교사의 협동적인 대화가 가장 중요한 출발점이 된다(Koch & McDonough, 1999). 둘째, 부모상담은 교사와 가족구성원들이 유아의 성장에 관한 지원과 관심을 공유하기 위한 것이다. 부모상담은 교사와 부모의 가장 적극적인 의사소통이라고 할 수 있다. 대화를 통해 교사는 유아의 가정환경을 알 수 있고 부모는 유아교육기관에서 유아의 모습들을 이해할 수 있다.

부모상담의 중요성을 살펴보면 첫째, 부모와 교사 간에 상호친밀감을 형성할 수 있으며 둘째, 교사가 유아에게 영향을 주는 가정생활이나 가족관계에 대해 알게 되어 아동을 이해하는 데 도움을 주며 셋째, 아동의 문제행동이 발생할 경우 해결방법을 같이 모색해볼 수 있으며 넷째, 부모가 아동에 대해 새로운 인식을 하게 되며 다섯째, 부모가 유아교육기관의 교육목적이나 프로그램에 대해 알 수 있게 되고, 마지막으로 유아교육기관에서의 행사에 대해 의견을 교환할 수 있다는 것이다(유효순, 정원식, 1987). 따라서 교사와의 상담을 통해 부모들은 자녀의 문제에 대해 이해하며 아동의 생활습관이나 행동의 변화를 위해 교사와 부모는 협력관계를 유지해야 한다.

② 상담방식에 따른 분류

상담방식에 따라서는 대면상담과 통신상담으로 구분할 수 있다. 대면상담은 전통적으로 실시해오는 방식으로 교사와 학부모가 직접 대면하여 어떤 문제를 다루는 것으로 대인상담, 집단상담, 그리고 가족상담 등을 예로 들 수 있다. 또한 놀이치료, 음악치료, 미술치료 등은 각각 놀이, 음악, 미술을 매개로 하는 대면상담방법이다.

통신상담은 과학기술이 점차로 발전함에 따라 의사소통과정에 서신, 전화, 팩스, 그리고 컴퓨터를 활용하게 됨으로써 발전하게 되었다. 최근 컴퓨터를 통한 '사이버 상담'도 가능하게 되었는데, 사이버 상담은 컴퓨터 통신이 단순한 정보교환이나 의사소통의 수준을 넘어 서서 인간의 내면세계까지 다루게 된 결과, 학부모의 문제를 해결하고 성장을 촉진하는 것을 돕는 과정까지 가능해졌다. 사이버 상담은 전화상담과 마찬가지로 편리성, 경제성, 신속성, 시공의 제약 극복 등의 특징을 지닌다. 그러나 실제적인 관계를 통한 상담이 아니라는 것과 단회적인 상담으로 흐르게 되는 점, 그리고 기계라는 한계 등 다양한 문제점을 가지고 있다.

③ 상담자의 태도

상담을 하는 사람은 다른 사람을 도와주려는 동기가 강한 편이다. 그렇다고 높은 동기만으로 효과적인 상담을 할 수는 없다. 또한 남의 이야기를 잘 듣고, 남의 마음을 잘 이해해주는 사람이 상담도 잘 할 것으로 착각을 하고 있는 경우도 있다. 그리고 상담자가 되려는 이들은 대체로 인간의 행동이나 생활에 많은 관심을 가지고 있는 경우도 있다. 그러나 이런 자세만으로 효과적인 상담이 되는 것은 아니다. 그렇다고 남을 도와주려는 동기, 남의 이야기를 잘 듣고, 잘 이해하는 것, 인간에 대해 많은 관심을 가지고 있는 것이 상담에 도움이 되지 않는다는 이야기를 하는 것이 아니다. 효과적인 상담이 되기 위해서는 이런 태도를 바탕으로 상담자로서 요구되는 태도들을 갖추어야 한다. 상담자로서 갖추어야 할 태도들에 대해 구체적으로 살펴보면 다음과 같다.

가. 수용, 이해 그리고 진실성

상담자의 태도에 있어 중요한 것은 수용(acceptance), 이해(understanding) 및 진실성(sincerity)이다. 수용이라는 특성은 인간 개인, 특히 상담실에 앉아 있는 학부모의 가치에 대한 기본적 존중과 관련되어 있다. 학부모를 수용하는 상담자는 학부모를 냉소와 경멸을 가지고 대하지 않는다. 만약 초기 면접이 끝나갈 무렵 학부모에 관한 좋은 점을 발견하지 못했다면 그 상담은 관계를 형성하는 데 있어 성공적이지 못했다고 할 수 있다.

감정적으로 이해하는 능력(또는 공감)은 학부모가 전달하고자 하는 바의 의미를 명확하고 철저하게 파악하고자 하는 노력을 요구한다. 학부모에 대한 이해를 하고자 하는 시도는 상담자가 학부모의 입장이라고 가정하고 학부모가 느끼는 그대로의 상황을 보려고 노력하는 것이다.

진실성이라는 특성은 상담자가 말하고 있는 것과 실제로 느끼고 있는 것 사이에 존재해야만 하는 조화를 일컫는다. 당신이 누군가를 수용하거나 이해할 수 있다고 해서, 진실로 그 사람이 될 수는 없다. 상담자는 단지 자신이 진실할 수 있을 뿐이다. 이것은 상담자가 자신의 내면과 부합하는 타당하고 신뢰로운 심상을 어느 정도 전달할 수 있는가 하는 정도를 말한다(이영호, 2001).

나. 효과적인 경청

효과적인 경청은 상담자가 숙달하고 지속적으로 실습해야 하는 가장 어려운 기술 중의 하나이다. 일반적으로 학부모들은 자신들의 문제를 그들 자신의 말로 충분히 진술할 기회를 갖지 못한다. 상담자들은 그 다음 질문을 하기에 앞서 학부모의 말을 끝까지 들어야 한다.

학부모의 말을 경청할 때 피해야 할 것은 주로 머리로 듣고, 감정을 부인하며, 학부모가 말한 것에 관한 이성적 평가에 주로 관심을 두는 태도이다(머리로 듣는 상담자). 이런 상담자는 자신의 말이 타인에게 미치는 영향에 대해 관심이 없으며, 학부모의 말이 자신에게 미치는 영향 역시 파악할 수가 없다. 또한 자신의 머리를 지나치게 적게 쓰고, 거의 전적으로 느낌만을 가지고 듣는 것도 옳지 않은 태도이다(감정으로 듣는 상담자). 이런 상담자는 타인이 말하고 있는 바를 자신이 듣거나 평가할 수 없다는 점에 불안감을 느낄 수 있다. 효과적인 경청이 되려면 자신의 믿음 중의 일부는 틀릴 수 있다는 사실에 직면하면서 다른 사람들의 생각, 가치 및 행동들에 마음을 여는 것을 말한다. 효과적인 경청을 하는 상담가의 특성은 <표 13-14>와 같다.

〈표 13-14〉 경청을 잘하는 상담자의 특성

- 반응하기에 앞서 학부모가 자신에 관해 말할 충분한 시간을 준다.
- 비록 대수롭지 않다고 생각될지라도 학부모가 심각하게 말하고 있는 것을 그렇게 받아들인다.
- 학부모에게 충분한 주의를 기울인다. 즉, 학부모가 이야기하고 있는 동안 간단한 사무처리를 한다든지 책상 위의 물건들을 재정리하지 않는다.
- 때로는 고개를 끄덕이고, 미소 짓고, '음~'이라고 하면서 주의를 기울이고 있다는 것을 보여 준다.
- 필요하고 관련된 질문을 한다.
- 학부모를 쳐다보고 자주 눈을 맞추면서, 시계를 보는 것을 삼간다.
- 학부모가 문제점을 피력할 때 가로막지 않고, 문제점에 관한 논쟁을 피하지 않는다.
- 주제를 바꿈으로써 학부모의 문제나 호소를 기피하지 않는다.
- 학부모가 할 말을 찾고, 고르고 있을 때 바로 받아 잇지 않을 만큼 충분히 인내한다.
- 말하기 전에 생각하고, '즉각적' 충고를 피한다.

다. 비밀보장

상담자를 찾아와 상담을 하는 학부모로서는 자신의 이야기가 비밀보장이 되는지에 관심을 가지고 있다. 그러므로 상담자는 학부모가 묻지 않더라도 상담 중에 이야기하는 내용은 철저하게 비밀보장이 된다는 사실을 알려줄 필요가 있다. 학부모로서는 자신의 인격이 손상되는 내용, 혹은 선생님과 부모님, 친구에 관한 이야기 등 비밀보장에 대한 확신이 없으면 이야기를 하는 데 주저하게 된다. 따라서 상담자는 어떤 종류의 상담을 하든 상담 중에 나온 모든 이야기에 대해 비밀을 지켜야 한다. 일상생활에서의 상담이든 전문 상담이든 상담자의 비밀보장은 상담관계를 유지하는 데 생명선과 같은 것이다.

(4) 부모참여

부모참여는 교육기관에서 실시하는 부모교육방법 중 가장 적극적인 형태로 부모의 요구를 교육기관 운영에 반영하고 직접 참여할 수 있는 기회를 제공하는 방법이다. 부모참여에는 부모가 담임교사의 보조교사나 일일교사 역할을 할 수도 있고, 운영위원회 위원 혹은 학부모회 활동을 통해 기관운영에 의견을 제시할 수도 있으며, 일일참여수업에는 자녀와 함께 다양한 교육활동 체험을 할 수 있다.

① 수업참관

수업참관은 부모가 가정이 아닌 다른 곳에서의 유아의 행동과 특성을 이해할 수 있는 가장 기본적인 방법이다. 수업참관은 가능한 많은 부모들이 참여할 수 있도록 계획되어야 한다. 부모가 유아교육기관의 수업을 관찰함으로써 유아의 발달수준, 흥미, 특징 등을 객관적으로 관찰할 수 있을 뿐만 아니라 교사의 교수행동과 교육환경을 관찰하여 가정에서의 자녀교육에 반영할 수 있다. 그리고 부모로서의 역할에 대한 자신감을 가지게 되고, 긍정적인 부모관을 가지게 된다. 따라서 수업참관은 유아교육기관과 가정의 일관성 있는 지도를 가능하게 해주어 유아의 발달을 촉진시키게 된다(김현주 외, 2013).

수업참관은 일반적으로는 소규모의 그룹으로 나누거나 아버지 참관수업과 같이 특정한 대상을 중심으로 이루어지나 전체 학부모를 대상으로 수업참관을 실시하게 된다. 수업참관을 실시할 경우에는 사전에 미리 안내문을 발송하여 부모들로부터 협조를 구하고, 수업참관일에도 부모들에게 관찰기록지를 배부함으로써 참관의 집중도를 높이고 기록결과를 이후의 교육을 위한 기초자료로 활용하도록 하는 것이 효과적이다<표 13-15>. 즉, 수업참관을 계획하면서 참관일과 참관방식을 먼저 결정하고, 참관의 목적, 내용, 주의사항 등을 미리 인쇄물로 제작하여 나누어주고, 이에 대한 질문을 받은 후 참관을 하도록 하는 것이 좋다.

부모참여수업은 교육 프로그램의 성격에 따라 어머니 참여수업, 아버지 참여수업, 할머니 참여수업, 할아버지 참여수업 등이 있다.

〈표 13-15〉 참여수업 관찰기록지

<table>
<tr><td>참관자</td><td></td><td>유아이름</td><td colspan="2"></td></tr>
<tr><td>참가반</td><td></td><td>관 계</td><td colspan="2"></td></tr>
<tr><td>참관일시</td><td colspan="4">년 월 일 시 분~ 시 분</td></tr>
<tr><td>구분</td><td>관찰내용</td><td>예</td><td>아니오</td><td>비고</td></tr>
<tr><td rowspan="5">교사와의 상호작용</td><td>교사의 안내와 지시에 따른다.</td><td></td><td></td><td></td></tr>
<tr><td>교사의 질문에 적절하게 반응한다.</td><td></td><td></td><td></td></tr>
<tr><td>교사의 관심을 끌려고 한다.</td><td></td><td></td><td></td></tr>
<tr><td>집단활동 시 주의를 집중한다.</td><td></td><td></td><td></td></tr>
<tr><td>도움이 필요할 때 교사에게 요청한다.</td><td></td><td></td><td></td></tr>
<tr><td rowspan="6">놀이활동 및 또래 상호작용</td><td>활동에 대한 호기심을 말로 표현하거나 관련된 질문을 한다.</td><td></td><td></td><td></td></tr>
<tr><td>활동에 적극적으로 참여한다.</td><td></td><td></td><td></td></tr>
<tr><td>활동의 과정에서 의문 나는 것이나 잘 모르는 것을 솔직히 표현한다.</td><td></td><td></td><td></td></tr>
<tr><td>활동을 하는 과정에서 잘 안 되는 점을 그대로 표현하고 도움을 요청한다.</td><td></td><td></td><td></td></tr>
<tr><td>활동에서 쉽게 포기하지 않고 지속적으로 문제를 해결하려고 한다.</td><td></td><td></td><td></td></tr>
<tr><td>활동을 마친 후에 다른 유아들과 함께 정리정돈을 한다.</td><td></td><td></td><td></td></tr>
<tr><td>종합평가</td><td colspan="4"></td></tr>
<tr><td>궁금한 점</td><td colspan="4"></td></tr>
</table>

② 보조교사 및 일일교사 참여

부모는 유아교육기관에서의 교사역할을 보조하거나 일일교사로서 주도적인 교사역할에 참여할 수 있다. 보조교사 및 일일교사 참여란 부모가 교육기관에서 부모역할을 보조하는 부모참여방법이다. 부모가 유아교육기관에서 교사로서 참여하는 것은 교사뿐만 아니라 부모와 유아 모두에게 도움이 된다. 부모는 교육환경과 교수 - 학습방법을 관찰하여 자녀교육에 반영할 수 있으며, 부모의 바람직한 교육방법 습득은 유아의 발달에 영향을 미치게 된다(김현주 외, 2013). 무엇보다 부모 자신의 능력과 역할을 새롭게 확인할 수 있는 기회가 된다는 장점을 지닌다. 부모가 보조교사 및 일일교사로 참여하게 됨으로써 교사들은 여러 가지 일을 분담할 수 있으므로 업무부담이 줄어들게 되고, 그 시간을 유아들을 위해 투자함으로써 교육의 질을 향상시킬 수 있는 장점도 지니게 된다.

부모가 유아교육기관에서 보조교사로서 참여할 수 있는 분야는 간식 준비, 간식시간의 소집단 지도, 자유선택활동시간의 소집단 지도, 소집단활동 보조자, 교구 및 학습자료 제작 보조, 환경정리, 동화, 노래, 게임 등의 부분활동 지도의 역할을 수행할 수 있다(고정곤 외, 2014).

③ 유아교육기관의 운영참여

유아교육기관에서 가장 진보적인 부모참여 형태로서 교육기관 운영에 개입하고자 하는 부모의 요구를 운영자나 교사가 존중해 주는 방법이다. 유아교육기관의 운영에 학부모가 참여할 수 있는 기회는 운영위원회의 위원으로 참여하는 경우와 학부모회를 통해 의견을 제안하거나 기관의 다양한 행사에 참여하는 방법 등이 있다. 첫째, 운영위원회의 위원으로 참여하는 경우로 우리나라의 경우 <표 13-16>의 유아교육법 제19조의 3에서 유치원 운영의 자율성을 높이고 지역의 실정과 특성에 맞는 다양한 교육을 창의적으로 실시할 수 있도록 유치원운영위원회의 설치가 법제화되어 있으며, 운영위원회에는 학부모 대표가 참여할 수 있도록 되어 있다. 그리고 <표 13-17>의 영유아보육법 제25조에서는 어린이집 운영의 자율성과 투명성을 높이고 지역사회와의 연계를 강화하여 지역 실정과 특성에 맞는 보육을 실시하기 위하여 어린이집에 어린이집운영위원회를 설치·운영하도록 규정하고 있으며, 운영위원회에 학부모 대표가 참여하도록 되어 있다. 또한 부모 모니터링단(영유아보육법 제25조의 2)을 구성하여 운영하도록 되어 있다.

둘째, 학부모회를 통해 의견을 제안하거나 기관의 다양한 행사에 참여하는 방법으로는 소풍, 견학, 운동회, 바자회, 환경 구성, 연구 수업 등에 참여하는 것으로 교육기관의 장이나 교사가 교육계획단계부터 부모를 참여시킨다면 부모들의 의견이 반영되므로 좀 더 주체적이며 적극적으로 교육활동에 참여하게 될 수 있다. 어떤 활동은 교사가 주관하는 것보다 부모에게 전적으로 위임할 때 더욱 효과적으로 운영할 수도 있다.

〈표 13-16〉 유아교육법

유아교육법 법률 제17311호(도로교통법) 일부개정 2020. 05. 26.
제19조의3(유치원운영위원회의 설치) ① 유치원 운영의 자율성을 높이고 지역의 실정과 특성에 맞는 다양한 교육을 창의적으로 실시할 수 있도록 하기 위하여 유치원에 유치원운영위원회를 두어야 한다. 다만, 대통령령으로 정하는 규모 미만의 사립유치원은 유치원운영위원회를 두지 아니할 수 있다. ② 유치원에 두는 유치원운영위원회는 해당 유치원의 교원 대표 및 학부모 대표로 구성한다. ③ 유치원에 두는 유치원운영위원회의 위원 정수는 5명 이상 11명 이내의 범위에서 유치원의 규모 등을 고려하여 대통령령으로 정한다. ④ 제9조에 따라 병설된 유치원의 경우에는 필요하면 유치원운영위원회를 해당 유치원을 병설한 학교의 학교운영위원회와 통합하여 운영할 수 있다. 이 경우 학교운영위원회에는 유치원 교원 대표 및 학부모 대표가 각각 1명 이상 포함되어야 한다. ⑤ 제1항에 따른 유치원운영위원회는 대통령령으로 정하는 바에 따라 회의록을 작성하고 이를 공개하여야 한다. 제19조의4(유치원운영위원회의 기능) ① 국립·공립 유치원에 두는 유치원운영위원회는 다음 각 호의 사항을 심의한다. 1. 유치원규칙의 개정에 관한 사항

2. 유치원 예산 및 결산에 관한 사항
3. 유치원 교육과정의 운영방법에 관한 사항
3의2. 아동학대 예방에 관한 사항
4. 학부모가 부담하는 경비에 관한 사항
5. 유치원 급식에 관한 사항
6. 방과후 과정 운영에 관한 사항
7. 유치원 운영에 대한 제안 및 건의에 관한 사항
8. 「교육공무원법」 제29조의3제8항에 따른 공모 원장의 공모 방법, 임용, 평가 등에 관한 사항
9. 「교육공무원법」 제31조제2항에 따른 초빙교사의 추천에 관한 사항
10. 그 밖에 대통령령 및 시·도 조례로 정하는 사항

② 사립유치원의 장은 제1항 각 호의 사항(제8호 및 제9호는 제외한다)에 대하여 유치원운영위원회의 자문을 거쳐야 한다.

제19조의5(유치원운영위원회의 구성·운영)

① 제19조의3에 따른 유치원운영위원회 중 국립유치원에 두는 유치원운영위원회의 구성·운영에 필요한 사항은 대통령령으로 정하고, 공립유치원에 두는 유치원운영위원회의 구성·운영에 필요한 사항은 대통령령으로 정하는 범위에서 시·도의 조례로 정한다.

② 사립유치원에 두는 유치원운영위원회의 위원 구성에 관한 사항은 대통령령으로 정하고, 그 밖에 운영에 필요한 사항은 정관 또는 유치원규칙으로 정한다.

제19조의6(유치원운영위원회 위원의 연수 등)

① 교육감은 유치원운영위원회 위원의 자질과 직무수행능력의 향상을 위한 연수를 실시할 수 있다.
② 교육감은 제1항에 따른 연수를 연수기관 또는 민간기관에 위탁하여 실시할 수 있다.
③ 교육감은 제2항에 따라 연수를 위탁받은 기관에 행정적·재정적 지원을 할 수 있다.
④ 제1항부터 제3항까지에서 규정한 사항 외에 위원의 연수에 필요한 사항은 대통령령으로 정한다.

〈표 13-17〉 영유아보육법

영유아보육법

법률 제17209호 일부개정 2020. 04. 07.

제25조(어린이집운영위원회)

① 어린이집의 원장은 어린이집 운영의 자율성과 투명성을 높이고 지역사회와의 연계를 강화하여 지역 실정과 특성에 맞는 보육을 실시하기 위하여 어린이집에 어린이집운영위원회를 설치·운영할 수 있다. 다만, 제26조에 따른 취약보육(脆弱保育)을 우선적으로 실시하여야 하는 어린이집과 대통령령으로 정하는 어린이집은 어린이집운영위원회를 설치·운영하여야 한다.

② 어린이집운영위원회는 그 어린이집의 원장, 보육교사 대표, 학부모 대표 및 지역사회 인사(직장어린이집의 경우에는 그 직장의 어린이집 업무 담당자로 한다)로 구성한다. 이 경우 학부모 대표가 2분의 1

이상이 되도록 구성하여야 한다.
③ 어린이집의 원장은 어린이집운영위원회의 위원 정수를 5명 이상 10명 이내의 범위에서 어린이집의 규모 등을 고려하여 정할 수 있다.
④ 어린이집운영위원회는 다음 각 호의 사항을 심의한다.
1. 어린이집 운영 규정의 제정이나 개정에 관한 사항
2. 어린이집 예산 및 결산의 보고에 관한 사항
3. 영유아의 건강·영양 및 안전에 관한 사항
3의2. 아동학대 예방에 관한 사항
4. 보육 시간, 보육과정의 운영 방법 등 어린이집의 운영에 관한 사항
5. 보육교직원의 근무환경 개선에 관한 사항
6. 영유아의 보육환경 개선에 관한 사항
7. 어린이집과 지역사회의 협력에 관한 사항
8. 보육료 외의 필요경비를 받는 경우 제38조에 따른 범위에서 그 수납액 결정에 관한 사항
9. 그 밖에 어린이집 운영에 대한 제안 및 건의사항
⑤ 어린이집운영위원회는 연간 4회 이상 개최하여야 한다.
⑥ 그 밖에 어린이집운영위원회의 설치·운영에 필요한 사항은 보건복지부령으로 정한다.

제25조의 2(부모모니터링단)
① 시·도지사 또는 시장·군수·구청장은 어린이집 보육환경을 모니터링하고 개선을 위한 컨설팅을 하기 위하여 부모, 보육·보건 전문가로 점검단(이하 이 조에서 "부모모니터링단"이라 한다)을 구성·운영할 수 있다.
② 부모모니터링단은 다음 각 호의 직무를 수행한다.
1. 어린이집 급식, 위생, 건강 및 안전관리 등 운영상황 모니터링
2. 어린이집 보육환경 개선을 위한 컨설팅
3. 그 밖에 보육 관련 사항으로서 보건복지부령으로 정하는 사항
③ 부모모니터링단은 10명 이내로 구성하며 시·도지사 또는 시장·군수·구청장이 위촉한다.
④ 시·도지사 및 시장·군수·구청장은 부모모니터링단으로 위촉된 사람에게 직무 수행에 필요한 교육을 실시할 수 있다.
⑤ 국가와 지방자치단체는 부모모니터링단의 구성·운영 및 교육 등에 필요한 비용의 전부 또는 일부를 예산의 범위에서 지원할 수 있다.
⑥ 부모모니터링단은 제2항 각 호의 직무를 수행하기 위하여 어린이집에 출입할 수 있으며, 이 경우 미리 시·도지사 또는 시장·군수·구청장의 승인을 받아야 한다.
⑦ 부모모니터링단이 제6항에 따른 승인을 받아 어린이집에 출입하는 경우에는 승인서와 신분을 표시하는 증표를 어린이집의 원장 등 관계자에게 내보여야 한다.
⑧ 부모모니터링단은 공무원이 제42조에 따라 어린이집 운영 상황을 조사하기 위하여 어린이집에 출입하는 경우에는 공무원과 함께 어린이집에 출입할 수 있다. 이 경우 시·도지사 또는 시장·군수·구청장의 승인을 생략할 수 있다.
⑨ 제1항부터 제8항까지에 따른 부모모니터링단의 구성·운영, 교육, 비용 지원 및 직무 수행 등에 필요한 세부사항은 보건복지부령으로 정한다.

제25조의 3(보호자의 어린이집 참관)
① 보호자는 영유아의 보육환경·보육내용 등 어린이집의 운영실태를 확인하기 위하여 어린이집 원장에게 어린이집 참관을 요구할 수 있다. 이 경우 어린이집 원장은 특별한 사유가 없으면 이에 따라야 한다.
② 제1항에 따른 참관 기준 및 방법 등에 필요한 사항은 보건복지부령으로 정한다.

(5) 온라인 통신망

유아교육기관과 가정 간에 온라인 통신망을 이용하면 시간과 공간에 구애받지 않고 다양한 원격 부모교육을 실시할 수 있으며, 또한 원활한 소통을 할 수 있다. 일부 유아교육기관에서는 홈페이지를 개설하고 홈페이지의 한 코너에 부모교육란을 개설하여 운영하기도 한다. 또한 각 부모를 위한 상담코너를 통해 개별상담을 수시로 할 수 있으며, 또 새로운 정보제공란에는 부모들을 위한 각종 정보를 제공해 줄 수 있다. 이 외에도 포털 사이트의 카페나 블로그 등은 전문적 기술이 없더라도 손쉽게 부모들과 소통할 수 있는 가상공간으로 비용도 전혀 들지 않는다.

참고문헌

가족스트레스연구회(1994). 엄마의 스트레스. 창지사.
가족스트레스연구회(1995). 아빠의 스트레스. 창지사.
강란혜(2008). 아동발달. 창지사.
강문희(1996). 고령화 사회의 지역의 대응. 경상대학교 대학원 석사학위논문.
강문희, 김매희, 유정은(2011). 아동발달론(개정판). 공동체.
강문희, 이혜성(1997). 어린이집의 문학교육 현황에 대한 조사연구. 한국보건학, 10, 75-96.
강원도육아종합지원센터(2020). 창의성과 부모교육.
고정곤, 김소영, 김의석, 손현숙, 시옥진, 이정순, 임영심, 최철용(2014). 부모교육. 양서원.
교육부(2016). 특수교육 통계.
교육부(2020). 특수교육 통계.
구광현, 김영숙, 이수남, 이은상, 최양미(2002). 부모역할과 자녀교육: 멋진 부모, 멋진 자녀, 이런 부모가 자녀를 성공시킨다. 교육과학사.
구본자(1998). 취학 전 유아의 문자해독에 관한 연구. 계명대학교 교육대학원 석사학위논문.
권석만(2008). 현대이상심리학. 학지사.
권태환, 홍두승, 설동훈(2006). 사회학이해. 다산출판사.
김경희, 이재연(1989). 부모교육. 양서원.
김나영, 이경열, 정욱호, 홍계옥(2007). 영유아발달. 양서원.
김덕순(1996). 유아교육기관 중심 부모교육의 이론과 실제. 정일.
김연진, 이상희(2012). 부모교육. 태영출판사.
김영희, 신희정, 채영문(2007). 원가족의 정서분위기, 결혼만족도 및 부모역할 자신감이 유아기 아버지의 양육참여에 미치는 영향. 한국가족복지학, 12(2), 67-87.
김오남, 류운석, 이유미(2002). 부모교육. 양서원.
김유경(1992). TA의사소통 훈련 프로그램이 대인관계개선에 미치는 효과. 계명대학교 교육대학원 석사학위논문.
김이영, 곽은복, 김태인, 김현정, 윤정임, 이경희, 장기덕, 장정애(2018). 아동관찰 및 행동연구. 양성원.
김이영, 배헌석, 이우언(2019). 인간이해를 위한 심리학. 양성원.
김이영, 오성숙, 이시진, 이우언, 이은미, 채혜선(2019). 영유아발달. 양성원.
김이영, 이우언, 배기효, 김병찬, 정선화, 정왕용(2019). 정신건강론. 양성원.
김인자(1989). PET 강사지침서. 한국심리상담연구소.
김인자(1996). 부모역할 배워지는 것인가?. 한국심리상담연구소.

김정옥, 배나래(2003). 부모교육 프로그램에 대한 비교 연구. **사회복지연구**, 25, 69-90.

김해연(2002). 상호 교류분석 이론에 기초한 부모교육이 유치원 자녀를 둔 어머니의 심리적 자세 변화에 미친 효과. 중앙대학교 교육대학원 석사학위논문.

김현수 역(2000). **교류분석**(스기타 미네야스 지음). 민지사.

김현주, 손은경, 신혜영(2013). **부모교육**. 공동체.

다문화가족지원포털 다누리: https://www.liveinkorea.kr/

류현정(2006). 적극적 부모교육프로그램이 부모의 양육태도와 부모-자녀 간의 의사소통에 미치는 효과. 영남대학교 대학원 석사학위논문.

문수경, 이무영, 박상희(2007). 부모의 아동기 애착, 유아의 기질이 유아의 사회적 유능감에 미치는 영향. **한국영유아보육학**, 49, 251-268.

문혁준 외(2013). **아동발달**. 창지사.

박경자, 김송이, 권연희, 김지현 역(2010). **영유아의 사회정서발달과 교육**. 교문사.

박권생, 김문수, 박태진, 성현란, 이종한, 최해림, 홍기원 역(2004). **심리학과 삶**. 시그마프레스.

박낭자, 강숙현, 박경희, 백미열, 성정숙, 오채선, 유영의, 이시자, 이현경, 임명희, 조혜경, 홍연애, 황윤세 역(2007). **아동발달**. 정민사.

박문일(1999). **태교는 과학이다**. 한양대학교 출판부.

박선환, 박숙희, 이주희, 정미경, 김혜숙(2010). **정신건강론**. 양서원.

박영아(2010). **아동발달**. 창지사.

박화윤, 마지순, 안라이(2006). **부모 자녀관계 증진을 위한 부모교육**. 창지사.

보건복지부(2014). 2014년도 노인실태조사: 노인(65세 이상)의 일반특성별 가족 및 친구이웃 유무.

보건복지부(2014). 2014년도 노인실태조사: 노인(65세 이상)의 일반특성별 자살생각 이유 및 시도.

보건복지부(2017). 보건복지부 내부자료.

보건복지부(2017). 유능하고 행복한 자녀로 키우기.

보건복지부(2017). 유아 보건교육 프로그램(부모용).

보건복지부(2020). 보건복지부 내부자료.

보긴복지부(2020). 제2차 아동정책기본계획.

복지로. http://www.bokjiro.go.kr

서신자(2005). 적극적 부모역할훈련이 자기존중감과 양육태도 변화에 미치는 효과; 장애아동 어머니들을 중심으로. 남부대학교 산업대학원 석사학위논문.

서영숙, 황은숙(2004). **한부모가정과 이혼**. 이해교육. 양서원.

성영해, 윤석희, 이경화(1993). **부모교육론**. 문음사.

성영혜(1999). **영유아발달의 이론과 실제**. 동문사.

송정애, 정해은, 김미영(2008). 부모교육. 학현사.

식품안전나라. http://www.foodsafetykorea.go.kr

식품의학품안전처. http://www.mfds.go.kr

신정숙(2000). 노래 그림책이 유아의 읽기 흥미, 어휘력, 읽기 능력에 미치는 영향: 전래동요를 중심으로. 성신여자대학교 대학원 석사학위논문.

신현균, 김진숙(2002). 주의력 결핍 및 과잉행동장애. 학지사.

안범희(2000). 성격심리학. 夏雨.

어린이 환경과 건강포털. https://www.kihf.or.kr

어주경, 정문자(1999). 저소득층 가족의 경제적 어려움이 아동의 자존감에 미치는 영향. 아동학회지, 20(2), 21-40.

여성가족부(2015). 가족실태조사: 가구원 성별 삶의 방식과 가족 가치관에 대한 생각.

여성가족부(2016). 2015년 가족실태조사.

여성가족부(2016). 2015년 가족실태조사: 가족형태.

여성가족부(2016). 한부모가족실태조사.

여성가족부(2019). 한부모가족실태조사.

영유아보육법 법률 제17209호 일부개정 2020. 04. 07.

영유아보육법[시행 2017. 9. 15] [법률 제14597호, 2017. 3. 14, 일부개정]

오영희, 주혜영(2001). 부모를 위한 영유아 교육활동의 실제. 양서원.

오정선(2011). 적극적 부모역할훈련 프로그램이 다문화가정 어머니의 자아존중감과 양육태도, 의사소통에 미치는 효과. 목포대학교 대학원 석사학위논문.

유아교육법 법률 제17311호(도로교통법) 일부개정 2020. 05. 26.

유아교육법(법률 제15232호 일부개정 2017. 12. 19)

유안진, 김연진(2002). 부모교육. 동문사.

유연미(2005). 3, 4세 정상아동의 표현언어 발달: 이름대기능력과 발화길이를 중심으로. 연세대학교 대학원 석사학위논문.

유영주, 김순옥, 김경신(2008). 가족관계학. 교문사.

유효순, 이원영(2007). 부모교육. 한국방송통신대학교 출판부.

유효순, 정원식(1987). 부모교육. 한국방송통신대학교 출판부.

이경화(2004). 바른생활과 언어예절 교육 방안 연구. 경인교육대학교 교육대학원 석사학위논문.

이사라, 이주연, 박민선, 송승민, 박선영(2013). 영아발달. 파워북.

이성진(2005). 행동수정. 교육과학사.

이숙희, 고인숙(2006). 아동의 전인적 발달을 위한 현대부모교육. 교육 아카데미.

이시형(2010). 세레토닌하라. 중앙books.

이여봉(2007). 탈근대의 가족들. 양서원.

이영자, 이종숙, 신은수(2005). 유아언어교육. 양서원.

이영자, 이종숙, 신은수(2005). 유아의 정서지능, 마음이론, 실행기능 향상을 위한 그림책 이야기를 활용한 집단게임놀이효과. 유아교육연구, 25(3), 119-147.

이영호(2001). 2001년 공동교육 자료집. 임상심리학회.

이원영(1985). 부모교육론. 교문사.

이종화(1993). 상황특성에 따른 아동의 감정조망수용능력 발달에 관한 연구. 동아대학교 교육대학원 석사학위 청구논문.

이차숙(1999). 중학생의 감성지능과 창의성 향상을 위한 실험 연구. 한국교육대학교 대학원 석사학위 논문.

이현숙(2009). 한국 가족의 변화에 따른 부모 역할에 대한 성경적 접근. 배재대학교 대학원 석사학위 논문.

임신육아포털 아이사랑. http://www.childcare.go.kr

임희숙(2007). 현대 한국 사회에서 가족변화에 대한 기독교 근본주의의 대응에 관한 성 인지적 연구. 신학사상 가을, 138, 279-316.

장원동(2008). 현대인의 부모교육. 교문사.

장은실(2002). 교회에서의 영아부 부모교육연구. 장로회신학대학교 교육대학원 석사학위논문.

장휘숙(2001). 아동발달. 박영사

장휘숙(2013). 발달심리학. 박영사.

전남련 외(2014). 유아발달. 양서원.

전남련, 황연옥, 이혜배, 강은숙, 권경미(2010). 아동관찰 및 행동연구. 양서원.

전라남도육아종합지원센터(2020). 영유아 부모와 함께하는 부모교육 프로그램

전우경(2002). 영아의 애착 증진을 위한 부모교육 프로그램의 구성과 적용효과. 중앙대학교 대학원 석사학위논문.

정갑순(2006). 개정 부모교육론. 창지사.

정보통신정책연구원(2017). OECD 회원국의 인터넷 이용 현황 비교.

정옥분(2002). 아동발달의 이해. 학지사.

정옥분(2005). 아동발달의 이해. 학지사.

정옥분(2006). 사회정서발달. 학지사.

정옥분, 정순화(2007). 예비부모교육. 학지사.

정옥분, 정순화(2016). 부모교육. 학지사.

조성례(2001). 초등학교 아동의 우정개념과 사회적 조망수용능력과의 관계. 한국교원대학교 교육대학원 석사학위 청구논문.

조성연 외(2009). 아동발달의 이해. 신정.

조윤경, 강지현, 이경아(2014). 특수아상담 및 가족지원. 공동체.

조희수(2003). 유아기 읽기 · 쓰기 교육에 대한 교사와 부모의 인식. 이화여자대학교 교육대학 석사학위논문.

주영희(2001). 유아 언어발달과 교육. 교문사.

중앙아동보호전문기관. http://www.korea1391.go.kr

중앙육아종합지원센터(2015). 존중받는 아이 함께 크는 부모(영아 편).

중앙육아종합지원센터(2015). 존중받는 아이 함께 크는 부모(유아 편).

중앙육아종합지원센터. http://central.childcare.go.kr

질병관리본부. http://cdc.go.kr

최현섭, 박태호(2001). 과정 중심의 전략적인 글쓰기 지도 방안: 초인지 중심으로. 한국초등국어교육학회, 199-244.

통계청(2016). 2015년 혼인 · 이혼통계.

통계청(2016). 2016년 분거가족(가구주)-배우자, 미혼자녀(복수응답).

통계청(2016). 인구주택총조사.

통계청(2017). 2016년 다문화 인구동태 통계.

통계청(2017). 경제활동인구조사.

통계청(2017). 사회조사: 입양을 하고 싶지 않은 이유(19세 이상 인구).

통계청(2017). 사회조사: 재혼에 대한 견해(13세 이상 인구).

통계청(2017). 인구동태통계연보.

통계청(2017). 인구로 보는 대한민국.

통계청(2017). 인구총조사: 다문화가구 구성 및 동거 자녀수별 다문화 가구.

통계청(2017). 지역별고용조사: 시도별 1인 가구.

통계청(2018). 사회조사: 입양을 하고 싶지 않은 이유(19세 이상 인구).

통계청(2019). 2018년 다문화 인구동태 통계.

통계청(2019). 2018년 한국의 사회지표.

통계청(2019). 2018년 혼인 · 이혼통계

통계청(2020). 2019년 출생 통계.

통계청(2020). 2019년 혼인 · 이혼통계.

통계청(2020). 경제활동인구조사.

통계청(2020). 생활시간조사.

통계청(2020). 인구동태통계연보.

통계청(2020). 장래가구추계/인구총조사.

하정훈(2007). 삐뽀삐뽀 119 소아과. 그린비.

한국건강가정진흥원. http://www.kihf.or.kr

한국보건사회연구원(2019). 전국출산력 및 가족보건복지 실태조사.

한국여성복지연구회(2005). **가족복지론**. 청목출판사.

한국청소년상담원(1993). 자녀의 힘을 북돋우는 부모.

한국청소년상담원(1994). 바른 행동의 길 다지기.

한국청소년상담원(1994). 자녀의 힘을 북돋우는 대화

한국청소년상담원(1995). 생활의 기틀 세우기.

한국청소년상담원(1995). 어울려 사는 지혜 기르기.

한국청소년상담원(2005). 자녀와 함께 성장하는 부모.

한국행동과학연구소(1983). 부모교육. 문교부.

행정안전부(2017). 주민등록인구.

홍경자, 오세덕(1996). 적극적 부모역할의 기본개념과 프로그램. **논문집**, 152-167.

황옥자(1987). STEP 프로그램의 한국적용 가능성탐색 연구: 어머니의 자아개념, 양육태도, 아동행동에 미치는 영향을 중심으로. 중앙대학교 교육대학원 박사학위논문.

황정규(1998). **학교학습과 교육평가**. 교육과학사.

Axline, V.(1947). *Play therapy*. Boston, MA: Houghton Mifflin.

Azer, B.(1999). Maternal emotions may influence fetal behavior. In K. L. Freiberg(Ed.), *Human Development*(27th ed.), 36.

Bandura, A.(1969). *Principles of behavior modification.* New York: Holt, Rinehart and Winston.

Baumrind, D.(1972). Current patterns of parental authority. *Developmental Psychololy Monographm, 4(*1), 43-88.

Baumrind, D.(1966). Effect of authorities parent control on child behavior. *Child Development.*

Baumrind, D.(1984). Child care practices anteceding three patters of preschool behavior. *Genetic Psychology Monographs, 75*, 43-88.

Becker, W. C.(1964). Consequences of different kinds of parental discipline. Review of Child Development, Vol. 1, eds. by hoffman M. L. & L. W. Hoffman. N. Y.: Russell Sage

Foundation.

Belsky, J.(1984). The determinants of parenting. *Child Development, 55*, 83-96.

Benson, L.(1968). F*atherhood: A soiological perspective*. New York: Random House.

Berne, E.(1964). Games people play- The basic handbook of trasactional analysis, *The Psychology of Human Relationship,* N. Y.: Ballantic Books.

Bigner, J. J.(1979). *Parent-child relations-An introduction to parenting.* New York: Macmillan.

Birm, O. G.(1959). *Journal of Education for Children Rearing*. New York: Russell Sage.

Bishop, S. M., & Ingersoll, G. M.(1989). Effects of marital conflict and family structure on the self-concepts of pre- and early adolescents. *Journal of Youth and Adolescence, 18*, 25-38.

Bowlby, J.(1952). *Maternalcare and mental health. Monograph Series No.2.* Geneva: World health Organization.

Bowlby, J.(1969). *Attachment and Loss: Vol. 1. Attachment*. New York: Basic Books.

Branden, N.(1969). *The Psychology of self-esteem.* LosAngeles, California: Nash Publishing Corporation.

Denham, S. A.(1986). Social cognition, presocial behavior, and emotion in preschoolers: Contextual validation. *Child Development, 57*, 194-201.

DeWolff, M. S., & von IJzendoorn, M. H.(1997). Sensitivity and attachment: A meta-analysis on parental antecedent of infant attachment. *Child Development, 68*, 571-591.

Dinkmeyer, D., & Makay, G. D.(1976). *Systematic Training for Effective Parentin: Leader's manual.* Cirde Pines, Minnesota: American Guidance Sevice.

Dreikurs, R., & Soltz, V.(1964). *Children: The challenge,* New York: Harthorne Books.

Dreikurs, R.(1958). *The challenge of parenthood,* New York: Hawthorn BooksIns.

Ellis, A.(1962). *Reason and emotion in psychotherapy*. Secaucus, NJ: Citadel.

Erikson, E. H.(1963). *Childhood and Society(*2nd ed.). New York: W. W. Norton.

Fabes, R. A., & Eisenberg, N.(1992). Young Children's coping with interpersonal anger. *Child Development, 63*, 116-128.

Fine, M. J., & Henry, S. A.(1989). Professional issues in paraent education. In M. J. Fine(Ed.), *Handbook on parent education,* pp.3-20. San Diego, CA: Academic Press.

Friend, M., & Davis, T.(1993). Appearance-reality distinction: Children's understanding of the physical and affective domanins. *Developmental Psychology, 29*, 907-913.

Gelman, R. & Shatz, M.(1978). Appropriate speech adjustments: The operation of conversational constraints on talk to two-year-olds. In M. Lewis & L. A. Rosenblum (Eds.), *Interaction, conversation, and the development of language*(pp. 27-61). New York: Wiley.

Gelman, R.(1972). Logical capacity of very young children: Number invariance rules. *Child Development, 43*, 75-90.

Ginott, H. G.(1965). *Between Parent and Child.* New York: Macmillan.

Gnepp, J.(1983). Children's social sensitivity: Inferring emotions from conflicting cues. *Developmental Psychology, 19*, 805-814.

Gordon, B. N.(1981). Child temperament and adult behavior: An expioration of goodness of fit. *Child Psychiatry and Human Development, 11*, 153-178.

Gordon, T.(1975). P.E.T *The Tested New Way to Raise Responsible Children,* N. Y. & Scarborough Ontario: A Plume Book.

Gordon, T.(1975). *Parent effectiveness training.* New York: AcademicPress.

Hamachek, D.(1995). Psychology in teaching, learning and growth . Boston, MA: Allyn & Bocan.

Harlow, H. F., & Zimmerman, R. R.(1959). The development of affective responsiveness in infant monkeys. *Preceeding of the American Philosophical Society, 102*, 501-509.

Harter, S.(1990). Issues in the assessment of the self-concept of children and adolescents. In A. LaGreca(Ed.), *Through the eyes of a child* (pp. 292-325). Boston: Allyn & Bacon.

Harter, S.(1998). The development of self - representations. In N. Eisenberg (Ed.), *Handbook of child psychology: Vol 3. Social, emotional, and personality development(5th ed., pp. 553-618)*. New York: Wiley.

Izard, C.(1994). Innate and univeral facial expression. Evidence from developmental and crosscultural research. *Psychological Bulletin, 115,* 288-299.

Kagan, J.(1999). Temperament and reactions to unfamiliarity. In K. L. Freiberg(Ed.), *Annual editions: Human development(27th ed.), 53-57.* McGraw-Hall.

Koch, P. K., & McDonough, M.(1999). Improving Parent-Teacher Conferences through Collaborative Conversations. *Young Children. 54*(2).

Lewis, M., Stanger, C., & Sullivan, M. W.(1989). Deception in 3 - year - olds. *Developmental Psychology, 25,* 439-443.

Marsh, H. W.(1990). The structure of academic self-concept: The Marsh/Shavelson model. *Journal of Educational Psychology, 82*, 623-636.Maslow, A. H.(1968). *Toward a psychology ofbeing*(2nd ed.). New York: D. Van Nostand Co.

Maslow, A. H.(1970). *Motivationand Personality*(2nded.). New York: Harper& Row Publishers.

Massey, C. M., & Gelman, R.(1988). Preschooler's ability to decide whether a photographed unfamilar object can move itself. *Development Psychology, 24*, 307-317.

Mead, G. H.(1934). *Mind, self, and society.* Chicago: University of Chicago Press.

Mead. M.(1949). *Male and female*. New York: Morrow.

Montemayor, R., & Eisen, M.(1977). The development of self - conceptions from childhood to adolescence. *Developmental Psychology, 13*, 314-319.

Newcombe, N., & Huttenlocher, J.(1992). Children's early ability to solver perspective-taking problems. *Development Psychology, 28*, 635-643.

Oosterwegel, A., & Oppenheimer, L.(1993). T*he self-system: Developmental changes beteween and within selfconcepts.* Hillsdale, NJ: Erlbaum.

Parke, R. D.(1995). *Fatherhood. Cambridge.* MA: Harvard University Press.

Penfield, W.(1975). *Mystery of the mind: A critical study of consciousness and the human brain.* Princeton: Princeton Unversity Press.

Perry, D. G., & Bussey, K.(1984). *Social Development,* NJ : Prentice-Hall.

Piaget, J.(1954). *The construction of reality in the child.* New York: Basic Books.

Piaget, J., & Inhelder, B.(1956). *The child's conception of space*. London: Routledge & Kegan Paul.

Poulin-Dubois, D., & Heroux, G.(1994). Movement and children's attributions of life properties. *International Journal of Behavioral Development, 17*, 329-347.

Ribble, M.(1943). The rights of infants. New York: Columbia University Pres.

Richards, M. H., & Siegler, R. S.(1986). Children's understandings of the attributes of life. *Journal of Experimental Child Psychology, 42*, 1-22.

Rogers, C. R.(1951). *Perceptual recognition in client-centered therapy, its current practice, implications and theory.* Boston: Houghton Mifflin Co.

Schaffer, H. R., & Emerson, P. E.(1964). The development of social attachments in infancy. *Monographs of the Society for Research in Child Development, 29*, 3, Serial No. 94.

Sears, R.(1972). Attachment, dependency, and frustration. In Gewirtz (Ed.), *Attachment and dependency*. Washington, DC: Winston.

Seifer, R., & Schiller, M.(1995). The role of parenting sensitivity, infant temperament, and dyadic interaction in attachment theory and assessment. In E. Waters, B. E. Vaughn, G. Posada, & K. Kondo-Ikemura(Eds.), Caregiving, cultural, and cognitive perspectives on secure-base behavior and working models: New growing points of attachment theory and research. *Monographs of the Society for Research in Child Development, 60* (2-3, Serial No. 244).

Seifer, R., & Schiller, M.(1995). The role of parenting sensitive, infant temperament, and dyadic interaction in attachment theory and assessment. In E. Waters, B. E. Vaughn, G. Posada, & K. Kondo-Ikemura (Eds), Caregiving, cultural, and cognitive perspectives on secure-base behavior and working models: New growing points of attachment theory and research. *Monographs of the Society for Research in Child Development, 60* (2-3, Serial No. 244).

Shaffer, D. R.(1999). *Developmental Psychology: Childhood and Adolescence* (5th ed.). CA: Books/Cole.

Simmons, R. G., & Blyth, D. A.(1987). *Moving into adolescence: The impact of pubertal change and school context.* Hawthorne, New York: Aldine & de Gruyter.

Thorne, A., & Michaelieu, Q.(1996). Situating adolescent gender and self-esteem with personal memories. *Child Development, 67*, 1374-1390.

Tupes, E. C., & Cristal, R. E.(1961). Recurrent personality foctors based on trait ratings. USAF ASD technical report no.61-97(reprinted in Journal of Personality, 1992, 60, 225-251).

Weinraub, M.(1977). Fatherhood: The myth of the socond-class parent. *Child Development, 48,* 1240-1249.

Wintre, M. G., & Vallence, D. D.(1994). A developmental sequence in the comprehension of emotions: Intensity, multiple emotions, and valence. *Developmental Psychology, 30*, 509-514.

Yuill, N., & Pearson, A.(1998). The development of base for trait attribution: Children's understanding of trait as causal mechanism based on desire. *Developmental Psychology, 34,* 574-586.

찾아보기

(ㄱ)

(ㄴ)

(ㄷ)

(ㄹ)

(ㅁ)

(ㅂ)

(ㅅ)

(ㅇ)

저자약력

▎권화숙

대구가톨릭대학교 대학원 교육학박사
전, 아이누리유치원 원장
현, 수성대학교 유아교육과 교수
〈저서〉 교육학개론 외 다수

▎권성민

영남대학교 대학원 교육학박사
현, 수성대학교 유아교육과 교수
〈저서〉 유치원 교사를 위한 교직실무, 유아사회교육 외 다수

▎김근희

성균관대학교 대학원 철학박사
현, 경민대학교 아동미술지도과 교수
〈저서〉 보육교사를 위한 건강, 안전, 영양교육 외 다수

▎김미진

상명대학교 대학원 교육학박사
현, 강동대학교 유아교육과 교수
〈저서〉 아동생활지도, 학교폭력 예방 및 학생의 이해 외 다수

▎김민경

강릉원주대학교 대학원 문학박사
현. 강동대학교 유아교육과 교수
〈저서〉 유아교육과정, 유아교육에서의 스마트 기기 로봇활용과 과몰입 예방 외 다수

김 선

중앙대학교 대학원 문학박사
현, 한국영상대학교 유아교육과 교수
〈저서〉 유아교사론, 탐구중심 수학교육 외 다수

박현숙

성신여자대학교 대학원 교육학박사
현, 경인여자대학교 아동보육과 교수
〈저서〉 교육학개론, 교육철학 및 교육사 외 다수

윤혜영

경기대학교 대학원 교육학박사
현, 이화유치원장, 신성대학교 겸임교수, 국제대학교 겸임교수
〈저서〉 예비 유아교사를 위한 교직실무, 유아사회교육 외 다수

이은희

성신여자대학교 대학원 교육학박사
현, 대전보건대학교 유아교육과 교수
〈저서〉 유아교육개론, 유아사회교육, 보육교사론 외 다수

임미혜

서울여자대학교 대학원 문학박사
전, 경북전문대학 유아교육과 교수
현, 경복대학교 유아교육과 교수
〈저서〉 유아교육과정, 아동건강교육 외 다수

부모교육

1판 1쇄 인쇄 – 2021년 1월 4일
1판 1쇄 발행 – 2021년 1월 8일

저　　자 - 권화숙 권성민 김근희 김미진 김민경
　　　　　김　선 박현숙 윤혜영 이은희 임미혜

발 행 인 - 강 성 민
발 행 처 - 수 양 재
주　　소 - 경기도 파주시 검산로 173번길 29-20
전　　화 - 031-946-3863(代)
팩　　스 - 031-946-3864
이 메 일 - syjpub@naver.com
출판등록 - 2016년 6월 3일 제 406-2016-000069 호

ISBN 979-11-89457-13-6

정가 20,000원